이것이
자료구조+
알고리즘이다

with C 언어

이것이 자료구조+알고리즘이다 with C 언어

초판 1쇄 발행 2022년 8월 3일
초판 2쇄 발행 2023년 7월 28일

지은이 박상현 / **펴낸이** 김태헌
펴낸곳 한빛미디어(주) / **주소** 서울특별시 서대문구 연희로2길 62 한빛미디어(주) IT출판1부
전화 02-325-5544 / **팩스** 02-336-7124
등록 1999년 6월 24일 제25100-2017-000058호 / **ISBN** 979-11-6921-003-4 93000

총괄 배윤미 / **책임편집·기획** 이미향 / **편집** 윤진호 / **교정** 김희성
디자인 박정화 / **표지일러스트** 안희원 / **전산편집** 이소연
영업 김형진, 장경환, 조유미 / **마케팅** 박상용, 송경석, 한종진, 이행은, 김선아, 고광일, 성화정, 김한솔 / **제작** 박성우, 김정우

이 책에 대한 의견이나 오탈자 및 잘못된 내용에 대한 수정 정보는 한빛미디어(주)의 홈페이지나 아래 이메일로
알려주십시오. 잘못된 책은 구입하신 서점에서 교환해 드립니다. 책값은 뒤표지에 표시되어 있습니다.

한빛미디어 홈페이지 www.hanbit.co.kr / 이메일 ask@hanbit.co.kr
독자 Q&A cafe.naver.com/thisisalgorithm
예제 소스 www.hanbit.co.kr/src/11003

지금 하지 않으면 할 수 없는 일이 있습니다.
책으로 펴내고 싶은 아이디어나 원고를 메일(writer@hanbit.co.kr)로 보내주세요.
한빛미디어(주)는 여러분의 소중한 경험과 지식을 기다리고 있습니다.

이것이
자료구조+
알고리즘이다

with C 언어

위트 넘치는 이야기로
자칫 지루할 수 있는
자료구조+알고리즘 개념을
즐겁게 배운다!

문제 해결 능력을 키워주는 자료구조+알고리즘 입문서

박상현 지음

한빛미디어
Hanbit Media, Inc.

'좋은' 프로그래머가 되려면 눈앞의 문제에 적절한 자료구조와 알고리즘을 적용할 수 있어야 합니다.

"모든 프로그래머가 알고리즘을 반드시 공부해야 하나요?"

강연이나 사석에서 제가 종종 받았던 질문입니다. 그런데 언젠가부터 소프트웨어 엔지니어 채용 과정에서 코딩 테스트를 치르는 기업이 늘어나자 이런 질문을 접하기 어려워졌습니다. 취업이 걸린 사안이 된 후로는 알고리즘을 묻지도 따지지도 않고 공부하게 된 것이죠.

그럼 이 질문에 '코딩 테스트를 치르지 않아도 된다'는 전제를 붙여보면 어떨까요? 취업에 관계가 없더라도 소프트웨어 엔지니어라면 알고리즘을 반드시 공부해야 하는 것일까요? 저는 '반드시' 할 필요는 없지만, 해두면 '좋은' 프로그래머가 되는 데 큰 보탬이 된다고 말씀드리겠습니다.

요즘 소프트웨어 엔지니어가 많이 사용하는 C#, 자바, 코틀린, 파이썬과 같은 현대 프로그래밍 언어는 리스트, 스택, 큐, 트리 등의 자료구조뿐 아니라 탐색, 정렬 등의 알고리즘을 표준 라이브러리로 제공합니다. 제품이나 서비스를 개발할 때 자료구조나 알고리즘을 직접 구현하기보다는 이미 검증된 표준 라이브러리 사용이 권장되기도 합니다.

이런 표준 라이브러리를 연장통으로 여길 수 있습니다. 좋은 목수는 특정 상황에 맞는 연장을 꺼내 쓰는 법을 알고 있습니다. 좋은 프로그래머 역시 특정 문제에 어떤 자료구조와 알고리즘을 적용해야 할지 알고 있지요. 게다가 필요한 도구를 그때그때 직접 만들어 쓰기도 하고요.

이처럼 여러분이 좋은 프로그래머가 되길 바라는 마음으로 집필한 책이 2009년에 출간된 『뇌를 자극하는 알고리즘』입니다. 그 책에서는 전통적으로 많이 사용해온 자료구조와 알고리즘의 얼개를 실행 가능한 코드 예제와 함께 풀어내고, 가급적 수식 없이 알고리즘 설계 및 분석하는 방법론을 설명합니다. 이를 바탕으로 자료구조와 알고리즘을 처음 배우는 독자가 끝까지 책을 읽을 수 있도록 하는 것이 집필 목표였습니다.

그 후로 13년이 흘렀습니다. 호기심과 에너지로 가득했던 20대 청년 엔지니어는 40대 중년이 되었고 그 사이 여러 가지 훌륭한 알고리즘 서적, 특히 코딩 테스트를 도와주는 실용적인 서적이 많이 나왔습니다. 이제 『뇌를 자극하는 알고리즘』은 소임을 다해 사라질 것으로 생각했는데, 부족한 책을 꾸준히 아껴주신 분들이 계셔서 이렇게 『이것이 자료구조+알고리즘이다』라는 새로운 이름과 다소 쑥쓰러운 표지를 얻어 리뉴얼되었습니다.

오랜 세월 작업을 함께 해주신 한빛미디어, 남편과 아빠를 집필 활동에 양보해야 했던 사랑하는 가족에게 고마움을 전합니다.

2022년 여름
박상현

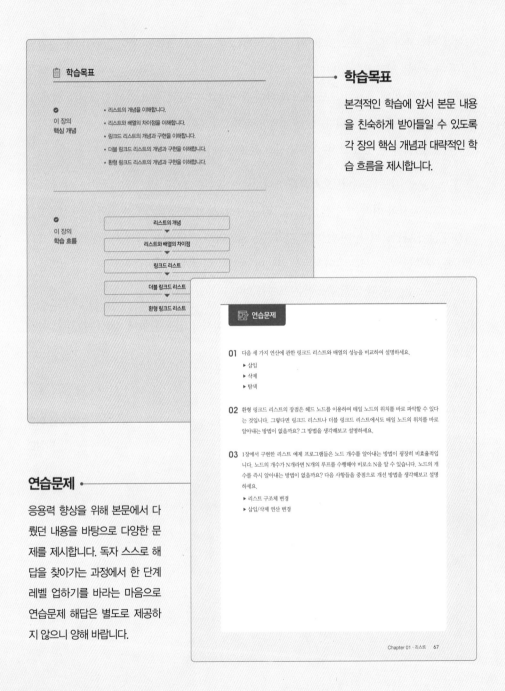

학습목표

📋 학습목표

✔ 이 장의
핵심 개념

- 리스트의 개념을 이해합니다.
- 리스트와 배열의 차이점을 이해합니다.
- 링크드 리스트의 개념과 구현을 이해합니다.
- 더블 링크드 리스트의 개념과 구현을 이해합니다.
- 환형 링크드 리스트의 개념과 구현을 이해합니다.

✔ 이 장의
학습 흐름

| 리스트의 개념 |
| 리스트와 배열의 차이점 |
| 링크드 리스트 |
| 더블 링크드 리스트 |
| 환형 링크드 리스트 |

학습목표

본격적인 학습에 앞서 본문 내용을 친숙하게 받아들일 수 있도록 각 장의 핵심 개념과 대략적인 학습 흐름을 제시합니다.

📝 연습문제

01 다음 세 가지 연산에 관한 링크드 리스트와 배열의 성능을 비교하여 설명하세요.
  ▶ 삽입
  ▶ 삭제
  ▶ 탐색

02 환형 링크드 리스트의 장점은 헤드 노드를 이용하여 테일 노드의 위치를 바로 파악할 수 있다는 것입니다. 그렇다면 링크드 리스트나 더블 링크드 리스트에서도 테일 노드의 위치를 바로 알아내는 방법이 없을까요? 그 방법을 생각해보고 설명하세요.

03 1장에서 구현한 리스트 예제 프로그램들은 노드 개수를 알아내는 방법이 굉장히 비효율적입니다. 노드의 개수가 N개라면 N개의 루프를 수행해야 비로소 N을 알 수 있습니다. 노드의 개수를 즉시 알아내는 방법이 없을까요? 다음 사항들을 중점으로 개선 방법을 생각해보고 설명하세요.
  ▶ 리스트 구조체 변경
  ▶ 삽입/삭제 연산 변경

연습문제

응용력 향상을 위해 본문에서 다뤘던 내용을 바탕으로 다양한 문제를 제시합니다. 독자 스스로 해답을 찾아가는 과정에서 한 단계 레벨 업하기를 바라는 마음으로 연습문제 해답은 별도로 제공하지 않으니 양해 바랍니다.

Chapter 01 · 리스트 67

! **여기서 잠깐**   **폴리쉬 표기법**

폴리쉬 표기법Polish Notation ('역'자가 붙지 않습니다)이라는 이름은 얀 우카셰비치Jan Łukasiewicz라는 폴란드 수학
자가 개발했다고 해서 붙여졌습니다. Polish가 '폴란드의'라는 뜻이니까요. 폴리쉬 표기법은 전위 표기법Prefix
Notation이라고도 불리며, 연산자가 피연산자 앞에 위치한다는 점이 특징입니다. 가령 3 + 4를 + 3 4와 같이 표
시하는 방식입니다. 리스프Lisp나 클로저Clojure 같은 프로그래밍 언어에서는 전위 표기법을 사용합니다.

↳ 여기서 잠깐

보충 설명, 참고 사항, 관련 용어 등을 본문과 분리하여 설명합니다.

NOTE ▶ ADT는 정의하기 나름입니다. '어떤 ADT가 특정 연산을 반드시 제공해야 한다'라는 법은 없습니다. 예를 들
면 설계에 따라 리스트 ADT에 '리스트 두 개의 병합'과 같은 연산을 포함할 수도 있습니다.

↳ NOTE

학습을 진행하면서 알아두면 좋은 내용이나 혼동하기 쉬운 내용을 설명합니다.

┤ ❓ VITAMIN QUIZ 1-3 ├

더블 링크드 리스트를 역순으로 출력하는 함수를 작성해보세요. 원형은 다음과 같습니다.

```
void PrintReverse(Node* Head);
```

↳ 비타민 퀴즈

학습한 내용을 곧바로 점검할 수 있도록 간단한 퀴즈를 제시합니다.

Chapter 00	알아두면 쓸 데 있는 자료구조와 알고리즘

본격적인 학습에 앞서 자료구조와 알고리즘의 정의 그리고 C 언어로 메모리를 다루는 방법을 설명합니다.

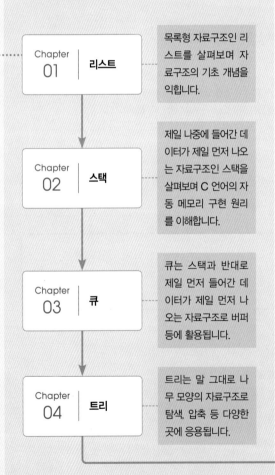

Part 01 자료구조

자료구조는 알고리즘을 익히는 데 필요한 기초 지식이기도 하지만, 그 자체로도 매우 중요한 내용입니다. 1부에서는 4가지 자료구조를 살펴보면서 데이터를 효율적으로 관리하는 기법을 익힙니다.

Chapter 01	리스트

목록형 자료구조인 리스트를 살펴보며 자료구조의 기초 개념을 익힙니다.

Chapter 02	스택

제일 나중에 들어간 데이터가 제일 먼저 나오는 자료구조인 스택을 살펴보며 C 언어의 자동 메모리 구현 원리를 이해합니다.

Chapter 03	큐

큐는 스택과 반대로 제일 먼저 들어간 데이터가 제일 먼저 나오는 자료구조로 버퍼 등에 활용됩니다.

Chapter 04	트리

트리는 말 그대로 나무 모양의 자료구조로 탐색, 압축 등 다양한 곳에 응용됩니다.

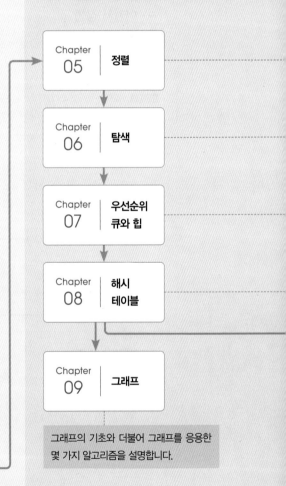

Part 02 알고리즘

2부에서는 정렬부터 문자열 탐색 알고리즘까지 총 6가지 알고리즘을 배웁니다. 이 과정에서 여러분의 프로그래밍 실력이 향상되는 느낌을 받게 될 것입니다.

Chapter 05	정렬

Chapter 06	탐색

Chapter 07	우선순위 큐와 힙

Chapter 08	해시 테이블

Chapter 09	그래프

그래프의 기초와 더불어 그래프를 응용한 몇 가지 알고리즘을 설명합니다.

데이터 집합을 정렬하는 몇 가지 기법을 설명합니다.

데이터 집합에서 원하는 데이터를 효율적으로 찾는 기법을 설명합니다.

우선순위가 높은 데이터를 먼저 출력하는 우선순위 큐와 그 구현에 유용한 자료구조인 힙을 설명합니다.

해시를 기반으로 하며 궁극의 탐색 속도를 자랑하는 해시 테이블을 설명합니다.

Part 03 알고리즘 설계 기법

상황별 알고리즘 설계 기법과 그 성능 측정법을 알아두면 더 좋은 프로그램을 만드는 데 더 많은 시간을 투자할 수 있습니다. 3부에서는 알고리즘의 성능을 분석하는 방법과 알고리즘을 설계하는 몇 가지 기법을 설명합니다.

| Chapter 11 | 알고리즘 성능 분석 |

구현 전 설계 단계에서 알고리즘의 성능을 파악할 수 있는 몇 가지 방법을 설명합니다.

| Chapter 12 | 분할 정복 |

문제를 세부 문제로 나눠서 풀어나가는 분할 정복 알고리즘을 설명합니다.

| Chapter 13 | 동적 계획법 |

하나의 큰 문제를 단계별로 풀어나가는 동적 계획법을 설명합니다.

| Chapter 14 | 탐욕 알고리즘 |

눈앞에 보이는 상황만을 이용해서 답을 구하는 탐욕 알고리즘을 설명합니다.

| Chapter 10 | 문자열 탐색 |

텍스트를 다루는 프로그램의 필수 기능인 문자열 탐색을 설명합니다.

| Chapter 15 | 백트래킹 |

해가 될 수 있는 수많은 후보 중에서 실제 해를 효율적으로 골라내는 백트래킹에 관해 설명합니다.

Chapter 00 | 알아두면 쓸 데 있는 자료구조와 알고리즘

Part 01　자료구조

Chapter 01 | 리스트

Chapter 02 │ 스택

Part 02 | 알고리즘

Chapter 05 | 정렬

Chapter 06 │ 탐색

Chapter 07 | 우선순위 큐와 힙

Chapter 08 | 해시 테이블

Part 03 알고리즘 설계 기법

Chapter 11 | 알고리즘 성능 분석

Chapter **12** | **분할 정복**

Chapter **13** | **동적 계획법**

Chapter **14** ｜ **탐욕 알고리즘**

Chapter **15** ｜ **백트래킹**

알아두면 쓸 데 있는 자료구조와 알고리즘

자료구조와 알고리즘을 공부하려면 그 의미부터 이해해야 겠지요? 이 장에서는 자료구조와 알고리즘의 정의, 그리 고 이 책을 학습하는 데 필요한 C 언어로 메모리를 다루 는 방법을 설명합니다. 이번 장은 오리엔테이션과 같습니 다. 이 책과 함께 하는 여정에 필요한 준비물을 챙기는 자 리이니, 가벼운 마음으로 읽어나가면 됩니다.

학습목표

●
이 장의
핵심 개념

- 자료구조의 개념을 이해합니다.

- 알고리즘의 정의를 이해합니다.

- C 언어로 메모리를 다루는 방법을 이해합니다.

●
이 장의
학습 흐름

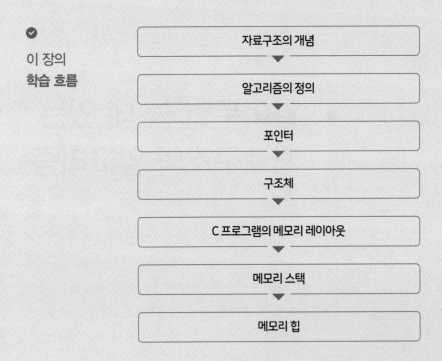

자료구조의 개념

▼

알고리즘의 정의

▼

포인터

▼

구조체

▼

C 프로그램의 메모리 레이아웃

▼

메모리 스택

▼

메모리 힙

0.1 자료구조

자료구조^{Data Structure}는 컴퓨터가 데이터를 효율적으로 다룰 수 있게 도와주는 **데이터 보관 방법과 데이터에 관한 연산의 총체**를 뜻합니다. 예를 들면 int도 자료구조입니다. int는 32비트 메모리 공간 안에 수를 할당하되 첫 비트를 부호 표현에 사용하는 등의 '보관 방법'을 정의하고 있고, 덧셈/뺄셈/나눗셈/곱셈/논리/시프트 등 다양한 '연산' 또한 정의하고 있습니다.

자료구조는 다음 그림과 같이 단순 자료구조^{Primitive Data Structure}와 복합 자료구조^{Non-Primitive Data Structure}로 나뉩니다. 단순 자료구조는 조금 전에 이야기했던 int를 포함해 프로그래밍 언어에서 통상적으로 제공하는 기본 데이터 형식을 말합니다. 이 책에서는 여러분이 프로그래밍 언어를 공부하면서 단순 자료구조를 익혔다고 간주하고 복합 자료구조만 설명합니다.

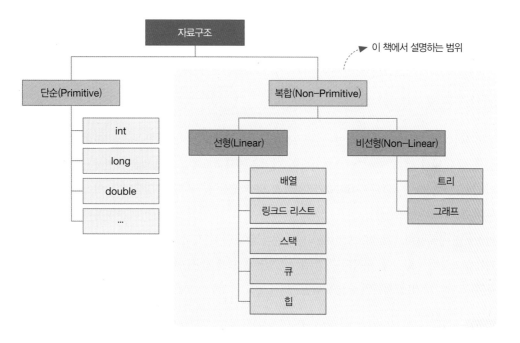

복합 자료구조는 다시 선형 자료구조^{Linear Data Structure}와 비선형 자료구조^{Non-Linear Data Structure}로 나뉩니다. 선형 자료구조는 다음 그림처럼 데이터 요소를 순차적으로 연결하는 자료구조로, 구현하기 쉽고 사용하기도 쉽습니다. 우리에게 친숙한 배열^{Array}과 이 책에서 설명하는 링크드 리스트^{Linked List}, 스택^{Stack}, 큐^{Queue} 등이 여기에 해당합니다.

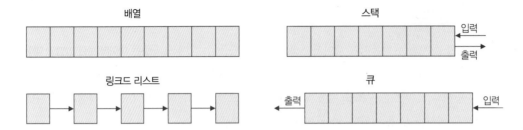

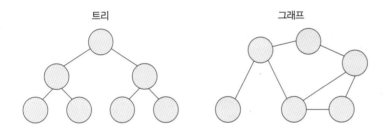

비선형 자료구조는 선형 자료구조와 달리 데이터 요소를 비순차적으로 연결합니다. 다음과 같이 한 데이터 요소에서 여러 데이터 요소로 연결되기도 하고, 여러 데이터 요소가 하나의 데이터 요소로 연결되기도 합니다. 트리와 그래프가 바로 여기에 해당합니다.

여러분이 자료구조와 관련해서 알아두었으면 하는 개념이 한 가지 더 있습니다. 바로 추상 데이터 형식, 다시 말해 ADT[Abstract Data Types]인데요. 이것은 자료구조의 동작 방법을 표현하는 데이터 형식입니다. 정리하자면 ADT는 **자료구조가 갖춰야 할 일련의 연산**이라고 할 수 있습니다. 이 연산을 C 언어로 표현하면 함수가 됩니다.

리스트를 예로 들어보죠. 리스트는 데이터에 순차적으로 접근해서 그 데이터를 다룰 수 있도록 여러 기능을 제공해야 합니다. 목록의 특정 위치에 있는 노드에 접근[Get]하거나, 목록의 마지막에 데이터를 추가[Append]하거나, 목록의 중간에 삽입[Insert]하거나, 삭제[Remove]하는 기능들 말입니다.

NOTE▶ ADT는 정의하기 나름입니다. '어떤 ADT가 특정 연산을 반드시 제공해야 한다'라는 법은 없습니다. 예를 들면 설계에 따라 리스트 ADT에 '리스트 두 개의 병합'과 같은 연산을 포함할 수도 있습니다.

이렇게 ADT가 청사진을 제시하면 자료구조는 이를 구현합니다. 배열로 리스트를 구현한다고 가정해봅시다. 그러면 배열의 길이가 곧 리스트의 길이가 되고 배열의 첫 요소는 시작 노드, 배열의 마지막 요소는 마지막 노드가 됩니다. 그리고 현재 다루고 있는 요소의 첨자[Index]가 현재 노드가 되겠죠. 여기에 탐색/추가/삽입/수정/삭제와 같은 기능을 구현하면 하나의 자료구조가 완성됩니다.

이제 ADT와 자료구조의 개념을 이해할 수 있겠지요? ADT는 개념을 제시하고 자료구조는 구현을 포함합니다. 우리가 이 책으로 같이 공부할 ADT와 자료구조를 다음 표에 정리해두었습니다.

ADT	자료구조
리스트	링크드 리스트 더블 링크드 리스트 환형 리스트
스택	배열 기반 스택 링크드 리스트 기반 스택
큐	환형 큐 링크드 큐
트리	이진 트리 LCRS 트리 레드 블랙 트리
그래프	방향성 그래프 무방향성 그래프
힙	배열 기반 힙 링크드 리스트 기반 힙

C#이나 자바, 파이썬 같은 현대적 언어를 사용해본 독자는 이 언어들이 표에서 소개한 것보다 더 많은 자료구조 라이브러리를 제공한다는 것을 알고 있을 것입니다. 대개는 이렇게 제공되는 자료구조를 적절히 활용하기만 해도 소프트웨어 개발을 잘 해낼 수 있습니다.

"그렇다면 자료구조를 왜 공부해야 하나요?"

첫째, 자료구조의 내부를 이해하면 라이브러리에서 엉뚱한 자료구조를 선택하는 일을 피할 수 있습니다. 동일한 ADT를 사용하더라도 자료구조에 따라 애플리케이션 성능이 크게 달라질 수 있습니다. 가령 네트워크 애플리케이션의 입출력 버퍼에는 링크드 큐보다 환형 큐를 사용하는 것이 처리 속도 면에서 유리하고, 메모리의 효율이 더 중요한 애플리케이션에서는 링크드 큐가 환형 큐보다 나은 선택일 수 있습니다. 자료구조 지식이 있는 프로그래머는 그 이유를 이해하고 라이브러리 문서를 통해 적절한 자료구조를 선택할 수 있습니다.

둘째, 자료구조는 알고리즘이 데이터를 효율적으로 사용할 수 있게 도와주는 핵심 부품 역할을 하기 때문입니다. 다시 말해, 자료구조를 모르면 알고리즘을 공부하는 데 어려움이 따릅니다.

0.2 알고리즘

알고리즘Algorithm은 9세기 페르시아 수학자 알 콰리즈미Al-Khwarizmi의 이름에서 유래된 말로 **어떤 문제를 풀기 위한 단계적 절차**를 뜻합니다. 알고리즘을 설계한다는 것은 문제 풀이 절차를 설계한다는 의미이고, 알고리즘을 구현한다는 것은 프로그래밍 언어를 이용해서 문제 풀이 절차를 실제로 동작하는 코드로 작성한다는 의미입니다.

알고리즘

이 세상에 다양한 문제가 존재하듯 그 문제를 풀 때 사용할 수 있는 알고리즘 또한 다양합니다. 하지만 그중에서도 '고전Classic'이라고 불릴 만한 알고리즘들이 있는데요. 프로그래머가 숨 쉬듯 자주 사용하는 정렬, 탐색, 해싱 등이 그 예입니다. 이 책은 고전 알고리즘뿐 아니라 여러분만의 알고리즘을 설계하고 구현하는 기법까지 설명합니다.

알고리즘을 공부한다는 것은 어떤 문제를 분석해서 컴퓨터가 알아들을 수 있는 형태로 해법을 설계하고 구현하는 과정을 익힌다는 의미입니다. 알고리즘 학습은 단순히 문제 풀이 요령을 익히는 것이 아닙니다. 이 책에서는 알고리즘 동작에 소요되는 메모리(공간)와 프로세싱 파워(시간)를 깊이 이해하고, 자원을 효율적으로 활용하면서도 고성능의 코드를 작성하는 방법을 익힐 수 있습니다.

현대 프로그래밍 언어의 대부분은 탐색, 정렬과 같은 고전 알고리즘을 구현한 API를 표준 라이브러리로 제공합니다. 알고리즘을 공부하면서 익힌 지식은 눈앞에 발생한 문제를 해결할 때 가장 적절한 API를 선택하는 데에도 도움이 됩니다. 예를 들면 어떤 문제를 해결할 때 메모리 효율과 탐색 속도 중 어느 요소를 더 중요하게 여기는가에 따라 레드 블랙 트리를 선택할지 해시 테이블을 선택할지 판단할 수 있게 되지요. 알고리즘을 체계적으로 공부하지 않아도 프로그래밍을 할 수 있지만, 더 나은 프로그래머가 되기 위해서는 알고리즘에 대해 제대로 알아둘 필요가 있습니다.

0.3 C 언어로 메모리를 다루는 방법

이 책은 C 언어에 친숙한 독자를 대상으로 집필되었습니다. 여기서는 C 언어를 복습해야 하는 독자를 위해 C 언어로 자료구조와 알고리즘을 다루는 데 필수적인 포인터, 구조체, 메모리 레이아웃, 스택, 힙을 간략히 살펴보겠습니다.

0.3.1 포인터 복습

포인터는 변수입니다. 값을 저장하는 일반 변수와 달리 메모리 주소를 저장한다는 점이 다를 뿐입니다. 포인터는 다음과 같이 데이터 형식 뒤에 *를 붙여 선언합니다.

```
데이터 형식* 포인터;
```

int 형식 메모리 주소를 저장하는 포인터는 다음과 같이 선언합니다.

```
int* ptr;
```

다음과 같이 포인터에 주소값을 할당할 수 있습니다.

```
int* ptr = 0xFF000000;
```

그리고 주소 연산자 &를 이용해서 다른 변수의 주소를 할당할 수도 있습니다.

```
int a = 123;
int* ptr = &a;
```

C 언어에서는 포인터에 증감 연산자를 사용할 수 있습니다. 가령 int 형식이 32비트(4바이트)인 시스템에서 기반 데이터 형식이 int인 포인터에 ++ 연산자를 적용하면 주소값이 32비트 증가하고, -- 연산자를 적용하면 32비트 감소합니다. 다음은 포인터에 증감 연산자를 사용하는 예제입니다.

```
int* ptr = 0x1004;    // 주소값 직접 할당
printf("%X\n", ptr);    // 1004 (초깃값)
printf("%X\n", --ptr); // 1000 (4 감소)
printf("%X\n", ++ptr); // 1004 (4 증가)
```

포인터의 증감 연산자는 배열을 다룰 때도 유용합니다. C 언어에서 배열은 배열에 할당된 메모리의 시작 주소를 갖고 있습니다. 배열의 주소가 아닌 데이터에 접근하려면 인덱스 연산자 [ ]를 사용해야 합니다. 여기에서 우리는 한 가지 사실을 발견할 수 있습니다. 배열이 메모리 주소를 담고 있으므로 포인터에 배열을 할당하면 포인터가 배열을 가리킬 수 있다는 사실 말입니다. 다음은 포인터에 배열 주소를 저장하는 예제입니다.

```
int  arr[5] = {0, 1, 2, 3, 4};
int* ptr = arr;

printf("%s\n", ptr == arr ? "true" : "false"); // true 출력

printf("%d\n", *ptr);   // arr의 첫 번째 요소 0 출력
```

이 코드에서 ptr은 arr의 첫 번째 요소의 주소, 즉 arr[0]의 주소를 가리킵니다. 이제 ptr에 ++ 연산자를 사용하면 ptr은 int의 크기만큼 더해진 주소값을 갖게 되어 arr[1]의 주소를 가리킵니다. 다음은 배열을 가리키는 포인터에 ++ 연산자를 사용하는 예제입니다.

```
ptr++;
printf("%d\n", *ptr);   // arr의 두 번째 요소 1 출력
```

당연히 -- 연산자도 사용할 수 있습니다. 다음은 배열을 가리키는 포인터에 -- 연산자를 사용하는 예제입니다.

```
ptr--;
printf("%d\n", *ptr);   // arr의 첫 번째 요소 0 출력
```

0.3.2 구조체 복습

C 언어에서 구조체^{Structure}는 다른 데이터 형식을 조합해서 만드는 사용자 정의 데이터 형식입니다. 다음 그림과 같은 2차원 좌표를 나타내는 Point 데이터 형식이 필요하다고 가정해보겠습니다.

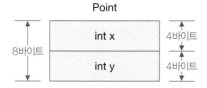

이 경우에는 다음 예제와 같이 struct 키워드를 이용해서 x와 y를 담는 Point 구조체를 선언할 수 있습니다.

```
struct Point
{
    int x;
    int y;
};
```

Point와 같은 구조체 형식은 인스턴스를 선언할 때도 struct 키워드를 명시해줘야 합니다.

```
struct Point MyPoint = {30, 40};  // x는 30, y는 40으로 초기화

printf("x: %d, y: %d\n", MyPoint.x, MyPoint.y); // "x: 30, y: 40" 출력
```

이 예제에서 Point의 멤버 변수 x와 y에 접근할 때 접근 연산자 .을 사용했습니다. 이 연산자의 이름은 멤버 접근 연산자^{Member access operator}인데, 포인터를 통해 멤버에 접근할 때는 포인터 멤버 접근 연산자^{Member access through pointer operator}를 사용해야 합니다.

포인터 멤버 접근 연산자는 ->로 표현하며 사용 방법은 다음과 같습니다.

```
struct Point MyPoint = {30, 40};  // x는 30, y는 40으로 초기화
struct Point* ptr = &MyPoint;

printf("x: %d, y: %d\n", ptr->x, ptr->y); // "x: 30, y: 40" 출력
```

그런데 Point 구조체 변수나 포인터를 선언할 때마다 struct 키워드를 언급해야 한다면 조금 불편하지 않을까요? 구조체를 선언할 때 typedef 키워드를 이용해서 별칭을 만들어두면 struct 키워드 없이 구조체 이름만으로도 변수나 포인터를 선언할 수 있습니다. 그 예는 다음과 같습니다.

일반 구조체 선언	typedef를 이용한 구조체 별칭 선언
```struct Point { int x; int y; };```	```typedef struct tagPoint { int x; int y; } Point;```

다음은 typedef를 이용해 앞에서 선언한 Point를 재정의한 예제입니다. 코드가 이전에 비해 조금 더 간결해졌습니다.

```
typedef struct tagPoint
{
    int x;
    int y;
} Point;

Point MyPoint = {30, 40}; ●
Point* ptr = &MyPoint;
```

> struct 키워드 없이 구조체의 별칭만으로
> 변수와 포인터 선언!

0.3.3 메모리 레이아웃 복습

C 언어로 작성한 코드를 컴파일하면 실행파일이 만들어집니다. 그 파일을 실행하면, 운영체제는 해당 실행파일을 바탕으로 프로세스를 생성하고 이 프로세스에 스택, 힙, 데이터, 텍스트 영역으로 이

루어진 메모리를 할당합니다. 윈도우, 리눅스, 맥 OS 등 운영체제별로 세부적이거나 부가적인 메모리 영역에 차이가 있을 수 있지만, 큰 틀에서 C 언어 기반 애플리케이션은 대부분 다음 그림과 같은 레이아웃을 따릅니다.

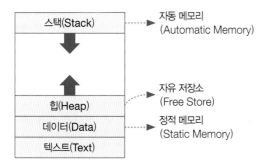

아래쪽에 있는 메모리 영역부터 살펴볼까요? 텍스트^{Text}와 데이터^{Data} 영역은 실행파일에서 읽어 들인 정보를 기록하는 공간입니다. 텍스트 영역에는 CPU가 실행할 코드가 적재되고 데이터 영역에는 전역 변수나 정적 변수 등이 저장됩니다. 데이터 영역은 정적 메모리$^{Static\ Memory}$라고도 부릅니다.

그 위에 보이는 힙^{Heap}과 스택^{Stack}은 각각 자유 저장소$^{Free\ Store}$, 자동 메모리$^{Automatic\ Memory}$라는 별명을 갖고 있는데 실행 중인 프로그램이 이 두 영역을 활발하게 사용합니다. 자료구조와 알고리즘을 공부할 때는 스택과 힙을 반드시 이해해야 합니다.

이어서 C 언어에서 스택과 힙을 이용해 데이터를 다루는 방법을 살펴보겠습니다.

0.3.4 스택에서 데이터를 다루는 방법

스택 ADT는 선입후출$^{FILO,\ First\ In\ Last\ Out}$ 또는 후입선출$^{LIFO,\ Last\ In\ First\ Out}$ 방식, 다시 말해 출력은 입력의 역순으로 동작합니다. 스택 메모리 영역도 스택 ADT와 마찬가지로 할당된 순서의 역순으로 메모리에서 변수를 제거한다는 규칙을 따릅니다. 글만으로는 이해가 어려울 수 있으니 예제와 그림을 통해 더 자세히 설명하겠습니다.

다음은 지역 변수 3개를 할당하는 코드입니다. 코드 블록 안에서 지역 변수 a, b, c를 차례대로 선언하면 스택에 a, b, c가 차곡차곡 쌓입니다.

```
{ // 코드 블록 시작
    int a = 100;
    int b = 200;
    int c = 300;
} // 코드 블록 끝
```

스택에 쌓인 a, b, c는 코드 블록이 끝나는 지점에서 제거되어야 합니다. 할당은 a, b, c 순으로 이루어졌지만, 제거는 그 역순인 c, b, a 순으로 이루어집니다.

다음 그림은 방금 살펴본 코드를 실행하는 과정에서 변수 a, b, c가 스택에 적재되었다가 제거되는 과정을 보여줍니다.

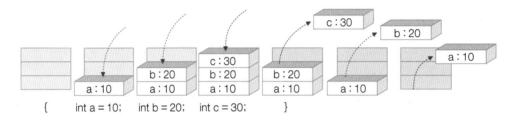

그림을 보면 코드 블록을 여는 괄호 {가 실행되는 시점에는 스택에 아무것도 없습니다. 그런데 **int a = 10;**이 실행되면서 변수 a가 스택에 쌓입니다. 그다음 b를 선언하면서 스택에는 a 위에 b가 쌓이고 그다음에 c가 쌓입니다. 그러다가 블록을 닫는 괄호 }를 만나면서 스택에 있는 데이터들이 c, b, a의 순서대로 제거됩니다. 이쯤 되니 스택이 왜 자동 메모리라 불리는지 이해가 되지요? 프로그래머가 신경 쓰지 않아도 자동으로 메모리를 해제하기 때문입니다.

0.3.5 힙에서 데이터를 다루는 방법

힙 Heap은 자유 저장소라는 별명을 갖고 있습니다. 자유 저장소는 자동 메모리와 달리 프로그래머가 직접 메모리를 관리하는 메모리 영역입니다. 자유 저장소의 '자유'는 자동 메모리 영역이 가진 코드 블록이라는 한계로부터의 해방을 의미합니다. 그러나 자유에는 늘 뒤따르는 것이 있지요? 맞습니다. 바로 '책임'입니다. 프로그래머는 힙 위에 자유롭게 메모리를 할당해서 사용할 수 있지만 그 메모리를 안전하게 해제하는 것도 프로그래머가 책임져야 하는 일입니다.

NOTE ▶ 힙 메모리 영역은 힙 ADT와 관련 없습니다.

여러분도 잘 알고 있듯이 C 언어에서 메모리를 할당할 때 malloc( ) 또는 calloc( ) 함수를 사용하고 해제할 때는 free( ) 함수를 사용합니다. malloc( )/calloc( ) 함수가 성공적으로 실행되면 프로그래머가 인수로 입력한 크기만큼의 메모리를 할당해서 힙에 그 주소를 반환합니다. 다음 코드에서처럼 말이지요.

```
typedef struct tagPoint
{
    int x;
    int y;
} Point;

Point *ptr = (Point*)malloc(sizeof(Point));
```

이 코드를 실행하면 다음 그림과 같이 malloc( )이 Point의 크기만큼 메모리를 힙에 할당하고, 스택에 위치한 ptr이 그 메모리 주소를 가리키게 됩니다.

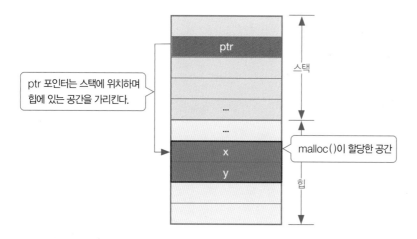

ptr은 자신이 태어난 코드 블록이 끝나는 곳에서 스택으로부터 제거되지만 malloc( )이 할당한 공간은 힙의 한 공간을 차지한 채 남아 있습니다. 그만큼 애플리케이션이 사용할 수 있는 힙 공간이 줄어드는 것이지요. 한 마디로 메모리 누수Leak가 생기는 것입니다.

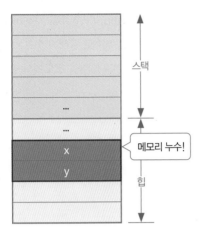

이런 일을 방지하려면 malloc( )으로 할당한 메모리를 free( )로 해제해야 합니다. 다음은 ptr이 가리키는 힙을 해제하는 예제입니다.

```
free(ptr);
```

이 코드를 실행하면 다음 그림과 같이 힙에서 ptr이 가리키던 공간을 해제해서 메모리 누수를 막을 수 있습니다.

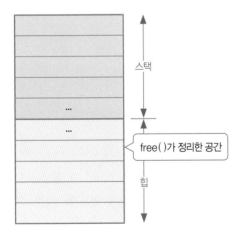

이렇게 해서 간략하게 자료구조와 알고리즘의 정의 및 기초 개념 그리고 C 언어로 메모리를 다루는 방법까지 알아보았습니다. 이제 본격적으로 개별 자료구조와 알고리즘을 살펴보겠습니다.

앞서 말한 것처럼 이 책에서는 복합 자료구조만을 다룹니다. 그중에서 가장 많이 사용되는 리스트, 스택, 큐, 트리, 모두 네 가지 자료구조를 다룹니다. 알고리즘은 정렬부터 문자열 탐색까지 모두 6가지를 다루며, 네 가지 알고리즘 설계 기법도 설명합니다.

긴 여정이 될 것입니다. 마음의 준비가 되었다면 다음 페이지로 넘어갑시다. 이 여정의 첫 번째 목적지는 바로 '리스트'입니다.

Part

01

자료구조

자료구조는 알고리즘을 익히는 데 필요한 기초 지식이기도 하지만, 그 자체로
도 매우 중요한 내용입니다. 1부에서는 네 가지 ADT(리스트, 스택, 큐, 트리)
를 차례대로 살펴보면서 데이터를 효율적으로 관리하는 기법을 익힙니다.

01

리스트

리스트, 스택, 큐, 트리는 프로그래머가 일상적으로 사용하는 ADT입니다. 우리는 앞으로 네 개 장에 걸쳐 이 네 가지 ADT를 배우게 되는데 그중에서도 리스트를 가장 먼저 배웁니다.

학습목표

이 장의
핵심 개념

- 리스트의 개념을 이해합니다.
- 리스트와 배열의 차이점을 이해합니다.
- 링크드 리스트의 개념과 구현을 이해합니다.
- 더블 링크드 리스트의 개념과 구현을 이해합니다.
- 환형 링크드 리스트의 개념과 구현을 이해합니다.

이 장의
학습 흐름

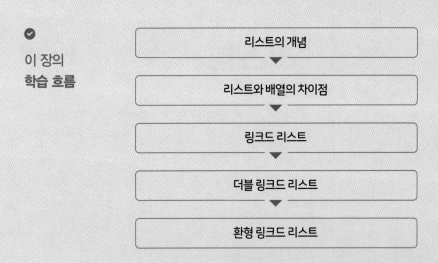

리스트의 개념

▼

리스트와 배열의 차이점

▼

링크드 리스트

▼

더블 링크드 리스트

▼

환형 링크드 리스트

1.1 리스트 ADT

리스트는 우리 삶에서 자주 사용됩니다. 전화기에 저장된 연락처, 죽기 전에 꼭 해보고 싶은 일을 담은 버킷 리스트, 구매할 물품을 정리한 장보기 목록 등 그 용도도 굉장히 다양하지요. 삶에서 이토록 유용한 리스트는 소프트웨어 코드에서도 자주 사용됩니다. 그러면 지금부터 리스트에 대해 알아보겠습니다.

1.1.1 리스트의 개념

우리가 처음 만나볼 ADT는 리스트 List 입니다. 그 이름에서 유추할 수 있듯이 리스트는 목록 형태로 이뤄진 데이터 형식입니다. 리스트의 목록을 이루는 개별 요소를 노드 Node, 마디 라고 부르는데 이 노드는 스택, 큐, 트리 등 여러분이 자료구조와 알고리즘을 공부하면서 계속 사용하게 될 개념이므로 지금 익혀두는 편이 좋습니다.

리스트의 첫 번째 노드와 마지막 노드를 부르는 이름이 따로 있습니다. 다음 그림을 보면 데이터를 담는 노드 목록에서 첫 번째 노드를 헤드 Head, 머리 라고 부르고 마지막 노드를 테일 Tail, 꼬리 이라고 부릅니다. 리스트의 길이는 헤드부터 테일까지 이르는 노드 개수와 같습니다.

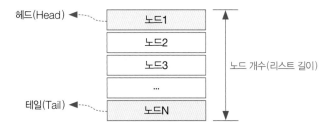

0장에서 ADT를 설명하면서 **자료구조가 갖춰야 할 일련의 연산**이라고 했던 것을 기억하나요? 리스트도 갖춰야 할 연산이 있습니다. 리스트에 노드를 추가하는 연산 Append, 노드 사이에 노드를 삽입하는 연산 Insert, 노드를 제거하는 연산 Remove, 특정 위치에 있는 노드를 반환하는 연산 GetAt 등이 그것입니다.

NOTE ▶ 설계에 따라 리스트 ADT가 갖는 연산 종류는 달라질 수 있습니다. 이 책에서는 이 네 가지 연산을 중심으로 리스트 자료구조를 설명합니다.

1.1.2 리스트와 배열 비교

배열은 리스트처럼 데이터 목록을 다루며, C 언어에서 기본적으로 제공하기 때문에 프로그래머가 따로 구현하지 않아도 된다는 장점이 있습니다. 그런데 왜 배열이 아닌 리스트를 사용하는 걸까요? 배열은 생성하는 시점에 반드시 배열의 크기를 지정해줘야 하고 생성한 후에는 그 크기를 변경할 수 없다는 단점이 있습니다.

하지만 소프트웨어는 종종 프로그래머에게 배열의 한계를 넘어설 것을 요구합니다. 예를 들어 소프트웨어가 임의의 디렉터리 내에 있는 파일 목록을 필요로 한다면 여러분은 어떻게 하겠습니까? 그 디렉터리에는 파일이 전혀 없을 수도 있고, 10개도 채 안 되는 파일만 있을 수도 있습니다. 운이 나쁘면 수천, 수만 개의 파일이 있을 수도 있습니다. 분명한 사실은 디렉터리 내에 있는 파일의 수는 프로그래머의 염원과는 무관하게 정해진다는 것입니다.

'아, 제발 파일이 항상 10개 미만으로만 있으면 좋겠다'라는 염원 하나로 다음과 같이 배열을 선언할 수는 없습니다.

```
char* files[10];
```

그렇다고 다음과 같이 무작정 큰 배열을 선언할 수도 없는 일입니다. 게다가 문제를 완전히 해결하지도 못합니다. 65,535개보다 더 많은 파일이 존재할 수도 있으니까요.

```
char* files[65535];
```

너무 작게 선언하자니 일을 제대로 할 수 없고 무작정 크게 선언하자니 메모리가 부족할 것 같습니다. 이 문제를 해결하기 위해 필요한 것은 배열처럼 데이터 집합 보관 기능을 가지면서도 배열과 달리 유연하게 크기를 바꿀 수 있는 자료구조입니다. 이 자료구조가 바로 '리스트'입니다. 이 장에서는 리스트를 구현하는 여러 가지 방법을 설명하겠습니다.

리스트는 간단하면서도 활용도가 높고 스택과 큐, 트리와 같은 재미있는 자료구조를 이해할 수 있는 기반이 된다는 점에서 중요한 의미를 가집니다. 리스트 ADT는 다양한 방법으로 구현이 가능한데, 그중에서도 우리는 활용도가 높은 링크드 리스트, 더블 링크드 리스트, 환형 링크드 리스트 이렇게 세 가지 자료구조를 살펴볼 것입니다. 이 장은 리스트뿐 아니라 자료구조를 다루기 위해 필요한 메모리 처리 기법에도 익숙해지는 기회가 될 것입니다.

1.2 링크드 리스트

링크드 리스트 Linked List 는 리스트를 구현하는 여러 가지 기법 중에서도 가장 간단한 방법으로 꼽히는
자료구조입니다. 자료구조를 처음 접하는 우리에게는 아주 좋은 아이템이라고 할 수 있습니다. 먼저
링크드 리스트가 어떻게 생겼는지 살펴볼까요?

링크드 리스트는 **노드를 연결해서 만든 리스트**라고 해서 붙여진 이름입니다. 링크드 리스트의 노드는
다음과 같이 데이터를 보관하는 필드, 다음 노드와 연결 고리 역할을 하는 포인터로 이루어집니다.

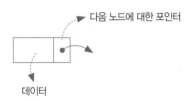

데이터와 포인터로 이루어진 노드들을 다음 그림처럼 주렁주렁 모두 엮으면 링크드 리스트가 되는
것이지요.

기다랗게 생긴 것이 얼핏 지네와 비슷해 보입니다. 리스트도 지네처럼 머리(헤드)와 꼬리(테일)를
갖고 있습니다. 리스트의 첫 번째 노드를 헤드라고 하고 마지막 노드를 테일이라고 부른다는 사실
기억하지요?

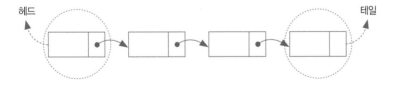

누가 생각해냈는지 몰라도 참 괜찮은 아이디어입니다. 다뤄야 하는 데이터 집합의 크기를 미리 알지
못해도 걱정할 필요 없이 데이터가 늘어날 때마다 노드를 만들어 테일에 붙이면 그만이기 때문입니
다. 이렇게 붙인 노드는 새로운 테일이 되고 이전에 테일이었던 노드는 평범한 노드가 됩니다.

리스트 사이에 새로운 노드를 끼워 넣거나 제거하기도 아주 쉽습니다. 해당 노드를 가리키는 포인터
만 교환하면 되니까요(이 부분은 나중에 설명하겠습니다). 이렇게 써놓고 보니 링크드 리스트에 대
한 칭찬 일색인데 사실 링크드 리스트에도 여러 단점이 있습니다. 그 단점들은 링크드 리스트를 모

두 공부한 후에 설명하겠습니다.

링크드 리스트에 대한 소개는 이 정도로 하고 이제부터 본격적으로 링크드 리스트의 구현 방법을 알아보겠습니다.

1.2.1 링크드 리스트의 노드 표현

링크드 리스트의 기본 연산을 배우기 전에 노드를 표현하는 방법을 먼저 알아보겠습니다. 링크드 리스트의 노드를 C 언어로 표현하면 다음과 같은 구조체로 나타낼 수 있습니다.

```
typedef int ElementType;

struct Node
{
    ElementType Data; // 데이터
    struct Node* NextNode; // 다음 노드
};
```

이 코드에서는 ElementType을 int로 지정했지만, 나중에 링크드 리스트를 공부한 후 프로그램을 작성할 때는 여러분에게 필요한 자료형으로 바꿔서 사용하면 됩니다. 한편 이렇게 정의된 Node 구조체의 인스턴스를 만들려면 항상 귀찮은 struct 키워드를 동반해야 합니다. 다음과 같이 말입니다.

```
struct Node MyNode;
```

따라서 우리는 다음과 같이 별칭을 이용해서 Node 구조체를 선언하겠습니다.

```
typedef struct tagNode
{
    ElementType Data; // 데이터
    struct tagNode* NextNode; // 다음 노드
} Node;
```

이렇게 선언한 Node 구조체로 간편하게 인스턴스를 만들 수 있습니다. struct 키워드 없이 말입니다.

```
Node MyNode;
```

1.2.2 링크드 리스트의 주요 연산

이제 링크드 리스트가 어떤 연산을 가져야 할지 생각해봅시다. 링크드 리스트에는 두 종류의 연산이 필요합니다. 첫 번째는 자료구조를 구축하기 위한 연산이고, 두 번째는 자료구조에 저장된 데이터를 활용하기 위한 연산입니다. 여기서는 다음 여섯 가지 주요 연산을 링크드 리스트 자료구조에 구현하겠습니다. 여기에 더해 노드 세기 연산도 살펴보겠습니다.

- 노드 생성(CreateNode)/소멸(DestroyNode)
- 노드 추가(AppendNode)
- 노드 탐색(GetNodeAt)
- 노드 삭제(RemoveNode)
- 노드 삽입(InsertAfter, InsertNewHead)

노드 생성/소멸, 추가, 삭제, 삽입은 링크드 리스트 자료구조를 구축하기 위한 연산이고 탐색은 구축된 링크드 리스트의 데이터를 활용하기 위한 연산입니다.

NOTE ▶ 노드 소멸과 노드 삭제가 완전히 다른 연산이라는 사실에 주의하세요. 노드 소멸은 노드를 메모리에서 없애는 연산을 말하고, 노드 삭제는 리스트에서 노드를 제외하는 연산을 말합니다.

영어에 '기만적 단순함$^{\text{Deceptively simple}}$'이라는 표현이 있습니다. 단순해 보이지만 실제로는 전혀 단순하지 않은 것을 뜻하는 말인데요. 특수상대성 이론을 표현하는 $E = MC^2$가 대표적인 예입니다. 링크드 리스트가 단순해 보여도 링크드 리스트를 우아한 자료구조로 유지하려면 방금 언급한 여섯 가지 연산을 구현할 때 자유 저장소$^{\text{Free Store}}$와 포인터를 상대로 싸움을 벌여야 합니다. 그렇다고 너무 겁먹을 필요는 없습니다. 코드를 차근차근 작성하면서 포인터 공포증에서 벗어나는 기회로 삼으면 되니까요.

자신을 'C 프로그래머'라고 소개하는 사람들조차 자료형 뒤에 붙는 '*'라면 경기를 일으키곤 합니다. 아마 이 책을 읽는 독자 중에도 그런 분들이 여럿 있겠지요. 저도 포인터가 싫습니다. 포인터가 등장하면 데이터뿐 아니라 포인터가 가리키는 메모리에 관해서도 생각의 끈을 놓을 수 없으니까요.

하지만 '귀찮은 것'과 '어려운 것'은 의미가 분명히 다릅니다. 포인터가 어렵다고 생각되는 이유는 포인터에 익숙해지기까지 해야 하는 연습들이 귀찮기 때문입니다. 피아노를 배울 때 건반이 내는 음정을 설명만 듣고 연주할 수 있는 사람은 없습니다. 간단한 곡이라고 해도 초보자가 피아노로 연주하려면 적어도 며칠은 연습해야 합니다. 같은 이치로 코드에서 포인터를 활용하는 데 익숙해지려면 포인터를 활용하는 코드를 많이 작성해봐야 합니다. 자료구조와 알고리즘은 포인터에 익숙해지는 데 아주 좋은 연습 방법입니다. 포인터 때문에 포기하지 마세요. 자료구조와 알고리즘을 공부하다 보면 포인터를 자연스럽게 이해하게 될 것입니다.

노드 생성/소멸 연산

0장에서 설명한 C 언어로 작성된 프로그램의 세 가지 메모리 영역을 기억하나요? 전역 변수와 정적 변수 등이 저장되는 정적 메모리, 자동으로 메모리를 해제하는 자동 메모리, 자유롭게 데이터를 할당해서 사용하는 자유 저장소 말입니다. 메모리 레이아웃 이야기를 다시 꺼낸 이유는 노드 생성과 노드 소멸을 어떻게 구현할지 결정해야 하기 때문입니다. 링크드 리스트의 노드는 자동 메모리와 자유 저장소 둘 중 어느 곳에 생성하는 것이 좋을까요?

먼저 자동 메모리를 사용하는 방안을 생각해봅시다. 이 경우 노드 생성 함수 SLL_Create Node( ) 를 다음과 같이 구현할 수 있습니다. 어떤 문제가 보이나요?

```
// 노드 생성(문제 버전)
Node* SLL_CreateNode( ElementType NewData )
{
    Node NewNode; // 자동 메모리에 새로운 노드 생성
    NewNode.Data = NewData;
    NewNode.NextNode = NULL;

    return &NewNode; // NewNode가 생성된 메모리의 주소를 반환
}    // 함수가 종료되면서 NewNode는 자동 메모리에서 제거된다.

...

Node* MyNode = SLL_CreateNode( 117 ); // MyNode는 할당되지 않은 메모리를 가리킨다.
```

이 코드를 같이 살펴봅시다. SLL_CreateNode( ) 함수가 가장 먼저 지역 변수 NewNode를 자동 메모리(스택)에 생성하고 NewData의 Data, NextNode 필드를 초기화합니다. 그리고 함수 끝에서 NewNode의 주소를 반환합니다.

문제는 return 문이 실행된 후에 벌어집니다. MyNode 포인터는 NewNode가 '존재하는' 메모리의 주소를 갖고 있는 것이 아닙니다. 자동 메모리에 의해 제거된 NewNode가 '존재했던' 메모리의 주소를 담고 있습니다. 이미 사라져버린 NewNode의 주소를 담고 있는 이 불쌍한 MyNode 포인터 때문에 프로그램이 죽어버리거나(차라리 그러면 다행입니다), 예기치 않은 동작을 야기하는 사고뭉치로 돌변할 가능성을 갖게 됩니다.

노드 생성에 자동 메모리가 적합하지 않다는 사실을 알았으니 남은 선택지는 자유 저장소뿐입니다. 이제부터는 자유 저장소를 사용하는 방법을 살펴보겠습니다. 자유 저장소를 활용하려면 메모리를 할당하는 malloc( ) 함수가 필요합니다.

```
void* malloc( size_t size );
```

malloc( ) 함수를 조금 더 가까이서 살펴볼까요? 우선 반환 형식이 void*네요. void*는 모든 형식의 메모리를 가리킬 수 있는 만능 포인터입니다. malloc( )은 얼마나 큰 공간을 할당할지를 다루는 함수이고, 그 안에 어떤 형식의 데이터가 담기는지에 대해서는 관심이 없기 때문에 void*는 이 함수가 할당하는 자유 저장소의 메모리 주소를 가리키기에 적합한 형식입니다.

malloc( )의 매개 변수는 size 하나뿐입니다. size는 malloc( )이 할당해야 하는 메모리의 크기를 나타냅니다. 이 매개 변수의 형식은 size_t인데 sizeof 연산자의 반환형이기도 한 size_t는 사실 typedef로 선언한 unsigned int의 별칭입니다.

malloc( ) 함수를 사용하여 노드를 자유 저장소에 생성하는 예제는 다음과 같습니다.

```
Node* NewNode = (Node*)malloc(sizeof(Node));
```

이 예제에서 malloc( ) 함수는 sizeof 연산자가 측정한 노드 구조체의 크기만 한 메모리를 자유 저장소에 확보하고 NewNode 포인터에 그 메모리 주소를 저장합니다. 그러면 이번에는 malloc( )을 이용하여 SLL_CreateNode( ) 함수가 제대로 일을 할 수 있게 고쳐봅시다.

```
Node* SLL_CreateNode(ElementType NewData)
{
    Node* NewNode = (Node*)malloc(sizeof(Node));

    NewNode->Data = NewData;  //  데이터를 저장한다.
    NewNode->NextNode = NULL; //  다음 노드에 대한 포인터는 NULL로 초기화한다.

    return NewNode; //  노드의 주소를 반환한다.
}
```

노드를 제대로 생성할 수 있게 되었으니 소멸도 제대로 시켜봅시다. 노드를 소멸시키는 코드는 단순합니다. 자유 저장소 세계의 해결사인 free() 함수에 노드가 있는 메모리 주소를 정확히 일러주기만 하면 뒷일은 모두 free() 함수가 알아서 처리하기 때문입니다.

```
void free( void *memblock );
```

다음은 노드를 소멸하는 SLL_DestroyNode() 함수입니다. 노드가 존재하는 주소를 가리키는 포인터를 입력받아 free() 함수에 넘겨 해당 노드를 소멸시킵니다.

```
void SLL_DestroyNode(Node* Node)
{
    free(Node);
}
```

❗ 여기서 잠깐 **SLL_이 무슨 뜻인가요?**

SLL은 Singly Linked List의 약자입니다. 우리가 다음 절에서 배울 더블 링크드 리스트의 노드들이 양쪽 방향으로 서로 엮여 있는 반면, 링크드 리스트는 한쪽 방향으로만 엮여 있기 때문에 'Singly'라는 수식어를 붙여 확실히 구분한 것입니다. 따라서 우리가 더블 링크드 리스트 함수에 DLL_이라는 접두어를 붙일 것임을 예상할 수 있겠지요?

노드 추가 연산

노드 추가는 링크드 리스트의 테일 노드 뒤에 새로운 노드를 만들어 연결하는 연산입니다. 꼬리를
덧붙이는 것이지요.

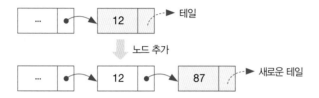

SLL_CreateNode( ) 함수를 이용하여 자유 저장소에 노드를 생성한 다음, 새로 생성한 노드의 주
소를 테일의 NextNode 포인터에 저장하면 되겠군요. 노드 추가 연산을 처리하는 SLL_Append
Node( ) 함수는 다음과 같이 구현할 수 있습니다.

```c
void SLL_AppendNode(Node** Head, Node* NewNode)
{
    //  헤드 노드가 NULL이라면 새로운 노드가 Head가 된다.
    if ( (*Head) == NULL )
    {
        *Head = NewNode;
    }
    else
    {
        //  테일을 찾아 NewNode를 연결한다.
        Node* Tail = (*Head);
        while ( Tail->NextNode != NULL )
        {
            Tail = Tail->NextNode;
        }

        Tail->NextNode = NewNode;
    }
}
```

이렇게 구현한 SLL_AppendNode( ) 함수는 다음과 같이 사용합니다.

```
Node* List = NULL;
Node* NewNode = NULL;
NewNode = SLL_CreateNode( 117 );   // 자유 저장소에 노드 생성
SLL_AppendNode( &List, NewNode );   // 생성한 노드를 List에 추가
NewNode = SLL_CreateNode( 119 );   // 자유 저장소에 또 다른 노드 생성
SLL_AppendNode( &List, NewNode );   // 생성한 노드를 List에 추가
```

> **! 여기서 잠깐** **왜 '*'가 아니고 '**'인가요?**
>
> SLL_AppendNode( ) 함수의 원형이 다음과 같다고 가정해봅시다. 매개 변수가 Node**가 아닌 Node*로
> 선언되었다고 말입니다.
>
>   void SLL_Append Node(Node* _Head, Node* _NewNode);
>
> 그리고 이 함수를 다음과 같이 호출하는 코드를 작성했다고 합시다.
>
>   Node* List = NULL;
>   Node* NewNode = NULL;
>   NewNode = SLL_CreateNode(117);
>   SLL_AppendNode(List, NewNode);
>
> 이 코드에서 List는 비어 있습니다. 117을 담고 있는 NewNode가 List에 추가되면 바로 헤드 노드가 될 참
> 이었지요. SLL_AppendNode( ) 함수를 호출하면 NewNode가 List에 추가될까요? 답은 '아니오'입니다.
> List는 여전히 아무 노드도 갖고 있지 않은 NULL로 남아 있습니다. 왜 그런지 생각해봅시다.
>
> 먼저 List와 NewNode를 선언할 때 다음과 같이 자동 메모리에 두 포인터 변수가 생성됩니다. 그리고 이 두
> 포인터는 아무 메모리도 가리키지 않는 상태로 초기화되어 있습니다.
>
>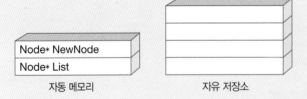
>
> 자동 메모리   자유 저장소
>
> 그다음, NewNode = SLL_CreateNode(117); 문장이 실행되면 자유 저장소에 117을 가진 노드가 생성
> 되고 NewNode가 그 주소를 가리킵니다.

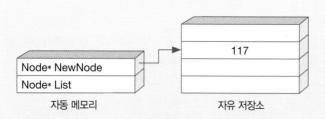

문제는 그다음입니다. SLL_AppendNode( ) 함수를 호출할 때 SLL_AppendNode( )의 매개 변수들(_Head 와 _NewNode)이 자동 메모리에 생성되고 List는 _Head에, NewNode는 _NewNode에 자신이 가리키 는 메모리의 주소를 '복사'해 넣습니다. 바로 이곳, 포인터 복사에서 비극이 시작됩니다.

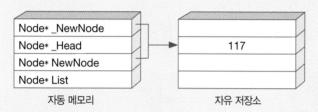

SLL_AppendNode( ) 함수는 List의 헤드가 NULL일 때 새 노드를 헤드로 만들지요? 따라서 매개 변수 _Head는 117 노드가 존재하는 자유 저장소의 메모리를 가리키게 됩니다. 하지만 List는 우리의 기대를 저버 리고 _Head가 가리키는 곳을 가리키지 않습니다. 그냥 NULL로 남아 있습니다.

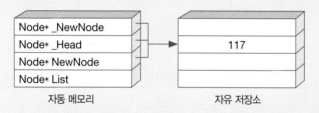

이제 왜 이런 일이 벌어졌는지 정리해봅시다. 포인터는 '메모리 주소'를 담는 '변수'입니다. SLL_ Append Node( ) 함수를 호출할 때 List 포인터가 담고 있는 '주소값'만 _Head에 복사되고, 정작 List 포인터 변수 의 주소는 전달되지 않은 것입니다. SLL_AppendNode( ) 함수가 호출된 후에는 매개 변수 _Head와 _NewNode는 자동 메모리에 의해 제거되고 List는 여전히 NULL인 채로 남습니다. 함수를 실행하기 전과 같은 상태가 되는 것이지요.

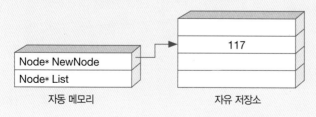

여기까지 이해했다면 왜 포인터(*)가 아닌 포인터에 대한 포인터(**)가 필요한지 작은 깨달음을 얻었을 것입니다. 우리는 포인터가 가진 값이 아닌, 포인터 자신의 주소를 넘겨야 합니다. 다음과 같이 SLL_AppendNode() 함수의 첫 번째 매개 변수를 Node**로 선언하면 Head 포인터 자신의 주소를 넘길 수 있게 됩니다. _Head 포인터는 List 포인터 변수의 '주소'를 가리키고, 이 주소를 이용하여 List가 NewNode의 주소(자유 저장소에 할당된 117 노드의 주소)를 가리키도록 하는 것입니다.

```
void SLL_AppendNode(Node** _Head, Node* _NewNode) ●···········  List 포인터의 주소
{
    if ( (*_Head) == NULL )
    {
        *_Head = _NewNode;
    }
    …
}
```

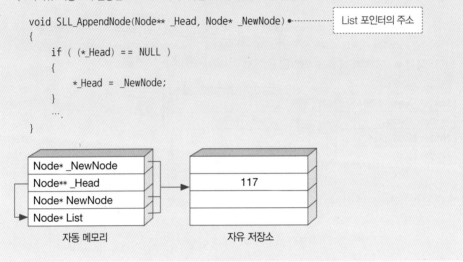

자동 메모리   자유 저장소

노드 탐색 연산

링크드 리스트에게 노드 탐색 연산은 아픈 손가락입니다. 배열에서는 어떤 위치에 있는 요소를 취하고 싶을 때 해당 요소의 첨자를 입력하면 바로 해당 요소에 접근할 수 있습니다. 이에 반해, 링크드 리스트는 헤드부터 시작해서 다음 노드에 대한 포인터를 징검다리 삼아 차근차근 노드의 개수만큼 거쳐야만 원하는 요소에 접근할 수 있습니다. 찾고자 하는 요소가 N번째에 있다면 N-1개의 노드를 거쳐야 하는 것입니다.

링크드 리스트 내에서 임의의 위치에 있는 노드를 찾아 반환하는 SLL_GetNodeAt() 함수는 다음과 같이 구현할 수 있습니다.

```
Node* SLL_GetNodeAt(Node* Head, int Location)
{
    Node* Current = Head;

    while ( Current != NULL && (--Location) >= 0)
    {
        Current = Current->NextNode;
    }

    return Current;
}
```

그리고 이 함수는 다음과 같이 사용할 수 있습니다.

```
Node* List = NULL;
Node* MyNode = NULL;

SLL_AppendNode( &List, SLL_CreateNode( 117 ) ); // 노드를 생성하여 List에 추가
SLL_AppendNode( &List, SLL_CreateNode( 119 )); // 노드를 생성하여 List에 추가

MyNode = SLL_GetNodeAt( List, 1 ); // 두 번째 노드의 주소를 MyNode에 저장
printf( "%d\n", MyNode->Data );      // 119를 출력
```

말끔해 보이지만 한편으로 안타까운 코드입니다. 사용은 간단하지만 내부 구현은 엄청난 비효율성을 품고 있으니 말입니다. 이러한 노드 탐색의 비효율성은 링크드 리스트의 숙명과도 같습니다.

노드 삭제 연산

노드 삭제 연산은 링크드 리스트 내 임의의 노드를 제거하는 연산입니다. 삭제하고자 하는 노드를 찾은 후 해당 노드의 다음 노드를 이전 노드의 NextNode 포인터에 연결하면 그 노드를 삭제할 수 있습니다. 그림으로 표현하면 다음과 같습니다.

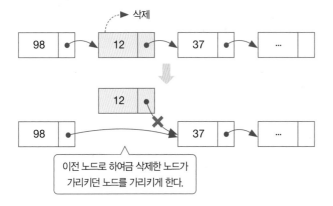

이전 노드로 하여금 삭제한 노드가
가리키던 노드를 가리키게 한다.

노드 삭제 연산을 수행하는 SLL_RemoveNode( ) 함수는 다음과 같이 구현합니다.

```
void SLL_RemoveNode(Node** Head, Node* Remove)
{
    if ( *Head == Remove )
    {
        *Head = Remove->NextNode;
    }
    else
    {
        Node* Current = *Head;
        while ( Current != NULL && Current->NextNode != Remove )
        {
            Current = Current->NextNode;
        }

        if ( Current != NULL )
            Current->NextNode = Remove->NextNode;
    }
}
```

우리는 삭제한 노드를 다른 곳에서 사용하지 않을 것입니다. 그러니 여기에서 파괴하는 것이 좋겠네요. 앞서 구현했던 SLL_DestoryNode( ) 함수를 이용하여 삭제한 노드를 소멸시킵시다. SLL_RemoveNode( ) 함수의 호출 예는 다음과 같습니다.

```
Node* List = NULL;
Node* MyNode = NULL;

SLL_AppendNode( &List, SLL_CreateNode( 117 ) ); // 노드를 생성하여 List에 추가
SLL_AppendNode( &List, SLL_CreateNode( 119 ) ); // 노드를 생성하여 List에 추가
SLL_AppendNode( &List, SLL_CreateNode( 212 ) ); // 노드를 생성하여 List에 추가

MyNode = SLL_GetNodeAt( List, 1 ); // 두 번째 노드의 주소를 MyNode에 저장
printf( "%d\n", MyNode->Data );        // 119를 출력

SLL_RemoveNode( &List, MyNode ); // 두 번째 노드 제거

SLL_DestroyNode( MyNode ); // 링크드 리스트에서 제거한 노드를 메모리에서 완전히 소멸시킴
```

노드 삽입 연산

노드 삽입은 다음 그림과 같이 노드와 노드 사이에 새로운 노드를 끼워 넣는 연산입니다.

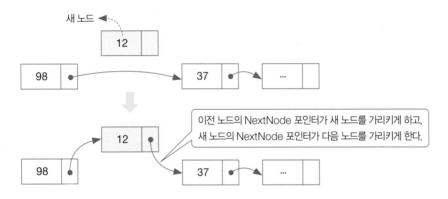

노드 삽입을 수행하는 SLL_InsertAfter( ) 함수는 다음과 같이 구현합니다.

```
void SLL_InsertAfter(Node* Current, Node* NewNode)
{
    NewNode->NextNode = Current->NextNode;
    Current->NextNode = NewNode;
}
```

노드 개수 세기 연산

노드의 개수를 세는 연산(리스트의 길이를 재는 연산)도 구현해봅시다. 다음의 SLL_GetNode Count( ) 함수는 링크드 리스트 내에 존재하는 노드의 개수를 세어 그 결과를 반환합니다.

```
int SLL_GetNodeCount(Node* Head)
{
    int   Count = 0;
    Node* Current = Head;

    while ( Current != NULL )
    {
        Current = Current->NextNode;
        Count++;
    }

    return Count;
}
```

1.2.3 링크드 리스트 예제 프로그램

지금까지 연마해온 링크드 리스트 초식들을 종합하여 예제 프로그램을 만들어보겠습니다. 이 예제 프로그램은 3개의 파일로 구성됩니다. 하나는 링크드 리스트의 기본 연산을 수행하는 함수가 선언된 LinkedList.h, 다른 하나는 이 함수들을 구현하는 LinkedList.c, 그리고 마지막 하나는 구현된 내용을 테스트하는 Test_LinkedList.c입니다. 그럼 시작해봅시다.

NOTE ▶ 예제 소스는 https://www.hanbit.co.kr/src/11003에서 내려받을 수 있습니다.

01장/LinkedList/LinkedList.h

```
01  #ifndef LINKEDLIST_H
02  #define LINKEDLIST_H
03
04  #include <stdio.h>
05  #include <stdlib.h>
```

```
06
07   typedef int ElementType;
08
09   typedef struct tagNode
10   {
11       ElementType Data;
12       struct tagNode* NextNode;
13   } Node;
14
15   // 함수 원형 선언
16   Node* SLL_CreateNode(ElementType NewData);
17   void  SLL_DestroyNode(Node* Node);
18   void  SLL_AppendNode(Node** Head, Node* NewNode);
19   void  SLL_InsertAfter(Node* Current, Node* NewNode);
20   void  SLL_InsertNewHead(Node** Head, Node* NewHead);
21   void  SLL_RemoveNode(Node** Head, Node* Remove);
22   Node* SLL_GetNodeAt(Node* Head, int Location);
23   int   SLL_GetNodeCount(Node* Head);
24
25   #endif
```

01장/LinkedList/LinkedList.c

```
001   #include "LinkedList.h"
002
003   // 노드 생성
004   Node* SLL_CreateNode(ElementType NewData)
005   {
006       Node* NewNode = (Node*)malloc(sizeof(Node));
007
008       NewNode->Data = NewData;  // 데이터를 저장한다.
009       NewNode->NextNode = NULL; // 다음 노드에 대한 포인터는 NULL로 초기화한다.
010
011       return NewNode;  // 노드의 주소를 반환한다.
012   }
013
014   // 노드 소멸
015   void SLL_DestroyNode(Node* Node)
```

```
016  {
017      free(Node);
018  }
019
020  //  노드 추가
021  void SLL_AppendNode(Node** Head, Node* NewNode)
022  {
023      //  헤드 노드가 NULL이라면 새로운 노드가 Head가 된다.
024      if ( (*Head) == NULL )
025      {
026          *Head = NewNode;
027      }
028      else
029      {
030          //  테일을 찾아 NewNode를 연결한다.
031          Node* Tail = (*Head);
032          while ( Tail->NextNode != NULL )
033          {
034              Tail = Tail->NextNode;
035          }
036
037          Tail->NextNode = NewNode;
038      }
039  }
040
041  //  노드 삽입
042  void SLL_InsertAfter(Node* Current, Node* NewNode)
043  {
044      NewNode->NextNode = Current->NextNode;
045      Current->NextNode = NewNode;
046  }
047
048  void  SLL_InsertNewHead(Node** Head, Node* NewHead)
049  {
050      if ( Head == NULL )
051      {
052          (*Head) = NewHead;
053      }
054      else
055      {
```

```
056          NewHead->NextNode = (*Head);
057          (*Head) = NewHead;
058      }
059 }
060
061 //  노드 제거
062 void SLL_RemoveNode(Node** Head, Node* Remove)
063 {
064     if ( *Head == Remove )
065     {
066         *Head = Remove->NextNode;
067     }
068     else
069     {
070         Node* Current = *Head;
071         while ( Current != NULL && Current->NextNode != Remove )
072         {
073             Current = Current->NextNode;
074         }
075
076         if ( Current != NULL )
077             Current->NextNode = Remove->NextNode;
078     }
079 }
080
081 //  노드 탐색
082 Node* SLL_GetNodeAt(Node* Head, int Location)
083 {
084     Node* Current = Head;
085
086     while ( Current != NULL && (--Location) >= 0)
087     {
088         Current = Current->NextNode;
089     }
090
091     return Current;
092 }
093
094 //  노드 개수 세기
095 int SLL_GetNodeCount(Node* Head)
```

```
096  {
097      int   Count = 0;
098      Node* Current = Head;
099
100      while ( Current != NULL )
101      {
102          Current = Current->NextNode;
103          Count++;
104      }
105
106      return Count;
107  }
```

01장/LinkedList/Test_LinkedList.c

```
01   #include "LinkedList.h"
02
03   int main( void )
04   {
05       int   i       = 0;
06       int   Count   = 0;
07       Node* List    = NULL;
08       Node* Current = NULL;
09       Node* NewNode = NULL;
10
11       // 노드 5개 추가
12       for ( i = 0; i<5; i++ )
13       {
14           NewNode = SLL_CreateNode(i);
15           SLL_AppendNode(&List, NewNode);
16       }
17
18       NewNode = SLL_CreateNode(-1);
19       SLL_InsertNewHead(&List, NewNode);
20
21       NewNode = SLL_CreateNode(-2);
22       SLL_InsertNewHead(&List, NewNode);
23
```

```
24        //  리스트 출력
25        Count = SLL_GetNodeCount(List);
26        for ( i = 0; i<Count; i++ )
27        {
28            Current = SLL_GetNodeAt(List, i);
29            printf("List[%d] : %d\n", i, Current->Data);
30        }
31
32        //  리스트의 세 번째 노드 뒤에 새 노드 삽입
33        printf("\nInserting 3000 After [2]...\n\n");
34
35        Current = SLL_GetNodeAt(List, 2);
36        NewNode = SLL_CreateNode(3000);
37
38        SLL_InsertAfter(Current, NewNode);
39
40        //  리스트 출력
41        Count = SLL_GetNodeCount(List);
42        for ( i = 0; i<Count; i++ )
43        {
44            Current = SLL_GetNodeAt(List, i);
45            printf("List[%d] : %d\n", i, Current->Data);
46        }
47
48        //  모든 노드를 메모리에서 제거
49        printf("\nDestroying List...\n");
50
51        for ( i = 0; i<Count; i++ )
52        {
53            Current = SLL_GetNodeAt(List, 0);
54
55            if ( Current != NULL )
56            {
57                SLL_RemoveNode(&List, Current);
58                SLL_DestroyNode(Current);
59            }
60        }
61
62        return 0;
63   }
```

다 작성했습니까? 그렇다면 이제 소스 코드를 컴파일하고 프로그램을 실행해보세요.

```
List[0] : -2
List[1] : -1
List[2] : 0
List[3] : 1
List[4] : 2
List[5] : 3
List[6] : 4

Inserting 3000 After [2]...

List[0] : -2
List[1] : -1
List[2] : 0
List[3] : 3000
List[4] : 1
List[5] : 2
List[6] : 3
List[7] : 4

Destroying List...
```

1.2.4 링크드 리스트의 장단점

링크드 리스트를 직접 구현해봤으니 이제 이런 이야기를 나눠도 될 것 같습니다. 링크드 리스트의 이론은 매우 간단해 보이지만 막상 구현하려고 하면 쉽지 않습니다. 이런 점을 감안했을 때 링크드 리스트가 과연 많은 수고를 들여 사용할 만큼의 가치를 갖고 있을까요?

우선 링크드 리스트의 단점을 찾아봅시다.

- 다음 노드를 가리키려는 포인터 때문에 각 노드마다 추가적인 메모리(32비트 시스템에서는 4바이트, 64비트 시스템에서는 8바이트)가 필요합니다.

- 특정 위치에 있는 노드에 접근하기 위한 비용이 크며 접근하기까지 시간도 많이 소요됩니다. 가령 n번째 위치에 있는 노드에 접근하려면 n회의 노드 탐색 루프를 실행해야 해당 위치의 노드에 접근할 수 있습니다. 반면 배열은 상수 시간에 노드를 얻을 수 있습니다. 배열에서 노드 위치는 '첨자 × 노드 크기'로 계산되니까요.

이번에는 장점을 떠올려볼까요?

- 새로운 노드의 추가, 삽입, 삭제가 쉽고 빠릅니다. 반면에 배열은 새로운 요소를 삽입하거나 기존 요소를 제거하기가 어렵습니다.
- 현재 노드의 다음 노드를 얻어오는 연산에 대해서는 비용이 발생하지 않습니다(이것은 장점이라고 하기는 어렵지만 단점은 확실히 아니기에 장점으로 분류했습니다).

링크드 리스트의 장단점을 정리해보면 **노드의 추가, 삽입, 삭제 연산은 빠르지만 특정 위치에 있는 노드에 접근하는 연산은 느린 것**이라고 할 수 있습니다. 따라서 링크드 리스트는 레코드의 추가, 삽입, 삭제가 잦지만 조회는 드문 곳에서 사용하기 적합합니다. 예컨대 데이터베이스에서 조회해온 레코드를 순차적으로 다루는 데 아주 제격입니다.

❓ VITAMIN QUIZ 1-2

SLL_InsertAfter( ) 함수는 특정 '노드 뒤'에 새로운 노드를 삽입합니다. SLL_ InsertNewHead( ) 함수는 '헤드 앞'에 새로운 헤드를 삽입합니다. 그렇다면 특정 '노드 앞'에 새로운 노드를 삽입하는 SLL_InsertBefore( ) 함수도 있겠군요. 지금부터 이 함수를 구현하세요. 원형은 다음과 같습니다.

```
void SLL_InsertBefore( Node** Head, Node* Current, Node* NewHead );
```

다음으로 링크드 리스트의 모든 노드를 한번에 제거하는 SLL_DestroyAllNodes( ) 함수를 작성하세요. 원형은 다음과 같습니다.

```
SLL_DsetroyAllNodes( Node ** List );
```

1.3 더블 링크드 리스트

더블 링크드 리스트^{Doubly Linked List}는 링크드 리스트의 탐색 기능을 개선한 자료구조입니다. 가령 링크드 리스트에서 어떤 노드를 찾으려면 헤드에서 테일 방향으로만 탐색할 수 있는 데 비해, 더블 링크드 리스트에서는 양방향으로 탐색이 가능합니다.

양방향 탐색이 가능한 이유는 리스트를 구성하는 노드 구조가 변경되었기 때문입니다. 링크드 리스트의 노드가 다음 노드를 가리키는 포인터만 가지는 데 비해, 더블 링크드 리스트의 노드는 자신의 앞에 있는 노드를 가리키는 포인터도 갖고 있습니다. 그래서 더블 링크드 리스트의 노드는 뒤로는 물론 앞으로도 이동할 수 있습니다.

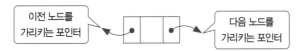

이를 구조체로 선언하면 다음과 같습니다.

```
Typedef int ElementType;

typedef struct tagNode
{
    ElementType Data;
    struct tagNode* PrevNode;
    struct tagNode* NextNode;
} Node;
```

그리고 이 노드를 주렁주렁 엮으면 다음과 같은 모습의 더블 링크드 리스트가 되는 것입니다.

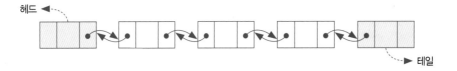

1.3.1 더블 링크드 리스트의 주요 연산

더블 링크드 리스트의 주요 연산이라고 해봤자 링크드 리스트와 다른 것이 하나도 없습니다. '이전 노드'를 처리하기 위한 구현이 더 추가될 뿐이지요. 링크드 리스트를 이해했다면 더블 링크드 리스트 역시 쉽게 이해할 수 있을 것입니다.

노드 생성/소멸 연산

방금 전에도 이야기했듯이 더블 링크드 리스트의 노드를 만들고 소멸시키는 과정은 링크드 리스트와 별차이가 없습니다. 우선 노드를 생성하는 DLL_CreateNode() 함수를 살펴봅시다.

링크드 리스트 노드 추가 함수와 비교해보면 생성한 노드의 PrevNode에 NULL을 대입하여 초기화하는 부분만 추가됐을 뿐입니다.

NOTE▶ 이 함수의 접미사 DLL은 Doubly Linked List를 줄인 말입니다.

```
Node* DLL_CreateNode( ElementType NewData )
{
    Node* NewNode = (Node*)malloc(sizeof(Node));

    NewNode->Data = NewData;
    NewNode->PrevNode = NULL;
    NewNode->NextNode = NULL;

    return NewNode;
}
```

노드를 자유 저장소에서 제거하는 DLL_DestroyNode( ) 함수는 아예 링크드 리스트의 버전과 동일합니다. 하는 일이라고는 free( ) 함수를 호출하는 것뿐이니 당연합니다.

```
Void DLL_DestroyNode( Node* Node )
{
    free(Node);
}
```

노드 추가 연산

링크드 리스트에서 SLL_AppendNode( ) 함수는 기존 테일의 NextNode 포인터가 새로 추가된 테일을 가리키도록 하면 모든 일을 끝낼 수 있었지만, 더블 링크드 리스트에서는 새로운 테일의 PrevNode 포인터도 기존 테일의 주소를 가리키도록 해야 합니다.

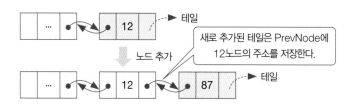

테일

새로 추가된 테일은 PrevNode에 12노드의 주소를 저장한다.

노드 추가

테일

더블 링크드 리스트의 DLL_AppendNode( ) 함수는 다음과 같습니다. SLL_AppendNode( ) 함수에 새로 추가된 노드의 PrevNode 포인터가 기존에 테일이었던 노드를 가리키게 하는 코드만 더 추가되었습니다.

```
Void DLL_AppendNode( Node** Head, Node* NewNode )
{
    // 헤드 노드가 NULL이라면 새로운 노드가 Head가 된다.
    if ( (*Head) == NULL )
    {
        *Head = NewNode;
    }
    else
    {
        // 테일을 찾아 NewNode를 연결한다.
        Node* Tail = (*Head);
        while ( Tail->NextNode != NULL )
        {
            Tail = Tail->NextNode;
        }

        Tail->NextNode = NewNode;
        NewNode->PrevNode = Tail; // 기존의 테일을 새로운 테일의 PrevNode가 가리킴
    }
}
```

DLL_AppendNode( ) 함수는 다음과 같이 사용할 수 있습니다.

```
Node* List = NULL;

DLL_AppendNode( &List, DLL_CreateNode( 117 ));
DLL_AppendNode( &List, DLL_CreateNode( 119 ));
```

노드 탐색 연산

노드 탐색을 하는 DLL_GetNodeAt( ) 함수도 링크드 리스트 버전을 그대로 사용합니다. 이미 앞에서 살펴본 코드이니 설명은 따로 필요 없겠지요?

```
Node* DLL_GetNodeAt( Node* Head, int Location )
{
    Node* Current = Head;

    while ( Current != NULL && (--Location) >= 0 )
    {
        Current = Current->NextNode;
    }

    return Current;
}
```

노드 삭제 연산

이번에는 더블 링크드 리스트의 노드를 삭제해봅시다. 노드 삭제는 앞에서 봤던 연산들과 달리 약간 골치가 아픕니다. 삭제할 노드의 양쪽 포인터 2개, 이전 노드의 NextNode 포인터, 다음 노드의 PrevNode 포인터 등 모두 4개의 포인터를 다뤄야 하기 때문입니다.

다음 그림을 보면 이해하기 쉬울 것입니다. 삭제할 노드의 NextNode 포인터가 가리키던 노드를 이전 노드의 NextNode 포인터가 가리키게 바꾸고, 삭제할 노드의 PrevNode 포인터가 가리키던 노드를 다음 노드의 PrevNode 포인터가 가리키게 바꿉니다. 그리고 삭제할 노드의 NextNode와 PrevNode는 NULL로 깨끗하게 초기화합니다.

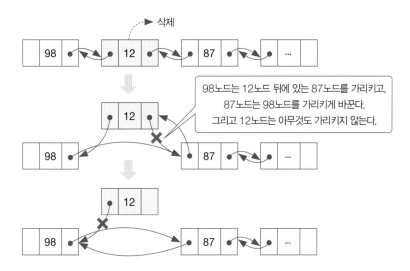

더블 링크드 리스트의 DLL_RemoveNode( ) 함수는 다음과 같이 구현합니다.

```
Void DLL_RemoveNode( Node** Head, Node* Remove )
{
    if ( *Head == Remove )
    {
        *Head = Remove->NextNode;
        if ( (*Head) != NULL )
            (*Head)->PrevNode = NULL;

        Remove->PrevNode = NULL;
        Remove->NextNode = NULL;
    }
    else
    {
        Node* Temp = Remove;

        if ( Remove->PrevNode != NULL )
            Remove->PrevNode->NextNode = Temp->NextNode;

        if ( Remove->NextNode != NULL )
            Remove->NextNode->PrevNode = Temp->PrevNode;

        Remove->PrevNode = NULL;
        Remove->NextNode = NULL;
    }
}
```

노드 삽입 연산

노드를 삭제할 때 일어나는 포인터 교환이 꼬이고 꼬인 아침 드라마의 애정 관계처럼 복잡하지요? 노드 삽입 연산도 포인터 교환 과정이 복잡하지만 삭제 연산에 비할 정도는 아닙니다.

다음 그림에서처럼 새로운 노드를 삽입할 때 PrevNode 포인터로는 이전 노드를, NextNode 포인터로는 다음 노드를 가리키게 합니다. 그리고 이전 노드의 NextNode 포인터와 다음 노드의 PrevNode 포인터는 새 노드를 가리키게 합니다. 이렇게 하면 노드 삽입이 이루어집니다.

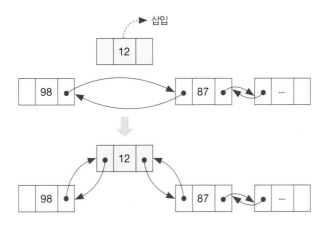

DLL_InsertAfter( ) 함수는 다음과 같이 구현합니다.

```
//  노드 삽입
void DLL_InsertAfter( Node* Current, Node* NewNode )
{
    NewNode->NextNode = Current->NextNode;
    NewNode->PrevNode = Current;

    if ( Current->NextNode != NULL )
    {
        Current->NextNode->PrevNode = NewNode;
        Current->NextNode = NewNode;
    }
}
```

노드 개수 세기 연산

더블 링크드 리스트의 노드 개수를 세는 DLL_GetNodeCount( )는 링크드 리스트의 SLL_Get NodeCount( )와 이름만 빼고 동일합니다.

```
Int DLL_GetNodeCount( Node* Head )
{
    unsigned int  Count = 0;
    Node*         Current = Head;
```

```
    while ( Current != NULL )
    {
        Current = Current->NextNode;
        Count++;
    }

    return Count;
}
```

1.3.2 더블 링크드 리스트 예제 프로그램

이번에는 더블 링크드 리스트의 예제 프로그램을 만들어보겠습니다. 이 예제 프로그램 역시 링크드 리스트의 예제 프로그램처럼 3개의 파일로 구성됩니다. 하나는 링크드 리스트의 기본 연산 수행용 함수를 선언하고 구현하는 DoublyLinkedList.h와 DoublyLinkedList.c, 나머지 하나는 이 함수들을 테스트하는 Test_DoublyLinkedList.c입니다.

그럼 시작해봅시다.

01장/DoublyLinkedList/DoublyLinkedList.h

```
01  #ifndef DOUBLY_LINKEDLIST_H
02  #define DOUBLY_LINKEDLIST_H
03
04  #include <stdio.h>
05  #include <stdlib.h>
06
07  typedef int ElementType;
08
09  typedef struct tagNode
10  {
11      ElementType Data;
12      struct tagNode* PrevNode;
13      struct tagNode* NextNode;
14  } Node;
15
16  // 함수 원형 선언
```

```
17   Node* DLL_CreateNode( ElementType NewData );
18   void  DLL_DestroyNode( Node* Node);
19   void  DLL_AppendNode( Node** Head, Node* NewNode );
20   void  DLL_InsertAfter( Node* Current, Node* NewNode );
21   void  DLL_RemoveNode( Node** Head, Node* Remove );
22   Node* DLL_GetNodeAt( Node* Head, int Location );
23   int   DLL_GetNodeCount( Node* Head );
24
25   #endif
```

01장/DoublyLinkedList/DoublyLinkedList.c

```
001   #include "DoublyLinkedList.h"
002
003   // 노드 생성
004   Node* DLL_CreateNode( ElementType NewData )
005   {
006       Node* NewNode = (Node*)malloc(sizeof(Node));
007
008       NewNode->Data = NewData;
009       NewNode->PrevNode = NULL;
010       NewNode->NextNode = NULL;
011
012       return NewNode;
013   }
014
015   // 노드 소멸
016   void DLL_DestroyNode( Node* Node )
017   {
018       free(Node);
019   }
020
021   // 노드 추가
022   void DLL_AppendNode( Node** Head, Node* NewNode )
023   {
024       // 헤드 노드가 NULL이라면 새로운 노드가 Head가 된다.
025       if ( (*Head) == NULL )
026       {
```

```
027            *Head = NewNode;
028        }
029    else
030        {
031            //  테일을 찾아 NewNode를 연결한다.
032            Node* Tail = (*Head);
033            while ( Tail->NextNode != NULL )
034            {
035                Tail = Tail->NextNode;
036            }
037
038            Tail->NextNode = NewNode;
039            NewNode->PrevNode = Tail; //  기존 테일을 새로운 테일의 PrevNode가 가리킨다.
040        }
041  }
042
043  //  노드 삽입
044  void DLL_InsertAfter( Node* Current, Node* NewNode )
045  {
046      NewNode->NextNode = Current->NextNode;
047      NewNode->PrevNode = Current;
048
049      if ( Current->NextNode != NULL )
050      {
051          Current->NextNode->PrevNode = NewNode;
052          Current->NextNode = NewNode;
053      }
054  }
055
056  //  노드 제거
057  void DLL_RemoveNode( Node** Head, Node* Remove )
058  {
059      if ( *Head == Remove )
060      {
061          *Head = Remove->NextNode;
062          if ( (*Head) != NULL )
063              (*Head)->PrevNode = NULL;
064
065          Remove->PrevNode = NULL;
066          Remove->NextNode = NULL;
```

```
067        }
068        else
069        {
070            Node* Temp = Remove;
071
072            if ( Remove->PrevNode != NULL )
073                Remove->PrevNode->NextNode = Temp->NextNode;
074
075            if ( Remove->NextNode != NULL )
076                Remove->NextNode->PrevNode = Temp->PrevNode;
077
078            Remove->PrevNode = NULL;
079            Remove->NextNode = NULL;
080        }
081    }
082
083    // 노드 탐색
084    Node* DLL_GetNodeAt( Node* Head, int Location )
085    {
086        Node* Current = Head;
087
088        while ( Current != NULL && (--Location) >= 0)
089        {
090            Current = Current->NextNode;
091        }
092
093        return Current;
094    }
095
096    // 노드 개수 세기
097    int DLL_GetNodeCount( Node* Head )
098    {
099        unsigned int  Count = 0;
100        Node*         Current = Head;
101
102        while ( Current != NULL )
103        {
104            Current = Current->NextNode;
105            Count++;
106        }
```

```
107
108     return Count;
109  }
110
111  void PrintNode( Node* _Node )
112  {
113      if ( _Node->PrevNode == NULL )
114          printf("Prev: NULL");
115      else
116          printf("Prev: %d", _Node->PrevNode->Data);
117
118          printf("Current: %d", _Node->Data);
119
120      if ( _Node->NextNode == NULL )
121          printf("Next: NULL\n");
122      else
123          printf("Next: %d\n", _Node->NextNode->Data);
124  }
```

01장/DoublyLinkedList/Test_DoublyLinkedList.c

```
01  #include "DoublyLinkedList.h"
02
03  int main( void )
04  {
05      int   i      = 0;
06      int   Count  = 0;
07      Node* List   = NULL;
08      Node* NewNode = NULL;
09      Node* Current = NULL;
10
11      // 노드 5개 추가
12      for ( i = 0; i<5; i++ )
13      {
14          NewNode = DLL_CreateNode( i );
15          DLL_AppendNode( &List, NewNode );
16      }
17
```

```
18      // 리스트 출력
19      Count = DLL_GetNodeCount( List );
20      for ( i = 0; i<Count; i++ )
21      {
22          Current = DLL_GetNodeAt( List, i );
23          printf( "List[%d] : %d\n", i, Current->Data );
24      }
25
26      // 리스트의 세 번째 칸 뒤에 노드 삽입
27      printf( "\nInserting 3000 After [2]…\"\n" );
28
29      Current = DLL_GetNodeAt( List, 2 );
30      NewNode = DLL_CreateNode( 3000 );
31      DLL_InsertAfter( Current, NewNode );
32
33      // 리스트 출력
34      Count = DLL_GetNodeCount( List );
35      for ( i = 0; i<Count; i++ )
36      {
37          Current = DLL_GetNodeAt( List, i );
38          printf( "List[%d] : %\n", i, Current->Data );
39      }
40
41      // 모든 노드를 메모리에서 제거
42      printf( "\nDestroying List.."\n" );
43
44      Count = DLL_GetNodeCount(List);
45
46      for ( i = 0; i<Count; i++ )
47      {
48          Current = DLL_GetNodeAt( List, 0 );
49
50          if ( Current != NULL )
51          {
52              DLL_RemoveNode( &List, Current );
53              DLL_DestroyNode( Current );
54          }
55      }
56
57      return 0;
58  }
```

소스 코드를 모두 작성했다면 컴파일하고 결과를 확인해보세요.

```
List[0] : 0
List[1] : 1
List[2] : 2
List[3] : 3
List[4] : 4

Inserting 3000 After [2]...

List[0] : 0
List[1] : 1
List[2] : 2
List[3] : 3000
List[4] : 3
List[5] : 4

Destroying List...
```

> **❓ VITAMIN QUIZ 1-3**
>
> 더블 링크드 리스트를 역순으로 출력하는 함수를 작성해보세요. 원형은 다음과 같습니다.
>
> ```
> void PrintReverse(Node* Head);
> ```

1.4 환형 링크드 리스트

우로보로스ουροβόρος에 대해 들어보셨나요? 우로보로스는 고대 그리스 신화에 등장하는 뱀의 이름으로 자기 꼬리를 먹으며 살아갑니다. 환형 링크드 리스트 Circular Linked List 는 우로보로스처럼 머리(헤드)가 꼬리(테일)를 물고 있는 형태의 링크드 리스트입니다. 그것 말고는 링크드 리스트나 더블 링크드 리스트와 동일합니다.

전설의 뱀 우로보로스

다음 그림에서는 더블 링크드 리스트를 이용해서 환형 링크드 리스트를 만들었지만, 링크드 리스트로도 환형 링크드 리스트를 만들 수 있습니다. 테일의 다음 노드 포인터가 헤드를 가리키도록 하면 됩니다.

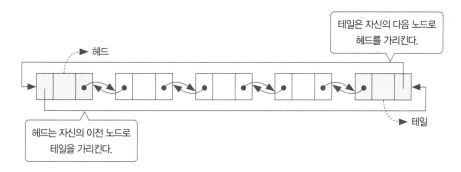

이제 환형 링크드 리스트가 어떤 것인지 이해됐나요? 그렇다면 위의 그림을 보면서 헤드와 테일을 연결해서 얻을 수 있는 장점이 무엇인지 생각해봅시다.

그 장점은 바로 **시작을 알면 끝을 알 수 있고, 끝을 알면 시작을 알 수 있다**는 점입니다. 예를 들어 더블 링크드 리스트를 환형으로 구현하면 헤드의 이전 노드가 테일이 되고, 테일의 다음 노드가 헤드가 됩니다. 이 경우 테일에 접근하는 비용이 거의 없는 것이나 다름없을 정도로 작아져 DLL_Append Node( ) 함수의 성능을 획기적으로 개선할 수 있고, 뒤에서부터 노드를 찾아나가는 노드 탐색 루틴을 구현할 수도 있습니다.

1.4.1 환형 더블 링크드 리스트의 주요 연산

더블 링크드 리스트를 다시 환형으로 구현해보려고 합니다. 더블 링크드 리스트와 비교해서 어떤 점들이 달라졌는지 주의 깊게 살펴보세요.

환형 더블 링크드 리스트 처리 코드를 설계할 때는 다음 두 가지 사항을 염두에 두어야 합니다.

- 테일은 헤드의 '이전 노드'이다.
- 헤드는 테일의 '다음 노드'이다.

당연한 이야기 같지만 환형 더블 링크드 리스트와 그냥 더블 링크드 리스트의 차이는 앞의 두 가지 사항이 사실상 전부라고 할 수 있습니다. 여기서는 지면을 절약하기 위해 더블 링크드 리스트와 같은 (또는 거의 비슷한) 구현을 가진 연산들은 제외하고 설명하겠습니다.

환형 더블 링크드 리스트에서 살펴볼 주요 연산은 노드 추가와 삭제 연산 두 가지입니다.

그럼 시작해봅시다.

NOTE▶ 이 둘을 제외한 나머지 연산(노드 소멸, 삽입, 탐색, 개수 세기)이 궁금한 분들은 예제 프로그램 부분의 소스 코드를 참고하세요.

노드 추가 연산

바로 앞에서 이야기한 **염두에 두어야 할 점 두 가지**를 기억하고 있나요? 기억하고 있다면 비어 있는 리스트에 새 노드를 추가하는 과정을 생각해보세요. 새로운 노드는 헤드가 되고 헤드의 이전 노드는 헤드가 되며 헤드의 다음 노드 역시 헤드 자신이 됩니다. 다음 그림을 참고하세요.

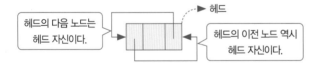

그리고 리스트가 비어 있지 않은 경우의 추가 연산 과정을 '테일 노드 뒤에 새 노드를 붙인다'보다 **'테일과 헤드 사이에 새 노드를 삽입한다'**라고 생각하는 편이 이해하기 쉽습니다.

```
void CDLL_AppendNode(Node** Head, Node* NewNode)
{
    //  헤드 노드가 NULL이라면 새로운 노드가 Head가 된다.
```

```
        if ( (*Head) == NULL )
        {
            *Head = NewNode;
            (*Head)->NextNode = *Head;
            (*Head)->PrevNode = *Head;
        }
        else
        {
            //  테일과 헤드 사이에 NewNode를 삽입한다.
            Node* Tail = (*Head)->PrevNode;

            Tail->NextNode->PrevNode = NewNode;
            Tail->NextNode = NewNode;

            NewNode->NextNode = (*Head);
            NewNode->PrevNode = Tail; //  새로운 테일의 PrevNode가 기존의 테일을 가리킨다.
        }
    }
```

노드 삭제 연산

노드 삭제 연산 역시 테일과 헤드가 연결되어 있다는 사실에 주의해야 하지만, 더블 링크드 리스트
의 것과 비교했을 때 크게 다른 점은 없습니다.

```
void CDLL_RemoveNode(Node** Head, Node* Remove)
{
    if ( *Head == Remove )
    {
        (*Head)->PrevNode->NextNode = Remove->NextNode;
        (*Head)->NextNode->PrevNode = Remove->PrevNode;

        *Head = Remove->NextNode;

        Remove->PrevNode = NULL;
        Remove->NextNode = NULL;
    }
    else
```

```
        {
            Remove->PrevNode->NextNode = Remove->NextNode;
            Remove->NextNode->PrevNode = Remove->PrevNode;

            Remove->PrevNode = NULL;
            Remove->NextNode = NULL;
        }
    }
```

1.4.2 환형 더블 링크드 리스트 예제 프로그램

환형 더블 링크드 리스트의 노드 추가와 삭제 연산에 대해 살펴봤는데 조금 싱거웠죠? 하지만 이렇게 쉽게 익힐 수 있었던 것은 링크드 리스트와 더블 링크드 리스트를 공부하면서 실력을 쌓았기 때문입니다. 이제 여러분은 이 내공을 이용해 다음 장부터 만나게 될 새로운 자료구조들도 쉽게 익힐 수 있을 것입니다.

사설은 여기까지 하고 환형 더블 링크드 리스트의 예제 프로그램을 만들어보겠습니다. 이 예제도 3개의 파일로 이루어져 있습니다. 그중 2개는 환형 더블 링크드 리스트의 기본 연산 함수를 정의하는 CircularDoublyLinkedList.h와 CircularDoublyLinkedList.c이고, 나머지 하나는 이 함수들을 테스트하는 Test_CircularDoublyLinkedList.c입니다.

01장/CircularDoublyLinkedList/CircularDoublyLinkedList.h

```
01  #ifndef CIRCULAR_DOUBLY_LINKEDLIST_H
02  #define CIRCULAR_DOUBLY_LINKEDLIST_H
03
04  #include <stdio.h>
05  #include <stdlib.h>
06
07  typedef int ElementType;
08
09  typedef struct tagNode
10  {
11      ElementType Data;
```

```
12      struct tagNode* PrevNode;
13      struct tagNode* NextNode;
14  } Node;
15
16  Node* CDLL_CreateNode(ElementType NewData);
17  void  CDLL_DestroyNode(Node* Node);
18  void  CDLL_AppendNode(Node** Head, Node* NewNode);
19  void  CDLL_InsertAfter(Node* Current, Node* NewNode);
20  void  CDLL_RemoveNode(Node** Head, Node* Remove);
21  Node* CDLL_GetNodeAt(Node* Head, int Location);
22  int   CDLL_GetNodeCount(Node* Head);
23
24  #endif
```

01장/CircularDoublyLinkedList/CircularDoublyLinkedList.c

```
001  #include "CircularDoublyLinkedList.h"
002
003  //  노드 생성
004  Node* CDLL_CreateNode(ElementType NewData)
005  {
006      Node* NewNode = (Node*)malloc(sizeof(Node));
007
008      NewNode->Data = NewData;
009      NewNode->PrevNode = NULL;
010      NewNode->NextNode = NULL;
011
012      return NewNode;
013  }
014
015  //  노드 소멸
016  void CDLL_DestroyNode(Node* Node)
017  {
018      free(Node);
019  }
020
021  //  노드 추가
022  void CDLL_AppendNode(Node** Head, Node* NewNode)
```

```
023  {
024      // 헤드 노드가 NULL이라면 새로운 노드가 Head가 된다.
025      if ( (*Head) == NULL )
026      {
027          *Head = NewNode;
028          (*Head)->NextNode = *Head;
029          (*Head)->PrevNode = *Head;
030      }
031      else
032      {
033          // 테일과 헤드 사이에 NewNode를 삽입한다.
034          Node* Tail = (*Head)->PrevNode;
035
036          Tail->NextNode->PrevNode = NewNode;
037          Tail->NextNode = NewNode;
038
039          NewNode->NextNode = (*Head);
040          NewNode->PrevNode = Tail; //  새로운 테일의 PrevNode가 기존의 테일을 가리킨다.
041      }
042  }
043
044  // 노드 삽입
045  void CDLL_InsertAfter(Node* Current, Node* NewNode)
046  {
047      NewNode->NextNode = Current->NextNode;
048      NewNode->PrevNode = Current;
049
050      if ( Current->NextNode != NULL )
051      {
052          Current->NextNode->PrevNode = NewNode;
053          Current->NextNode = NewNode;
054      }
055  }
056
057  // 노드 제거
058  void CDLL_RemoveNode(Node** Head, Node* Remove)
059  {
060      if ( *Head == Remove )
061      {
062          (*Head)->PrevNode->NextNode = Remove->NextNode;
```

```
063          (*Head)->NextNode->PrevNode = Remove->PrevNode;
064
065          *Head = Remove->NextNode;
066
067          Remove->PrevNode = NULL;
068          Remove->NextNode = NULL;
069      }
070      else
071      {
072          Remove->PrevNode->NextNode = Remove->NextNode;
073          Remove->NextNode->PrevNode = Remove->PrevNode;
074
075          Remove->PrevNode = NULL;
076          Remove->NextNode = NULL;
077      }
078 }
079
080 // 노드 탐색
081 Node* CDLL_GetNodeAt(Node* Head, int Location)
082 {
083      Node* Current = Head;
084
085      while ( Current != NULL && (--Location) >= 0)
086      {
087          Current = Current->NextNode;
088      }
089
090      return Current;
091 }
092
093 // 노드 개수 세기
094 int CDLL_GetNodeCount(Node* Head)
095 {
096      unsigned int Count = 0;
097      Node*         Current = Head;
098
099      while ( Current != NULL )
100      {
101          Current = Current->NextNode;
102          Count++;
```

```
103
104        if ( Current == Head )
105            break;
106    }
107
108    return Count;
109 }
110
111 void PrintNode(Node* _Node)
112 {
113    if ( _Node->PrevNode == NULL )
114        printf("Prev: NULL");
115    else
116        printf("Prev: %d", _Node->PrevNode->Data);
117
118    printf("Current: %d", _Node->Data);
119
120    if ( _Node->NextNode == NULL )
121        printf("Next: NULL\n");
122    else
123        printf("Next: %d\n", _Node->NextNode->Data);
124 }
```

01장/CircularDoublyLinkedList/Test_CircularDoublyLinkedList.c

```
01  #include "CircularDoublyLinkedList.h"
02
03  int main( void )
04  {
05      int   i       = 0;
06      int   Count   = 0;
07      Node* List    = NULL;
08      Node* NewNode = NULL;
09      Node* Current = NULL;
10
11      // 노드 5개 추가
12      for ( i = 0; i<5; i++ )
13      {
```

```
14            NewNode = CDLL_CreateNode( i );
15            CDLL_AppendNode( &List,NewNode );
16        }
17
18        // 리스트 출력
19        Count = CDLL_GetNodeCount( List );
20        for ( i = 0; i<Count; i++ )
21        {
22            Current = CDLL_GetNodeAt( List, i );
23            printf( "List[%d] : %d\n", i, Current->Data );
24        }
25
26        // 리스트의 세 번째 칸 뒤에 노드 삽입
27        printf( "\nInserting 3000 After [2]...\n\n" );
28
29        Current = CDLL_GetNodeAt( List, 2 );
30        NewNode = CDLL_CreateNode( 3000 );
31        CDLL_InsertAfter( Current, NewNode );
32
33        printf( "\nRemoving Node at 2...\n" );
34        Current = CDLL_GetNodeAt( List, 2 );
35        CDLL_RemoveNode( &List, Current );
36        CDLL_DestroyNode( Current );
37
38        // 리스트 출력
39        // (노드 개수의 2배만큼 루프를 돌며 환형임을 확인한다.)
40        Count = CDLL_GetNodeCount( List );
41        for ( i = 0; i<Count*2; i++ )
42        {
43            if ( i == 0 )
44                Current = List;
45            else
46                Current = Current->NextNode;
47
48            printf( "List[%d] : %d\n", i, Current->Data );
49        }
50
51        // 모든 노드를 메모리에서 제거
52        printf( "\nDestroying List...\n" );
53
```

```
54      Count = CDLL_GetNodeCount( List );
55
56      for ( i = 0; i<Count; i++ )
57      {
58          Current = CDLL_GetNodeAt( List, 0 );
59
60          if ( Current != NULL )
61          {
62              CDLL_RemoveNode( &List, Current );
63              CDLL_DestroyNode( Current );
64          }
65      }
66
67      return 0;
68  }
```

➡️ 실행 결과

```
List[0] : 0
List[1] : 1
List[2] : 2
List[3] : 3
List[4] : 4

Inserting 3000 After [2]...


Removing Node at 2...
List[0] : 0
List[1] : 1
List[2] : 3000
List[3] : 3
List[4] : 4
List[5] : 0
List[6] : 1
List[7] : 3000
List[8] : 3
List[9] : 4

Destroying List...
```

01 다음 세 가지 연산에 관한 링크드 리스트와 배열의 성능을 비교하여 설명하세요.

▶ 삽입

▶ 삭제

▶ 탐색

02 환형 링크드 리스트의 장점은 헤드 노드를 이용하여 테일 노드의 위치를 바로 파악할 수 있다는 것입니다. 그렇다면 링크드 리스트나 더블 링크드 리스트에서도 테일 노드의 위치를 바로 알아내는 방법이 없을까요? 그 방법을 생각해보고 설명하세요.

03 1장에서 구현한 리스트 예제 프로그램들은 노드 개수를 알아내는 방법이 굉장히 비효율적입니다. 노드의 개수가 N개라면 N개의 루프를 수행해야 비로소 N을 알 수 있습니다. 노드의 개수를 즉시 알아내는 방법이 없을까요? 다음 사항들을 중점으로 개선 방법을 생각해보고 설명하세요.

▶ 리스트 구조체 변경

▶ 삽입/삭제 연산 변경

Chapter

02

▶ **스택**

배열과 리스트는 데이터의 입/출력이 자유롭습니다. 데이
터 입/출력에 '자유'라는 개념이 끼어드니 뭔가 이상하지
요? 우리가 앞으로 만날 자료구조들은 엄격한 데이터 입/
출력 규칙을 가지고 있습니다. 입/출력 규칙만으로도 종
종 유용한 쓰임새를 만들 수 있는데요. 이번에 다룰 스택
이 그런 경우에 해당합니다. 더 자세한 내용은 본문에서 이
야기하겠습니다. 저를 따라서 다음 페이지로 넘어오세요.

학습목표

이 장의
핵심 개념

- 스택의 개념을 이해합니다.

- 스택의 핵심 기능인 노드 삽입과 제거 연산을 이해합니다.

- 배열 기반 스택 구현을 이해합니다.

- 링크드 리스트 기반 스택 구현을 이해합니다.

이 장의
학습 흐름

스택의 개념

노드 삽입과 제거 연산

배열 기반 스택 구현

링크드 리스트 기반 스택 구현

스택 기반 계산기 구현

2.1 스택 ADT

스택[Stack]은 원래 건초나 짚더미처럼 뭔가를 쌓아 올린 더미를 뜻합니다. 스택 ADT도 데이터를 바닥에서부터 쌓아 올리는 구조로 되어 있습니다. 건초 대신 데이터를 쌓아 올리는 것이죠. 데이터를 어떻게 쌓아 올리냐고요? 지금부터 설명하겠습니다.

2.1.1 스택의 개념

제가 시작하면서 '입/출력 규칙'이라는 표현을 사용했지요? 스택에서 데이터 입/출력은 오로지 스택의 꼭대기에서만 이루어집니다. 스택 가운데에 있는 데이터를 삭제하거나 새로운 데이터를 입력하는 일은 허용되지 않습니다. 스택의 맨 아래에 있는 데이터를 꺼내려면 그 위에 있는 데이터를 모두 걷어내야 합니다.

정리하면, 스택에서는 **가장 마지막에 들어간 데이터가 제일 먼저 나오고(LIFO** Last In-First Out**)** **가장 먼저 들어간 데이터는 가장 나중에 나옵니다(FILO** First In-Last Out**).** 스택이 특이하게 생기긴 했지만 활용도는 굉장히 높습니다. C 언어에서 변수를 선언한 후에 수명주기가 끝나면 변수를 자동으로 제거하는 자동 메모리도 스택으로 구현되어 있습니다. 그래서 '지역 변수는 스택(자동 메모리)에 할당된다'고 표현합니다.

이해를 돕기 위해 이야기 하나 들려드릴게요. 언젠가 동료와 함께 식사하러 갔을 때의 일입니다. 차를 몰고 여기 저기 돌아다니다가 그럴듯한 간판을 붙여 놓은 중국집이 보여 그곳에 들어가 맛있게 식사를 했습니다. 들어갈 때는 한산하더니 식사를 마치고 나올 때는 손님들로 식당이 붐볐습니다.

문제는 주차해둔 차를 빼는 일이었습니다. 이 식당은 다음 그림과 같이 건물 뒤에 폭이 좁고 긴 공터를 주차장으로 사용하고 있었습니다. 우리는 손님이 없을 때 들어가서 가장 안쪽에 차를 대놓았습니다.

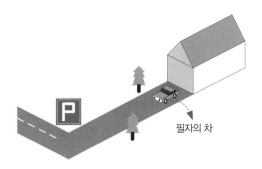

필자의 차

그런데 식당에서 나와 보니 제 차 앞에 차가 세 대나 더 주차되어 있었습니다. 식사 중인 손님들을 방해하기는 싫었지만, 식당 사장님의 도움을 받아 다른 차를 모두 이동시키고 나서야 차를 빼서 나올 수 있었습니다.

필자의 차

이 중국집의 주차장은 **가장 먼저 들어간 차가 가장 마지막에 나오는 구조**였는데 이처럼 **요소의 삽입과 삭제가 한쪽 끝에서만 이루어지는 것**이 스택 ADT의 특징입니다.

스택은 우리가 다음 장에서 공부할 큐와 더불어 소프트웨어 분야에서 매우 중요한 역할을 맡고 있습니다. 자동 메모리가 스택을 기반으로 동작하고 거의 대부분의 네트워크 프로토콜도 스택을 기반으로 구성되어 있습니다. 그뿐 아니라 컴파일러의 구문 분석기, 이미지 편집 프로그램의 되돌리기^{Undo} 기능도 스택을 이용하고 있습니다.

이번 장에서는 스택을 구현하는 두 가지 방법(배열과 링크드 리스트)을 살펴본 후 사칙 연산 계산기를 만들어봅니다. 그전에 우선 스택의 핵심 기능부터 살펴보겠습니다.

❓ VITAMIN QUIZ 2-1

서울역에서 출발한 열차가 부산역에 도착했습니다. 이 열차는 다시 서울로 돌아가야 하는데, 머리 부분(서울 → 부산 방향에서는 꼬리 부분)의 기관차에 문제가 생겨 꼬리 부분을 기관차로 써야 할 형편이 됐습니다. 마침 열차의 전체 칸이 올라갈 만한 레일을 설치할 수 있는 재료는 겨우 구했습니다. 어떻게 하면 열차의 방향을 돌려서 서울로 돌아가게 할 수 있을까요?

2.1.2 스택의 핵심 기능: 삽입과 제거 연산

스택 ADT의 주요 기능이라고 해봐야 '삽입^{Push}'과 '제거^{Pop}' 연산 두 가지뿐입니다. 그 외의 기능들은 두 연산을 위한 보조 연산에 지나지 않습니다.

삽입 연산은 다음 그림처럼 스택 위에 새로운 노드(요소)를 '쌓는' 일을 합니다.

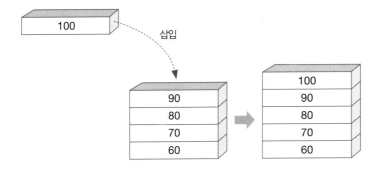

반대로 제거 연산은 스택에서 최상위 노드를 '걷어'냅니다.

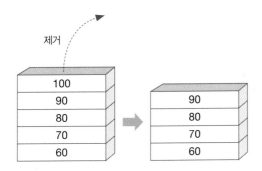

굉장히 쉽지요? 다음 절부터 이 연산을 구현하는 방법에 관해 하나하나 알아보겠습니다.

2.2 배열로 구현하는 스택

앞서 이야기했던 것처럼 우리는 스택을 두 가지 방법으로 구현해볼 것입니다. 첫 번째는 배열을 이용하고, 두 번째는 링크드 리스트를 이용합니다. 그중 배열로 스택을 구현하는 방법을 먼저 알아봅시다. 배열을 이용한 스택은 용량을 동적으로 변경하는 비용이 크다는 단점이 있지만 구현이 간단하다는 장점도 있습니다.

배열 기반의 스택은 각 노드를 동적으로 생성하고 제거하는 대신, 스택 생성 초기에 사용자(스택을 사용하는 프로그래머를 말합니다)가 부여한 용량만큼의 노드를 한꺼번에 생성합니다. 그리고 최상위 노드의 위치를 나타내는 변수를 두고 삽입과 제거 연산을 수행합니다.

2.2.1 배열 기반 스택과 스택의 노드 표현

먼저 스택의 각 층을 구성하는 노드의 모습을 살펴볼까요? 배열을 기반으로 구현되는 스택의 노드는 다음과 같이 데이터만 담는 구조체로 표현됩니다. 노드가 존재하는 위치는 배열의 인덱스로 알수 있기 때문에 링크드 리스트처럼 이전이나 다음 노드에 대한 포인터가 필요 없습니다.

```
typedef int ElementType;

typedef struct tagNode
{
    ElementType Data;
} Node;
```

이번에는 스택 구조체를 작성해보겠습니다. 배열 기반의 스택은 다음 세 가지 필드를 갖고 있어야합니다.

- 용량
- 최상위 노드의 위치
- 노드 배열

용량은 스택이 얼마만큼의 노드를 가질 수 있는지 알기 위해 사용됩니다. 최상위 노드의 위치는 삽입/제거 연산을 할 때 최상위 노드에 접근할 수 있게 도와줍니다. 그리고 노드 배열은 스택에 쌓이는 노드를 보관하는 데 사용됩니다. 다음의 ArrayStack 구조체는 이러한 필드의 요구 사항을 반영하여 선언되었습니다.

```
typedef struct tagArrayStack
{
    int   Capacity;
    int   Top;
    Node* Nodes;
} ArrayStack;
```

ArrayStack 구조체에서 Nodes 포인터에 주목해주세요. 우리는 노드 배열을 자유 저장소에 할당하고 Nodes 포인터는 다음 그림과 같이 자유 저장소에 할당된 배열을 가리키는 용도로 사용할 예정입니다.

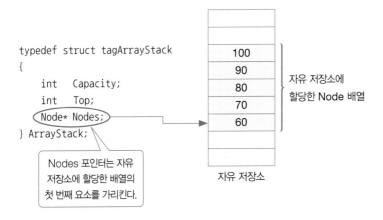

```
typedef struct tagArrayStack
{
    int    Capacity;
    int    Top;
    Node* Nodes;
} ArrayStack;
```

Nodes 포인터는 자유 저장소에 할당한 배열의 첫 번째 요소를 가리킨다.

자유 저장소에 할당한 Node 배열

100
90
80
70
60

자유 저장소

2.2.2 배열 기반 스택의 기본 연산

스택 ADT는 가장 위에 있는 노드에 새로운 노드를 쌓는 '삽입'과 가장 위에 있는 노드를 걷어내는 '삭제' 연산을 갖춰야 합니다. 여기서는 이 두 가지 주요 연산과 함께 스택을 구축하고 유지하는 데 도움을 주는 몇 가지 연산을 함께 소개합니다. 그러면 시작해볼까요?

스택 및 노드 생성/소멸 연산

누울 자리를 보고 다리를 뻗으라는 속담처럼, 쌓을 장소가 있어야 쌓든지 걷어내든지 하겠지요? 스택을 생성하고 노드를 받아들일 공간을 준비하는 AS_CreateStack() 함수는 다음과 같이 구현합니다. 여기서 AS_라는 접두사는 ArrayStack의 약자입니다.

```
void  AS_CreateStack(ArrayStack** Stack, int Capacity)
{
    //  스택을 자유 저장소에 생성
    (*Stack)            = (ArrayStack*)malloc(sizeof(ArrayStack));

    //  입력된 Capacity만큼의 노드를 자유 저장소에 생성
    (*Stack)->Nodes     = (Node*)malloc(sizeof(Node)*Capacity);
```

```
    //  Capacity 및 Top 초기화
    (*Stack)->Capacity = Capacity;
    (*Stack)->Top = -1;
}
```

AS_CreateStack( ) 함수의 매개 변수는 2개입니다. 첫 번째는 ArrayStack 구조체이고 두 번째는
스택의 용량을 나타내는 노드 개수입니다. 이제 함수 내부로 들어가봅시다. malloc( ) 함수가 두 번
이나 호출됐군요. 처음에 호출된 malloc( )은 ArrayStack을 자유 저장소에 쌓기 위해 사용됐고 두
번째 호출된 malloc( )은 매개 변수로 입력된 개수만큼 노드를 미리 생성하는 데 사용됐습니다.

한편 ArrayStack의 Capacity는 배열의 용량을 저장하고 최상위 노드의 위치를 가리키는 Top을
−1로 초기화합니다. Top을 0이 아닌 −1로 초기화하는 이유는 C 언어에서 첫 번째 배열 요소를 가
리키는 첨자가 0이므로 비어 있는 스택의 최상위 위치가 이보다 작아야 하기 때문입니다. Top은 노
드가 삽입될 때마다 1씩 증가하고 노드가 삭제될 때마다 1씩 감소합니다.

사용이 끝난 자유 저장소를 반드시 정리해줘야 합니다. AS_DestroyStack( ) 함수는 스택 내의 노
드와 스택을 삭제하는 임무를 수행합니다.

```
void AS_DestroyStack(ArrayStack* Stack)
{
    //  노드를 자유 저장소에서 해제
    free(Stack->Nodes);

    //  스택을 자유 저장소에서 해제
    free(Stack);
}
```

노드 삽입 연산

삽입[Push] 연산은 최상위 노드의 인덱스(Top)에서 1을 더한 곳에 새 노드를 입력하도록 구현합니
다. 다음은 삽입 연산을 수행하는 AS_Push( ) 함수의 모습입니다.

```
void AS_Push(ArrayStack* Stack, ElementType Data)
{
    Stack->Top++;
    Stack->Nodes[Stack->Top].Data = Data;
}
```

노드 제거 연산

이번에는 제거[Pop] 연산을 살펴볼까요? 삽입 연산에서는 최상위 노드의 인덱스(Top) 값을 1만큼 올리도록 구현했던 것에 반해, 제거 연산은 이 값을 1만큼 낮추도록 구현하면 됩니다. 여기서 한 가지 주의할 점은 제거 연산에서는 최상위 노드에 있던 데이터를 호출자에게 반환해야 한다는 사실입니다. 다음은 제거 연산을 수행하는 AS_Pop() 함수입니다.

```
ElementType AS_Pop(ArrayStack* Stack)
{
    int Position = Stack->Top--;
    return Stack->Nodes[Position].Data;
}
```

이어서 이 구현들을 소스 코드에 옮기고 컴파일하여 프로그램을 만들어보겠습니다.

2.2.3 배열 기반 스택 예제 프로그램

코드 에디터를 열었습니까? 이 예제 프로그램 코드에는 앞에서 설명하지 않은 몇 가지 함수가 추가되어 있습니다. 예를 들어 제거는 하지 않고 최상위 노드의 데이터만 반환하는 Top() 함수, 스택이 비어 있는지 검사하는 IsEmpty() 함수 등이 바로 그것입니다. 이 함수들은 구현이 간단하므로 따로 설명하지 않겠습니다. 다음 소스 코드를 따라 예제 프로그램을 만들어보세요.

프로그램을 구성하는 소스 코드 파일은 모두 3개입니다. 그중 둘은 스택 연산을 구현하는 Array Stack.h와 ArrayStack.c이고 나머지 하나는 이들을 테스트하는 Test_ArrayStack.c입니다.

```
01  #ifndef ARRAYSTACK_H
02  #define ARRAYSTACK_H
03
04  #include <stdio.h>
05  #include <stdlib.h>
06
07  typedef int ElementType;
08
09  typedef struct tagNode
10  {
11      ElementType Data;
12  } Node;
13
14  typedef struct tagArrayStack
15  {
16      int   Capacity;
17      int   Top;
18      Node* Nodes;
19  } ArrayStack;
20
21  void        AS_CreateStack(ArrayStack** Stack, int Capacity);
22  void        AS_DestroyStack(ArrayStack* Stack);
23  void        AS_Push(ArrayStack* Stack, ElementType Data);
24  ElementType AS_Pop(ArrayStack* Stack);
25  ElementType AS_Top(ArrayStack* Stack);
26  int         AS_GetSize(ArrayStack* Stack);
27  int         AS_IsEmpty(ArrayStack* Stack);
28
29  #endif
```

```
01  #include "ArrayStack.h"
02
03  void  AS_CreateStack(ArrayStack** Stack, int Capacity)
04  {
```

```
05      // 스택을 자유 저장소에 생성
06      (*Stack)                = (ArrayStack*)malloc(sizeof(ArrayStack));
07
08      // 입력된 Capacity만큼의 노드를 자유 저장소에 생성
09      (*Stack)->Nodes         = (Node*)malloc(sizeof(Node)*Capacity);
10
11      // Capacity 및 Top 초기화
12      (*Stack)->Capacity = Capacity;
13      (*Stack)->Top = -1;
14  }
15
16  void AS_DestroyStack(ArrayStack* Stack)
17  {
18      // 노드를 자유 저장소에서 해제
19      free(Stack->Nodes);
20
21      // 스택을 자유 저장소에서 해제
22      free(Stack);
23  }
24
25  void AS_Push(ArrayStack* Stack, ElementType Data)
26  {
27      Stack->Top++;
28      Stack->Nodes[Stack->Top].Data = Data;
29  }
30
31  ElementType AS_Pop(ArrayStack* Stack)
32  {
33      int Position = Stack->Top--;
34      return Stack->Nodes[Position].Data;
35  }
36
37  ElementType AS_Top(ArrayStack* Stack)
38  {
39      return Stack->Nodes[Stack->Top].Data;
40  }
41
42  int AS_GetSize(ArrayStack* Stack)
43  {
44      return Stack->Top+1;
```

```
45   }
46
47   int AS_IsEmpty(ArrayStack* Stack)
48   {
49       return (Stack->Top == -1);
50   }
```

02장/ArrayStack/Test_ArrayStack.c

```
01   #include "ArrayStack.h"
02
03   int main( void )
04   {
05       int i= 0;
06       ArrayStack* Stack = NULL;
07
08       AS_CreateStack(&Stack, 10);
09
10       AS_Push(Stack, 3);
11       AS_Push(Stack, 37);
12       AS_Push(Stack, 11);
13       AS_Push(Stack, 12);
14
15       printf( "Capacity: %d, Size: %d, Top: %d\n\n",
16               Stack->Capacity, AS_GetSize(Stack), AS_Top(Stack) );
17
18       for ( i=0; i<4; i++ )
19       {
20           if ( AS_IsEmpty(Stack) )
21               break;
22
23           printf( "Popped: %d, ", AS_Pop(Stack) );
24
25           if ( ! AS_IsEmpty(Stack) )
26               printf( "Current Top: %d\n", AS_Top(Stack) );
27           else
28               printf( "Stack Is Empty.\n" );
29       }
```

```
30
31     AS_DestroyStack(Stack);
32
33     return 0;
34 }
```

```
Capacity: 10, Size: 4, Top: 12

Popped: 12, Current Top: 11
Popped: 11, Current Top: 37
Popped: 37, Current Top: 3
Popped: 3, Stack Is Empty.
```

❓ VITAMIN QUIZ 2-2

배열 기반 스택 예제 프로그램에 AS_IsFull(ArrayStack* Stack) 함수를 추가해보세요. 스택을 생성할 때 설정한 용량이 가득 찼는지 체크하는 기능입니다.

2.3 링크드 리스트로 구현하는 스택

스택 구현에서 링크드 리스트가 배열보다 좋은 점은 스택 용량에 제한을 두지 않아도 된다는 것입니다. 1장에서 공부했던 링크드 리스트의 기억을 살려서 스택을 구현해봅시다.

2.3.1 링크드 리스트 기반 스택과 스택의 노드 표현

링크드 리스트는 배열과 달리 인덱스를 활용하여 노드에 접근할 수 없습니다. 따라서 링크드 리스트로 스택을 구현하려면 노드는 자신의 위에 위치하는 노드(스택은 '쌓아 올리는' 자료구조니까요)에 대한 포인터를 갖고 있어야 합니다. 이러한 요구 사항을 반영한 노드 구조체는 다음과 같습니다.

```
typedef struct tagNode
{
    char* Data;
    struct tagNode* NextNode;
} Node;
```

NOTE▶ 다음 절에서 계산기를 구현할 때 수식 문자열 처리 기능을 사용합니다. 이 기능에는 스택이 필요한데요. 여기에서 링크드 리스트 기반으로 구현하는 스택을 그대로 다시 사용할 계획입니다.

배열 스택을 구현할 때와 달리 Data 필드가 char* 형으로 선언되었지요? 그런데 여기에 한 가지 문제가 있습니다. Data 필드의 자료형이 int나 double 같은 기본 자료형이라면 '값 복사'를 통해 데이터를 담지만 char* 형은 포인터이기 때문에 문자열이 저장된 주소만 담을 수 있습니다.

게다가 이 문자열은 자동 메모리가 아닌 자유 저장소에 저장되어야 하지요. 그 이유는 자동 메모리에 담긴 데이터의 경우 컴파일러가 정해준 수명이 다하면 사라지기 때문입니다. 설령 우리에게 아직 그 데이터가 필요하더라도 말이지요.

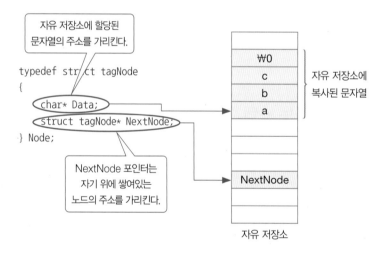

이번에는 링크드 리스트 스택의 구조체를 살펴봅시다. 링크드 리스트 스택은 배열 기반 스택과 달리 '스택의 용량'이나 '최상위 노드의 인덱스'가 없습니다. 있어도 쓸 데가 없겠지요. 그 대신 링크드 리스트(List 포인터)의 헤드와 테일(Top 포인터)에 대한 포인터가 필요합니다.

```
typedef struct tagLinkedListStack
{
    Node* List;
    Node* Top;
} LinkedListStack;
```

List 포인터는 데이터를 담는 링크드 리스트를 가리키고 Top 포인터는 이 링크드 리스트의 테일을 가리킵니다. 다시 말해, Top 포인터는 스택의 입출력이 이루어지는 최상위 노드에 대한 포인터입니다. 물론 Top 포인터 없이도 List 포인터를 이용해서 스택의 최상위 노드에 접근할 수 있기는 합니다. 그 대신 순차 탐색이라는 쓸쓸한 대가를 치러야 하지요. Top 포인터를 이용하면 8바이트(64비트 시스템 기준)를 소비하는 대신 최상위 노드를 찾느라 허비하는 시간을 아낄 수 있습니다.

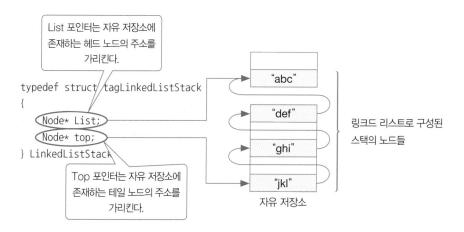

2.3.2 링크드 리스트 기반 스택의 기본 연산

이제 스택의 기본 연산을 링크드 리스트 기반으로 하나씩 구현해보겠습니다. 링크드 리스트로 스택을 구현하면 아무래도 배열을 이용할 때보다 코드가 복잡해지지만, 1장에서 공부한 링크드 리스트의 내용을 벗어나는 부분은 없으므로 여러분이 이해하는 데 별 문제 없을 것입니다.

이 책에서는 링크드 리스트 중에서도 싱글 링크드 리스트로 스택을 구현하겠습니다. 그리고 이 구현에 사용할 접두사는 LLS Linked List Stack 입니다.

스택 생성/소멸 연산

우선 자유 저장소 안에 스택을 생성하는 LLS_CreateStack() 함수를 구현해야 합니다. LLS_CreateStack() 함수는 배열 버전의 AS_CreateStack() 함수와 달리 Stack의 용량을 결정짓는 매개 변수를 필요로 하지 않습니다. 링크드 리스트 기반이므로 용량 제한에서 자유로운 것이지요.

LLS_CreateStack() 함수가 하는 일은 다음 코드에서처럼 LinkedListStack 구조체를 자유 저장소에 할당하는 것뿐입니다.

```
void  LLS_CreateStack( LinkedListStack** Stack )
{
    //  스택을 자유 저장소에 생성
    (*Stack )      = ( LinkedListStack*)malloc(sizeof( LinkedListStack ) );
    (*Stack )->List = NULL;
    (*Stack )->Top  = NULL;
}
```

이제 자유 저장소에 공간을 할당하는 malloc() 함수와 free() 함수가 실과 바늘처럼 함께 다닌다는 사실 정도는 잘 알고 있지요? LLS_CreateStack() 함수가 malloc() 함수를 이용해서 LinkedListStack 구조체를 자유 저장소에 할당하도록 구현했으니, 이 메모리를 해제하는 free() 함수를 호출하는 LLS_DestroyStack() 함수도 구현해봅시다.

```
void LLS_DestroyStack( LinkedListStack* Stack )
{
    while ( !LLS_IsEmpty(Stack ) )
    {
        Node* Popped = LLS_Pop( Stack );
        LLS_DestroyNode(Popped);
    }

    //  스택을 자유 저장소에서 해제
    free(Stack );
}
```

LLS_DestroyStack() 함수는 먼저 각 노드를 제거하고 자유 저장소에서 LinkedListStack 구조체를 할당 해제합니다. 노드 제거는 함수 앞부분에 있는 while 블록이 담당하는데요. 여기에서 사용되는 LLS_IsEmpty() 함수는 스택이 비어 있는지 점검하고, LLS_Pop() 함수는 스택의 최상위 노드를 제거하며, LLS_DestroyNode() 함수는 자유 저장소에 할당된 노드를 메모리에서 해제합니다.

노드 생성/소멸 연산

스택의 노드를 생성하는 LLS_CreateNode() 구현은 약간 복잡합니다. 앞에서도 이야기했듯이, 노드를 자유 저장소에 생성할 때 문자열을 저장할 공간도 함께 생성해야 하기 때문입니다. 다음 LLS_CreateNode() 함수 코드를 보면 malloc() 함수가 Node 구조체를 할당하기 위해 한 번, Node 구조체의 Data 필드를 할당하기 위해 또 한 번, 모두 2번 호출된다는 사실을 알 수 있습니다.

```
Node* LLS_CreateNode( char* NewData )
{
    Node* NewNode = ( Node*)malloc(sizeof( Node ) );
    NewNode->Data = ( char*)malloc(strlen( NewData ) + 1);

    strcpy( NewNode->Data, NewData );  // 데이터를 저장한다.

    NewNode->NextNode = NULL;  // 다음 노드에 대한 포인터는 NULL로 초기화한다.

    return NewNode; // 노드의 주소를 반환한다.
}
```

다음은 노드를 메모리에서 깨끗하게 제거하는 LLS_DestroyNode()입니다. 이 함수 안에서도 free() 함수가 2번 호출됩니다. 한 번은 노드의 자유 저장소에서 Data 필드를 할당 해제하기 위해, 또 한 번은 노드를 할당 해제하기 위해서입니다.

```
void  LLS_DestroyNode( Node* _Node )
{
    free(_Node->Data );
    free(_Node );
}
```

노드 삽입 연산

삽입 연산은 스택의 최상위 노드 Top에 새 노드를 얹도록 구현하면 됩니다. 이렇게 하면 새 노드가 최상위 노드가 되지요? 마지막으로 새로운 최상위 노드의 주소를 LinkedListStack 구조체의 Top 필드에 등록하면 LLS_Push( ) 함수가 할 일은 끝납니다.

```
void LLS_Push( LinkedListStack* Stack, Node* NewNode )
{
    if ( Stack->List == NULL )
    {
        Stack->List = NewNode;
    }
    else
    {
        //  스택의 Top 위에 새 노드를 얹는다.
        Stack->Top->NextNode = NewNode;
    }

    //  스택의 Top 필드에 새 노드의 주소를 등록한다.
    Stack->Top = NewNode;
}
```

노드 제거 연산

링크드 리스트 기반 스택에서 제거 연산은 다음 네 단계로 이루어집니다.

❶ 현재 최상위 노드(Top)의 주소를 다른 포인터에 복사한다.

❷ 새로운 최상위 노드(현재 최상위 노드)의 바로 아래(이전) 노드를 찾는다.

❸ LinkedListStack 구조체의 Top 필드에 새로운 최상위 노드의 주소를 등록한다.

❹ 단계 ❶에서 포인터에 저장했던 예전 최상위 노드의 주소를 반환한다.

다음 코드는 ❶~❹ 단계를 수행하는 LLS_Pop( ) 함수의 구현 예입니다.

```
Node* LLS_Pop( LinkedListStack* Stack )
{
    //  LLS_Pop() 함수가 반환할 최상위 노드 저장
    Node* TopNode = Stack->Top;

    if ( Stack->List == Stack->Top )
    {
        Stack->List = NULL;
        Stack->Top  = NULL;
    }
    else
    {
        // Top 아래에 있던 노드를 새로운 CurrentTop에 저장
        Node* CurrentTop = Stack->List;
        while ( CurrentTop != NULL && CurrentTop->NextNode != Stack->Top )
        {
            CurrentTop = CurrentTop->NextNode;
        }

        // CurrentTop을 Top에 저장
        Stack->Top = CurrentTop;
        Stack->Top->NextNode = NULL;
    }

    return TopNode;
}
```

2.3.3 링크드 리스트 기반 스택 예제 프로그램

이번에는 지금까지 공부했던 내용으로 링크드 리스트 기반 예제 프로그램을 만들어보겠습니다. 이 예제 프로그램은 앞에서 설명하지 않은 몇 가지 간단한 연산도 포함하고 있습니다. 스택의 최상위 노드를 (제거하지는 않고) 반환만 하는 LLS_Top( ) 함수, 스택이 비어 있는지 점검하는 LLS_IsEmpty( ) 함수, 스택의 크기를 재는 LLS_GetSize( ) 함수가 그 예입니다. 이 함수들의 내용은 아주 간단하므로 코드를 작성하면서 스스로 분석할 수 있을 것입니다.

이전 예제와 같이 이번 예제 프로그램도 3개의 파일로 구성되어 있습니다. LinkedListStack.h와

LinkedListStack.c는 스택 연산 함수를 선언하고 정의하며 Test_LinkedListStack.c에서는 이 두 파일에서 선언하고 정의한 함수를 테스트합니다.

02장/LinkedListStack/LinkedListStack.h

```
01  #ifndef LINKEDLIST_STACK_H
02  #define LINKEDLIST_STACK_H
03
04  #include <stdio.h>
05  #include <string.h>
06  #include <stdlib.h>
07
08  typedef struct tagNode
09  {
10      char* Data;
11      struct tagNode* NextNode;
12  } Node;
13
14  typedef struct tagLinkedListStack
15  {
16      Node* List;
17      Node* Top;
18  } LinkedListStack;
19
20  void  LLS_CreateStack( LinkedListStack** Stack );
21  void  LLS_DestroyStack( LinkedListStack* Stack );
22
23  Node* LLS_CreateNode( char* Data );
24  void  LLS_DestroyNode( Node* _Node );
25
26  void  LLS_Push( LinkedListStack* Stack, Node* NewNode );
27  Node* LLS_Pop( LinkedListStack* Stack );
28
29  Node* LLS_Top( LinkedListStack* Stack );
30  int   LLS_GetSize( LinkedListStack* Stack );
31  int   LLS_IsEmpty( LinkedListStack* Stack );
32
33  #endif
```

```
001  #include "LinkedListStack.h"
002
003  void  LLS_CreateStack( LinkedListStack** Stack )
004  {
005      //  스택을 자유 저장소에 생성
006      (*Stack )        = ( LinkedListStack*)malloc(sizeof( LinkedListStack ) );
007      (*Stack )->List = NULL;
008      (*Stack )->Top  = NULL;
009  }
010
011  void LLS_DestroyStack( LinkedListStack* Stack )
012  {
013      while ( !LLS_IsEmpty(Stack ) )
014      {
015          Node* Popped = LLS_Pop( Stack );
016          LLS_DestroyNode(Popped);
017      }
018
019      //  스택을 자유 저장소에서 해제
020      free(Stack );
021  }
022
023  Node* LLS_CreateNode( char* NewData )
024  {
025      Node* NewNode = ( Node*)malloc(sizeof( Node ) );
026      NewNode->Data = ( char*)malloc(strlen( NewData ) + 1);
027
028      strcpy( NewNode->Data, NewData );  //  데이터를 저장한다.
029
030      NewNode->NextNode = NULL;  //  다음 노드에 대한 포인터는 NULL로 초기화한다.
031
032      return NewNode;  //  노드의 주소를 반환한다.
033  }
034
035  void  LLS_DestroyNode( Node* _Node )
036  {
037      free(_Node->Data );
038      free(_Node );
```

```
039    }
040
041    void LLS_Push( LinkedListStack* Stack, Node* NewNode )
042    {
043        if ( Stack->List == NULL )
044        {
045            Stack->List = NewNode;
046        }
047        else
048        {
049            //  스택의 Top에 신규 노드를 연결한다.
050            Stack->Top->NextNode = NewNode;
051        }
052
053        //  스택의 Top 필드에 새 노드의 주소를 등록한다.
054        Stack->Top = NewNode;
055    }
056
057    Node* LLS_Pop( LinkedListStack* Stack )
058    {
059        //  LLS_Pop() 함수가 반환할 최상위 노드 저장
060        Node* TopNode = Stack->Top;
061
062
063        if ( Stack->List == Stack->Top )
064        {
065            Stack->List = NULL;
066            Stack->Top  = NULL;
067        }
068        else
069        {
070            // Top 아래에 있던 노드를 새로운 CurrentTop에 저장
071            Node* CurrentTop = Stack->List;
072            while ( CurrentTop != NULL && CurrentTop->NextNode != Stack->Top )
073            {
074                CurrentTop = CurrentTop->NextNode;
075            }
076
077            // CurrentTop을 Top에 저장
078            Stack->Top = CurrentTop;
```

```
079          Stack->Top->NextNode = NULL;
080      }
081
082      return TopNode;
083  }
084
085  Node* LLS_Top( LinkedListStack* Stack )
086  {
087      return Stack->Top;
088  }
089
090  int LLS_GetSize( LinkedListStack* Stack )
091  {
092      int    Count = 0;
093      Node*  Current = Stack->List;
094
095      while ( Current != NULL )
096      {
097          Current = Current->NextNode;
098          Count++;
099      }
100
101      return Count;
102  }
103
104  int LLS_IsEmpty( LinkedListStack* Stack )
105  {
106      return (Stack->List == NULL);
107  }
```

02장/LinkedListStack/Test_LinkedListStack.c

```
01  #include "LinkedListStack.h"
02
03  int main( void )
04  {
05      int i= 0;
06      int Count = 0;
```

```
07      Node* Popped;
08
09      LinkedListStack* Stack;
10
11      LLS_CreateStack(&Stack);
12
13      LLS_Push( Stack, LLS_CreateNode("abc") );
14      LLS_Push( Stack, LLS_CreateNode("def") );
15      LLS_Push( Stack, LLS_CreateNode("efg") );
16      LLS_Push( Stack, LLS_CreateNode("hij") );
17
18      Count = LLS_GetSize(Stack);
19      printf( "Size: %d, Top: %s\n\n",
20          Count, LLS_Top(Stack)->Data );
21
22      for ( i=0; i<Count; i++ )
23      {
24          if ( LLS_IsEmpty(Stack) )
25              break;
26
27          Popped = LLS_Pop( Stack );
28
29          printf( "Popped: %s, ", Popped->Data );
30
31          LLS_DestroyNode(Popped);
32
33          if ( ! LLS_IsEmpty(Stack) )
34          {
35              printf( "Current Top: %s\n", LLS_Top(Stack)->Data );
36          }
37          else
38          {
39              printf( "Stack Is Empty.\n");
40          }
41      }
42
43      LLS_DestroyStack(Stack);
44
45      return 0;
46  }
```

```
Size: 4, Top: hij

Popped: hij, Current Top: efg
Popped: efg, Current Top: def
Popped: def, Current Top: abc
Popped: abc, Stack Is Empty.
```

2.4 스택의 응용: 사칙 연산 계산기

스택은 제법 재미있는 자료구조입니다. 이번에는 이 재미있는 자료구조를 활용한 프로그램을 만들어볼 차례입니다. 제목을 보고 알았겠지만 지금부터 만들 프로그램은 바로 사칙 연산 계산기입니다. 엄밀히 말하면 '수식 분석기 기반의 사칙 연산 계산기'가 맞는 이름이겠지만 너무 기니까 그냥 '사칙 연산 계산기'라고 부르겠습니다.

이 계산기가 갖춰야 할 기능은 단순합니다. 다음과 같이 사칙 연산만으로 이루어진 식을 분석해서 풀 수 있으면 됩니다.

$$1 + 3.334 / (4.28 * (110 - 7729))$$

여러분은 이 식을 어떤 순서로 풀겠습니까? 아마도 괄호 안에 있는 식부터 계산할 것입니다. 괄호가 중첩되어 있다면 가장 안쪽에 있는 괄호부터 계산하고, 그다음 순서로 곱셈($*$)과 나눗셈($/$)을 처리한 후 덧셈과 뺄셈을 계산하겠지요.

이처럼 계산할 수 있는 이유는 우리가 어릴 때부터 오랜 시간 교육과 훈련을 통해 수식 계산에 필요한 직관을 만들어왔기 때문입니다. 직관은 식을 구성하는 각 항의 우선순위를 파악한 후 그에 따라 계산할 수 있게 도와줍니다. 하지만 컴퓨터에는 직관이 없습니다. 따라서 컴퓨터가 이 문제를 풀도록 하려면 직관 대신 사용할 수 있는 어떤 도구, 다시 말해 알고리즘을 제공해야 합니다.

여기서는 이 알고리즘을 두 단계로 구성하겠습니다. 첫 번째 단계에서는 원본 수식을 컴퓨터가 풀기 쉬운 형식으로 변환하고, 두 번째 단계에서는 이렇게 변환된 수식을 계산하도록 할 것입니다. 이때 스택은 이 두 단계에서 모두 사용됩니다.

수식을 변환하려면 먼저 수식의 형식에 관해 알아야 합니다. 그러므로 수식의 중위 표기법과 후위 표기법을 먼저 살펴보겠습니다.

2.4.1 수식의 중위 표기법과 후위 표기법

혹시 다음 식을 계산할 수 있을까요?

$$1\ 2\ 33/+9\ 13*-$$

뭔가 이상하지요? 하지만 이 식도 엄연히 계산이 가능한 수식입니다. 이 식의 결과는 다음 식의 계산 결과와 완전히 동일합니다.

$$1+2/33-9*13$$

장난치는 것이 아닙니다. 전자는 후위 표기법^{Postfix Notation}으로 수식을 표현한 것이고, 후자는 우리가 일상적으로 사용하는 중위 표기법^{Infix Notation}으로 표현한 것뿐입니다. 우리가 평소 사용하던 표현 방법을 '중위 표기법'이라 부른다는 사실도 새롭지요?

후위 표기법은 역^逆 폴리쉬 표기법^{Reverse Polish Notation}이라고도 하는데, 호주의 찰스 햄블린^{Charles Hamblin}이 1950년대 중반에 개발한 알고리즘입니다. 이 표기법은 **연산자가 피연산자 뒤에 위치한다는 규칙**을 갖고 있습니다. 그래서 '후위' 표기법이라고 합니다. 그렇다면 중위 표기법은 왜 '중위'인지 답이 나오지요? 바로 연산자가 피연산자 가운데에 위치한다는 규칙을 갖고 있기 때문입니다.

다음은 중위 표기법과 후위 표기법의 몇 가지 예를 나타낸 표입니다.

중위 표기법	후위 표기법
1 + 3	1 3 +
23 / 7 + 12	23 7 / 12 +
(117.32 + 83) * 49	117.32 83 + 49 *
1 − 3 * 2	1 3 2 * −

> **! 여기서 잠깐**　　**폴리쉬 표기법**
>
> 폴리쉬 표기법^{Polish Notation}('역'자가 붙지 않습니다)이라는 이름은 얀 우카셰비치^{Jan Łukasiewicz}라는 폴란드 수학자가 개발했다고 해서 붙여졌습니다. Polish가 '폴란드의'라는 뜻이니까요. 폴리쉬 표기법은 전위 표기법^{Prefix Notation}이라고도 불리며, 연산자가 피연산자 앞에 위치한다는 점이 특징입니다. 가령 3 + 4를 + 3 4와 같이 표시하는 방식입니다. 리스프^{Lisp}나 클로저^{Clojure} 같은 프로그래밍 언어에서는 전위 표기법을 사용합니다.

2.4.2 후위 표기식을 계산하는 알고리즘

후위 표기식을 계산하는 알고리즘은 두 가지 규칙으로 이루어집니다. 규칙을 살펴보기 전에 후위 표기식 '1 3 2 * −'(중위 표기법으로는 '1 − 3 * 2')를 풀어볼까요?

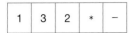

후위 표기식 계산 알고리즘의 첫 번째 규칙은 **식의 왼쪽부터 요소를 읽어내면서 그 요소가 피연산자라면 스택에 삽입할 것**입니다. 예제 식을 읽으면서 처음 나오는 요소 '1'은 피연산자이므로 스택에 삽입합니다.

두 번째 요소도 피연산자이므로 스택에 삽입합니다. 이제 스택은 1, 3, 모두 2개의 요소를 가집니다.

세 번째 요소도 피연산자이군요. 역시 스택에 삽입합니다.

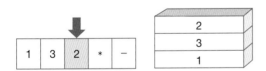

이제 두 번째 규칙을 알아볼까요? 두 번째 규칙은 **연산자가 나타나면 스택에서 피연산자 2개를 꺼내 연산을 실행하고 그 연산 결과를 다시 스택에 삽입할 것**입니다.

네 번째 요소는 곱셈을 수행하는 '*'이므로 스택에서 두 번의 제거 연산을 수행하여 피연산자 2와 3을 꺼낸 후 '3 * 2'의 계산 결과인 6을 스택에 삽입합니다. 이렇게 하면 스택에 1과 6이 저장됩니다.

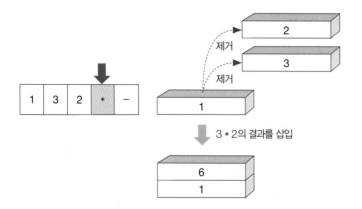

3 * 2의 결과를 삽입

다섯 번째 요소는 '−'이군요. 연산자를 만났을 때는 두 번의 제거 연산을 실행해서 피연산자 2개를 꺼내 계산을 수행한다고 했습니다. 즉, 6과 1을 스택에서 꺼낸 후 '1 − 6'의 계산 결과인 −5를 스택에 저장합니다.

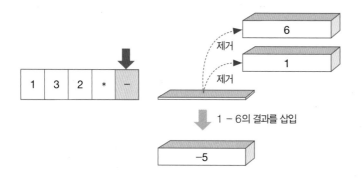

1 − 6의 결과를 삽입

이렇게 해서 식을 모두 읽었고 스택에는 식의 최종 계산 결과만 남았습니다. 이 값을 스택에서 꺼내면 계산 결과를 얻을 수 있지요. 이 과정을 순서도로 정리하면 다음과 같습니다.

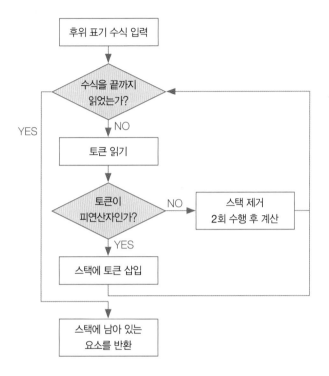

다음은 후위 표기식을 계산하는 함수에서 살을 상당히 발라낸 뼈대입니다. 실제 구현에 비하면 많은 코드가 생략되어 있지만 알고리즘의 중요한 부분은 살아 있습니다.

```c
double Calculate( char* PostfixExpression )
{
    //  … Stack 생성
    while ( PostfixExpression을 끝까지 다 읽을 때까지 )
    {
        //  PostfixExpression에서 토큰을 읽어내고, 읽은 토큰 크기를 Read에 누적한다.
        Read += GetNextToken( &PostfixExpression[Position], Token, &Type );

        // …
        if ( Type == OPERAND )  //  토큰이 피연산자라면 스택에 삽입한다.
        {
            LLS_Push(&Stack, LLS_CreateNode( Token ) );
```

```
        }
        else // 토큰이 연산자라면 스택의 피연산자들과 함께 계산한다.
        {
            Operator2 = LLS_Pop(&Stack);
            Operator1 = LLS_Pop(&Stack);

            switch (Type) // 연산자의 종류에 따라 계산한다.
            {
                case PLUS:   TempResult = Operator1 + Operator2; break;
                case MINUS:  TempResult = Operator1 - Operator2; break;
                case MULTIPLY: TempResult = Operator1 * Operator2; break;
                case DIVIDE: TempResult = Operator1 / Operator2; break;
            }

            LLS_Push(&Stack, LLS_CreateNode( TempResult ));
        }
    }

    // 스택에 마지막까지 남아 있는 결괏값을 Result에 저장한다.
    Result = LLS_Pop(&Stack);

    //  … Stack 소멸
    return Result;
}
```

2.4.3 중위 표기식을 후위 표기식으로 바꾸는 알고리즘

지금까지 후위 표기법의 정의와 후위 표기식 계산 알고리즘을 배웠습니다. 이제 우리에게 남은 일은 중위 표기식을 후위 표기식으로 변환하는 알고리즘에 대해 이해하는 것뿐입니다.

> **❗ 여기서 잠깐** **중위 표기법의 괄호에 대해**
>
> 중위 표기법에는 후위 표기법에 없는 괄호 '('와 ')'가 있습니다. 우선순위가 낮은 연산이라 하더라도 이 괄호 안에 같이 묶여 있으면 다른 연산보다 우선하여 계산됩니다. 중위 표기식을 후위 표기식으로 바꾸기 위해서는 이 괄호의 처리가 아주 중요합니다.

지금부터 제가 소개할 알고리즘은 위대한 수학자이자 프로그래머였던 에츠허르 데이크스트라^{Edsger} Dijkstra가 고안한 데이크스트라 알고리즘^{Dijkstra Algorithm} 입니다. 동작 과정은 다음과 같습니다.

❶ 입력 받은 중위 표기식에서 토큰을 읽는다.

❷ 토큰이 피연산자라면 토큰을 결과에 출력한다.

❸ 토큰이 연산자(괄호 포함)라면 스택의 최상위 노드에 담긴 연산자가 토큰보다 우선순위가 높은지 검사한다(검사가 끝나면 스택에는 최상위 노드보다 우선순위가 높은 연산자가 남아 있지 않게 된다).

- 검사 결과가 참이면(토큰이 최상위 노드의 연산자보다 높으면) 최상위 노드를 스택에서 꺼내 결과에 출력하며, 이 검사 작업을 반복해서 수행하되 그 결과가 거짓이거나 스택이 비면 작업을 중단한다.
- 검사 작업이 끝난 후에는 토큰을 스택에 삽입한다.

❹ 토큰이 오른쪽 괄호 ‘)’면 최상위 노드에 왼쪽 괄호 ‘(’가 올 때까지 스택에 제거 연산을 수행하고 제거한 노드에 담긴 연산자를 출력한다. 왼쪽 괄호를 만나면 제거만 하고 출력하지는 않는다.

❺ 중위 표기식에 더 읽을 것이 없다면 반복을 종료하고 더 읽을 것이 있다면 단계 ❶부터 다시 반복한다.

이 알고리즘을 토대로 중위 표기식을 후위 표기식으로 변환해봅시다. 너무 복잡하면 오히려 이해하는 데 방해가 되므로 다음처럼 적당히 단순한 식을 예로 사용하겠습니다.

$$(117.32 + 83) * 49$$

이 식을 후위 표기식으로 변환하는 과정은 다음과 같습니다.

토큰	작업	출력	스택
(117.32 + 83) * 49	스택에 ‘(’ 삽입		(
(117.32 + 83) * 49	117.32 출력	117.32	(
(117.32 + 83) * 49	스택에 ‘+’ 삽입	117.32	+ (
(117.32 + 83) * 49	83 출력	117.32 83	+ (
(117.32 + 83) * 49	스택의 모든 연산자 제거 후 출력(‘(’는 출력하지 않음)	117.32 83 +	
(117.32 + 83) * 49	스택에 ‘*’ 삽입	117.32 83 +	*
(117.32 + 83) * 49	49 출력	117.32 83 + 49	*
(117.32 + 83) * 49	식을 모두 읽었음. 스택의 모든 연산자 제거 후 출력	117.32 83 + 49*	

몇 가지 규칙에 따라 스택만 사용했는데 중위 표기식이 깔끔하게 후위 표기식으로 변환되었습니다. 멋지지 않습니까? 다음 코드는 방금 살펴본 데이크스트라의 중위−후위 표기 변환 알고리즘을 구현한 GetPostfix( ) 함수입니다.

```
void GetPostfix( char* InfixExpression, char* PostfixExpression )
{
    LinkedListStack* Stack;        중위 표기식       후위 표기식

    char Token[32];
    int  Type = -1;
    unsigned int Position = 0;
    unsigned int Length = strlen( InfixExpression );

    LLS_CreateStack(&Stack);

    while ( Position < Length )      중위 표기식을 다 읽을 때까지 반복
    {
        Position += GetNextToken( &InfixExpression[Position], Token, &Type );

        if ( Type == OPERAND )      토큰이 피연산자라면 후위 표기식에 출력
        {
            strcat( PostfixExpression, Token );
            strcat( PostfixExpression, " " );
        }
        else if ( Type == RIGHT_PARENTHESIS )
        {
            while ( !LLS_IsEmpty(Stack) )
            {
                                            토큰이 오른쪽 괄호라면 왼쪽 괄호가
                Node* Popped = LLS_Pop( Stack );   나타날 때까지 스택의 노드를 제거합니다.

                if ( Popped->Data[0] == LEFT_PARENTHESIS )
                {
                    LLS_DestroyNode( Popped );
                    break;
                }
                else                        토큰이 연산자인 경우
                {
                    strcat( PostfixExpression, Popped->Data );
                    LLS_DestroyNode( Popped );
                }
```

```
                }
            }
            else
            {
                while ( !LLS_IsEmpty( Stack ) &&
                        !IsPrior( LLS_Top( Stack )->Data[0], Token[0] ) )
                {
                    Node* Popped = LLS_Pop( Stack );

                    if ( Popped->Data[0] != LEFT_PARENTHESIS )
                        strcat( PostfixExpression, Popped->Data );

                    LLS_DestroyNode( Popped );
                }

                LLS_Push( Stack, LLS_CreateNode( Token ) );
            }
        }

        while ( !LLS_IsEmpty( Stack ) )
        {
            Node* Popped = LLS_Pop( Stack );

            if ( Popped->Data[0] != LEFT_PARENTHESIS )
                strcat( PostfixExpression, Popped->Data );

            LLS_DestroyNode( Popped );
        }

        LLS_DestroyStack(Stack);
}
```

> 중위 표기식을 다 읽었으니 Stack에 남겨진 모든 연산자를 후위 표기식에 출력합니다.

2.4.4 사칙 연산 계산기 예제 프로그램

이제 계산기를 만들기 위한 준비는 모두 끝났으니 프로그램을 만들어봅시다. 이번 예제 프로그램은 다음과 같이 모두 5개의 파일로 이루어집니다.

LinkedListStack.h와 LinkedListStack.c에는 링크드 리스트 기반의 스택이 구현되어 있습니다

(앞에서 작성한 파일이니 새로 코딩할 필요는 없습니다). Calculator.h와 Calculator.c는 중위 표기식을 후위 표기식으로 변환하는 알고리즘과 후위 표기식을 계산하는 알고리즘을 구현합니다. Test_Calculator.c는 사용자가 중위 표기식을 입력하면 Calculator.h와 Calculator.c에 구현된 함수를 토대로 결과를 계산하여 출력합니다.

그러면 시작해볼까요? 조금 전에 이야기한 것처럼 LinkedListStack.h, LinkedListStack. c는 링크드 리스트로 구현하는 스택 예제에서 만든 파일을 그대로 복사해서 사용하면 됩니다. Calculator. h와 Calculator.c, Test_Calculator.c만 새로 작성하세요.

02장/Calculator/Calculator.h

```
01  #ifndef CALCULATOR_H
02  #define CALCULATOR_H
03
04  #include <stdlib.h>
05  #include "LinkedListStack.h"
06
07  typedef enum
08  {
09      LEFT_PARENTHESIS  = '(', RIGHT_PARENTHESIS = ')',
10      PLUS      = '+', MINUS      = '-',
11      MULTIPLY = '*', DIVIDE    = '/',
12      SPACE     = ' ', OPERAND
13  } SYMBOL;
14
15  int          IsNumber( char Cipher );
16  unsigned int GetNextToken( char* Expression, char* Token, int* TYPE );
17  int          IsPrior( char Operator1, char Operator2 );
18  void         GetPostfix( char* InfixExpression, char* PostfixExpression );
19  double       Calculate( char* PostfixExpression );
20
21  #endif
```

```
001  #include "Calculator.h"
002
003  char NUMBER[] = { '0', '1', '2', '3', '4', '5', '6', '7', '8', '9', '.' };
004
005  int IsNumber( char Cipher )
006  {
007      int i = 0;
008      int ArrayLength = sizeof(NUMBER);
009
010      for ( i=0; i<ArrayLength; i++ )
011      {
012          if ( Cipher == NUMBER[i] )
013              return 1;
014      }
015
016      return 0;
017  }
018
019  unsigned int GetNextToken( char* Expression, char* Token, int* TYPE )
020  {
021      unsigned int i = 0;
022
023      for ( i=0 ; 0 != Expression[i]; i++ )
024      {
025          Token[i] = Expression[i];
026
027          if ( IsNumber( Expression[i] ) == 1 )
028          {
029              *TYPE = OPERAND;
030
031              if ( IsNumber(Expression[i+1]) != 1 )
032                  break;
033          }
034          else
035          {
036              *TYPE = Expression[i];
037              break;
038          }
```

```
039        }
040
041        Token[++i] = '\0';
042        return i;
043  }
044
045  int GetPriority(char Operator, int InStack)
046  {
047        int Priority = -1;
048
049        switch (Operator)
050        {
051        case LEFT_PARENTHESIS:
052            if ( InStack )
053                Priority = 3;
054            else
055                Priority = 0;
056            break;
057
058        case MULTIPLY:
059        case DIVIDE:
060            Priority = 1;
061            break;
062
063        case PLUS:
064        case MINUS:
065            Priority = 2;
066            break;
067        }
068
069        return Priority;
070  }
071
072  int IsPrior( char OperatorInStack, char OperatorInToken )
073  {
074        return ( GetPriority(OperatorInStack, 1) > GetPriority(OperatorInToken, 0) );
075  }
076
077  void GetPostfix( char* InfixExpression, char* PostfixExpression )
078  {
```

```
079    LinkedListStack* Stack;
080
081    char Token[32];
082    int  Type = -1;
083    unsigned int Position = 0;
084    unsigned int Length = strlen( InfixExpression );
085
086    LLS_CreateStack(&Stack);
087
088    while ( Position < Length )
089    {
090        Position += GetNextToken( &InfixExpression[Position], Token, &Type );
091
092        if ( Type == OPERAND )
093        {
094            strcat( PostfixExpression, Token );
095            strcat( PostfixExpression, " " );
096        }
097        else if ( Type == RIGHT_PARENTHESIS )
098        {
099            while ( !LLS_IsEmpty(Stack) )
100            {
101                Node* Popped = LLS_Pop( Stack );
102
103                if ( Popped->Data[0] == LEFT_PARENTHESIS )
104                {
105                    LLS_DestroyNode( Popped );
106                    break;
107                }
108                else
109                {
110                    strcat( PostfixExpression, Popped->Data );
111                    LLS_DestroyNode( Popped );
112                }
113            }
114        }
115        else
116        {
117            while ( !LLS_IsEmpty( Stack ) &&
118                    !IsPrior( LLS_Top( Stack )->Data[0], Token[0] ) )
```

```
119             {
120                 Node* Popped = LLS_Pop( Stack );
121
122                 if ( Popped->Data[0] != LEFT_PARENTHESIS )
123                     strcat( PostfixExpression, Popped->Data );
124
125                 LLS_DestroyNode( Popped );
126             }
127
128             LLS_Push( Stack, LLS_CreateNode( Token ) );
129         }
130     }
131
132     while ( !LLS_IsEmpty( Stack) )
133     {
134         Node* Popped = LLS_Pop( Stack );
135
136         if ( Popped->Data[0] != LEFT_PARENTHESIS )
137             strcat( PostfixExpression, Popped->Data );
138
139         LLS_DestroyNode( Popped );
140     }
141
142     LLS_DestroyStack(Stack);
143 }
144
145 double Calculate( char* PostfixExpression )
146 {
147     LinkedListStack* Stack;
148     Node*  ResultNode;
149
150     double Result;
151     char Token[32];
152     int  Type = -1;
153     unsigned int Read = 0;
154     unsigned int Length = strlen( PostfixExpression );
155
156     LLS_CreateStack(&Stack);
157
158     while ( Read < Length )
```

```
159     {
160         Read += GetNextToken( &PostfixExpression[Read], Token, &Type );
161
162         if ( Type == SPACE )
163             continue;
164
165         if ( Type == OPERAND )
166         {
167             Node* NewNode = LLS_CreateNode( Token );
168             LLS_Push( Stack, NewNode );
169         }
170         else
171         {
172             char   ResultString[32];
173             double Operator1, Operator2, TempResult;
174             Node* OperatorNode;
175
176             OperatorNode = LLS_Pop( Stack );
177             Operator2 = atof( OperatorNode->Data );
178             LLS_DestroyNode( OperatorNode );
179
180             OperatorNode = LLS_Pop( Stack );
181             Operator1 = atof( OperatorNode->Data );
182             LLS_DestroyNode( OperatorNode );
183
184             switch (Type)
185             {
186             case PLUS:     TempResult = Operator1 + Operator2; break;
187             case MINUS:    TempResult = Operator1 - Operator2; break;
188             case MULTIPLY: TempResult = Operator1 * Operator2; break;
189             case DIVIDE:   TempResult = Operator1 / Operator2; break;
190             }
191
192             gcvt( TempResult, 10, ResultString );•·············
193             LLS_Push( Stack, LLS_CreateNode( ResultString ) );
194         }                                          문자열로 되어 있는 계산 결과를 소수로 변환
195     }
196
197     ResultNode = LLS_Pop( Stack );
198     Result = atof( ResultNode->Data );•········  소수로 되어 있는 계산 결과를 문자열로 변환
```

```
199     LLS_DestroyNode( ResultNode );
200
201     LLS_DestroyStack( Stack );
202
203     return Result;
204 }
```

02장/Calculator/Test_Calculator.c

```
01  #include <stdio.h>
02  #include <string.h>
03  #include "Calculator.h"
04
05  int main( void )
06  {
07      char InfixExpression[100];
08      char PostfixExpression[100];
09
10   double Result = 0.0;
11
12      memset( InfixExpression,   0, sizeof(InfixExpression) );
13      memset( PostfixExpression, 0, sizeof(PostfixExpression) );
14
15      printf( "Enter Infix Expression:" );
16      scanf( "%s", InfixExpression );
17
18      GetPostfix( InfixExpression, PostfixExpression );
19
20      printf( "Infix:%s\nPostfix:%s\n",
21              InfixExpression,
22              PostfixExpression );
23
24   Result = Calculate( PostfixExpression );
25
26      printf( "Calculation Result : %f\n", Result );
27
28      return 0;
29  }
```

```
Enter Infix Expression:1+3.334/(4.28*(110-7729))
Infix:1+3.334/(4.28*(110-7729))
Postfix:1 3.334 4.28 110 7729 -*/+
Calculation Result : 0.999898
```

01 다음 스택에서 '70'을 제거하려면 제거 연산을 모두 몇 번 수행해야 할까요?

100
90
80
70
60

02 우리가 앞에서 만든 예제에서는 배열 기반 스택을 다음과 같은 구조체로 표현했습니다.

```
typedef struct tagArrayStack
{
    Int   Capacity;      // 용량
    Int   Top;           // 최상위 노드의 위치
    Node* Nodes;         // 노드 배열
} ArrayStack;
```

이런 구조의 배열 기반 스택이 가진 단점 중 하나는 용량을 조절하기 어렵다는 것입니다. 하지만 불가능한 것은 아니지요. 자, 이제 문제입니다. 스택의 용량이 모두 소진되었을 때 현재 용량의 30%만큼 더 늘리도록 다음의 AS_Push( ) 함수를 개선하세요.

```
void AS_Push(ArrayStack* Stack, ElementType Data)
{
    int Position = Stack->Top;

    Stack->Nodes[Position].Data = Data;
    Stack->Top++;
}
```

03 02번 문제는 잘 풀었습니까? 만약 배열 기반 스택 예제 프로그램의 AS_Push( ) 함수만 용량이 늘어나도록 수정한다면 스택이 커지기만 하고 줄어들지 않아 결국 메모리를 낭비하게 됩니다. 따라서 AS_Pop( ) 함수도 실제 사용량이 줄어들면 용량을 줄이도록 개선해야 합니다. 이번 문제는 사용량이 스택 용량의 70% 미만으로 내려가면 용량을 줄이도록 다음의 AS_Pop( ) 함수를 수정하는 것입니다.

```
ElementType AS_Pop(ArrayStack* Stack)
{
    int Position = --( Stack->Top );

    return Stack->Nodes[Position].Data;
}
```

03

큐

큐는 입력된 순서대로 데이터를 출력하는 ADT입니다. 다른 ADT와 마찬가지로 큐 역시 중요한 역할을 하는데요. 특히 입력 데이터가 폭주할 때 안전하게 데이터를 보관했다가 입력 순서대로 다시 출력해주는 버퍼^{Buffer}가 큐의 대표적인 예입니다. 이번 장에서는 큐의 정의와 이를 구현하는 여러 가지 방법을 알아보겠습니다.

학습목표

**이 장의
핵심 개념**

- 큐의 개념을 이해합니다.

- 큐의 핵심 연산인 삽입과 제거를 이해합니다.

- 순환 큐의 구조와 구현을 이해합니다.

- 링크드 큐의 구조와 구현을 이해합니다.

**이 장의
학습 흐름**

큐의 개념
▼
노드 삽입과 제거 연산
▼
순환 큐
▼
링크드 큐

3.1 큐 ADT

스택은 데이터의 입력과 출력이 이루어지는 창구가 하나뿐이고, 제일 먼저 들어간 데이터가 제일 나중에 나오는 ADT입니다. 이와 반대로 큐는 입력과 출력 창구가 따로 존재하고, 제일 먼저 들어간 데이터가 제일 먼저 나오는 ADT입니다. 그런데 말입니다. 입력한 순서대로 데이터를 처리하는 일이 어려운 것도 아닌데 새삼스럽게 왜 큐가 필요할까요? 지금부터 그 이유를 이야기하겠습니다.

3.1.1 큐의 개념

한 가지 예를 생각해보죠. 어떤 애플리케이션이 입력된 데이터를 미처 처리하지 못했는데 새로운 데이터가 마구 입력된다면 어떻게 해야 할까요? 지금 처리 중인 데이터를 버리고 새로운 데이터를 받아들여야 할까요? 아니면 지금 처리 중인 데이터는 지키고 새로운 데이터를 버려야 할까요? 큐를 이용하면 이런 딜레마를 해결할 수 있습니다.

사실, 큐는 실생활에서도 굉장히 많이 사용되고 있습니다. 이해를 돕기 위해 제가 이야기를 하나 들려드릴게요.

어떤 은행의 A 지점 창구 직원이 한 명이라고 가정해봅시다. 직원이 너무 적은 것 같지만, 이 지점에는 손님이 15분에 한 명 정도 찾아오고 직원은 10분에 한 손님의 요구 사항을 처리할 수 있는 능력이 있기 때문에 평소에는 별 문제가 없습니다.

문제는 공과금을 납부하는 매 월말에 발생합니다. 갑자기 몰려든 손님이 남들보다 일찍 일을 보려고 싸우는 통에 은행이 아수라장이 되기 때문입니다. 여러분이 지점장이라면 어떻게 이 문제를 해결하겠습니까?

"먼저 온 순서대로 줄을 세우면 됩니다."

정답입니다. 문제가 너무 쉬웠나요? 먼저 온 순서대로 대기 줄을 만들어서 먼저 온 사람이 먼저 일을 보고 나갈 수 있게 하면 됩니다.

은행 대기 줄의 예처럼 **먼저 들어간 데이터가 먼저 나오는(FIFO** First In First Out **또는 선입선출**先入先出**) 자료구조**를 큐Queue라고 합니다. 큐를 우리말로 번역하면 대기행렬待機行列이라고 하는데 대기는 '기다리다', 행렬은 '줄'이라는 뜻이므로 큐는 '기다리는 줄'이라고 할 수 있습니다.

큐(대기행렬 또는 기다리는 줄)는 작업을 처리하는 요소(창구 직원)에 부하를 주지 않으면서도 처리 능력을 넘어서는 작업들도 놓치지 않고 수용할 수 있게 도와줍니다.

이처럼 큐를 '완충장치^{Buffer}'로 사용하는 사례는 아주 많습니다. 예를 들어 놀이공원의 30인승 롤러 코스터에 200명의 손님이 순식간에 몰렸다고 가정해봅시다. 이때 놀이공원 직원은 먼저 온 손님 30명만 태워 롤러코스터를 출발시키고 나머지 170명은 큐에서 기다리게 해야 합니다. 손님이 몰린다고 해서 30명이 정원인 롤러 코스터에 50명을 태우면 안 됩니다.

이제 큐가 어떤 역할을 하는지 조금 이해되나요? 이어서 큐 ADT의 핵심 기능을 알아보고 큐를 구현하는 여러 가지 방법도 살펴보겠습니다.

3.1.2 큐의 핵심 기능: 삽입과 제거 연산

큐는 다음과 같이 생겼습니다. 배열, 링크드 리스트, 심지어 스택과도 비슷해 보이지만 데이터 요소에 접근하는 규칙이 다르다는 점에 주의해야 합니다. 큐의 가장 앞 요소를 전단^{前段, Front}, 가장 마지막 요소를 후단^{後段, Rear}이라고 부릅니다.

스택에서는 삽입과 제거 연산 모두 최상위 노드(Top) 한쪽에서만 이루어지지만 큐의 경우 삽입 ^{Enqueue} 연산은 후단, 제거 ^{Dequeue} 연산은 전단에서 각각 수행됩니다.

그림을 보면서 조금 더 이야기해볼까요? 삽입은 다음과 같이 후단에 노드를 덧붙여서 새로운 후단을 만드는 연산입니다.

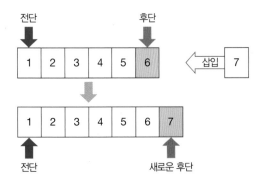

제거는 다음과 같이 전단의 노드를 없애서 전단 뒤에 있는 노드를 새로운 전단으로 만드는 연산을 말합니다.

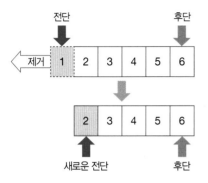

> **！여기서 잠깐 스택과 큐의 삽입 및 제거 연산을 어떻게 구분하지요?**
>
> 스택과 마찬가지로 큐의 핵심 기능도 삽입과 제거 연산입니다. 영어로 하면 스택은 Push와 Pop, 큐는 Enqueue와 Dequeue로 확실히 구분되는데 의역을 하니 똑같이 삽입과 제거가 되어버렸습니다. 제가 고민 끝에 내린 결론은 문맥을 통해 의미를 파악해야 한다는 사실입니다. 스택에 대해 삽입과 제거를 이야기할 때는 Push와 Pop, 큐에 대해 삽입과 제거를 이야기할 때는 Enqueue와 Dequeue로 알아듣는 것으로 말입니다.

3.2 순환 큐

배열을 이용해서 큐를 구현한다면 어떻게 해야 할까요? 우선 제거 연산만 생각해봅시다. 머릿속에 바로 떠오르는 구현이 혹시 다음과 비슷하지 않습니까?

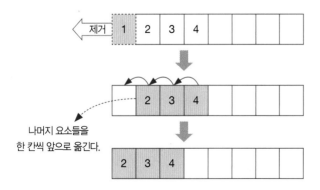

이 그림에 있는 큐 배열의 크기는 8이며 그 안에는 1, 2, 3, 4의 값을 가진 요소가 있습니다. 전단인 1을 제거하면 배열 내에 첫 번째 인덱스의 요소가 비게 되고 빈 자리를 채우기 위해 뒤에 있던 2, 3, 4 요소가 앞으로 한 칸씩 옮겨옵니다.

이 방식에는 문제가 있는데요. 바로 전단을 제거한 후 나머지 요소들을 한 칸씩 앞으로 옮기는 데 드는 비용이 상당하다는 점입니다. 큐 용량이 100개라면 한 번의 제거 연산에서 99번의 이동 작업을 수행해야 하는데, 구현이 아무리 간단하더라도 이러한 비용은 프로그래머로서 받아들이기 어려운 수준입니다.

다행히 이 문제를 해결할 수 있는 방법이 있습니다. 전단을 가리키는 변수를 도입해서 배열 내 요소를 옮기는 대신 전단의 위치만 변경하는 것입니다. 이와 함께 후단을 가리키는 변수도 도입해서 삽입이 일어날 때마다 후단의 위치를 변경합니다. 후단을 가리키는 변수에는 '실제 후단의 위치 + 1' 한 값을 담습니다. 삽입이 이루어질 때 후단이 가리키는 위치에 데이터를 바로 입력하면 되도록 말입니다.

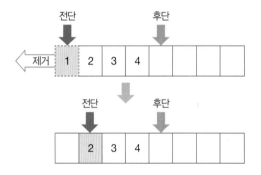

이렇게 하면 배열 요소들의 이동으로 인한 부하 문제를 해결할 수 있습니다. 그런데 여기서 새로운 문제가 발생합니다. 제거 연산을 수행할 때마다 큐의 가용 용량도 줄어든다는 점입니다. 다음 그림의 큐는 초기 용량이 8개였지만, 제거 연산을 4차례 수행했더니 용량이 반(4) 밖에 남지 않았습니다. 게다가 후단도 배열 끝에 도달했습니다. 이 큐는 수명이 다 돼서 얼마 안 가 작동 불능 상태에 빠질 것 같군요.

이 문제의 해결책에 관한 실마리를 고대 로마 철학자인 세네카가 남긴 명언에서 찾을 수 있습니다.

"모든 시작은 또 다른 시작의 끝으로부터 비롯된다."

다음과 같이 머릿속으로 배열 끝에 배열 시작 부분을 이어봅시다.

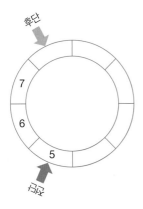

시작이 어디고 끝이 어디인지 구분이 안 되지요? 배열의 끝과 시작을 연결했다고 가정하고 삽입을 계속해보겠습니다.

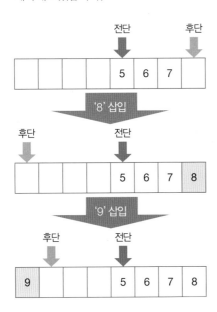

배열의 마지막 요소가 후단이었을 때 8을 삽입했고 이로 인해 배열의 첫 번째 요소가 후단이 되었습니다. 이 상태에서 9를 삽입함으로써 배열의 두 번째 요소가 후단이 되었고요. 삽입이 이루어질 때마다 후단이 뒤로 후퇴하다가 전단을 만나면 큐는 '가득 찬 상태'가 됩니다. 큐가 가득차고 나면 삭제가 일어나지 않는 이상 추가적인 삽입은 불가능합니다.

이렇게 **시작과 끝을 연결해서 효율적인 삽입/삭제 연산이 가능하도록 고안된 큐**를 '순환 큐^{Circular Queue}'라고 합니다. 한 가지 주의할 점은 C 언어의 경우 배열의 시작과 끝을 연결하는 방법을 제공하지 않기 때문에 이 구조를 직접 코드로 구현해야 한다는 것입니다.

3.2.1 공백 상태와 포화 상태

순환 큐가 제대로 동작하려면 한 가지 문제를 더 해결해야 합니다. 큐가 포화 상태일 때뿐 아니라 공백 상태일 때도 전단과 후단이 만나기 때문에(같은 위치에 있기 때문에) 이 두 상태를 구분하는 방법을 찾아야 합니다. 다음 그림을 보세요. 왼쪽 큐는 비어 있고 오른쪽 큐는 가득 차 있지만 둘 다 전단과 후단이 같은 위치에 있습니다.

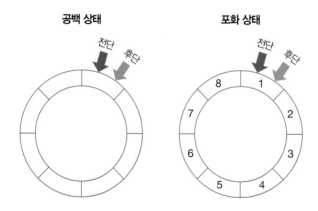

이 문제를 해결하는 일반적인 방법은 큐 배열을 생성할 때 실제 용량보다 1만큼 더 크게 만들어서 전단과 후단(실제 후단) 사이를 비우는 것입니다. 이렇게 하면 큐가 공백 상태일 때 전단과 후단이 같은 곳을 가리키고, 큐가 포화 상태일 때 후단이 전단보다 1 작은 값을 가지므로 상태 구분이 용이해집니다.

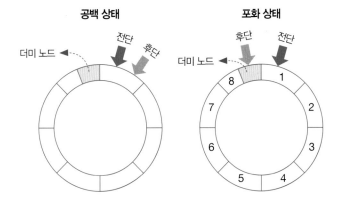

이제 이 친구의 문제가 다 해결된 것 같군요. 그렇다면 지금까지 다룬 내용을 토대로 순환 큐를 구현해보겠습니다.

3.2.2 순환 큐의 기본 연산

순환 큐는 배열을 기반으로 구현되며 삽입과 삭제 연산이 이루어질 때 전단과 후단을 변경함으로써 큐가 공백 상태인지 포화 상태인지 확인합니다. 지금부터는 이와 같이 동작하는 순환 큐를 C 언어 코드로 옮겨보겠습니다.

순환 큐 선언

순환 큐의 노드 구조체는 다음과 같이 선언합니다. 앞서 살펴본 링크드 리스트나 스택에서 사용하던 노드 구조체와 크게 다르지 않습니다.

```
typedef int ElementType;

typedef struct tagNode
{
    ElementType Data;
} Node;
```

순환 큐를 나타내는 CircularQueue 구조체는 Queue의 용량(Capacity), 전단의 위치(Front), 후단의 위치(Rear), 순환 큐 요소의 배열에 대한 포인터를 갖고 있습니다.

```
typedef struct tagCircularQueue
{
    int    Capacity;
    int    Front;
    int    Rear;

    Node* Nodes;
} CircularQueue;
```

CircularQueue 구조체의 Nodes 포인터가 가리키는 배열은 다음 그림과 같이 자유 저장소에 생성됩니다. Capacity는 순환 큐의 용량, 즉 Nodes 배열의 크기를 나타내는데 실제로 Nodes를 메모리에 할당할 때는 'Capacity+1'만큼의 크기를 할당합니다. 노드 하나를 공백/포화 상태 구분용 더미 노드^{Dummy Node}로 사용하기 때문입니다.

Front는 전단 위치를, Rear는 후단 위치를 가리킵니다. 이들이 갖는 값은 실제 메모리 주소가 아니라 배열 내의 인덱스입니다. Rear는 실제 후단보다 1 더 큰 값을 갖는다는 사실을 잊지 마세요.

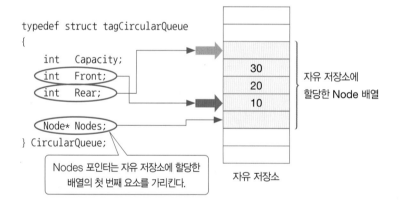

순환 큐 생성/소멸 연산

이번에는 순환 큐 구조체를 자유 저장소에 생성하는 CQ_CreateQueue() 함수를 작성해보겠습니다. CQ는 CircularQueue의 약자입니다. CQ_CreateQueue()는 순환 큐에 대한 포인터(의 포인터)인 Queue와 용량을 결정하는 Capacity를 매개 변수로 받습니다.

CQ_CreateQueue() 함수는 매개 변수를 입력 받아 순환 큐를 자유 저장소에 생성한 다음, 배열을 'Node의 크기 × (Capacity + 1)'의 크기로 자유 저장소에 할당합니다. 앞에서도 설명했지만 배열이 실제 데이터가 담길 공간보다 1만큼 더 큰 이유는 순환 큐가 공백 상태인지 포화 상태인지 구분하는 '더미 노드'가 필요하기 때문입니다.

```
void  CQ_CreateQueue( CircularQueue** Queue, int Capacity)
{
    //  큐를 자유 저장소에 생성
    (*Queue )              = ( CircularQueue*)malloc(sizeof( CircularQueue ));

    //  입력된 Capacity+1만큼의 노드를 자유 저장소에 생성
    (*Queue )->Nodes       = (Node*)malloc(sizeof(Node )* ( Capacity+1) );

    (*Queue )->Capacity = Capacity;
    (*Queue )->Front = 0;
    (*Queue )->Rear  = 0;
}
```

다음 코드는 순환 큐를 메모리에서 제거하는 CQ_DestroyQueue( ) 함수입니다. 우리가 앞서 살펴본 리스트와 스택을 메모리에서 제거하는 코드처럼 배열을 먼저 자유 저장소에서 제거하고 순환 큐 구조체를 제거합니다.

```
void CQ_DestroyQueue( CircularQueue* Queue )
{
    free(Queue->Nodes);
    free(Queue );
}
```

노드 삽입 연산

순환 큐에서 삽입^{Enqueue} 연산 구현은 후단의 위치를 가리키는 Rear를 다루는 것이 핵심입니다. 다음 CQ_Enqueue( ) 함수에 if ~ else 블록이 보이지요? 이 if 블록에서 Rear의 값이 '*Queue -> Capacity + 1'과 같은 값이라면 후단이 배열 끝에 도달했다는 의미이므로 Rear와 Position을 0으로 지정합니다. 그렇지 않은 경우(후단이 배열 끝에 도달하지 않은 경우) else 블록으로 넘어가서 현재 Rear의 위치를 Position에 저장하고 Rear의 값을 1 증가시킵니다.

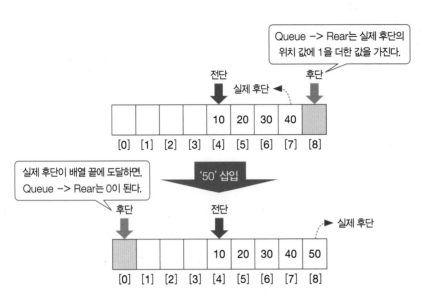

if ~ else 블록을 거치고 나면 Nodes 배열에서 Position이 가리키는 곳에 데이터를 저장합니다. 다음 예시는 순환 큐의 삽입 연산을 구현한 CQ_Enqueue( ) 함수입니다.

```
void CQ_Enqueue( CircularQueue* Queue, ElementType Data)
{
    int Position=0;

    if(Queue->Rear==Queue->Capacity)
    {
        Position=Queue->Rear;
        Queue->Rear=0;
    }
    else
        Position=Queue->Rear++;

    Queue->Nodes[Position].Data=Data;
}
```

노드 제거 연산

노드 삽입 연산에서 후단을 나타내는 Rear를 잘 관리하는 일이 중요했던 것처럼, 노드 제거^{Dequeue}

연산에서는 전단을 나타내는 Front를 잘 관리해야 합니다. 다음은 제거 연산을 수행하는 CQ_Dequeue( ) 함수입니다.

```
ElementType CQ_Dequeue( CircularQueue* Queue )
{
    int Position = Queue->Front;

    if ( Queue->Front == Queue->Capacity )
        Queue->Front = 0;
    else
        Queue->Front++;

    return Queue->Nodes[Position].Data;
}
```

이 코드에서는 가장 먼저 전단의 위치(Front)를 Position에 저장합니다. Position은 CQ_Dequeue( ) 함수가 큐의 전단에 저장되어 있던 데이터를 반환할 때 Nodes 배열의 인덱스로 사용되는 변수입니다. if ~ else 블록에서는 Front의 값이 Capacity와 같을 때, 즉 전단이 배열 끝에 도달한 경우 Front를 0으로 초기화하고 그렇지 않은 경우 Front의 값을 1만큼 증가시킵니다.

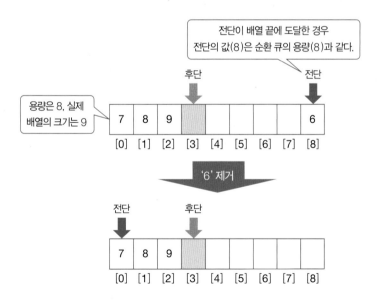

공백 상태 확인

다음은 순환 큐의 공백 상태를 확인하는 CQ_IsEmpty() 함수입니다. 전단과 후단의 값이 같으면 공백 상태라는 의미이므로 Front와 Rear를 동등 연산자(==)로 비교한 결과를 반환합니다.

```c
int CQ_IsEmpty( CircularQueue* Queue )
{
    return (Queue->Front == Queue->Rear);
}
```

포화 상태 확인

순환 큐가 포화 상태인지 확인할 때는 두 가지 경우를 고려해야 합니다. 먼저 전단이 후단 앞에 있을 때 후단과 전단의 차(Rear − Front)가 큐의 용량(Capacity)과 동일하면 순환 큐는 포화 상태라고 할 수 있습니다. 또 다른 경우는 전단이 후단과 같은 위치 또는 뒤에 있고 후단에 1을 더한 값(Rear + 1)이 전단(Front)과 동일한 때입니다.

다음 코드는 전단과 후단의 위치에 따라 순환 큐의 포화 상태를 확인하는 CQ_IsFull() 함수입니다.

```c
int CQ_IsFull( CircularQueue* Queue )
{
    if ( Queue->Front < Queue->Rear )
        return ( Queue->Rear - Queue->Front) == Queue->Capacity;
    else
        return ( Queue->Rear + 1 ) == Queue->Front;
}
```

3.2.3 순환 큐 예제 프로그램

순환 큐에 대해 이해하셨나요? 그렇다면 이제 순환 큐 예제 프로그램을 만들어보겠습니다. 다음과 같이 예제 코드를 작성하고 컴파일하여 실행해보기 바랍니다.

이번 예제 프로그램도 3개의 소스 코드 파일로 구성됩니다. CircularQueue.h와 CircularQueue.c는 순환 큐 자료구조를 구현하고 Test_CircularQueue.c는 해당 자료구조를 테스트합니다.

```
01  #ifndef CIRCULAR_QUEUE_H
02  #define CIRCULAR_QUEUE_H
03
04  #include <stdio.h>
05  #include <stdlib.h>
06
07  typedef int ElementType;
08
09  typedef struct tagNode
10  {
11      ElementType Data;
12  } Node;
13
14  typedef struct tagCircularQueue
15  {
16      int   Capacity;
17      int   Front;
18      int   Rear;
19
20      Node* Nodes;
21  } CircularQueue;
22
23  void        CQ_CreateQueue( CircularQueue** Queue, int Capacity);
24  void        CQ_DestroyQueue( CircularQueue* Queue );
25  void        CQ_Enqueue( CircularQueue* Queue, ElementType Data);
26  ElementType CQ_Dequeue( CircularQueue* Queue );
27  int         CQ_GetSize( CircularQueue* Queue );
28  int         CQ_IsEmpty( CircularQueue* Queue );
29  int         CQ_IsFull( CircularQueue* Queue );
30
31  #endif
```

```
01  #include "CircularQueue.h"
02
03  void  CQ_CreateQueue( CircularQueue** Queue, int Capacity)
```

```
04  {
05      //  큐를 자유 저장소에 생성
06      (*Queue )              = ( CircularQueue*)malloc(sizeof( CircularQueue ));
07
08      //  입력된 Capacity+1만큼의 노드를 자유 저장소에 생성
09      (*Queue )->Nodes    = (Node*)malloc(sizeof(Node )* ( Capacity+1) );
10
11      (*Queue )->Capacity = Capacity;
12      (*Queue )->Front = 0;
13      (*Queue )->Rear  = 0;
14  }
15
16  void CQ_DestroyQueue( CircularQueue* Queue )
17  {
18      free(Queue->Nodes);
19      free(Queue );
20  }
21
22  void CQ_Enqueue( CircularQueue* Queue, ElementType Data)
23  {
24      int Position=0;
25
26      if(Queue->Rear==Queue->Capacity)
27      {
28          Position=Queue->Rear;
29          Queue->Rear=0;
30      }
31      else
32          Position=Queue->Rear++;
33
34      Queue->Nodes[Position].Data=Data;
35  }
36
37  ElementType CQ_Dequeue( CircularQueue* Queue )
38  {
39      int Position = Queue->Front;
40
41      if ( Queue->Front == Queue->Capacity )
42          Queue->Front = 0;
43      else
```

```
44          Queue->Front++;
45
46      return Queue->Nodes[Position].Data;
47  }
48
49  int CQ_GetSize( CircularQueue* Queue )
50  {
51      if ( Queue->Front <= Queue->Rear )
52          return Queue->Rear - Queue->Front;
53      else
54          return Queue->Rear + (Queue->Capacity - Queue->Front) + 1;
55  }
56
57  int CQ_IsEmpty( CircularQueue* Queue )
58  {
59      return (Queue->Front == Queue->Rear);
60  }
61
62  int CQ_IsFull( CircularQueue* Queue )
63  {
64      if ( Queue->Front < Queue->Rear )
65          return ( Queue->Rear - Queue->Front) == Queue->Capacity;
66      else
67          return ( Queue->Rear + 1 ) == Queue->Front;
68  }
```

03장/CircularQueue/Test_CircularQueue.c

```
01  #include "CircularQueue.h"
02
03  int main( void )
04  {
05      int i;
06      CircularQueue* Queue;
07
08      CQ_CreateQueue(&Queue, 10);
09
10      CQ_Enqueue( Queue, 1 );
```

```
11      CQ_Enqueue( Queue, 2 );
12      CQ_Enqueue( Queue, 3 );
13      CQ_Enqueue( Queue, 4 );
14
15      for ( i=0; i<3; i++)
16      {
17          printf( "Dequeue: %d, ",        CQ_Dequeue( Queue ) );
18          printf( "Front:%d, Rear:%d\n", Queue->Front, Queue->Rear );
19      }
20
21      i = 100;
22      while ( CQ_IsFull( Queue ) == 0 )
23      {
24          CQ_Enqueue( Queue, i++ );
25      }
26
27      printf( "Capacity: %d, Size: %d\n\n",
28          Queue->Capacity, CQ_GetSize(Queue ) );
29
30      while ( CQ_IsEmpty( Queue ) == 0)
31      {
32          printf( "Dequeue: %d, ",        CQ_Dequeue( Queue ) );
33          printf( "Front:%d, Rear:%d\n", Queue->Front, Queue->Rear );
34      }
35
36      CQ_DestroyQueue( Queue );
37
38      return 0;
39  }
```

📑 실행 결과

```
Dequeue: 1, Front:1, Rear:4
Dequeue: 2, Front:2, Rear:4
Dequeue: 3, Front:3, Rear:4
Capacity: 10, Size: 10

Dequeue: 4, Front:4, Rear:2
Dequeue: 100, Front:5, Rear:2
Dequeue: 101, Front:6, Rear:2
```

```
Dequeue: 102, Front:7, Rear:2
Dequeue: 103, Front:8, Rear:2
Dequeue: 104, Front:9, Rear:2
Dequeue: 105, Front:10, Rear:2
Dequeue: 106, Front:0, Rear:2
Dequeue: 107, Front:1, Rear:2
Dequeue: 108, Front:2, Rear:2
```

3.3 링크드 큐

순환 큐는 전단 포인터와 후단 포인터 때문에 빨리 친해지기 쉽지 않았지요? 그래도 순환 큐의 구현
은 조금 까다로워도 사용은 편리했습니다. 모름지기 훌륭한 자료구조란 구현하는 프로그래머가 조
금 수고스럽더라도 사용하는 프로그래머는 편리하게 사용할 수 있어야 합니다.

이번에는 링크드 큐Linked Queue를 보겠습니다. 링크드 큐는 순환 큐보다 직관적으로 구현할 수 있습니
다. 링크드 큐의 각 노드는 이전 노드에 대한 포인터를 이용해 연결되므로 삽입 연산을 할 때는 삽입
하려는 노드에 후단을 연결하고, 제거 연산을 할 때는 전단 바로 다음 노드에서 전단에 대한 포인터
를 거두기만 하면 됩니다. 다음 그림은 링크드 큐에서 제거 연산이 이뤄지는 과정입니다.

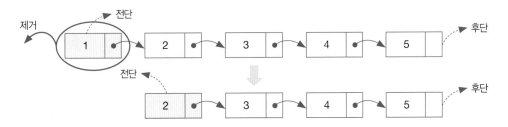

링크드 큐가 순환 큐와 다른 또 한 가지 점은 큐가 가득 찬 상태인지 확인할 필요가 없다는 것입니
다. 이론적으로는 **용량 제한이 없어 '가득차다'의 개념이 없기** 때문입니다.

> **！여기서 잠깐** **링크드 큐가 순환 큐보다 우월하다는 말인가요?**
>
> 아닙니다. 성능으로 치면 순환 큐가 더 빠릅니다. 노드를 생성하고 삭제하기 위해 malloc( )과 free( ) 함수를
> 호출할 필요가 없기 때문입니다. 따라서 필요한 큐의 크기를 미리 정할 수 있고 고성능이 요구되는 상황에서는
> 링크드 큐보다 순환 큐를 선택하는 것이 좋습니다.

3.3.1 링크드 큐의 기본 연산

링크드 큐는 비교적으로 직관적인 설계와 구현이 가능합니다. 링크드 리스트와 스택을 착실히 공부했다면 제 설명이 없어도 여러분 혼자 링크드 큐를 구현할 수 있을 것입니다. 하지만 저도 밥값은 해야지요! 먼저 링크드 큐 구조체와 노드를 선언하는 방법부터 설명하겠습니다.

링크드 큐와 노드 선언

링크드 큐의 노드는 링크드 리스트의 노드처럼 데이터 필드와 다음 노드를 가리키는 포인터로 구성됩니다. 다음 선언에서는 Data 필드의 자료형이 ElementType이 아니라 Data 타입이라는 점만 제외하면 링크드 리스트 노드 구조체과 동일합니다.

```
typedef struct tagNode
{
    char* Data;
    struct tagNode* NextNode;
} Node;
```

여기서는 데이터 필드에 문자열을 담기 위해 char*로 선언했지만 필요에 따라 얼마든지 다른 자료형을 사용할 수 있습니다. 노드를 생성하고 소멸시킬 때 자료형에 따라 데이터 필드의 메모리 관리 방식이 달라진다는 점만 주의한다면 말입니다.

링크드 큐 구조체는 다음과 같이 선언됩니다. 필드가 모두 3개지요? 첫 번째는 큐의 전단을 가리키는 Front, 두 번째는 큐의 후단을 가리키는 Rear, 마지막은 노드 개수를 나타내는 Count입니다.

```
typedef struct tagLinkedQueue
{
    Node* Front;
    Node* Rear;
    int   Count;
} LinkedQueue;
```

링크드 큐 생성/소멸 연산

링크드 큐 생성을 담당하는 함수의 이름은 LQ_CreateQueue()이고, 소멸을 담당하는 함수의 이름은 LQ_DestroyQueue()입니다. 이 책에서 링크드 큐와 관련된 함수의 이름은 모두 Linked Queue를 뜻하는 LQ_ 접두사를 사용합니다.

먼저 링크드 큐를 생성하는 LQ_CreateQueue() 함수를 살펴봅시다. LQ_CreateQueue()는 LinkedQueue 구조체를 자유 저장소에 생성하고 이 구조체의 각 필드를 초기화합니다.

```
void  LQ_CreateQueue( LinkedQueue** Queue )
{
    //  큐를 자유 저장소에 생성
    (*Queue )       = ( LinkedQueue*)malloc(sizeof( LinkedQueue ) );
    (*Queue )->Front = NULL;
    (*Queue )->Rear  = NULL;
    (*Queue )->Count = 0;
}
```

링크드 큐의 소멸을 담당하는 LQ_DestroyQueue() 함수는 큐 내부에 있는 모든 노드를 자유 저장소에서 제거하고, 마지막에는 큐마저 자유 저장소에서 제거합니다.

```
void LQ_DestroyQueue( LinkedQueue* Queue )
{
    while ( !LQ_IsEmpty( Queue ) )
    {
        Node* Popped = LQ_Dequeue( Queue );
        LQ_DestroyNode(Popped);
    }

    //  큐를 자유 저장소에서 할당 해제
    free( Queue );
}
```

노드 삽입 연산

링크드 큐의 삽입^{Enqueue} 연산은 후단에 새로운 노드를 붙이는 것만으로 간단히 구현됩니다. 다음 코드는 링크드 큐의 삽입 연산을 담당하는 LQ_Enqueue( ) 함수입니다.

```c
void LQ_Enqueue( LinkedQueue* Queue, Node* NewNode )
{
    if ( Queue->Front == NULL )
    {
        Queue->Front = NewNode;
        Queue->Rear  = NewNode;
        Queue->Count++;
    }
    else
    {
        Queue->Rear->NextNode = NewNode;
        Queue->Rear = NewNode;
        Queue->Count++;
    }
}
```

노드 제거 연산

링크드 큐는 제거^{Dequeue} 연산도 쉽게 구현할 수 있습니다. 전단 뒤에 있는 노드를 새로운 전단으로 만들고 전단이었던 노드의 포인터를 호출자에게 반환만 하면 됩니다. 다음은 제거 연산을 수행하는 LQ_Dequeue( ) 함수입니다.

```c
Node* LQ_Dequeue( LinkedQueue* Queue )
{
    //  LQ_Dequeue() 함수가 반환할 최상위 노드
    Node* Front = Queue->Front;

    if ( Queue->Front->NextNode == NULL )
    {
        Queue->Front = NULL;
        Queue->Rear  = NULL;
    }
```

```
    else
    {
        Queue->Front = Queue->Front->NextNode;
    }

    Queue->Count--;

    return Front;
}
```

3.3.2 링크드 큐 예제 프로그램

지금까지 공부한 링크드 큐를 코드로 옮겨볼 차례입니다. 다음 예제 코드를 따라 프로그램을 작성하고 실행해보세요.

03장/LinkedQueue/LinkedQueue.h

```
01  #ifndef LINKED_QUEUE_H
02  #define LINKED_QUEUE_H
03
04  #include <stdio.h>
05  #include <string.h>
06  #include <stdlib.h>
07
08  typedef struct tagNode
09  {
10      char* Data;
11      struct tagNode* NextNode;
12  } Node;
13
14  typedef struct tagLinkedQueue
15  {
16      Node* Front;
17      Node* Rear;
18      int   Count;
19  } LinkedQueue;
20
```

```
21  void  LQ_CreateQueue( LinkedQueue** Queue );
22  void  LQ_DestroyQueue( LinkedQueue* Queue );
23
24  Node* LQ_CreateNode(char* Data);
25  void  LQ_DestroyNode(Node* _Node );
26
27  void  LQ_Enqueue( LinkedQueue* Queue, Node* NewNode );
28  Node* LQ_Dequeue( LinkedQueue* Queue );
29
30  int   LQ_IsEmpty( LinkedQueue* Queue );
31
32  #endif
```

03장/LinkedQueue/LinkedQueue.c

```
01  #include "LinkedQueue.h"
02
03  void  LQ_CreateQueue( LinkedQueue** Queue )
04  {
05      // 큐를 자유 저장소에 생성
06      (*Queue )          = ( LinkedQueue*)malloc(sizeof( LinkedQueue ) );
07      (*Queue )->Front = NULL;
08      (*Queue )->Rear  = NULL;
09      (*Queue )->Count = 0;
10  }
11
12  void LQ_DestroyQueue( LinkedQueue* Queue )
13  {
14      while ( !LQ_IsEmpty( Queue ) )
15      {
16          Node* Popped = LQ_Dequeue( Queue );
17          LQ_DestroyNode(Popped);
18      }
19
20      // 큐를 자유 저장소에서 할당 해제
21      free( Queue );
22  }
23
```

```
24   Node* LQ_CreateNode( char* NewData )
25   {
26       Node* NewNode = (Node*)malloc( sizeof( Node ) );
27       NewNode->Data = (char*)malloc( strlen( NewData) + 1);
28
29       strcpy(NewNode->Data, NewData);  //  데이터를 저장한다.
30
31       NewNode->NextNode = NULL;  //  다음 노드에 대한 포인터는 NULL로 초기화한다.
32
33       return NewNode;  //  노드의 주소를 반환한다.
34   }
35
36   void  LQ_DestroyNode(Node* _Node )
37   {
38       free(_Node->Data);
39       free(_Node );
40   }
41
42   void LQ_Enqueue( LinkedQueue* Queue, Node* NewNode )
43   {
44       if ( Queue->Front == NULL )
45       {
46           Queue->Front = NewNode;
47           Queue->Rear  = NewNode;
48           Queue->Count++;
49       }
50       else
51       {
52           Queue->Rear->NextNode = NewNode;
53           Queue->Rear = NewNode;
54           Queue->Count++;
55       }
56   }
57
58   Node* LQ_Dequeue( LinkedQueue* Queue )
59   {
60       //  LQ_Dequeue() 함수가 반환할 최상위 노드
61       Node* Front = Queue->Front;
62
63       if ( Queue->Front->NextNode == NULL )
```

```
64    {
65        Queue->Front = NULL;
66        Queue->Rear  = NULL;
67    }
68    else
69    {
70        Queue->Front = Queue->Front->NextNode;
71    }
72
73    Queue->Count--;
74
75    return Front;
76 }
77
78 int LQ_IsEmpty( LinkedQueue* Queue )
79 {
80    return ( Queue->Front == NULL);
81 }
```

03장/LinkedQueue/Test_LinkedQueue.c

```
01 #include "LinkedQueue.h"
02
03 int main( void )
04 {
05    Node* Popped;
06    LinkedQueue* Queue;
07
08    LQ_CreateQueue(&Queue );
09
10    LQ_Enqueue( Queue, LQ_CreateNode("abc") );
11    LQ_Enqueue( Queue, LQ_CreateNode("def") );
12    LQ_Enqueue( Queue, LQ_CreateNode("efg") );
13    LQ_Enqueue( Queue, LQ_CreateNode("hij") );
14
15    printf("Queue Size : %d\n", Queue->Count);
16
17    while ( LQ_IsEmpty( Queue ) == 0 )
```

```
18    {
19        Popped = LQ_Dequeue( Queue );
20
21        printf( "Dequeue: %s \n", Popped->Data );
22
23        LQ_DestroyNode( Popped );
24    }
25
26    LQ_DestroyQueue( Queue );
27
28    return 0;
29 }
```

```
Queue Size : 4
Dequeue: abc
Dequeue: def
Dequeue: efg
Dequeue: hij
```

01 다음 순환 큐에 70을 삽입한다고 했을 때 전단과 후단의 위치는 각각 어떻게 변할까요?

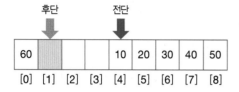

02 01번 문제의 순환 큐에서 제거 연산을 수행하면 전단과 후단의 위치는 어떻게 변할까요?

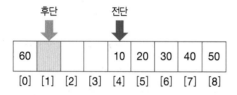

03 순환 큐에서 전단의 위치와 후단의 위치가 동일해졌습니다. 순환 큐는 지금 공백 상태입니까? 아니면 포화 상태입니까?

04 다음 사항을 중심으로 순환 큐와 링크드 큐를 비교해보세요.
- ▶ 구현의 용이성
- ▶ 성능

Chapter

04

트리

1장부터 3장까지는 선형 자료구조에 대해 살펴봤습니다. 리스트, 큐, 스택 모두 노드와 노드가 1:1로 연결되는 형태였지요? 이번에 우리가 공부할 트리는 각 노드가 하나 이상의 노드와 연결되는 비선형 자료구조입니다.

트리는 별난 모습만큼이나 쓸모 또한 다양합니다. 4장에서는 트리의 기본 개념과 구조를 설명한 뒤, 개성이 넘치는 여러 가지 트리를 소개합니다. 자식 노드를 딱 2개까지만 허용하는 이진 트리, 수식을 나타내고 계산까지 처리하는 수식 트리, 그리고 트리를 이용한 분리 집합 자료구조를 이 장에서 만나볼 수 있습니다.

그럼 시작해볼까요?

학습목표

✅
**이 장의
핵심 개념**

- 트리의 개념을 이해합니다.

- 트리를 표현하는 여러 가지 방식을 이해합니다.

- 이진 트리의 개념과 구현을 이해합니다.

- 수식 트리의 개념과 구현을 이해합니다.

- 분리 집합의 개념과 구현을 이해합니다.

✅
**이 장의
학습 흐름**

트리의 개념과 구성 요소
▼
트리 표현 방법
▼
이진 트리
▼
수식 트리
▼
분리 집합

4.1 트리 ADT

4장에서는 지금까지 그래왔던 것처럼 트리 ADT의 핵심 구성 요소와 개념, 관련 용어를 먼저 설명하고 여러 가지 트리 자료구조를 C 언어 코드와 함께 소개하겠습니다. 따분한 내용이라고 생각해서 이 부분을 건너뛰고 싶은 분들도 있을 것 같습니다. 하지만 지금 이 장을 제대로 공부해두지 않으면 2부에서 설명할 탐색 트리에 대해 전혀 이해할 수 없고, 탐색 트리를 이해하지 못하면 기말 고사를 망치거나 여러분이 들어가고 싶은 소프트웨어 회사 입사 면접에서 미역국을 마시게 될 수도 있으므로 조금만 인내심을 가지고 공부하기 바랍니다. 생각보다는 할 만합니다.

4.1.1 트리의 개념

트리^{Tree}는 그 이름에서 알 수 있듯이 **나무를 닮은 자료구조**입니다. 나무에는 뿌리가 있고 뿌리에서는 가지가 뻗어 나오며 가지 끝에는 잎이 달립니다. 우리 주변을 잘 살펴보면 흥미로운 사실을 발견할 수 있는데요. 바로 이러한 나무의 구조를 사람들이 다양한 형태로 응용하고 있다는 것입니다.

기업에서 전략을 수립할 때 사용하는 의사 결정 트리, 게임의 캐릭터 성장 시스템에 사용되는 스킬 트리가 그 예인데요. 많은 회사의 조직도 또한 나무와 같은 모습으로 되어 있습니다. 사장을 뿌리라고 하면 사장 아래 각 부서의 부장은 뿌리에서 뻗어 나온 가지라고 할 수 있습니다. 부장 휘하의 차장, 과장, 대리 등은 부장이라는 가지에서 뻗어 나온 잔가지가 되겠지요. 그리고 가장 아래에 위치한 사원들은 잎에 해당한다고 볼 수 있습니다.

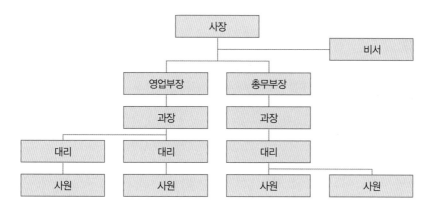

트리 구조는 컴퓨터 과학에서도 활용도가 매우 높습니다. 운영체제의 파일 시스템이 트리 구조로 이루어져 있고, HTML이나 XML 문서를 다룰 때 사용하는 DOM$^{Document\ Object\ Model}$도 트리 구조로 이

루어져 있습니다. 또한 검색 엔진이나 데이터베이스도 트리 자료구조에 기반해서 구현됩니다.

NOTE ▶ 검색 엔진이나 데이터베이스에 사용되는 트리 자료구조를 탐색 트리라고 하는데, 이 탐색 트리는 마법같이 놀라운 기능을 가지고 있습니다. 이에 대해서는 6장에서 자세히 다룹니다.

4.1.2 트리의 구성 요소

트리는 뿌리Root, 가지Branch, 잎Leaf 세 가지 요소로 이루어져 있습니다.

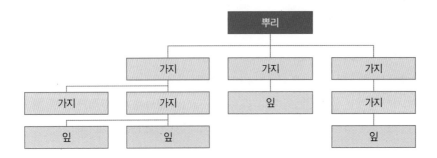

사실 뿌리, 가지, 잎은 모두 똑같은 노드입니다. 트리에서 어디에 위치하는가에 따라 불리는 이름이 달라질 뿐입니다. 뿌리는 트리 자료구조의 가장 위에 있는 노드를 가리키고, 가지는 뿌리와 잎 사이에 있는 모든 노드를 일컫습니다. 그리고 가지의 끝에 매달린 노드를 잎이라고 부릅니다. 잎 노드는 끝에 있다고 해서 단말Terminal 노드라고 부르기도 하는데, 이 책에서는 '잎'이라고 부르겠습니다.

> **❗여기서 잠깐 ┃ 추상 세계에서는 거꾸로 자라는 트리**
>
> 그런데 앞의 그림이 뭔가 이상하지 않나요? 현실의 나무는 뿌리가 땅 속에 있고 가지가 위로 뻗어나가는 모습을 하고 있습니다. 하지만 소프트웨어를 비롯한 추상 세계에 서식하는 트리는 뿌리가 심어진 곳이 따로 없기 때문에 가지가 위에서 아래로 뻗어나가는 그림으로 표현되기도 하고(대부분 이렇습니다) 왼쪽에서 오른쪽으로 또는 오른쪽에서 왼쪽으로 뻗어나가는 모습으로 표현되기도 합니다.

헤드와 테일을 모르면 링크드 리스트의 기본 연산을 이해할 수 없는 것처럼, 트리의 구성 요소와 구성 요소 간 관계를 모르면 트리를 이해하기 어렵습니다. 지금부터는 트리를 이루는 각 구성 요소의 명칭과 관계를 조금 더 익혀보겠습니다. 뿌리, 가지, 잎은 방금 알게 되었으니 몇 가지만 더 배우면 됩니다.

다음 그림에서 노드 B, C, D를 보면 B에서 C와 D가 뻗어 나와 있습니다. 이때 B는 C와 D의 부모 Parent 이고 C와 D는 B의 자식 Children 입니다. 그리고 한 부모 밑에서 태어난 C와 D를 형제 Sibling 라고 합니다.

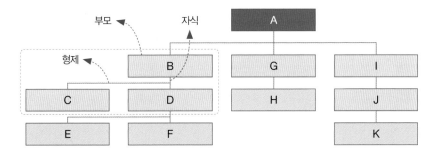

그림을 보면서 복습해봅시다. A와 B, G, I는 무슨 관계일까요? 네, A가 부모이고 B, G, I는 자식입니다. 그리고 B, G, I는 형제입니다. 그렇다면 B와 K는 무슨 관계일까요? 네, 아무 관계도 아닙니다.

이제 화제를 바꿔 경로 Path 에 대해 알아보겠습니다. 한 노드에서 다른 한 노드까지 이르는 길 사이에 있는 노드들의 순서를 일컬어 경로라고 부릅니다. 예를 들어 다음 그림의 B 노드에서 F 노드를 찾아 간다고 해봅시다. B 노드에서 출발하여 D 노드를 방문하고 D에서 출발하여 F에 도착하겠지요? 이때 'B, D, F'를 B에서 F까지의 경로라고 합니다.

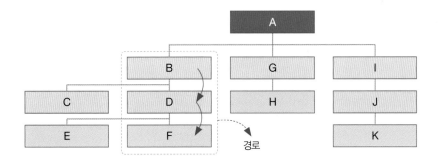

경로에는 길이 Length 라는 속성이 있습니다. 대단한 의미가 있는 것은 아니며 그저 출발 노드에서 목적지 노드까지 거쳐야 하는 노드의 개수를 말할 뿐입니다. 가령 앞서 이야기한 B, D, F 경로의 길이는 2가 됩니다. 재미없는 이야기를 조금 더 해야 할 것 같습니다만 힘내세요! 거의 다 왔습니다.

노드의 깊이 Depth 는 뿌리 노드에서 해당 노드까지 이르는 경로의 길이를 뜻합니다. 다음 그림에서 예를 찾아보면 G 노드는 뿌리 노드인 A로부터 이어지는 경로의 길이가 1이므로 깊이도 1이고,

K 노드는 A 노드로부터 이어지는 경로의 길이가 3이므로 깊이 또한 3입니다. 여기서 깜짝 퀴즈 하나 드리겠습니다. 뿌리 노드의 깊이는 얼마일까요? 네, 맞습니다. 0이지요.

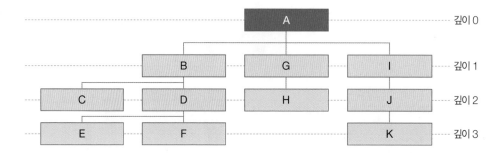

깊이와 비슷한 개념의 용어로 레벨Level과 높이Height가 있습니다. 비슷한 것입니다. 같다는 것은 아니고요.

레벨은 깊이가 같은 노드의 집합을 일컫는 말입니다. 앞의 그림에서 '레벨 2'라고 하면 C, D, H, J 노드 전체를 가리킵니다. 트리의 높이는 '가장 깊은 곳'에 있는 잎 노드까지의 깊이를 뜻합니다. 그렇다면 그림에 있는 트리의 높이는 얼마일까요? 가장 깊은 곳에 있는 잎 노드가 E, F, K인데 이들의 깊이가 모두 3이므로 트리의 높이는 3이 됩니다.

마지막으로 설명할 개념은 차수Degree입니다. 노드의 차수는 그 노드의 자식 노드 개수를 뜻하고, 트리의 차수는 트리 내에 있는 노드들 가운데 자식 노드가 가장 많은 노드의 차수를 말합니다. 다음 그림에서 A 노드는 자식 노드의 개수가 3이므로 차수가 3이고, B 노드는 자식 노드가 2개이므로 차수가 2입니다. 트리 전체적으로 보면 자식이 가장 많은 노드가 A이고 A의 차수가 3이므로 트리의 차수는 3이 됩니다.

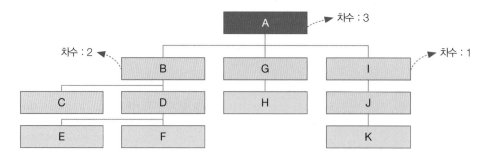

지금까지 트리의 기본 구조에 관해 설명했습니다. 다음으로 트리를 표현하는 몇 가지 방법에 관해 설명하겠습니다.

4.1.3 트리 표현 방법

트리는 다양한 방법으로 표현할 수 있는 ADT입니다. 앞에서 봤던 거꾸로 세운 나무 그림이 가장 일반적으로 사용되는 트리의 표현 방법입니다만, 이외에도 여러 방법이 사용되고 있습니다. 이미 여러분이 알고 있을 수도 있는 이 방법들은 트리 구조 데이터를 소프트웨어의 GUI Graphic User Interface 로 표현할 때 자주 채택되므로 혹시 몰랐다면 이번 기회에 제대로 익혀두기 바랍니다.

먼저 중첩된 괄호 Nested Parenthesis 표현법을 살펴보겠습니다. 이 표현법은 같은 레벨의 노드들을 괄호로 함께 묶어 표현하는 방법입니다. 예를 들어 다음 그림에서 왼쪽 트리를 중첩된 괄호 표현법으로 표현하면 오른쪽 형식처럼 나타낼 수 있습니다. 이 방법은 읽기는 다소 어렵지만 트리를 하나의 공식처럼 표현할 수 있다는 것이 장점입니다.

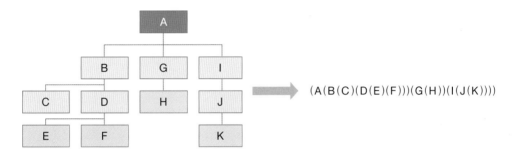

다음과 같이 중첩된 집합 Nested Set 으로도 트리를 표현할 수 있습니다. 트리가 하위 트리의 집합이라는 사실을 잘 표현할 수 있다는 장점이 있지요.

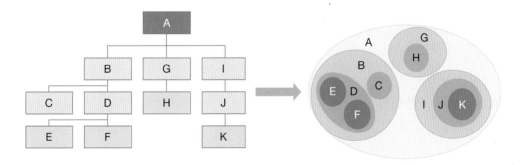

마지막으로 들여쓰기 Indentation 로도 트리를 표현할 수 있습니다. 들여쓰기로 표현한 트리는 자료의 계층적인 특징을 잘 나타냅니다. 윈도우 탐색기의 폴더 트리가 들여쓰기로 표현한 트리의 좋은 예입니다.

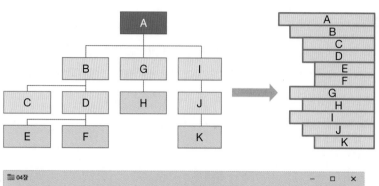

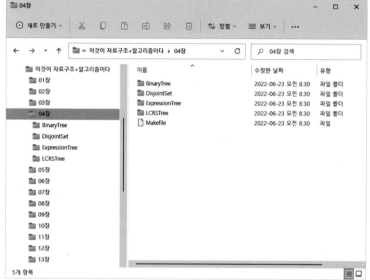

지금까지 트리의 표현 방법에 관해 알아보았습니다. 이어서 노드를 표현하는 방법에 관해 살펴보겠습니다.

4.1.4 노드 표현 방법

노드 표현 방법을 구체적으로 풀어서 설명하면 부모와 자식, 형제 노드를 서로 연결 짓는 방법이라고 할 수 있습니다. 트리 노드를 표현하는 방법에는 두 가지가 있습니다. 하나는 'N-링크N-Link' 표현법이고 다른 하나는 '왼쪽 자식-오른쪽 형제Left Child-Right Sibling' 표현법입니다. 먼저 N-링크를 살펴보겠습니다.

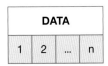

N–링크는 노드의 차수가 N이라면 노드가 N개의 링크를 갖고 있는데 이 링크들이 각각 자식 노드를 가리키도록 노드를 구성하는 방법입니다. N–링크로 트리를 표현하면 다음과 같은 모습이 됩니다.

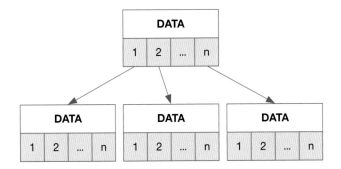

이 표현법은 얼핏 보기에 쓸 만해 보이지만 차수(자식 노드의 수)가 노드마다 달라지는 트리에는 적용하기 힘들다는 단점이 있습니다. 예를 들어 폴더 트리 같은 경우 폴더의 차수가 0일 수도 있고 수백, 수천이 될 수도 있습니다. 이런 상황에서는 트리 구현이 한층 더 복잡해집니다.

왼쪽 자식–오른쪽 형제 표현법은 이와 같은 문제가 없습니다. 왼쪽 자식–오른쪽 형제 표현법은 그 이름대로 왼쪽 자식과 오른쪽 형제에 대한 포인터만을 갖도록 노드를 구성하는 방법입니다. 이 표현법을 사용하면 N개의 차수를 가진 노드의 표현이 오로지 2개의 포인터(왼쪽 자식 포인터와 오른쪽 형제 포인터)만으로 가능하게 됩니다. 다음 그림은 왼쪽 자식–오른쪽 형제 표현법의 노드입니다.

이 표현법을 이용하여 구성한 트리의 예는 다음과 같습니다.

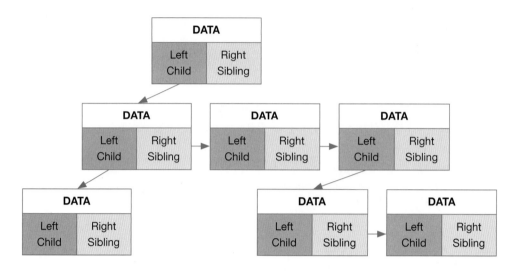

이 표현법을 사용하는 트리에서 어느 한 노드의 모든 자식 노드를 얻으려면 일단 왼쪽 자식 노드에 대한 포인터만 있으면 됩니다. 해당 포인터를 이용해서 왼쪽 자식 노드의 주소를 얻은 후, 이 자식 노드의 오른쪽 형제 노드의 주소를 얻고, 그다음 오른쪽 형제 노드의 주소를 계속해서 얻어나가면 결국에는 모든 자식 노드를 얻을 수 있습니다. 괜찮은 방법이지요?

4.1.5 트리의 기본 연산

트리의 기초를 익혔으니 이제 활용해봅시다. 여기서는 기본적인 기능을 갖춘 트리를 구현해보겠습니다. 우리가 구현할 트리는 트리를 구축하는 과정에 초점을 맞춘 것으로, 노드를 생성하고 부모와 자식 노드를 연결하는 코드가 구현의 대부분을 차지합니다.

노드 표현 방식은 앞에서 공부한 두 가지 중 구현이 간편한 왼쪽 자식-오른쪽 형제 표현법을 사용하겠습니다. 아, 그리고 보니 첫 트리 예제 프로그램 코드에서 함수 이름에 사용할 마땅한 접두사를 찾지 못했는데 왼쪽 자식-오른쪽 형제^{Left Child-Right Sibling}의 약자인 LCRS를 사용하면 되겠네요.

노드 선언

언제나처럼 트리의 각 마디를 구성하는 노드의 선언부터 시작하겠습니다. 왼쪽 자식-오른쪽 형제 표현법의 노드 구조체는 다음과 같이 생겼습니다. 데이터를 담는 Data 필드, 왼쪽 자식(Left Child)과 오른쪽 형제(RightSibling)를 가리키는 2개의 포인터로 구성됩니다.

```
typedef char ElementType;

typedef struct tagLCRSNode
{
    struct tagLCRSNode* LeftChild;
    struct tagLCRSNode* RightSibling;

    ElementType Data;
} LCRSNode;
```

노드 생성/소멸 연산

다음은 자유 저장소에 노드를 생성하는 LCRS_CreateNode() 함수입니다. 이 함수는 malloc() 함수를 이용하여 LCRSNode 구조체의 크기만큼 자유 저장소에 메모리를 할당하고 매개 변수 NewData를 Data에 저장한 후 노드의 메모리 주소를 반환합니다.

```
LCRSNode* LCRS_CreateNode( ElementType NewData )
{
    LCRSNode* NewNode = (LCRSNode*)malloc( sizeof(LCRSNode) );
    NewNode->LeftChild    = NULL;
    NewNode->RightSibling = NULL;
    NewNode->Data = NewData;

    return NewNode;
}
```

노드를 자유 저장소에서 할당 해제하는 작업을 담당하는 LCRS_DestroyNode() 함수는 다음과 같이 구현합니다. LCRS_CreateNode()가 할당했던 메모리를 깨끗하게 치우는 것이지요.

```
void LCRS_DestroyNode( LCRSNode* Node )
{
    free(Node);
}
```

자식 노드 연결

이번에는 노드에 자식 노드를 연결하는 LCRS_AddChildNode() 함수를 구현할 차례입니다. LCRS_AddChildNode() 함수는 부모 노드와 이 부모 노드에 연결할 자식 노드를 매개 변수로 받습니다.

이 함수는 먼저 부모 노드인 Parent에게 자식 노드가 있는지 검사합니다. Parent에 몇 개의 자식 노드가 있는지 단번에 알아낼 수 있는 방법은 없지만, 일단 LeftChild가 NULL인 것을 확인하면 자식이 하나도 없다는 사실 정도는 알 수 있습니다. 만약 Parent에게 자식 노드가 하나도 없다면 Parent의 LeftChild 포인터에 자식 노드 주소를 바로 저장하면 됩니다.

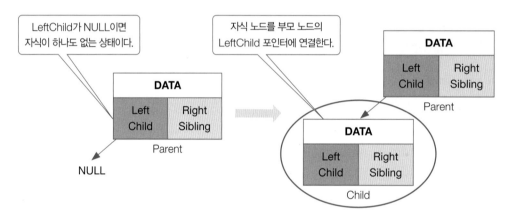

Parent의 LeftChild가 NULL이 아닌 경우 자식 노드를 하나 이상 갖고 있다는 의미입니다. 이럴 때는 자식 노드의 RightSibling 포인터를 이용해서 가장 오른쪽에 있는 자식 노드(RightSibling이 NULL인 노드)를 찾아내고, 이렇게 찾아낸 가장 오른쪽 자식 노드의 RightSibling에 Child를 대입합니다. 이렇게 하면 Parent는 새로운 자식을 하나 더 얻게 됩니다.

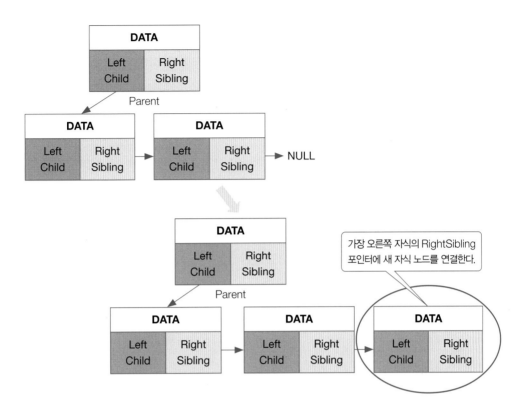

가장 오른쪽 자식의 RightSibling 포인터에 새 자식 노드를 연결한다.

이 내용은 다음 코드에 그대로 구현되어 있습니다.

```c
void LCRS_AddChildNode( LCRSNode* Parent, LCRSNode *Child)
{
    if ( Parent->LeftChild == NULL )
    {
        Parent->LeftChild = Child;
    }
    else
    {
        LCRSNode* TempNode = Parent->LeftChild;
        while ( TempNode->RightSibling != NULL )
            TempNode = TempNode->RightSibling;

        TempNode->RightSibling = Child;
    }
}
```

트리 출력

트리를 만들기 위해 필요한 함수는 이제 다 마련되었습니다. 이번에는 완성된 트리를 출력하는 LCRS_PrintTree( ) 함수를 구현해보겠습니다.

그런데 혹시 트리를 들여쓰기로 표현할 수 있다는 사실 기억하십니까? LCRS_PrintTree( ) 함수는 입력된 트리를 들여쓰기 형식으로 출력합니다.

제일 앞에 나오는 for 루프가 매개 변수로 입력된 'Depth(깊이)-1'만큼 공백^{Space}을 3칸씩 출력합니다. 공백 마지막에는 해당 노드가 누군가의 자식 노드임을 나타내는 '+--'를 덧붙인 후 노드의 데이터를 출력합니다. 이렇게 하면 깊이가 0인 뿌리 노드는 제일 앞쪽에 출력되고 잎 노드는 제일 뒤쪽(깊은 곳)에 출력됩니다.

```
void LCRS_PrintTree( LCRSNode* Node, int Depth )
{
    // 들여쓰기
    int i=0;
    for ( i=0; i<Depth-1; i++ )
        printf("   "); // 공백 3칸

    if (Depth > 0) // 자식 노드 여부 표시
        printf("+--");

    // 노드 데이터 출력
    printf("%c\n", Node->Data);

    if ( Node->LeftChild != NULL )
        LCRS_PrintTree(Node->LeftChild, Depth+1);

    if ( Node->RightSibling != NULL )
        LCRS_PrintTree(Node->RightSibling, Depth);
}
```

4.1.6 트리 예제 프로그램

앞에서 공부한 코드를 파일로 옮겨 프로그램을 만들어봅시다. 이 예제 프로그램은 다음 그림과 같은 트리를 구축하고 들여쓰기 형식으로 트리를 출력합니다.

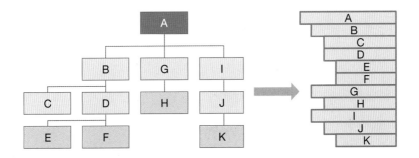

```
01  #ifndef LCRS_TREE_H
02  #define LCRS_TREE_H
03
04  #include <stdio.h>
05  #include <stdlib.h>
06
07  typedef char ElementType;
08
09  typedef struct tagLCRSNode
10  {
11      struct tagLCRSNode* LeftChild;
12      struct tagLCRSNode* RightSibling;
13
14      ElementType Data;
15  } LCRSNode;
16
17
18  LCRSNode* LCRS_CreateNode( ElementType NewData );
19  void      LCRS_DestroyNode( LCRSNode* Node );
20  void      LCRS_DestroyTree( LCRSNode* Root );
21
22  void      LCRS_AddChildNode( LCRSNode* ParentNode, LCRSNode *ChildNode);
23  void      LCRS_PrintTree( LCRSNode* Node, int Depth );
24
25  #endif
```

```
01  #include "LCRSTree.h"
02
03  LCRSNode* LCRS_CreateNode( ElementType NewData )
04  {
05      LCRSNode* NewNode = (LCRSNode*)malloc( sizeof(LCRSNode) );
06      NewNode->LeftChild   = NULL;
07      NewNode->RightSibling = NULL;
08      NewNode->Data = NewData;
09
10      return NewNode;
11  }
12
13  void LCRS_DestroyNode( LCRSNode* Node )
14  {
15      free(Node);
16  }
17
18  void LCRS_DestroyTree( LCRSNode* Root )
19  {
20      if ( Root->RightSibling != NULL )
21          LCRS_DestroyTree( Root->RightSibling );
22
23      if ( Root->LeftChild != NULL )
24          LCRS_DestroyTree( Root->LeftChild );
25
26      Root->LeftChild = NULL;
27      Root->RightSibling = NULL;
28
29      LCRS_DestroyNode( Root );
30  }
31
32  void LCRS_AddChildNode( LCRSNode* Parent, LCRSNode *Child)
33  {
34      if ( Parent->LeftChild == NULL )
35      {
36          Parent->LeftChild = Child;
37      }
38      else
```

```
39      {
40          LCRSNode* TempNode = Parent->LeftChild;
41          while ( TempNode->RightSibling != NULL )
42              TempNode = TempNode->RightSibling;
43
44          TempNode->RightSibling = Child;
45      }
46  }
47
48  void LCRS_PrintTree( LCRSNode* Node, int Depth )
49  {
50      // 들여쓰기
51      int i=0;
52      for ( i=0; i<Depth-1; i++ )
53          printf("   "); // 공백 3칸
54
55      if (Depth > 0) // 자식 노드 여부 표시
56          printf("+--");
57
58      // 노드 데이터 출력
59      printf("%c\n", Node->Data);
60
61      if ( Node->LeftChild != NULL )
62          LCRS_PrintTree(Node->LeftChild, Depth+1);
63
64      if ( Node->RightSibling != NULL )
65          LCRS_PrintTree(Node->RightSibling, Depth);
66  }
```

04장/LCRSTree/Test_LCRSTree.c

```
01  #include "LCRSTree.h"
02
03  int main( void )
04  {
05      // 노드 생성
06      LCRSNode* Root = LCRS_CreateNode('A');
07
```

```
08    LCRSNode* B = LCRS_CreateNode('B');
09    LCRSNode* C = LCRS_CreateNode('C');
10    LCRSNode* D = LCRS_CreateNode('D');
11    LCRSNode* E = LCRS_CreateNode('E');
12    LCRSNode* F = LCRS_CreateNode('F');
13    LCRSNode* G = LCRS_CreateNode('G');
14    LCRSNode* H = LCRS_CreateNode('H');
15    LCRSNode* I = LCRS_CreateNode('I');
16    LCRSNode* J = LCRS_CreateNode('J');
17    LCRSNode* K = LCRS_CreateNode('K');
18
19    //  트리에 노드 추가
20    LCRS_AddChildNode( Root, B );
21        LCRS_AddChildNode( B, C );
22        LCRS_AddChildNode( B, D );
23            LCRS_AddChildNode( D, E );
24            LCRS_AddChildNode( D, F );
25
26    LCRS_AddChildNode( Root, G );
27        LCRS_AddChildNode( G, H );
28
29    LCRS_AddChildNode( Root, I );
30        LCRS_AddChildNode( I, J );
31            LCRS_AddChildNode( J, K );
32
33    //  트리 출력
34    LCRS_PrintTree( Root, 0 );
35
36    //  트리 소멸
37    LCRS_DestroyTree( Root );
38
39    return 0;
40  }
```

📥 **실행 결과**

```
A
+--B
   +--C
   +--D
```

```
          +--E
          +--F
    +--G
       +--H
    +--I
       +--J
          +--K
```

4.2 이진 트리

앞에서는 왼쪽 자식−오른쪽 형제 표현법을 이용하여 하나의 노드가 N개의 자식 노드를 가질 수 있

는 트리를 구현했습니다. 이번에 살펴볼 트리는 **하나의 노드가 자식 노드를 2개까지만 가질 수 있는** 이진

트리^{Binary Tree}입니다. 이진^{Binary}이라는 이름도 자식을 둘만 가진다는 의미에서 붙여졌습니다. 다음은

이진 트리의 구조를 개념적으로 표현한 그림입니다.

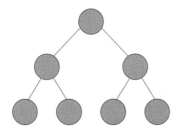

특이하게 생겼다고 무시하면 안 됩니다. 이 개성 강한 외모의 트리 구조를 이용한 훌륭한 알고리즘

들이 개발되어 있거든요. 수식을 트리 형태로 표현하여 계산하게 하는 수식 이진 트리^{Expression Binary}

^{Tree}와 아주 빠른 데이터 검색을 가능하게 하는 이진 탐색 트리^{Binary Search Tree}가 그 예입니다.

NOTE▶ 수식 이진 트리는 이 장의 마지막 절에서 예제 프로그램으로 만들어보면서 설명하고, 이진 탐색 트리는 6장에

서 따로 설명합니다.

자식 노드를 최대 2개까지만 가질 수 있는 자료구조가 수식 계산이나 자료 검색에 사용된다고 하니 신기하지 않습니까? 그 비결을 설명하기에 앞서, 이진 트리의 성질을 알아보는 시간을 잠깐 갖겠습니다. 재미는 별로 없겠지만 인내하며 읽어주기 바랍니다. 인내의 끝에는 소스 코드라는 달콤한 열매가 기다리고 있으니까요.

4.2.1 이진 트리의 종류

당연한 이야기지만 이진 트리를 이진 트리로 만드는 가장 중요한 특징은 **노드의 최대 차수가 2라는 사실**입니다. 다시 말해, 모든 이진 트리 노드의 자식 노드 수는 0, 1, 2 중 하나입니다.

다음 그림처럼 자식 농사를 잘 지어서 잎 노드를 제외한 모든 노드가 대대손손 자식을 둘씩 가진 이진 트리를 포화 이진 트리Full Binary Tree라고 합니다. 포화 이진 트리는 잎 노드들이 모두 같은 깊이에 위치한다는 특징을 가집니다.

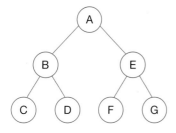

포화 이진 트리와 비슷하지만 포화 이진 트리로 진화하기 전 단계의 트리도 있습니다. 이 트리를 완전 이진 트리Complete Binary Tree라고 하는데, 잎 노드들이 트리 왼쪽부터 차곡차곡 채워진 것이 특징입니다. 다음 그림의 이진 트리들은 모두 완전 이진 트리입니다.

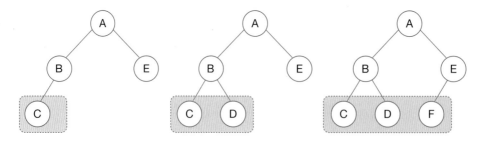

따라서 다음처럼 잎 노드 사이사이에 마치 이빨이 빠진 듯한 모양을 한 이진 트리는 완전 이진 트리가 아닙니다.

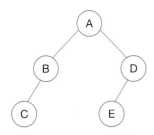

포화 이진 트리와 완전 이진 트리는 특별히 이름을 붙여 외울 만큼 의미 있지는 않은 것 같은데 따로 분류까지 해서 설명한 이유가 무엇일까요?

이진 트리는 일반 트리처럼 나무 모양의 자료(예를 들면 조직도)를 담기 위한 자료구조가 아니라 컴파일러나 검색과 같은 알고리즘의 뼈대가 되는 특별한 자료구조입니다. 특히 이진 트리를 이용한 검색에서는 **트리의 노드를 가능한 한 완전한 모습으로 유지해야 높은 성능**을 낼 수 있습니다. 그래서 우리는 완전한 모습의 트리가 무엇인지 알고 있어야 하는 것입니다.

이진 트리의 상태를 나타내는 용어를 몇 가지 더 알아봅시다. 우리가 새로 만나볼 친구는 높이 균형 트리 Height Balanced Tree 와 완전 높이 균형 트리 Completely Height Balanced Tree 입니다.

높이 균형 트리는 다음 그림과 같이 뿌리 노드를 기준으로 왼쪽 하위 트리와 오른쪽 하위 트리의 높이가 2 이상 차이 나지 않는 이진 트리를 일컫습니다. 이름이 정직하게 잘 지어졌죠?

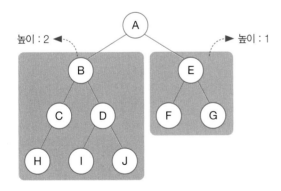

이쯤 되면 완전 높이 균형 트리가 어떻게 생긴 녀석인지 감이 올 것입니다. 네, 그렇습니다. 완전 높이 균형 트리는 다음 그림과 같이 뿌리 노드를 기준으로 왼쪽 하위 트리와 오른쪽 하위 트리의 높이가 같은 이진 트리를 가리킵니다.

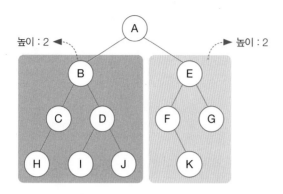

4.2.2 이진 트리의 순회

순회^{Traversal}는 간단히 말해 트리 안에서 노드 사이를 이동하는 연산이라고 할 수 있습니다. 바람 따라 구름 따라 떠도는 우리 동네 길냥이와 달리, 트리에는 데이터 접근 순서로 분류한 몇 가지 순회 패턴이 존재합니다.

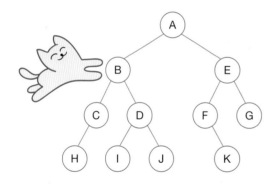

순회에는 뿌리 노드부터 잎 노드까지 아래 방향으로 방문하는 전위 순회$^{Preorder Traversal}$, 왼쪽 하위 트리부터 오른쪽 하위 트리 방향으로 방문하는 중위 순회$^{Inorder Traversal}$, 그리고 왼쪽 하위 트리-오른쪽 하위 트리 뿌리 순으로 방문하는 후위 순회$^{Postorder Traversal}$, 모두 세 가지가 있습니다.

아직은 이해하기 어렵지요? 지금부터 하나하나 살펴볼 텐데, 우선 전위 순회부터 알아보겠습니다.

전위 순회

전위 순회는 (1) 뿌리 노드부터 시작하여 아래로 내려오면서 (2) 왼쪽 하위 트리를 방문하고, 왼쪽 하위 트리 방문이 끝나면 (3) 오른쪽 하위 트리를 방문하는 방식입니다. 다음 그림의 트리에서 전위 순회를 수행하면 뿌리 노드인 A 노드부터 방문하고 왼쪽 하위 트리인 B – C – D 노드를 방문한 후 E – F – G를 방문합니다.

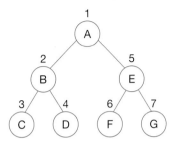

NOTE ▸ 노드 위에 표시된 숫자는 방문 순서를 의미합니다.

이 그림에 나타난 트리는 다음 그림과 같이 뿌리 노드와 왼쪽 하위 트리, 오른쪽 하위 트리의 세 부분으로 나눌 수 있습니다.

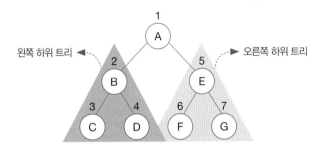

왼쪽 하위 트리(B, C, D)의 뿌리 노드는 B입니다. 그리고 B, C, D 트리의 왼쪽 하위 트리는 C(비록 노드가 하나밖에 없지만), 오른쪽 하위 트리는 D(역시 노드가 하나뿐인 트리)입니다. 전위 순회는 이 하위 트리에서도 뿌리 노드–왼쪽 하위 트리–오른쪽 하위 트리 순으로 방문합니다. 그래서 B를 먼저 방문한 후 왼쪽 하위 트리인 C를 방문하고 마지막으로 D를 방문하는 것입니다. 이 규칙은 오른쪽 하위 트리에도 마찬가지로 적용됩니다.

전위 순회를 이용하면 **이진 트리를 중첩된 괄호로 표현**할 수 있습니다. 뿌리부터 시작해서 방문하는 노드의 깊이가 깊어질 때마다 괄호를 한 겹씩 두르면, 앞의 그림에 있는 트리가 다음과 같은 형식으로 표현됩니다.

$$(A (B (C, D)), (E (F, G)))$$

중위 순회

중위 순회는 (1) 왼쪽 하위 트리부터 시작해서 (2) 뿌리를 거쳐 (3) 오른쪽 하위 트리를 방문하는 방법입니다. 왜 노드가 아닌 하위 트리부터 방문하는 것일까요? 트리가 하위 트리의 집합이라고 가정하면 하위 트리 역시 또 다른 하위 트리의 집합이라고 할 수 있습니다. 하위 트리가 또 다른 하위 트리로 분기할 수 없을 때까지, 즉 하위 트리가 잎 노드밖에 없을 때까지 하위 트리들이 계속 이어지는 것이지요.

따라서 왼쪽 하위 트리부터 시작한다는 말은 트리에서 가장 왼쪽의 '잎 노드'부터 시작한다는 뜻이고, 이 잎 노드에서부터 시작된 순회는 부모 노드를 방문한 후 자신의 형제 노드를 방문하는 것으로 이어집니다. 이렇게 해서 최소 단위의 하위 트리 순회가 끝나면 그 위 단계 하위 트리에 대해 순회를 이어갑니다. 다음은 이진 트리를 중위 순회할 때의 방문 순서를 나타낸 예시입니다.

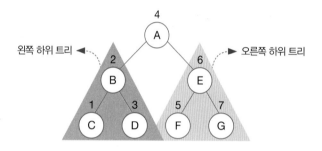

그런데 이 중위 순회를 어디에 응용할 수 있을까요? 중위 순회가 **응용되는 대표 사례는 수식 트리**입니다. '$(1 * 2) + (7 - 8)$'을 수식 트리로 표현하면 다음 그림과 같이 나타낼 수 있습니다.

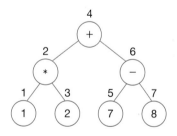

여러분에게 이 수식 트리로 원래의 수식을 찾아내라고 한다면 어떤 방법을 이용하겠습니까? 네, 바로 중위 순회를 이용하면 됩니다. 노드 위에 붙은 번호 순으로 노드를 방문하고, 노드를 방문할 때마다 그 노드에 담긴 값을 차례대로 써나가 보세요. 그리고 각 하위 트리의 시작과 끝에는 '(' 와 ')'를 붙여주세요. 그럼 다음과 같은 식이 완성됩니다.

$$(1 * 2) + (7 - 8)$$

재미있지요? 이어서 후위 순회에 관해 알아보겠습니다.

NOTE ▶ 수식 트리에 대해서는 이진 트리 설명을 끝낸 다음 자세히 설명하겠습니다. 지금은 수식 트리가 수식을 나타내는 이진 트리라는 사실 정도만 알고 있어도 충분합니다.

후위 순회

후위Postorder의 반대말은 전위Preorder입니다. 그렇다면 후위 순회는 전위 순회와 반대되는 규칙으로 동작하겠지요? 후위 순회의 방문 순서는 왼쪽 하위 트리–오른쪽 하위 트리–뿌리 노드 순입니다. 그리고 이 순서는 하위 트리의 하위 트리, 또 그 하위 트리의 하위 트리에 대해 똑같이 적용됩니다. 물론 하위 트리가 잎 노드라면 방문은 중지되지만 말입니다.

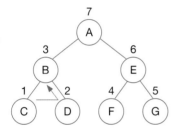

후위 순회의 특징을 재미있게 응용할 수도 있습니다. 다음은 중위 순회에서 봤던 그림인데, 후위 순회로 각 노드를 방문하면서 노드에 담긴 값을 출력하면 어떤 결과가 나올까요? 다음 부분을 계속 읽어나가기 전에 연습장에 결과를 기록해보세요.

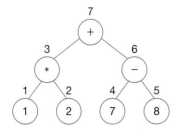

결과는 다음과 같습니다. 어디서 본 것 같지요? 바로 2장에서 다뤘던 '후위 표기식'입니다. 같은 트리에 대해 **중위 순회로 노드에 담긴 값을 출력하면 중위 표기식**이 나오고, **후위 순회를 거치면 후위 표기식이 출력**됩니다.

$$1\ 2*7\ 8-+$$

4.2.3 이진 트리의 기본 연산

이진 트리의 순회는 재미있었나요? 지금부터는 전위, 중위, 후위 순회를 코드로 구현하겠습니다. 늘 그랬듯이 노드 선언, 노드 생성과 소멸을 먼저 다루고 그다음에 전위, 중위, 후위 순회를 이용하여 트리를 출력하는 함수의 구현에 관해 설명하겠습니다.

이번에 구현하는 이진 트리의 모든 함수에는 SBT^{Simple Binary Tree}라는 접두어를 붙이겠습니다. 이점 참고하여 설명을 읽어주세요.

노드 선언

우선 노드 선언을 살펴보겠습니다. 이진 트리 노드를 나타내는 SBTNode 구조체는 왼쪽 자식을 가리키는 Left 필드와 오른쪽 자식을 가리키는 Right 필드, 데이터를 담는 Data 필드로 구성됩니다. Data 필드의 자료형은 char입니다. 노드에 알파벳 데이터만 담으려 하거든요.

```
typedef char ElementType;

typedef struct tagSBTNode
{
    struct tagSBTNode* Left;
    struct tagSBTNode* Right;

    ElementType Data;
} SBTNode;
```

노드 생성/소멸 연산

다음은 SBTNode 구조체를 자유 저장소에 생성하는 SBT_CreateNode( ) 함수입니다. 제일 먼저

malloc( ) 함수로 자유 저장소에 SBTNode 구조체의 크기만큼 메모리 공간을 할당하고, 이렇게 할당한 메모리 공간을 NewNode 포인터에 저장합니다.

이어서 NewNode의 Left 필드와 Right 필드를 NULL로 초기화하고 Data 필드에 매개 변수로 입력 받은 NewData를 저장합니다. 함수의 마지막 라인에서는 이렇게 생성한 노드의 포인터를 반환합니다.

```c
SBTNode* SBT_CreateNode( ElementType NewData )
{
    SBTNode* NewNode = (SBTNode*)malloc( sizeof(SBTNode) );
    NewNode->Left    = NULL;
    NewNode->Right   = NULL;
    NewNode->Data    = NewData;

    return NewNode;
}
```

자유 저장소에 공간을 할당하면 언젠가는 할당 해제해야 하므로 SBT_CreateNode( ) 함수의 짝인 SBT_Destroy Node( ) 함수를 선언해주겠습니다. 이 함수는 free( ) 함수를 이용하여 노드가 할당되어 있던 공간을 할당 해제합니다.

```c
void SBT_DestroyNode( SBTNode* Node )
{
    free(Node);
}
```

전위 순회를 응용한 이진 트리 출력

전위 순회는 뿌리 노드부터 잎 노드까지, 즉 위에서 아래로 타고 내려오는 순회 규칙입니다. 다음의 SBT_PreorderPrintTree( ) 함수는 이 순회 규칙을 이용하여 이진 트리 전체를 출력합니다.

```c
void SBT_PreorderPrintTree( SBTNode* Node )
{
    if ( Node == NULL )
```

```
        return;

    //  뿌리 노드 출력
    printf( " %c", Node->Data );

    //  왼쪽 하위 트리 출력
    SBT_PreorderPrintTree( Node->Left );

    //  오른쪽 하위 트리 출력
    SBT_PreorderPrintTree( Node->Right );
}
```

중위 순회를 응용한 이진 트리 출력

다음의 SBT_InorderPrintTree( ) 함수는 중위 순회 규칙을 따라 이진 트리의 각 노드를 방문하며 노드에 담긴 값을 출력합니다. 중위 순회는 왼쪽 하위 트리–뿌리 노드–오른쪽 하위 트리 순으로 방문합니다. 아직 잊지 않았지요?

```
void SBT_InorderPrintTree( SBTNode* Node )
{
    if ( Node == NULL )
        return;

    //  왼쪽 하위 트리 출력
    SBT_InorderPrintTree( Node->Left );

    //  뿌리 노드 출력
    printf( " %c", Node->Data );

    //  오른쪽 하위 트리 출력
    SBT_InorderPrintTree( Node->Right );
}
```

후위 순회를 응용한 이진 트리 출력

후위 순회는 왼쪽 하위 트리–오른쪽 하위 트리–뿌리 순으로 방문하는 순회 규칙입니다. 이 규칙을 따르는 SBT_PostorderPrintTree( ) 함수는 다음과 같이 구현됩니다. 왼쪽 하위 트리-오른쪽 하위 트리-뿌리 노드 순으로 각 노드에 담긴 값들을 출력합니다.

```c
void SBT_PostorderPrintTree( SBTNode* Node )
{
    if ( Node == NULL )
        return;

    // 왼쪽 하위 트리 출력
    SBT_PostorderPrintTree( Node->Left );

    // 오른쪽 하위 트리 출력
    SBT_PostorderPrintTree( Node->Right );

    // 뿌리 노드 출력
    printf( " %c", Node->Data );
}
```

후위 순회를 응용한 트리 소멸

트리를 구축할 때는 노드들이 어떤 순서로 생성되든 별로 문제되지 않지만, 트리를 파괴할 때는 반드시 **잎 노드부터 자유 저장소에서 제거**해야 합니다. 따라서 잎 노드부터 방문하여 뿌리 노드까지 거슬러 올라가며 방문하는 후위 순회를 이용하면 이진 트리 전체를 문제없이 소멸시킬 수 있습니다.

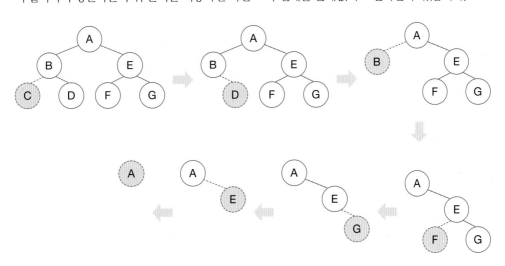

```
void SBT_DestroyTree( SBTNode* Node )
{
    if ( Node == NULL )
        return;

    //  왼쪽 하위 트리 소멸
    SBT_DestroyTree( Node->Left );

    //  오른쪽 하위 트리 소멸
    SBT_DestroyTree( Node->Right );

    //  뿌리 노드 소멸
    SBT_DestroyNode( Node );
}
```

4.2.4 이진 트리 예제 프로그램

지금까지 다룬 내용들을 모두 모아서 C 언어 코드로 만들어보겠습니다. 이번 예제 프로그램에서 사용되는 파일은 모두 3개로 BinaryTree.h와 BinaryTree.c는 이진 트리의 생성과 소멸, 여러 가지 순회 기법을 응용한 이진 트리 출력 함수들을 정의하고 Test_BinaryTree.c는 BinaryTree.h와 BinaryTree.c에서 선언 및 구현된 여러 함수를 테스트합니다.

이 예제에서 구축할 이진 트리는 다음과 같은 모습입니다. 이제 코딩을 시작하겠습니다.

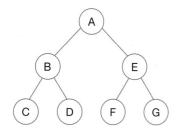

04장/BinaryTree/BinaryTree.h

```
01  #ifndef BINARY_TREE_H
02  #define BINARY_TREE_H
```

```
03
04  #include <stdio.h>
05  #include <stdlib.h>
06
07  typedef char ElementType;
08
09  typedef struct tagSBTNode
10  {
11      struct tagSBTNode* Left;
12      struct tagSBTNode* Right;
13
14      ElementType Data;
15  } SBTNode;
16
17  SBTNode*  SBT_CreateNode( ElementType NewData );
18  void      SBT_DestroyNode( SBTNode* Node );
19  void      SBT_DestroyTree( SBTNode* Root );
20
21  void      SBT_PreorderPrintTree( SBTNode* Node );
22  void      SBT_InorderPrintTree( SBTNode* Node );
23  void      SBT_PostorderPrintTree( SBTNode* Node );
24
25  #endif
```

04장/BinaryTree/BinaryTree.c

```
01  #include "BinaryTree.h"
02
03  SBTNode* SBT_CreateNode( ElementType NewData )
04  {
05      SBTNode* NewNode = (SBTNode*)malloc( sizeof(SBTNode) );
06      NewNode->Left    = NULL;
07      NewNode->Right   = NULL;
08      NewNode->Data    = NewData;
09
10      return NewNode;
11  }
12
```

```
13  void SBT_DestroyNode( SBTNode* Node )
14  {
15      free(Node);
16  }
17
18  void SBT_DestroyTree( SBTNode* Node )
19  {
20      if ( Node == NULL )
21          return;
22
23      // 왼쪽 하위 트리 소멸
24      SBT_DestroyTree( Node->Left );
25
26      // 오른쪽 하위 트리 소멸
27      SBT_DestroyTree( Node->Right );
28
29      // 뿌리 노드 소멸
30      SBT_DestroyNode( Node );
31  }
32
33  void SBT_PreorderPrintTree( SBTNode* Node )
34  {
35      if ( Node == NULL )
36          return;
37
38      // 뿌리 노드 출력
39      printf( " %c", Node->Data );
40
41      // 왼쪽 하위 트리 출력
42      SBT_PreorderPrintTree( Node->Left );
43
44      // 오른쪽 하위 트리 출력
45      SBT_PreorderPrintTree( Node->Right );
46  }
47
48  void SBT_InorderPrintTree( SBTNode* Node )
49  {
50      if ( Node == NULL )
51          return;
52
```

```
53        // 왼쪽 하위 트리 출력
54        SBT_InorderPrintTree( Node->Left );
55
56        // 뿌리 노드 출력
57        printf( " %c", Node->Data );
58
59        // 오른쪽 하위 트리 출력
60        SBT_InorderPrintTree( Node->Right );
61  }
62
63  void SBT_PostorderPrintTree( SBTNode* Node )
64  {
65        if ( Node == NULL )
66            return;
67
68        // 왼쪽 하위 트리 출력
69        SBT_PostorderPrintTree( Node->Left );
70
71        // 오른쪽 하위 트리 출력
72        SBT_PostorderPrintTree( Node->Right );
73
74        // 뿌리 노드 출력
75        printf( " %c", Node->Data );
76  }
```

04장/BinaryTree/Test_BinaryTree.c

```
01  #include "BinaryTree.h"
02
03  int main( void )
04  {
05        // 노드 생성
06        SBTNode* A = SBT_CreateNode('A');
07        SBTNode* B = SBT_CreateNode('B');
08        SBTNode* C = SBT_CreateNode('C');
09        SBTNode* D = SBT_CreateNode('D');
10        SBTNode* E = SBT_CreateNode('E');
11        SBTNode* F = SBT_CreateNode('F');
```

```
12      SBTNode* G = SBT_CreateNode('G');
13
14      // 트리에 노드 추가
15      A->Left  = B;
16      B->Left  = C;
17      B->Right = D;
18
19      A->Right = E;
20      E->Left  = F;
21      E->Right = G;
22
23      // 트리 출력
24      printf("Preorder ...\n");
25      SBT_PreorderPrintTree( A );
26      printf("\n\n");
27
28      printf("Inorder ... \n");
29      SBT_InorderPrintTree( A );
30      printf("\n\n");
31
32      printf("Postorder ... \n");
33      SBT_PostorderPrintTree( A );
34      printf("\n");
35
36      // 트리 소멸
37      SBT_DestroyTree( A );
38
39      return 0;
40  }
```

⊡ 실행 결과

```
Preorder ...
 A B C D E F G

Inorder ...
 C B D A F E G

Postorder ...
 C D B F G E A
```

4.3 수식 트리

수식 트리Expression Tree는 구면이지요? 수식 트리는 그 이름처럼 수식을 표현하는 이진 트리이므로 수식 이진 트리Expression Binary Tree라고 부르기도 합니다.

하나의 연산자가 2개의 피연산자를 취한다는 가정 아래, 수식 트리는 일반적으로 다음 두 가지 규칙을 가집니다.

❶ 피연산자는 잎 노드이다.

❷ 연산자는 뿌리 노드 또는 가지 노드이다.

예를 들어보겠습니다. $1 * 2 + (7 - 8)$은 다음과 같이 수식 트리로 표현할 수 있습니다. 피연산자 1, 2, 7, 8은 모두 잎 노드이지만, 연산자들은 모두 뿌리 노드이거나 가지 노드인 것을 알 수 있습니다.

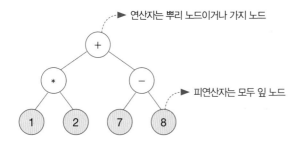

뿌리 노드와 가지 노드 모두 피연산자를 양쪽 자식으로 가집니다. 여기에서 피연산자는 '수Number'일 수도 있고 또 다른 '식Expression'일 수도 있습니다.

이 수식 트리 예제를 조금 더 살펴볼까요?

뿌리 노드인 '+' 연산자는 왼쪽 하위 트리가 표현하는 수식 $(1 * 2)$와 오른쪽 하위 트리가 표현하는 수식 $(7 - 8)$을 피연산자로 갖고 있습니다. 따라서 뿌리 노드를 연산자로, 왼쪽 하위 수식 트리의 결괏값과 오른쪽 하위 수식 트리의 결괏값을 피연산자로 하여 계산을 수행하면 전체 수식의 계산 결과를 얻을 수 있습니다.

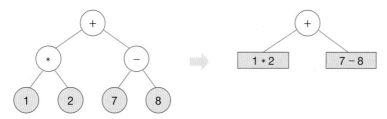

하위 수식 트리 역시 그 안에서 뿌리 노드를 연산자, 왼쪽/오른쪽 하위 수식 트리의 계산 결괏값을 피연산자로 삼아 계산하여 결과를 얻습니다. 하위 수식 트리가 잎 노드인 경우 노드에 담긴 수를 피연산자로 삼습니다.

이처럼 수식 트리는 가장 아래에 있는 하위 수식 트리(잎 노드)로부터 수 또는 계산 결괏값을 병합해 올라가는 과정을 반복하며 계산을 수행합니다. 재미있지요?

우리는 이러한 수식 트리의 성질에 적합한 노드 순회 방법을 알고 있습니다. 바로 후위 순회입니다. 후위 순회는 왼쪽 하위 트리-오른쪽 하위 트리-뿌리 노드 순으로 순회하기 때문에 양쪽 하위 트리에서부터 결괏값을 병합해 올라와야 하는 수식 트리를 계산할 때 안성맞춤입니다.

이제 우리는 수식 트리가 무엇이고 수식 트리에 담긴 수식을 어떻게 계산하는지 알게 되었습니다. 그렇다면 어떻게 해야 수식을 수식 트리로 바꿀 수 있을까요? 다음 부분에서 그 방법을 자세히 알아보겠습니다.

4.3.1 수식 트리 구축 방법

앞서 2장에서 스택으로 계산기를 만들 때 사용했던 알고리즘을 떠올려봅시다. 우리가 일상에서 사용하는 수식은 중위 표기식인데, 중위 표기식은 컴퓨터가 바로 처리하기에 적합하지 않기 때문에 먼저 입력 받은 중위 표기식을 후위 표기식으로 변환한 후, 이 변환된 수식을 계산에 사용했습니다.

수식 트리를 구축할 때도 마찬가지여서 중위 표기식보다는 후위 표기식을 이용해 트리를 구축하는 것이 훨씬 수월합니다. 우리는 이미 2장에서 중위 표기식을 후위 표기식으로 변환하는 알고리즘을 구현해보았으므로 이 부분을 다시 공부할 필요는 없을 것 같습니다. 후위 표기식을 입력 받는다는 가정하에 지금부터 수식 트리 구축을 설명하겠습니다.

후위 표기식에 기반을 둔 수식 트리 구축 알고리즘은 여러 가지가 있지만, 우리는 다음과 같은 과정으로 동작하는 알고리즘을 사용합니다.

❶ 수식을 뒤에서부터 앞쪽으로 읽어나가며 토큰을 취한다.

❷ 수식에서 제일 마지막에 있는 토큰으로 뿌리 노드를 생성한다. 후위 표기식에서 가장 마지막에 있는 토큰은 항상 연산자이다.

❸ 읽어낸 토큰이 연산자인 경우 가지 노드를 생성하며 이 토큰 다음에 따라오는 2개의 토큰으로 각각 오른쪽 자식 노드와 왼쪽 자식 노드를 생성한다. 단, 다음 토큰도 연산자인 경우 이 토큰에서 만들어지는 하위 트리가 완성된 이후에 읽어낸 토큰으로 왼쪽 자식 노드를 생성한다.

❹ 읽어낸 토큰이 숫자인 경우 잎 노드를 생성한다.

이 알고리즘이 동작하는 예를 하나 들어볼까요? 중위 표기식 1 ＊ 2 + (7 − 8)을 후위 표기식으로 변환한 1 2 ＊ 7 8 − +로 수식 트리를 만들어보겠습니다.

먼저 1 2 ＊ 7 8 − +에서 '가장 마지막 토큰'을 취합니다. 가장 마지막 토큰은 '+' 연산자이므로 '+' 연산자로 뿌리 노드를 생성합니다.

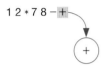

자, 이렇게 해서 뿌리 노드가 만들어졌습니다. 이제 뒤에서 앞쪽으로 계속 토큰을 읽어나가며 나머지 수식 트리를 완성하면 됩니다.

하나의 연산자가 2개의 피연산자를 취한다는 규칙에 따르면 '+' 연산자를 담고 있는 뿌리 노드는 연산에 필요한 피연산자 2개를 요구합니다.

그러니 다음 토큰 2개를 읽어 들여 자식 노드로 만들어 붙여야겠지요? 아쉽게도 그렇게 하면 안 됩니다. 읽어 들인 2개의 토큰이 모두 숫자라면 문제가 없지만, 2개 중 첫 번째 토큰이 연산자라면 두 번째 토큰을 첫 번째 토큰의 피연산자로 사용해야 하기 때문입니다. 그래서 토큰을 하나씩만 읽어 들여서 먼저 그 토큰이 연산자인지 숫자인지 확인해야 합니다.

'+' 연산자 다음 토큰은 '−' 연산자입니다. 현재 수식을 뒤에서부터 읽고 있다는 사실을 기억하기 바랍니다. 이 토큰 역시 또 다른 2개의 토큰이 필요하겠군요. 일단 '−' 토큰으로 뿌리 노드의 오른쪽 자식 노드를 만들어봅시다.

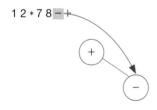

'−' 노드는 연산자 노드이니 양쪽 자식으로 피연산자가 필요합니다. 다음 토큰은 숫자 '8'이니 오른쪽 자식으로 만들어 넣고, 그다음 토큰은 숫자 '7'이니 왼쪽 자식으로 만들어 넣습니다. 새로운 자식 노드들은 모두 숫자를 갖고 있으므로 잎 노드가 됩니다. 이렇게 해서 '+' 노드의 오른쪽 하위 수식 트리가 만들어졌습니다. 이제 뿌리 노드의 왼쪽 자식만 있으면 수식 트리가 완성됩니다.

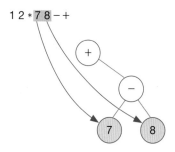

다음 토큰은 '＊'입니다. 이 토큰을 '+' 노드의 왼쪽 자식 노드로 만들어 넣습니다.

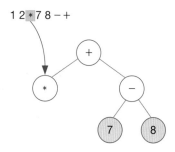

'＊' 노드는 연산자를 갖고 있으므로 자식 노드들이 필요합니다. 토큰을 읽어 '2'와 '1'을 얻고 각각 오른쪽 자식 노드와 왼쪽 자식 노드로 만들어 '＊' 노드에 붙여 넣습니다. 이제 왼쪽 하위 수식 트리도 만들어졌으므로 전체 수식 트리가 완성되었습니다.

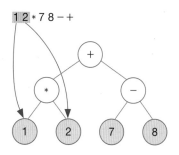

4.3.2 수식 트리의 구현

지금까지 설명한 수식 트리 구축 과정을 이해했다면 이제 그 과정을 C 언어 코드로 구현해보겠습니다. 지금부터 구현할 수식 트리의 구조체, 노드 생성과 소멸, 순회 등 대부분의 함수는 앞에서 만든 이진 트리 예제 프로그램에서 그대로 가져온 것입니다. 접두사를 SBT에서 ET$^{\text{Expression Tree}}$로 바꾼 것만 빼고 말입니다.

수식 트리 구축

다음은 입력된 후위 표기식으로부터 수식 트리를 만드는 ET_BuildExpressionTree( ) 함수입니다. 이 함수가 제일 먼저 하는 일은 매개 변수로 입력된 후위 표기식을 뒤부터 읽어 토큰 하나를 분리하는 것입니다. 읽어낸 토큰이 연산자라면 이는 2개의 피연산자가 뒤따라온다는 사실을 의미합니다. 따라서 이 경우에는 방금 읽어낸 연산자 토큰을 노드에 연결하고, 바로 이어서 ET_BuildExpressionTree( )를 두 번 호출하여 뒤따라오는 피연산자 둘을 연산자 노드의 양쪽 자식으로 연결합니다. 처음 읽은 토큰이 피연산자인 경우 해당 토큰을 노드에 입력하고 함수를 반환합니다.

```c
void ET_BuildExpressionTree( char* PostfixExpression, ETNode** Node )
{
    int  len        = strlen( PostfixExpression );
    char Token      = PostfixExpression[ len -1 ];
    PostfixExpression[ len-1 ] = '\0';

    switch ( Token )
    {
        //  연산자인 경우
        case '+': case '-': case '*': case '/':
            (*Node) = ET_CreateNode( Token );
            ET_BuildExpressionTree( PostfixExpression, &(*Node)->Right );
            ET_BuildExpressionTree( PostfixExpression, &(*Node)->Left  );
            break;

        //  피연산자인 경우
        default :
            (*Node) = ET_CreateNode( Token);
            break;
    }
}
```

수식 트리 계산

다음으로 구축된 수식 트리를 이용해 계산을 수행하는 ET_Evaluate( ) 함수를 살펴보겠습니다. 이 함수는 노드에 담긴 토큰을 연산자인 경우와 피연산자인 경우로 나눠 처리합니다. 토큰이 연산자일 때는 트리의 바닥(잎)부터 계산 결과를 병합하여 올라가도록 노드의 양쪽 자식에 대하여 ET_Evaluate( )를 재귀 호출합니다. 재귀 호출한 ET_Evaluate( )가 값을 반환하면 왼쪽 수식 트리의 계산 결과는 Left 변수에, 오른쪽 수식 트리의 계산 결과는 Right 변수에 저장됩니다. 그다음에는 연산자의 종류에 따라 덧셈, 뺄셈, 곱셈, 나눗셈을 수행합니다.

이에 비해 토큰이 피연산자인 경우 계산은 간단히 끝납니다. 그냥 토큰에 담겨 있던 값을 수로 변환해서 반환하면 되거든요.

```
double ET_Evaluate( ETNode* Tree )
{
    char Temp[2];

    double Left   = 0;
    double Right  = 0;
    double Result = 0;

    if ( Tree == NULL )
        return 0;

    switch ( Tree->Data )
    {
        //  연산자인 경우
        case '+': case '-': case '*': case '/':
            Left  = ET_Evaluate( Tree->Left );
            Right = ET_Evaluate( Tree->Right );

                 if ( Tree->Data == '+' ) Result = Left + Right;
            else if ( Tree->Data == '-' ) Result = Left - Right;
            else if ( Tree->Data == '*' ) Result = Left * Right;
            else if ( Tree->Data == '/' ) Result = Left / Right;

            break;

        //  피연산자인 경우
```

```
        default :
            memset(Temp, 0, sizeof(Temp));
            Temp[0] = Tree->Data;
            Result = atof(Temp);
            break;
    }

    return Result;
}
```

! 여기서 잠깐　　**토큰 분리 과정에 대해 여러분의 양해를 구합니다**

수식 트리를 만드는 함수가 토큰을 분리하는 과정에는 약간의 문제가 있습니다. 매개 변수로 입력 받은 후위 표기식 문자열이 뒤에서 한 자리 잘린 것을 토큰으로 사용하거든요. 연산자 기호는 +, −, *, /와 같이 어차피 문자 하나로 처리되기 때문에 문제되지 않습니다. 하지만 두 자리 이상의 숫자를 토큰으로 분리할 때는 당연히 문제가 됩니다.

한 자리 숫자만 사용할 수 있다는 점이 웃기기는 하지만, 토큰 자체를 분리하는 과정보다 수식 트리를 구축하고 이 트리를 이용한 계산 수행 과정에 초점을 맞춰 설명하기 위함이므로 이해 바랍니다. 그 대신 두 자리 이상의 숫자 토큰 분리 기능을 구현하는 일은 여러분에게 숙제로 내드리겠습니다.

4.3.3 수식 트리 예제 프로그램

수식 트리를 프로그램으로 만들어보겠습니다. 이번 예제 프로그램은 모두 3개의 파일로 구성됩니다. 수식 트리가 제대로 기능할 수 있게 하는 함수들을 선언하고 정의하는 ExpressionTree.h와 ExpressionTree.c, 수식 트리의 기능을 테스트하는 Test_ExpressionTree.c입니다.

04장/ExpressionTree/ExpressionTree.h

```
01  #ifndef EXPRESSION_TREE_H
02  #define EXPRESSION_TREE_H
03
04  #include <stdio.h>
05  #include <stdlib.h>
```

```
06   #include <string.h>
07
08   typedef char ElementType;
09
10   typedef struct tagETNode
11   {
12       struct tagETNode* Left;
13       struct tagETNode* Right;
14
15       ElementType Data;
16   } ETNode;
17
18   ETNode*    ET_CreateNode( ElementType NewData );
19   void       ET_DestroyNode( ETNode* Node );
20   void       ET_DestroyTree( ETNode* Root );
21
22   void       ET_PreorderPrintTree( ETNode* Node );
23   void       ET_InorderPrintTree( ETNode* Node );
24   void       ET_PostorderPrintTree( ETNode* Node );
25   void       ET_BuildExpressionTree( char* PostfixExpression, ETNode** Node );
26   double     ET_Evaluate( ETNode* Tree );
27
28   #endif
```

04장/ExpressionTree/ExpressionTree.c

```
001   #include "ExpressionTree.h"
002
003   ETNode* ET_CreateNode( ElementType NewData )
004   {
005       ETNode* NewNode = (ETNode*)malloc( sizeof(ETNode) );
006       NewNode->Left    = NULL;
007       NewNode->Right   = NULL;
008       NewNode->Data    = NewData;
009
010       return NewNode;
011   }
012
```

```
013  void ET_DestroyNode( ETNode* Node )
014  {
015      free(Node);
016  }
017
018  void ET_DestroyTree( ETNode* Root )
019  {
020      if ( Root == NULL )
021          return;
022
023      ET_DestroyTree( Root->Left );
024      ET_DestroyTree( Root->Right );
025      ET_DestroyNode( Root );
026  }
027
028  void ET_PreorderPrintTree( ETNode* Node )
029  {
030      if ( Node == NULL )
031          return;
032
033      printf( " %c", Node->Data );
034
035      ET_PreorderPrintTree( Node->Left );
036      ET_PreorderPrintTree( Node->Right );
037  }
038
039  void ET_InorderPrintTree( ETNode* Node )
040  {
041      if ( Node == NULL )
042          return;
043
044      printf( "(" );
045      ET_InorderPrintTree( Node->Left );
046
047      printf( "%c", Node->Data );
048
049      ET_InorderPrintTree( Node->Right );
050      printf( ")" );
051  }
052
```

```
053  void ET_PostorderPrintTree( ETNode* Node )
054  {
055      if ( Node == NULL )
056          return;
057
058      ET_PostorderPrintTree( Node->Left );
059      ET_PostorderPrintTree( Node->Right );
060      printf( " %c", Node->Data );
061  }
062
063  void ET_BuildExpressionTree( char* PostfixExpression, ETNode** Node )
064  {
065      int  len         = strlen( PostfixExpression );
066      char Token       = PostfixExpression[ len -1 ];
067      PostfixExpression[ len-1 ] = '\0';
068
069      switch ( Token )
070      {
071          //  연산자인 경우
072          case '+': case '-': case '*': case '/':
073              (*Node) = ET_CreateNode( Token );
074              ET_BuildExpressionTree( PostfixExpression, &(*Node)->Right );
075              ET_BuildExpressionTree( PostfixExpression, &(*Node)->Left  );
076              break;
077
078          //  피연산자인 경우
079          default :
080              (*Node) = ET_CreateNode( Token);
081              break;
082      }
083  }
084
085  double ET_Evaluate( ETNode* Tree )
086  {
087      char Temp[2];
088
089      double Left   = 0;
090      double Right  = 0;
091      double Result = 0;
092
```

```
093    if ( Tree == NULL )
094        return 0;
095
096    switch ( Tree->Data )
097    {
098        //  연산자인 경우
099        case '+': case '-': case '*': case '/':
100            Left  = ET_Evaluate( Tree->Left );
101            Right = ET_Evaluate( Tree->Right );
102
103                if ( Tree->Data == '+' ) Result = Left + Right;
104            else if ( Tree->Data == '-' ) Result = Left - Right;
105            else if ( Tree->Data == '*' ) Result = Left * Right;
106            else if ( Tree->Data == '/' ) Result = Left / Right;
107
108            break;
109
110        //  피연산자인 경우
111        default :
112            memset(Temp, 0, sizeof(Temp));
113            Temp[0] = Tree->Data;
114            Result = atof(Temp);
115            break;
116    }
117
118    return Result;
119 }
```

04장/ExpressionTree/Test_ExpressionTree.c

```
01  #include "ExpressionTree.h"
02
03  int main( void )
04  {
05      ETNode* Root = NULL;
06
07      char PostfixExpression[20] = "71*52-/";
08      ET_BuildExpressionTree( PostfixExpression, &Root);
```

```
09
10      //  트리 출력
11      printf("Preorder ...\n");
12      ET_PreorderPrintTree( Root );
13      printf("\n\n");
14
15      printf("Inorder ... \n");
16      ET_InorderPrintTree( Root );
17      printf("\n\n");
18
19      printf("Postorder ... \n");
20      ET_PostorderPrintTree( Root );
21      printf("\n");
22
23      printf("Evaulation Result : %f \n", ET_Evaluate( Root ) );
24
25      //  트리 소멸
26      ET_DestroyTree( Root );
27
28      return 0;
29  }
```

```
Preorder ...
 / * 7 1 - 5 2

Inorder ...
(((7)*(1))/((5)-(2)))

Postorder ...
 7 1 * 5 2 - /
Evaulation Result : 2.333333
```

4.4 분리 집합

이 절의 제목을 보고 고등학교 1학년 수학 시간을 떠올린 독자가 여럿 계실 것 같군요. 지금은 조금 뒤로 이동했습니다만 '집합' 단원은 과거 수십 년간 우리나라 수학 교과서의 첫 단원을 차지했으니까요. 우리가 지금 다룰 분리 집합은 컴퓨터 과학자들이 수학에서 업어온 자료구조입니다.

그렇다고 해서 여러분이 수학 수업의 기억을 떠올리려 애쓸 필요는 없습니다. 제가 다시 설명하면 되니까요. 집합의 정의는 **특정 조건에 맞는 원소의 모임**입니다. 다음 그림은 집합의 예를 보여줍니다. 이 그림에는 모두 3개의 집합이 있는데 집합 C는 원소 7, 8을 갖고 있고 집합 B는 4, 5, 6을 갖고 있습니다. 그리고 집합 A는 1, 2, 3과 부분 집합 B를 갖고 있습니다.

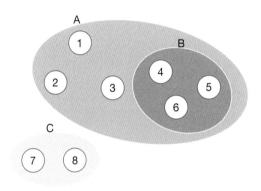

분리 집합^{Disjoint Set}은 서로 공통된 원소를 갖지 않는, 즉 **교집합을 갖지 않는 복수의 집합**을 뜻합니다. 그래서 분리 집합의 개념은 2개 이상의 집합을 일컬을 때만 사용할 수 있습니다. 홀로 있는 집합을 두고 '공통'된 원소가 있는지 없는지 이야기하는 것은 의미가 없기 때문입니다. 다음 그림은 분리 집합의 예입니다.

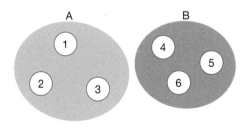

다음은 분리 집합이 아닙니다. 공통 원소 7을 갖는 교집합이 있기 때문입니다.

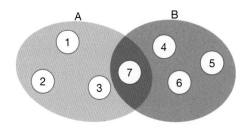

따라서 분리 집합에는 '교집합^{Intersection}'이 있을 수 없습니다. 교집합이 존재한다면 그것은 이미 분리 집합이 아닙니다. 분리 집합에는 합집합^{Union}만 있을 뿐입니다. 합집합이 기억나지 않는다고요? 다음 그림과 같이 두 집합을 합한 집합이 바로 합집합입니다.

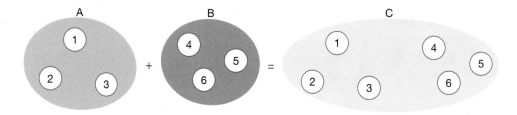

이렇게 해서 분리 집합에 대해 알아야 하는 내용은 모두 설명했습니다. 여기서 한 가지 물음이 떠오르지 않나요?

"그래서 대체 이것을 어디에 써먹을 수 있는 거죠?"

분리 집합은 집합 간의 교집합을 허락하지 않기 때문에 소속 관계가 분명해야 하는 데이터를 다룰 때 아주 유용합니다. 예를 들어볼까요?

우리가 도서 판매 관리 프로그램을 만들었다고 가정해봅시다. 그리고 책의 가격 정보는 다음과 같은 자료구조로 정의했다고 하겠습니다.

```
typedef struct tagBookPrice
{
    unsigned long ISBN;
    unsigned long Price;
} BookPrice;
```

ISBN 필드는 책을 나타내는 고유 식별 번호를, Price 필드는 가격 정보를 담습니다. 어느 날 서점 사장님은 가게 홍보를 위해 베스트셀러 한정으로 일주일간 할인 판매 행사를 진행하기로 결정했습니다. 그런데 행사를 준비하는 과정에서 문제가 발생했습니다. 할인 행사는 임시적이기 때문에 BookPrice 구조체의 Price 값을 바꿔서는 안 됩니다. 행사가 끝나면 원래의 가격으로 일일이 다시 입력해야 하는 번거로움이 있기 때문입니다. 구조체에 베스트셀러임을 나타내는 필드를 추가하는 일은 프로그램의 다른 부분에 어떤 부작용을 미칠지 모르기 때문에 이것도 부담스럽습니다.

이런 상황에서 분리 집합을 이용하면 BookPrice 구조체나 이 구조체에 저장된 데이터를 변경하지 않고 베스트셀러임을 표시할 수 있습니다. 바로 '일반 도서 집합'과 '베스트셀러 집합'을 만들고 베스트셀러들의 BookPrice가 베스트셀러 집합의 원소가 되게 하는 방법으로 말이지요. 이 경우 해당 BookPrice 개체가 베스트셀러 집합에 속해 있는지 여부만 알면 할인 가격으로 판매할지 원래 가격으로 판매할 알 수 있습니다. 할인 행사가 끝난 뒤에는 집합에서 모든 원소를 일반 도서 집합으로 옮기기만 하면 모든 것이 원래대로 돌아갑니다. 이처럼 분리 집합은 원소 또는 개체가 **'어느 집합에 소속되어 있는가?'**라는 정보를 바탕으로 무언가를 하는 알고리즘에 응용할 수 있습니다.

4장 제목이 '트리'라는 사실을 유념하고 있는 독자는 여기까지 글을 읽으면서 이런 질문을 떠올렸을 것입니다. '그러니까 분리 집합을 어떻게 트리로 표현한다는 것입니까?'라는 질문 말입니다. 그렇지 않아도 분리 집합을 표현하는 방법을 이어서 설명하려고 했습니다.

4.4.1 분리 집합 표현

앞서 살펴본 보통의 트리와 이진 트리는 부모가 자식을 가리키는 포인터를 갖고 있습니다. 분리 집합은 이와 반대로 자식이 부모를 가리킵니다.

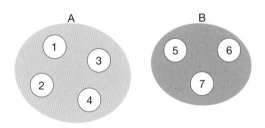

가령 앞의 그림과 같은 분리 집합은 다음과 같은 트리로 표현됩니다.

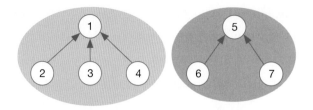

이해가 잘 되지 않는다면 이렇게 생각해보세요. 뿌리 노드는 **집합 그 자체이고, 뿌리 노드 자신을 포함한 트리 내의 모든 노드는 그 집합에 소속**된다고 말입니다. 링크드 리스트에서 헤드 노드가 링크드 리스트를 나타낸다는 점을 떠올려보면 이해에 도움이 될 것입니다.

다음은 분리 집합 노드의 구조체입니다. 조금 전에 설명한 것처럼, 자식 노드에 대한 포인터는 없고 오로지 부모 노드에 대한 포인터만 있습니다. 뿌리 노드는 부모가 없으므로 Parent가 NULL입니다. Data 필드를 void* 형으로 선언한 이유는 어떤 자료형의 데이터든 입력 받을 수 있게 하기 위해서 입니다.

```
typedef struct tagDisjointSet
{
    struct tagDisjointSet* Parent;
    void*                  Data;
} DisjointSet;
```

4.4.2 분리 집합의 기본 연산

분리 집합의 연산은 딱 두 가지만 기억하면 됩니다. '합집합'과 '집합 탐색 연산'입니다. 왜 다른 연산은 필요하지 않을까요? 생각해보세요. 분리 집합의 목적은 **원소가 어느 집합에 귀속되어 있는지 쉽게 알아내는 데** 있습니다. 원소를 정렬하거나 순차 접근을 가능하게 하는 일은 분리 집합의 관심사가 아닙니다. 그러니 그런 일들은 다른 자료구조에게 맡기고 우리는 합집합에 대해 먼저 알아봅시다.

합집합 연산

우리가 잘 알고 있는 바와 같이 합집합[Union]은 두 집합을 더하는 연산입니다. 우리의 분리 집합은 트리로 구현되어 있는데 이 둘을 어떻게 합칠 수 있을까요?

제가 앞에서 분리 집합을 이루는 트리 내의 모든 노드는 뿌리 노드가 나타내는 집합 안에 있다고 설명한 것 기억하시나요? 그 성질을 이용하면 아주 쉽게 합집합 연산을 수행할 수 있습니다. 예를 들어 다음 그림의 두 집합을 합한다고 하면, 오른쪽에 있는 집합의 뿌리 노드를 왼쪽에 있는 뿌리 노드의 자식 노드로 만들면 됩니다. 다시 말해, 오른쪽 뿌리 노드(5)의 부모 노드를 1로 지정하면 되는 것이지요.

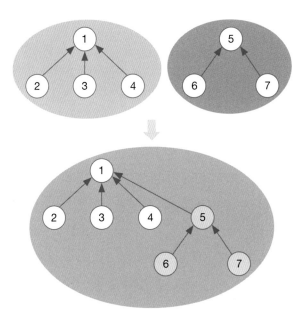

두 집합은 이제 하나가 됐습니다. 이 과정을 코드로 정리하면 다음과 같습니다.

```
void DS_UnionSet( DisjointSet* Set1, DisjointSet* Set2 )
{
    Set2 = DS_FindSet(Set2);
    Set2->Parent = Set1;
}
```

집합 탐색 연산

분리 집합의 탐색Find은 집합에서 원소를 찾는 것이 아니라 **원소가 속한 집합을 찾는 연산**입니다. 집합 내 어떤 노드에게든 트리의 최상위에 있는 뿌리 노드가 곧 자신이 속한 집합을 나타내므로 해당 원소(노드)가 어떤 집합에 속해 있는지 알려면 이 원소가 속한 트리의 뿌리 노드를 찾으면 됩니다.

분리 집합의 각 노드는 '부모' 노드를 가리키는 포인터를 갖고 있지요? 이 포인터를 타고 쭉 올라가면 부모가 NULL인 뿌리 노드를 만날 수 있습니다. 이 뿌리 노드는 곧 집합을 나타내므로 이것을 반환하면 해당 노드가 소속된 집합을 반환하게 되는 것입니다. 구현은 다음과 같습니다.

```
DisjointSet* DS_FindSet( DisjointSet* Set )
{
    while ( Set->Parent != NULL )
    {
        Set = Set->Parent;
    }

    return Set;
}
```

4.4.3 분리 집합 예제 프로그램

이어서 분리 집합 예제 프로그램을 만들어보겠습니다. 이 예제 소스 코드에는 앞서 살펴본 합집합을 구현한 DS_UnionSet( ) 함수와 집합 탐색을 구현한 DS_FindSet( ) 함수 외에도 집합을 생성하는 DS_MakeSet( )과 이를 소멸시키는 DS_DestroySet( ) 함수가 구현되어 있습니다.

04장/DisjoingSet/DisjointSet.h

```
01  #ifndef DISJOINTSET_H
02  #define DISJOINTSET_H
03
04  #include <stdio.h>
05  #include <stdlib.h>
06
07  typedef struct tagDisjointSet
08  {
09      struct tagDisjointSet* Parent;
10      void*              Data;
11  } DisjointSet;
```

```
12
13   void DS_UnionSet( DisjointSet* Set1, DisjointSet* Set2 );
14   DisjointSet* DS_FindSet( DisjointSet* Set );
15   DisjointSet* DS_MakeSet( void* NewData );
16   void DS_DestroySet( DisjointSet* Set );
17
18   #endif
```

04장/DisjoingSet/DisjointSet.c

```
01   #include "DisjointSet.h"
02
03   void DS_UnionSet( DisjointSet* Set1, DisjointSet* Set2 )
04   {
05       Set2 = DS_FindSet(Set2);
06       Set2->Parent = Set1;
07   }
08
09   DisjointSet* DS_FindSet( DisjointSet* Set )
10   {
11       while ( Set->Parent != NULL )
12       {
13           Set = Set->Parent;
14       }
15
16       return Set;
17   }
18
19   DisjointSet* DS_MakeSet( void* NewData )
20   {
21       DisjointSet* NewNode = (DisjointSet*)malloc(sizeof(DisjointSet));
22       NewNode->Data   = NewData;
23       NewNode->Parent = NULL;
24
25       return NewNode;
26   }
27
28   void DS_DestroySet( DisjointSet* Set )
```

```
29  {
30      free( Set );
31  }
```

```
01  #include <stdio.h>
02  #include "DisjointSet.h"
03
04  int main( void )
05  {
06    int a=1, b=2, c=3, d=4;
07    DisjointSet* Set1 = DS_MakeSet(&a);
08    DisjointSet* Set2 = DS_MakeSet(&b);
09    DisjointSet* Set3 = DS_MakeSet(&c);
10    DisjointSet* Set4 = DS_MakeSet(&d);
11
12      printf("Set1 == Set2 : %d \n", DS_FindSet( Set1 ) == DS_FindSet( Set2 ) );
13
14    DS_UnionSet( Set1, Set3 );
15      printf("Set1 == Set3 : %d \n", DS_FindSet( Set1 ) == DS_FindSet( Set3 ) );
16
17      DS_UnionSet( Set3, Set4 );
18      printf("Set3 == Set4 : %d \n", DS_FindSet( Set3 ) == DS_FindSet( Set4 ) );
19
20    return 0;
21  }
```

┌→ 실행 결과

```
Set1 == Set2 : 0
Set1 == Set3 : 1
Set3 == Set4 : 1
```

연습문제

01 다음 세 가지 트리 중 완전 이진 트리인 것을 모두 고르세요.

①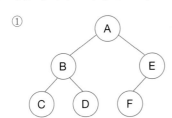

②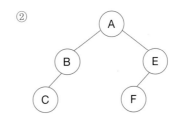

③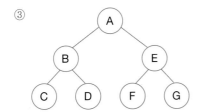

④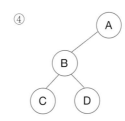

02 다음 이진 트리를 전위, 중위, 후위 순회한 결과는 각각 어떻게 될까요?

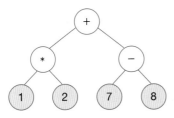

03 다음 2개의 분리 집합을 하나의 집합으로 만드는 데 최소 몇 개의 노드를 수정해야 할까요?

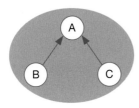 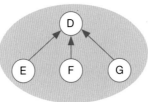

Part

02

알고리즘

드디어 1부가 끝나고 2부가 시작됐습니다. 2부에서는 5장부터 10장까지 총 여섯 장에 걸쳐 알고리즘을 설명합니다. 0장에서 알고리즘의 뜻을 알아봤었 죠? 본격적으로 알고리즘을 배우기 전에 그 뜻을 다시 살펴봅시다. 알고리즘은 9세기 페르시아의 수학자 '아부 압둘라 무하마드 이븐 무사 알 콰리즈미(Abu Abdullah Muhammad ibn Musa al-Khwarizmi)'의 이름에서 유래 한 말로, 문제를 해결하기 위한 일련의 명령이나 반복되는 절차를 뜻합니다. 그 러므로 2부에서 알고리즘을 하나하나 익힐 때마다 여러분의 문제 해결 능력과 프로그래밍 실력이 향상되는 느낌을 받게 될 것입니다.

05

정렬

이 장에서 공부할 내용은 정해진 기준에 따라 순서에 맞춰 데이터를 정리하는 정렬 알고리즘입니다. 5장에서는 세 가지 정렬 알고리즘(버블, 삽입, 퀵 정렬)을 설명합니다. 각 알고리즘의 구조와 성능은 모두 제각각이므로 이를 비교해가면서 공부하면 아주 재미있을 것입니다.

이제 시작해볼까요?

학습목표

이 장의
핵심 개념

- 정렬의 개념을 이해합니다.

- 버블 정렬 알고리즘의 개념과 구현을 이해합니다.

- 삽입 정렬 알고리즘의 개념과 구현을 이해합니다.

- 퀵 정렬 알고리즘의 개념과 구현을 이해합니다.

- C 언어 표준 라이브러리에서 제공하는 qsort( ) 함수 사용법을 이해합니다.

이 장의
학습 흐름

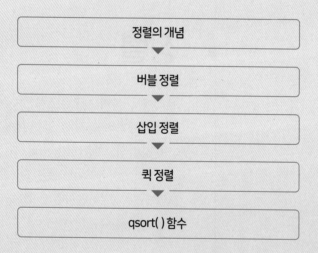

정렬의 개념

▼

버블 정렬

▼

삽입 정렬

▼

퀵 정렬

▼

qsort( ) 함수

5.1 정렬 알고리즘의 개요

정렬Sorting이란 정해진 기준에 따라 데이터를 순서대로, 그리고 체계적으로 정리하는 알고리즘입니다. 가격 비교 사이트는 가격, 평점, 출시일 등을 기준으로 상품을 오름차순/내림차순으로 정렬하여 고객의 선택을 돕고, 대학은 학생의 입시 성적을 정렬하여 합격 여부를 가려냅니다.

이해를 돕기 위해 구체적인 예를 하나 들어보겠습니다. 올해 대학을 졸업하는 주석이는 개발자로 취업하기 위해 한 쇼핑몰 회사에서 면접을 보았습니다. 이 회사는 면접을 마치고 돌아가는 주석이에게 컴퓨터를 건네면서 최종 시험 과제를 내줬는데 그 내용은 다음과 같습니다.

- CPU의 클럭 주파수는 200Hz이다. 즉, 초당 200개의 명령을 처리할 수 있다.
- 컴퓨터에는 고객 30,000명의 지난 달 구매포인트 데이터가 저장되어 있다.
- 매월 14일에는 구매포인트 상위 14,142번째 고객에게 커피 상품권을 주는 14142(하나 사고 하나 사니 둘) 이벤트 당첨자를 선정해야 한다.
- 상위 14,142번째 고객 찾기 프로그램에 사용될 코드를 컴퓨터에 설치된 C 언어 컴파일러와 코드 에디터로 작성하라. 단, 이 프로그램은 1시간 안에 이벤트 당첨 고객의 ID를 출력해야 한다.

주석이는 어떻게 코드를 작성해야 최종 시험을 통과할 수 있을까요? 엑셀 같은 스프레드시트 소프트웨어만 있어도 쉽게 풀 수 있는 문제인데 주석이가 가진 것은 코드 에디터와 C 언어 컴파일러뿐입니다.

그렇다면 어떻게 3만 명의 고객 데이터에서 14,142번째 고객을 가려낼 수 있을까요? 방법은 간단합니다. 구매포인트를 오름차순으로 정렬한 다음 목록에서 14,142번째 요소를 고르면 됩니다. 배열이나 리스트에서 14,142번째 요소를 찾는 것은 쉽습니다. 문제는 정렬하는 알고리즘입니다.

정렬은 사전적으로 **물건 등을 가지런히 늘어 세우다**라는 뜻을 갖고 있습니다. 책을 제목 순으로 책장에 꽂아두는 것, 시험 성적을 높은 점수 순으로 배열하는 것, 우유를 유통기한이 임박한 순으로 진열해 놓는 것 모두 '정렬'입니다.

그렇다면 우리는 왜 정렬을 할까요? 정돈된 환경을 만들기 위해서일 수도 있지만, 궁극적인 목적은 물건이나 데이터를 쉽게 찾고자 하는 데 있습니다. 다시 말해, **정렬의 목적은 '탐색'**에 있는 것이지요. 책을 책장 안에 주제별-제목별로 꽂아두는 것은 나중에 찾고자 하는 책을 빠르게 찾기 위해서이고, 우유를 유통기한이 임박한 순으로 정렬하는 이유는 손님으로 하여금 유통기한이 다 되어가는 우유를 먼저 골라가도록 하기 위해서입니다.

정렬 알고리즘 역시 데이터를 가지런히 나열하는 것 자체가 목적이 아니라 데이터를 빠르고 쉽게 찾을 수 있도록 하는 것이 목적입니다.

포탄의 사표射表, Firing Table를 계산할 목적으로 개발된 ENIAC은 정말 계산만 할 수 있었습니다. 기억 능력은 갖고 있지 않았지요. 존 폰 노이만John von Neumann이 설계를 개선한 후부터 컴퓨터는 진흙판이 나 종이가 수행하던 정보 기록 임무를 수행할 수 있게 되었고, 얼마 지나지 않아 계산기의 역할뿐 아 니라 엄청난 '정보 기록 장치'로서의 역할을 톡톡히 해내게 되었습니다. 그러나 기술이 발달함에 따 라 컴퓨터가 저장하고 처리해야 할 데이터와 정보도 크게 늘어났습니다.

그래서 데이터 처리에 관한 여러 가지 기술이 과학자와 엔지니어에 의해 연구되었는데요. 그중 하나 가 정렬 알고리즘입니다. 이렇게 개발된 정렬 알고리즘 중에는 고전 알고리즘이라고 부를 만한 몇 가지가 있는데 버블 정렬, 삽입 정렬, 퀵 정렬이 바로 그것입니다. 이번 장은 이 세 가지 알고리즘의 동작과정을 이해하고 직접 구현까지 해본 후에 C 언어 표준 라이브러리에서 제공하는 퀵 정렬 함수 를 살펴보겠습니다. 정렬은 아드레날린을 뿜게 하는 흥미로운 주제이지만, 본문 사이사이에 헤어나 오기 힘든, 마녀의 잠가루가 뿌려진 듯한 지루한 내용도 잠깐 등장합니다. 하지만 너무 걱정하지는 마세요. 아주 조금만 눈에 힘을 주면 마녀의 잠가루 정도는 이겨낼 수 있거든요.

이제 여러분께 첫 번째 정렬 알고리즘을 소개하겠습니다. 바로 버블 정렬입니다.

5.2 버블 정렬

버블Bubble이라니, 알고리즘 이름이 특이하지요? 버블 정렬Bubble Sort이라는 이름은 물 속 깊은 곳에 서 수면을 향해 올라오는 거품의 모습처럼 데이터를 정렬하기에 붙여졌습니다. 버블 정렬은 **자료구조 를 순회하면서 이웃한 요소들끼리 데이터를 교환하며 정렬을 수행**합니다. 바로 이해하기 어려울 수 있으므로 예를 하나 들어 설명하겠습니다. 다음과 같이 제멋대로 나열된 수의 집합을 버블 정렬을 이용해서 오름차순(뒤로 갈수록 커지는 순서)으로 정렬해보겠습니다.

5	1	6	4	2	3

버블 정렬은 이웃 요소끼리 데이터를 교환하므로 교환 전에 먼저 이웃끼리 비교하여 바른 순서로 위 치해 있는지 확인해야 합니다. 우리는 지금 오름차순으로 정렬하고 있는 중이므로 왼쪽에 있는 요소 가 오른쪽에 있는 요소보다 작아야 합니다.

이제 본격적으로 정렬을 시작하겠습니다. 다음 그림처럼 제일 왼쪽에 있는 요소부터 오른쪽에 이웃 하는 요소와 데이터를 비교해나가면 됩니다.

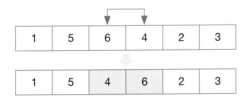

왼쪽이 5, 오른쪽이 1이므로 왼쪽 데이터가 큽니다. 우리가 원하는 순서와 반대로 이웃하고 있군요. 그러므로 두 이웃 요소 간 데이터를 교환해야 합니다.

첫 번째 교환이 이루어졌습니다. 다음 요소들을 계속 비교해봅시다. 왼쪽이 5, 오른쪽이 6이므로 우리가 원하는 순서대로 이웃하고 있습니다. 이 경우에는 그냥 다음 요소로 넘어가서 계속 비교하면 됩니다.

이번에는 왼쪽이 6, 오른쪽이 4입니다. 교환이 필요하지요? 그러니 교환합시다.

계속해서 이와 같은 순서로 요소를 순회하면서 이웃 요소를 비교하고 교환합니다.

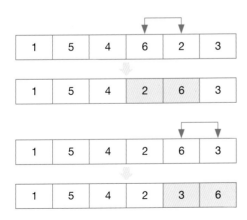

버블 정렬의 개념이 머리에 자리 잡히고 있나요? 앞의 그림에서 6이 비교와 교환을 거치며 자료구조를 이동하는 모습을 보세요. 가로로 놓인 그림들을 반시계 방향으로 회전시켜 세로로 세우면 6이 아래에서 위로 뽀글거리며 올라가는 것처럼 보입니다. 버블 정렬이라는 이름이 잘 어울리지요?

NOTE ▶ 버블 정렬의 별명은 싱킹Sinking: 함몰, 침몰 정렬입니다. 6이 뽀글거리며 올라가는 그림을 뒤집으면 가라앉는 것처럼 보이기 때문입니다.

그런데 말이지요. 아직 정렬이 끝나지 않았습니다. 제일 큰 수인 6만 뽀글거리며 우리가 원하는 위치에 올라갔고, 나머지 요소들은 여전히 정렬되지 않은 상태로 남아 있습니다. 그래서 우리는 마지막 요소를 제외한 나머지 요소에 대해 또 처음부터 버블 정렬을 수행해야 합니다. 더 설명하지 않을 테니 그림을 따라가며 2차 버블 정렬 수행 과정을 이해해보기 바랍니다.

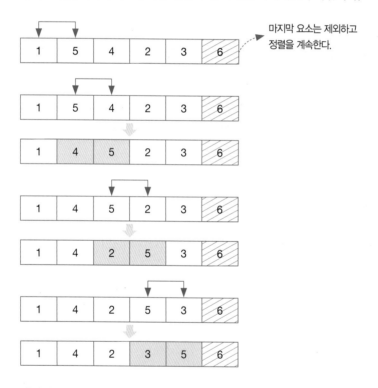

이번에는 5가 뽀글거리면서 올라왔군요. 이제 5까지 정렬되었으니 6과 5를 제외한 나머지 요소에 대해 비교와 교환을 반복하면, 결국에는 완전히 정렬된 자료구조를 얻을 수 있습니다. 이 예제의 나머지 과정이 궁금하다면 여러분의 노트에 나머지 과정을 직접 그려가며 확인해보세요. 틀림없이 좋은 공부가 될 것입니다.

5.2.1 버블 정렬의 성능 측정

버락 오바마가 2008년 대선 캠페인을 위해 구글 플렉스를 방문했을 때, 청중 앞에서 에릭 슈미트가 버락 오바마에게 32비트 정수 백만 개를 정렬하기 위한 가장 효율적인 방법이 무엇인지를 물었습니다. 이 질문에 버락 오바마는 다음과 같이 답했습니다.

"버블 정렬은 아닌 것 같네요."

다시 주석이의 과제에 대해 이야기하겠습니다. 꼼꼼한 독자는 기억하고 있겠지만 쇼핑몰 회사에서 주석이에게 내준 컴퓨터는 초당 200회의 연산이 가능합니다. 초당 200회 연산이 가능한 컴퓨터로 1시간 내에 이벤트 당첨 고객을 찾으려면 1분에 12,000회(200×60초), 1시간에 720,000회(12,000×60분) 이내로 연산을 마무리할 수 있는 알고리즘이 필요합니다. 그런데 만약 주석이가 버블 정렬을 선택한다면 주석이의 프로그램이 한참 실행되는 도중에 다른 채용 후보자가 14,142번째 고객을 먼저 찾아낼 것이고 결국 그 사람이 입사를 하게 될 것입니다.

그렇다면 버블 정렬이 얼마나 느린지 구체적으로 따져봅시다. 먼저 버블 정렬이 자료구조를 순회하는 횟수를 알아봅시다. 버블 정렬은 자료구조를 한 번 순회할 때(한 번 순회할 때마다 가장 큰 값이 가장 위에 놓입니다)마다 정렬해야 하는 자료구조의 범위가 하나씩 줄어들기 때문에 자료구조의 범위가 n이라면 $n-1$만큼 순회를 반복해야 정렬이 마무리됩니다. 우리가 다룬 예제에서는 자료구조의 범위가 6개이므로 순회를 총 5회 반복해야 하지요.

버블 정렬은 그래도 간단한 편이니까 이해를 돕기 위해 무식하게 세보겠습니다. 다음은 버블 정렬을 한 번 수행한 결과입니다. 제일 큰 수인 6이 제일 위에 놓여 있고 이를 뺀 나머지 5개 요소가 정렬 대상이 되었습니다.

두 번째 버블 정렬을 수행하면 5개 요소 중 가장 큰 수인 5가 뽀글거리며 올라와 6 밑에 살포시 앉습니다. 이제 정렬해야 할 요소는 4개 남았습니다.

> **NOTE** 알고리즘의 성능을 측정하는 다양한 방법은 11장에서 설명합니다.

세 번째 정렬을 수행하면 4가 5 밑에 올라오고 정렬 대상은 3개가 남습니다.

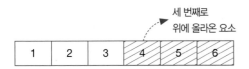

이제 네 번째 정렬을 수행합니다. 정렬 대상이 2개로 줄었습니다.

마지막으로 다섯 번째 정렬을 수행했고 정렬이 끝났습니다. 마지막으로 하나 남은 요소는 맞바꿀 요소가 없으므로 더 이상 작업을 수행할 이유가 없습니다.

여기서 조금 더 생각해봅시다. 예제에서 정렬의 반복 횟수는 5회라고 했습니다. 그렇다면 한 번 반복할 때마다 모두 몇 번이나 이웃 요소들을 비교해야 하는 것일까요? 버블 정렬을 처음 수행할 때는 정렬 대상의 범위가 6개이므로 다섯 번을 비교합니다.

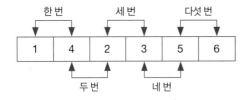

정렬 대상 범위가 5개일 때는 네 번, 4개일 때는 세 번, 그리고 남은 요소가 2개일 때는 한 번만 비교를 수행합니다. 따라서 이 예제에서 총 비교 횟수는 모두 15회(5+4+3+2+1)가 됩니다.

이것을 일반화하면 다음과 같이 못생긴 식을 하나 얻을 수 있습니다.

버블 정렬의 비교 횟수 $= (n-1)+(n-2)+(n-3)+...+(n-(n-2))+(n-(n-1))$

이 식을 조금 요리해볼까요?

우선 $(n-(n-1))$은 1이 되므로 버블 정렬의 비교 횟수를 다음과 같이 정리할 수 있습니다.

$$(n-1)+(n-2)+(n-3)+...+(n-(n-2))+(n-(n-1))$$

$$= (n-1)+(n-2)+(n-3)+...+3+2+1$$

여기에서 가우스가 소싯적에 숙제를 빨리 풀고 놀기 위해 사용했던 초식을 사용해봅시다. 앞에서 얻어낸 식의 첫 번째 항$(n-1)$과 끝에서 첫 번째 항(1)을 더하면 n이 되지요? 끝에서 두 번째 항 $(n-2)$과 두 번째 항(2)을 더하면 역시 n이 됩니다. 이런 방법으로 앞에서 m번째, 뒤에서 m번째 항을 뽑아 더하면 n이 됩니다.

m이 가질 수 있는 최댓값은 앞의 식이 가진 전체 항 개수의 절반, 즉 $n/2$이므로 우리는 다음과 같이 아담하고 예쁜 식을 유도해낼 수 있습니다.

$$(n-1)+(n-2)+(n-3)+...+3+2+1 = (n-1) \times \frac{n}{2} = \frac{n(n-1)}{2}$$

> **❗ 여기서 잠깐   가우스가 뭘 어쨌다는 건가요?**
>
> 카를 프리드리히 가우스 Carl Friedrich Gauss 가 초등학교에 다니던 10살 때의 일입니다. 하루는 떠드는 학생들의 입을 막으려고 선생님께서 1부터 100까지의 합을 구하라는 문제를 내주었습니다. 학생들은 1+2+3+⋯를 열심히 계산했고 교실은 쥐 죽은 듯 조용해졌습니다. 선생님이 회심의 미소를 떠올리려는 찰나, 정적을 깬 한 학생이 있었으니 그가 바로 가우스였습니다. 가우스가 선생님께 제출한 답은 5,050으로 정답이었습니다. 사실 선생님도 답은 몰랐지만 한참 후에 다른 학생들이 낸 답이 5,050임을 보고 가우스의 재능에 깜짝 놀랐습니다.
>
> 가우스는 1+2+3+⋯+98+99+100을 단지 100+1=101, 99+2=101, 98+3=101 등으로 계산하면 50개의 쌍이 나오므로 답은 50×101, 즉 5,050이라고 암산했던 것입니다.

우리가 다룬 자료구조의 크기가 6개인 예제에서 버블 정렬 비교 횟수는 15회입니다. 이 정도 크기의 자료구조를 대상으로 한다면 버블 정렬도 그럭저럭 쓸 만하다고 할 수 있겠지요?

하지만 주석이가 다뤄야 하는 데이터처럼 30,000개나 되는 요소를 정렬하는 경우라면 이야기가 달라집니다. 약 450,000,000회의 비교 연산을 거쳐야 하거든요. 우리는 72만 번의 연산만으로 정렬을 끝내야 하는데 버블 정렬은 이 조건을 코웃음 치며 무시합니다. 주석이에게는 보다 나은 알고리즘이 필요합니다.

버블 정렬은 성능 분석을 해보기 전까지 꽤 그럴듯해 보였는데, 실제 상용 프로그램에서 사용하기에는 문제가 조금 있어 보입니다. 그럼에도 이 알고리즘을 즐겨 사용하는 프로그래머가 꽤 있는데요. 버블 정렬은 구현이 간단해서 버그를 만들 가능성이 적기 때문입니다. WWE World Wrestling Entertainment 관계자가 이 글을 썼다면 버블 알고리즘을 사용하려는 여러분에게 이렇게 경고했을 것입니다.

"당신이 누구든 간에, 절대 집에서 따라하지 마세요."

> **! 여기서 잠깐**　　**그렇다면 버블 정렬에 대해 왜 이렇게 장황하게 설명했나요?**
>
> 시험에서 100점을 받을 줄 아는 학생은 0점 받는 방법을 압니다. 어떤 것이 옳은지 그른지 완벽하게 파악하고 있기 때문입니다. 좋은 알고리즘을 알기 위해서는 나쁜 알고리즘의 조건도 알아야 합니다. 버블 정렬이 '왜' 비효율적인지 알면 효율적인 정렬 알고리즘에 대한 갈증을 느낍니다. 그리고 목말라 하던 효율적인 알고리즘을 얻으면 머릿속에서 잘 지워지지 않게 되지요. 이것이 버블 정렬을 소개한 이유입니다.

5.2.2. 버블 정렬 예제 프로그램

거품을 내는 코드를 작성하여 버블 정렬의 예제 프로그램을 만들어보겠습니다. 다음 예제 코드를 따라 만들면서 버블 정렬을 여러분의 것으로 만들 수 있기를 바랍니다.

05장/BubbleSort/BubbleSort.c

```
01   #include <stdio.h>
02
03   void BubbleSort(int DataSet[], int Length)
04   {
05       int i = 0;
06       int j = 0;
07       int temp = 0;
```

```
08
09        for ( i=0; i<Length-1; i++ )•
10        {
11            for ( j=0; j<Length-(i+1); j++ )•
12            {
13                if ( DataSet[j] > DataSet[j+1] )
14                {
15                    temp = DataSet[j+1];
16                    DataSet[j+1] = DataSet[j];
17                    DataSet[j] = temp;
18                }
19            }
20        }
21    }
22
23    int main( void )
24    {
25        int DataSet[] = {6, 4, 2, 3, 1, 5};
26        int Length = sizeof DataSet / sizeof DataSet[0];•
27        int i = 0;
28
29        BubbleSort(DataSet, Length);
30
31        for ( i=0; i<Length; i++ )
32        {
33            printf("%d ", DataSet[i]);•
34        }
35
36        printf("\n");
37
38        return 0;
39    }
```

> 바깥에 있는 for 루프는 자료구조의 크기만큼 내부에 있는 for 루프를 실행합니다.

> 내부에 있는 for 루프는 바깥에 있는 for 루프가 한 번 실행될 때마다 그 반복 횟수가 줄어듭니다. 외부에 있는 for 루프를 한 번 실행할 때마다 정렬 대상으로 삼는 자료구조의 크기가 줄어들기 때문입니다.

> sizeof 연산자를 이용해서 배열의 길이를 구한 후 Length를 초기화합니다.

> 정렬된 자료구조를 출력합니다.

실행 결과

```
1 2 3 4 5 6
```

23~39행에 있는 main(void) 함수부터 살펴보겠습니다. 25행에서 숫자들이 어지럽게 나열된 DataSet 배열을 선언합니다. 그리고 26행에서 sizeof 연산자를 이용해 배열의 길이를 구한 후

Length를 초기화합니다. 이렇게 초기화한 Length는 BubbleSort( ) 함수의 매개 변수로 사용되기도 하고 정렬 후의 결과를 찍는 for 순환문(31행)에서 사용되기도 합니다.

3~21행에 BubbleSort( ) 함수가 구현되어 있습니다. 9, 11행에 있는 중첩 루프가 보이나요? 외부 for 루프는 자료구조의 크기만큼 내부 for 루프를 실행합니다. 외부 for 루프가 한 번 실행될 때마다 내부 for 루프의 반복 횟수는 줄어드는데요. 이는 외부 for 루프를 실행할 때마다 정렬 대상이 줄어들기 때문입니다.

내부 for 루프의 13~18행은 이웃한 요소를 비교하고 교환합니다.

> **? VITAMIN QUIZ 5-1**
>
> 버블 정렬은 미리 정렬되어 있어도 모든 루프를 돌며 비교를 수행하는 미련한 알고리즘입니다.
> 정렬되어 있는 경우 루프를 취소하고 빠져나오도록 알고리즘을 개선하세요.

5.3 삽입 정렬

삽입 정렬Insertion Sort은 책장에 꽂힌 책을 정리하는 과정과 비슷하다고 생각하면 됩니다. 예를 들어 스물 네 권의 슬램덩크 전집이 아무렇게나 꽂혀 있는 책장을 정리한다고 가정해봅시다. 일단 책장의 왼쪽부터 오른쪽 방향으로 각 권이 옳은 순서로 꽂혀 있는지 확인하고, 잘못된 위치에 꽂혀 있는 책은 뽑아서 올바른 위치에 삽입해나가면 됩니다.

삽입 정렬은 책을 정리하듯이 **자료구조를 순차적으로 순회하면서 순서에 어긋나는 요소를 찾고, 그 요소를 올바른 위치에 다시 삽입해나가는 정렬 알고리즘**입니다.

삽입 정렬도 버블 정렬만큼 구현이 간단하므로 많이 활용됩니다. 성능도 버블 정렬과 비슷하고요. 이 알고리즘은 다음과 같이 4단계를 거쳐 정렬을 수행합니다. 정렬 방향은 오름차순으로 가정합니다.

❶ 자료구조에서 정렬 대상이 될 범위를 지정합니다. 이 범위는 첫 2개 요소로 시작하며 알고리즘 수행을 반복하면서 1씩 증가하고 최대 '자료구조의 크기 − 1'까지 커집니다.

❷ 정렬 범위를 선정한 후에는 범위 마지막에 있는 요소가 정렬 범위 안에서 가장 큰 값을 갖고 있는지 점검합니다. 가장 큰 값이 맞으면 그대로 두고 가장 큰 값이 아니면 이 요소(★이라고 부르겠습니다)를 뽑아내 옮길 위치를 정렬 대상 안에서 찾습니다. 여기서 '옮길 위치'는 정렬 범위에서 첫 요소와 원래 위치 사이 중 ★보다 더 작은 요소가 없는 곳을 말합니다.

❸ ★을 옮길 위치를 찾은 후에는 정렬 대상에서 삽입할 값보다 큰 값을 가진 모든 요소를 한 자리씩 뒤로 이동시키고(이렇게 하면 ★이 뽑힌 자리가 채워지고, 새로 위치할 곳이 비워지겠지요?) 새로 생긴 빈 자리에 ★을 삽입합니다.

❹ 전체 자료구조의 정렬이 완료될 때까지 단계 ❶∼❸을 반복합니다.

그림과 예를 통해 삽입 정렬 과정을 살펴보겠습니다. 다음 그림은 버블 정렬에서 살펴본 예제 데이터 그림과 똑같지만, 상상력을 약간 발휘해서 여섯 권의 만화책 전집이라고 생각해봅시다.

5	1	6	4	2	3

우선 첫 두 권을 정렬 대상으로 선택합니다. 그리고 선택한 두 권 중 뒤에 있는 책이 앞 책보다 큰지 비교합니다. 앞은 5권이고 뒤는 1권이므로 뒤에 있는 책이 작습니다. 그러면 이 책을 뽑아야겠지요?

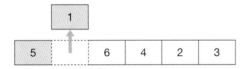

1권은 5권보다 앞에 와야 합니다. 1권이 들어갈 빈 자리를 만들기 위해 5권을 오른쪽으로 한 자리 옮깁니다.

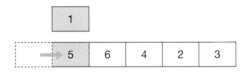

그리고 5권이 이동해서 생긴 빈 자리에 1권을 삽입합니다. 이렇게 첫 번째 반복이 끝납니다.

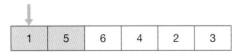

다음 반복에서는 정렬 범위가 1 증가해서 3이 됐습니다. 이 범위 안에서는 마지막이 6권인데, 바로 앞에 있는 5권과 비교해보니 6권은 이미 제자리에 있네요. 이전 요소들은 이미 정렬을 거친 상태이므로 더 이상 비교할 필요가 없습니다. 다음 반복 단계로 넘어갑니다.

이번에는 정렬 범위의 마지막 요소가 4권입니다. 바로 앞에 있는 6권보다 작네요. 4권을 책장에서 뽑습니다.

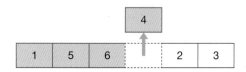

4권이 있어야 할 곳은 5권 앞입니다. 4권보다 큰 5권, 6권을 오른쪽으로 한 자리씩 옮깁니다.

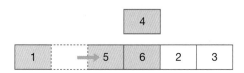

빈 자리에 4권을 삽입합니다. 이런 식으로 두 번만 더 반복하면 책장은 완전히 정렬됩니다. 나머지 정렬 과정은 여러분이 연습장에 그려가면서 확인해보세요.

이제 삽입 정렬이 어떻게 동작하는지 이해했나요? 삽입 정렬은 정렬 범위를 줄여나가는 버블 정렬과 반대로 정렬 범위를 하나씩 늘려나가며 정렬을 처리합니다. 버블 정렬은 성능이 만족스럽지 않았는데 과연 삽입 정렬은 요구 성능을 충족시킬 수 있을까요? 이어서 계속 설명하겠습니다.

5.3.1 삽입 정렬의 성능 측정

앞서 다룬 예제에서 자료구조(권수)는 크기가 6인데 삽입 정렬 과정을 총 5회 반복했습니다. 그리고 요소끼리의 비교는 정렬 대상 범위가 2개일 때 한 번, 3개일 때 두 번, …, 그리고 6개일 때 다섯 번 수행했습니다. 따라서 삽입 정렬의 비교 횟수를 다음과 같은 공식으로 표현할 수 있습니다.

$$\text{삽입 정렬의 비교 횟수} = 1+2+\dots+(n-2)+(n-1) = \frac{n(n-1)}{2}$$

비교 횟수가 버블 정렬과 같습니다. 하지만 눈치가 빠른 독자라면 우리가 다룬 예제와 앞의 공식 사이에 존재하는 미묘한 차이를 발견했을 것입니다. 앞의 예제에서 [1, 5, 6, 4] 정렬 과정을 다시 한번 살펴봅시다. 정렬 범위의 크기가 4이고 이 범위 안에서 가장 마지막 요소인 4를 뽑아 앞의 요소들과 비교할 때 세 번이 아닌 두 번의 비교를 거쳤습니다. 그뿐이 아닙니다. [1, 5, 6]을 정렬할 때는 한 번의 비교만 수행했습니다.

버블 정렬은 자료구조가 정렬되어 있든 놀이방에서 뛰노는 아기들처럼 정신 사납게 흩어져 있든 반드시 $\frac{n(n-1)}{2}$ 회만큼의 비교를 거치지만, 삽입 정렬은 자료구조가 정렬되어 있다면 한 번도 비교를 거치지 않습니다. 데이터가 정렬되어 있는 최선의 경우와 역으로 정렬되어 있는 최악의 경우 삽입 정렬이 수행하는 비교 횟수의 평균을 낸다면 $\frac{\frac{n(n-1)}{2}+(n-1)}{2} = \frac{n^2+n-2}{2}$ 회 정도가 될 것입니다. 이는 얼핏 보기에 두 알고리즘의 성능이 똑같아 보이지만, 평균적으로는 삽입 정렬이 버블 정렬보다 더 나은 성능을 보인다는 뜻입니다. 구현 난이도는 별 차이 없는데 굳이 성능이 조금 더 나쁜 알고리즘을 사용할 이유가 없겠지요? 이러한 이유로 비교적 크기가 작은 자료구조 정렬용 루틴을 작성할 때는 버블 정렬 대신 삽입 정렬 사용을 권장하는 편입니다.

그러나 삽입 정렬로도 주석이의 최종 시험 문제를 해결할 수 없습니다. 주석이에게는 30,000개의 데이터에 대해 72만 번의 비교만으로 정렬을 완료할 수 있는 알고리즘이 필요한데, 삽입 정렬의 평균 비교 횟수는 $\frac{n^2+n-2}{2}$, 즉 225,007,499회입니다. 주석이에게는 여전히 획기적인 답이 필요합니다.

5.3.2 삽입 정렬 예제 프로그램

획기적인 답을 찾아 나서기 전에 삽입 정렬 예제 프로그램을 만들어보겠습니다.

05장/InsertionSort/InsertionSort.c

```
01   #include <stdio.h>
02   #include <string.h>
03
04   void InsertionSort(int DataSet[], int Length)
05   {
06       int i = 0;
07       int j = 0;
08       int value = 0;
09
```

```
10      for ( i=1; i<Length; i++ )
11      {
12          if ( DataSet[i-1] <= DataSet[i] )
13              continue;
14
15          value = DataSet[i];
16
17          for ( j=0; j<i; j++ )
18          {
19              if (DataSet[j] > value)
20              {
21                  memmove(&DataSet[j+1], &DataSet[j], sizeof(DataSet[0]) * (i-j));
22                  DataSet[j] = value;
23                  break;
24              }
25          }
26      }
27  }
28
29  int main( void )
30  {
31      int DataSet[] = {6, 4, 2, 3, 1, 5};
32      int Length = sizeof DataSet / sizeof DataSet[0];
33      int i = 0;
34
35      InsertionSort(DataSet, Length);
36
37      for ( i=0; i<Length; i++ )
38      {
39          printf("%d ", DataSet[i]);
40      }
41
42      printf("\n");
43
44      return 0;
45  }
```

📥 실행 결과

```
1 2 3 4 5 6
```

> **！ 여기서 잠깐**　　**memmove( ) 함수**

memmove( ) 함수는 C 언어 표준 함수이며 메모리의 내용을 이동시키는 기능을 수행합니다. 배열처럼 연속된 데이터를 단번에 이동시킬 때 아주 유용합니다. memmove( ) 함수 대신 순환문으로 대체할 수도 있습니다만 성능이 훨씬 떨어집니다.

memmove( ) 함수의 첫 번째 매개 변수는 원본 데이터가 옮겨갈 새로운 메모리의 주소, 두 번째 매개 변수는 원본 데이터가 있는 주소, 세 번째는 이동시킬 데이터의 양(byte)입니다. 이 함수와 비슷한 기능을 하는 함수로 메모리를 복사하는 memcpy( )가 있습니다. memmove( )가 원본 데이터를 대상 메모리 주소로 '이동'시키는 반면 memcpy( )는 원본 데이터를 대상 메모리 주소로 '복사'한다는 차이를 빼면 사용 방법은 동일합니다.

5.4 퀵 정렬

굉장한 자신감입니다. 대체 얼마나 빠르길래 알고리즘 이름을 '빠른Quick' 정렬이라고 지었을까요?

퀵 정렬Quick Sort은 전쟁 전략 중 하나인 '분할 정복Divide and Conquer'에 바탕을 둔 알고리즘입니다. 분할 정복 전략은 적군 전체를 공략하는 대신, 적군 전체를 잘게 나누어 공략하는 전법입니다.

NOTE▶ 분할 정복에 대해서는 11장에서 한 단원 전체를 할애하여 자세히 설명합니다. 혹시 분할 정복에 관심이 있다면 먼저 읽어봐도 좋습니다.

퀵 정렬의 동작 과정을 한마디로 요약하면 **기준 요소 선정 및 분할의 반복**입니다. 구체적으로는 다음과 같은 과정으로 정렬이 진행됩니다.

1. 기준 요소 선정 및 정렬대상 분류
자료구조에서 기준이 될 요소를 임의로 선정하고 기준 요소(Pivot)의 값보다 작은 값을 가진 요소는 기준 요소의 왼쪽으로, 큰 값을 가진 요소는 오른쪽으로 옮깁니다.

2. 정렬대상 분할
기준 요소 왼쪽에는 기준 요소보다 작은 요소의 그룹, 오른쪽에는 큰 요소의 그룹이 생깁니다. 여기에서 왼쪽 그룹과 오른쪽 그룹을 분할하여 각 그룹에 대해 **1**의 과정을 수행합니다.

3. 반복

그룹의 크기가 1 이하여서 더 이상 분할할 수 없을 때까지 1과 2의 과정을 반복하면 정렬이 완료됩니다.

이해를 돕기 위해 퀵 정렬이 동작하는 과정을 그림과 예시로 설명하겠습니다. 다음 그림과 같이 정렬되지 않은 자료구조가 있다고 가정해봅시다. 앞서 설명한 것처럼 먼저 '기준 요소 선정'을 해야겠지요? 기준 요소를 선정하는 방법에는 여러 가지가 있지만, 여기서는 그냥 간단하게 첫 번째 요소를 기준 요소로 사용하겠습니다. 5가 기준이 되겠군요.

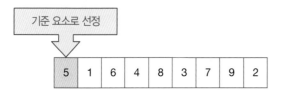

5를 기준으로 5보다 작은 요소들은 왼쪽에, 큰 요소들은 오른쪽에 닥치는 대로 모읍니다. 그렇게 하면 5보다 작은 1, 4, 3, 2는 왼쪽 그룹에, 5보다 큰 6, 8, 7, 9는 오른쪽 그룹에 모이게 됩니다. 이 그룹들을 분할합니다. 각 그룹의 크기가 1보다 크므로 각 그룹을 다시 분할해야 합니다. 왼쪽이든 오른쪽이든 어느 쪽을 먼저 해도 상관 없지만 여기서는 왼쪽 그룹부터 분할하겠습니다.

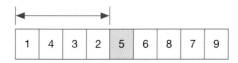

분할하려면 다시 기준 요소를 선택해야 합니다. 왼쪽 그룹의 첫번째 요소인 1을 기준으로 선정하겠습니다.

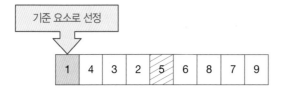

그런데 1, 4, 3, 2 중 1보다 작은 요소는 없고 1보다 큰 요소는 모두 1의 오른쪽에 와 있으므로 이미 분할된 상태라고 할 수 있습니다. 즉, 1의 왼쪽 그룹은 크기가 0이고 오른쪽 그룹의 크기는 3입니다. 그러므로 이번에는 1의 오른쪽 그룹 4, 3, 2에 대해 분할을 수행합니다.

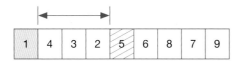

4, 3, 2 중 첫 번째 요소인 4를 기준으로 선정하여 분할해봅시다.

4보다 큰 요소는 하나도 없고 모두 작은 요소밖에 없네요. 분할 결과 4의 왼쪽 그룹에 3, 2가 옮겨 왔습니다. 이제 3, 2를 분할해봅시다.

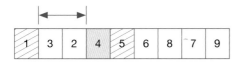

3, 2 중 첫 번째에 위치한 3을 선정하여 분할을 수행합니다.

2는 3보다 작으므로 3의 왼쪽에 와야 합니다. 3의 왼쪽 그룹은 크기가 1, 오른쪽 그룹은 크기가 0이 므로 최초 분할에서 생긴 왼쪽 그룹이 정렬되었습니다. 남아 있는 오른쪽 그룹을 분할해볼까요?

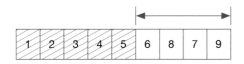

6을 기준 요소로 선정했는데 6보다 작은 요소가 없습니다. 이대로 6의 오른쪽에 있는 그룹을 분할 합니다.

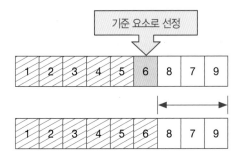

8, 7, 9 중 첫 번째 요소인 8을 기준으로 선정하고 분할을 수행합니다.

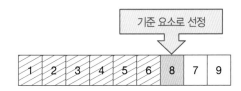

8의 왼쪽 그룹도 7 하나뿐이고 오른쪽 그룹도 9 하나밖에 안 남았으므로 추가적인 분할이 불가능 상태가 되었습니다. 즉, 정렬이 끝난 것이지요.

퀵 정렬이 동작하는 과정을 머릿속에 잘 그려 넣었나요? 이제 코드를 작성할 차례입니다.

! 여기서 잠깐 **기준 요소의 선택**

퀵 정렬은 대단히 우수한 성능을 갖고 있지만, 많은 소프트웨어 엔지니어와 과학자가 이 알고리즘이 더 빠른 성능을 갖도록 개선하기 위해 많은 노력을 기울여 왔습니다. 자료구조 내에서 '좋은' 기준 요소를 선정하는 방법도 개선 사항 중 하나였습니다. 좋은 기준 요소만 선정할 수 있다면 퀵 정렬은 최선의 성능을 낼 수 있기 때문입니다.

기준 요소 선정 방법 중 우리가 쓸 만한 것 한 가지는 자료구조에서 무작위로 기준 요소를 선정하는 방식입니다. 이렇게 하면 최솟값이나 최댓값이 선택되는 확률을 크게 줄일 수 있습니다. 하지만 이 방법은 무작위로 기준 요소를 선정하기 위한 난수 생성 과정에서 성능 저하가 발생한다는 단점이 있습니다.

또 다른 방법은 자료구조의 처음 3개 요소 중 중간값을 기준 요소로 선정하는 것입니다. 이렇게 하면 처음 3개 중의 중간값을 찾기 위해 아주 적은 성능 비용을 지출하기는 하지만 최악의 경우를 항상 피할 수 있습니다. 이 방법은 연습문제에서 여러분이 직접 사용하게 됩니다.

5.4.1 퀵 정렬 사용 전 해결해야 하는 2가지 문제

코딩을 할 생각에 설레는 가슴을 잠깐만 진정시켜주세요. 다음 두 문제를 먼저 해결해야 코드를 작성할 수 있거든요.

- 배열을 사용할 경우 퀵 정렬의 분할 과정을 어떻게 효율적으로 처리할 것인가?
- 반복되는 분할 과정을 어떻게 처리할 것인가?

먼저 첫 번째 문제를 살펴볼까요? 퀵 정렬 알고리즘 분할 과정에서 기준 요소보다 작은 요소는 기준 요소의 왼쪽으로, 큰 요소는 오른쪽으로 이동해야 합니다. 링크드 리스트에서는 노드 삽입이 간단하지만 배열에서 요소 사이에 새로운 요소를 삽입하려면 다른 요소를 이동시켜야 하는데 이때 오버헤드가 크다는 문제가 있습니다.

그래서 우리는 분할 시 발생하는 요소의 이동을 최소화하기 위해 일종의 '수색 섬멸' 작전을 펼칠 것입니다. 이 작전은 이렇게 진행됩니다. 정찰병 2명이 1조로 움직이는데, 한 명은 왼쪽부터 오른쪽 방향으로 배열을 순회하면서 기준보다 큰 요소를 찾고, 다른 한 명은 오른쪽부터 왼쪽 방향으로 순회하면서 기준보다 작은 요소를 찾습니다. 그리고 이 두 정찰병이 찾아낸 두 요소를 맞교환합니다. 그리고 정찰병들은 서로 접선할 때까지 교환해야 할 요소를 찾아내고 교환하는 과정을 이어갑니다. 이 작전은 두 정찰병이 접선하여 기준 요소를 왼쪽 그룹의 마지막 요소와 맞교환하는 것으로 끝납니다.

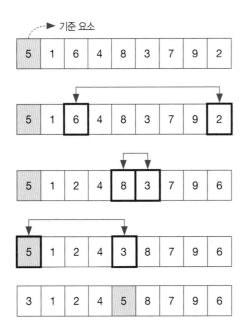

좋습니다. 이제 첫 번째 문제를 해결했습니다. 이제 두 번째 문제만 남았군요.

두 번째 문제의 요지는 '반복되는 분할 과정을 어떻게 프로그래밍할 것인가'인데, 일단 위대한 물리학자인 스티븐 호킹Stephen Hawking이 남긴 유머를 만나봅시다.

"재귀를 이해하려면, 가장 먼저 재귀를 이해해야 한다."

이것이 무슨 말장난일까요? 영화 『인셉션Inception』을 보면 꿈 속에서 또 꿈을 꾸는 장면들이 나옵니다. 꿈 속에서 꾸는 꿈에서 꿈을 꾸는 장면도 나오고요. C 언어를 비롯한 대부분의 프로그래밍 언어는 함수 안에서 자기 자신을 호출할 수 있는 기능을 제공하는데 이를 '재귀 호출Recursive Call'이라고 합니다. 스티븐 호킹이 남긴 유머는 재귀 호출의 정의를 장난스럽게 꼬아서 이야기한 것입니다. 두 번째 문제에 대한 우리의 답은 재귀 호출입니다. 다음과 같이 말입니다.

```
void QuickSort(int DataSet[], int Left, int Right)
{
    if ( Left < Right )
    {
        int Index = Partition(DataSet, Left, Right);

        QuickSort( DataSet, Left, Index - 1 );•┄┄┄┐   재귀 호출
        QuickSort( DataSet, Index + 1, Right );•┄┄┘
    }
}
```

5.4.2 퀵 정렬 예제 프로그램

이렇게 해서 퀵 정렬 예제 프로그램을 작성하는 데 필요한 답을 모두 얻었습니다. 이제 프로그램을 만들겠습니다. 코드 에디터를 열고 다음 예제를 작성하고 실행해보세요.

05장/QuickSort/QuickSort.c

```
01  #include <stdio.h>
02
03  void Swap( int* A, int* B )
```

```
04  {
05      int Temp = *A;
06      *A = *B;
07      *B = Temp;
08  }
09
10  int Partition( int DataSet[], int Left, int Right )
11  {
12      int First = Left;
13      int Pivot = DataSet[First];
14                                          Pivot은 기준 요소입니다.
15      ++Left;
16
17      while( Left <= Right )
18      {
19          while( DataSet[Left] <= Pivot && Left < Right )     Left와 Right는 양 끝에
20              ++Left;                                          서부터 기준 대상보다 크
21                                                               거나 작은 요소를 탐색하
22          while( DataSet[Right] >= Pivot && Left <= Right )    는 정찰병입니다. 이 두 변
23              --Right;                                         수가 만나면 while 반복
24                                                               문은 종료됩니다.
25          if ( Left < Right )
26              Swap( &DataSet[Left], &DataSet[Right]);
27          else
28              break;
29      }
30
31      Swap( &DataSet[First], &DataSet[Right] );
32
33      return Right;
34  }
35
36  void QuickSort(int DataSet[], int Left, int Right)
37  {
38      if ( Left < Right )
39      {
40          int Index = Partition(DataSet, Left, Right);
41
42          QuickSort( DataSet, Left, Index - 1 );      재귀 호출
43          QuickSort( DataSet, Index + 1, Right );
```

```
44        }
45    }
46
47    int main( void )
48    {
49        int DataSet[] = {6, 4, 2, 3, 1, 5};
50        int Length = sizeof DataSet / sizeof DataSet[0];
51        int i = 0;
52
53        QuickSort( DataSet, 0, Length-1 );
54
55        for ( i=0; i<Length; i++ )
56        {
57            printf("%d ", DataSet[i]);
58        }
59
60        printf("\n");
61
62        return 0;
63    }
```

📥 **실행 결과**

```
1 2 3 4 5 6
```

자, 코드를 같이 분석해봅시다.

QuickSort.c에는 main(void) 함수를 제외하고 3개의 함수가 있습니다. Swap( ), Partition( ), QuickSort( ) 함수가 그것입니다. Swap( ) 함수의 구조는 간단합니다. 입력된 두 포인터의 값을 맞교환할 뿐이거든요. 이 예제에서 중요한 것은 Partition( )과 QuickSort( ) 함수입니다.

36~45행의 QuickSort( ) 함수는 자료구조인 DataSet 배열과, DataSet 내의 정렬 대상 범위 값 Left, Right를 매개 변수로 받습니다. Left와 Right는 수색 섬멸을 수행하는 두 정찰병의 위치를 나타냅니다. QuickSort( ) 함수는 Left가 Right보다 크거나 같으면 이 둘이 만났다는 뜻이므로 실행을 종료합니다. 반대로 Left가 Right보다 작으면 내부 코드 블록(39~44행)으로 들어가서 Partition( ) 함수를 실행한 후 자기 자신, 즉 QuickSort( )를 재귀 호출합니다. 42행의 Quick

Sort( ) 호출은 Partition( ) 함수에 의해 나뉜 왼쪽 그룹을, 43행의 호출은 오른쪽 그룹을 정렬 대상으로 삼아 정렬을 수행합니다.

결국 QuickSort( ) 함수가 하는 일은 Partition( ) 함수를 호출하고 자기 자신을 다시 호출하는 것뿐입니다. 중요한 일은 10~34행에 있는 Partition( ) 함수가 다 하는 셈이지요.

Partition( ) 함수는 13행에서 정렬 대상의 첫 번째 요소를 기준 요소(Pivot)로 지정하고, 17행에서 29행 사이에 있는 while 루프를 통해 분할을 수행합니다. 이 루프 안에 있는 2개의 루프(19행, 22행)는 두 정찰병의 위치를 옮깁니다. 19행의 루프는 DataSet의 왼쪽에서 출발해서 Pivot보다 큰 요소를 찾을 때까지 탐색을 계속하며 Left를 1씩 증가시킵니다. 그러다가 Pivot보다 큰 요소를 찾으면 Left에 그 요소가 위치한 인덱스를 저장하고 종료합니다. 그리고 22행의 정찰병 루프는 DataSet의 오른쪽에서 출발해서 Pivot보다 작은 요소를 찾아 그 요소의 위치를 Right에 저장합니다.

그리고 Left와 Right를 25행에서 비교한 후 Left가 Right보다 작으면 두 정찰병이 찾은 요소들을 교환합니다(26행). 만약 Left가 Right보다 크거나 같다면 두 정찰병이 서로 만났다는 뜻이므로 루프를 종료합니다(28행).

분할 작업이 끝나면 31행에서 기준 요소와 분할에 의해 왼쪽 자료구조의 오른쪽 끝에 새로 생긴 요소를 교환합니다. 그리고 마지막에 새 기준이 될 요소의 위치를 반환합니다.

QuickSort( ) 함수는 Partition( ) 함수가 반환한 새로운 기준 요소의 위치를 이용하여 42행에서 왼쪽 자료구조의 범위를, 43행에서 오른쪽 자료구조의 범위를 결정합니다.

5.4.3 퀵 정렬의 성능 측정

우리는 버블 정렬과 삽입 정렬이 주석이의 최종 시험 통과에 별 도움이 되지 않는다는 사실을 이미 확인했습니다. 그렇다면 퀵 정렬은 어떨까요? 같이 분석해봅시다.

앞에서 다룬 두 정렬 알고리즘은 비교 횟수와 반복 횟수를 기준으로 성능을 분석했습니다. 앞서 설명했듯이 퀵 정렬은 **기준 요소 선정과 분할의 반복**으로 동작합니다. 분할 대상의 첫 번째 요소를 분할의 기준 요소로 정하기로 했으므로 이 부분은 성능 분석에서 제외합니다. 비교나 계산이 필요하지 않으니까요. 문제는 분할 수행 횟수를 계산하는 일입니다. 퀵 정렬은 버블 정렬이나 삽입 정렬과 달리 반복문 대신 재귀 호출을 이용하므로, 성능을 분석하려면 반복 횟수 대신 재귀 호출의 '깊이'를 파악해야 합니다. 다시 말해 우리는 다음 항목의 답을 찾아 퀵 정렬의 성능을 분석해야 합니다.

- 재귀 호출의 깊이
- 분할을 위한 비교 횟수

이 점을 염두에 두고 계속해봅시다.

최선의 경우

퀵 정렬은 데이터 정렬 상태에 따라 성능이 크게 달라집니다. 데이터가 미리 정렬되어 있거나 역순으로 정렬된 경우 최악의 성능을 보입니다. 하지만 데이터가 무작위로 배치된 경우에는 최고의 성능을 자랑합니다.

다음 그림은 퀵 정렬이 최상의 성능을 발휘할 수 있는 가장 이상적인 상황에서 데이터를 분할하는 과정을 보여줍니다.

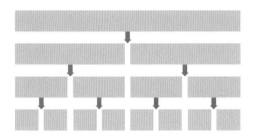

퀵 정렬이 한 번 호출될 때마다 자료구조가 1/2로 쪼개집니다. 비록 꿈에서나 만날 수 있는 상황이기는 하지만 이 상황을 토대로 성능 분석을 해보겠습니다.

앞의 그림처럼 한 덩어리를 한 번에 두 조각으로 나눠 마지막에 8개 조각이 되도록 만들려면 3단계의 재귀 호출을 거쳐야 합니다. 16개 조각으로 만들기 위해서는 4단계의 재귀 호출을 거쳐야 하고, 32개 조각으로 나누려면 5단계의 재귀 호출이 필요합니다.

우리는 여기에서 한 가지 규칙을 찾을 수 있습니다. 그 규칙은 **자료구조의 크기가 n일 때, 퀵 정렬의 재귀 호출 깊이는 $\log_2 n$**이라는 사실입니다.

> **! 여기서 잠깐**　　**로그 함수에 대해**
>
> '아니, 여기서도 로그 이야기가 나와야 하나요?'
>
> 흥분을 조금 가라앉히고 제 이야기를 들어주세요. 다른 수학 함수처럼 로그도 계산을 간편하게 만들어주는 친

구입니다. 우리를 괴롭히는 친구가 아니라는 말이지요. 예컨대, 1000=10^{x}에서 x는 로그를 이용해 다음과 같이 표현할 수 있습니다.

$x=\log_{10}1000$

10의 3거듭제곱이 1000이니 x는 3입니다. 이 x를 가리켜 '10을 밑으로 하는 1000의 로그'라고 합니다. 참 편리하지요? log 덕분에 x라는 거듭제곱수를 이렇게 간단히 표현할 수 있습니다.

자, 재귀 호출의 깊이는 알아냈습니다. 이제 비교 횟수만 알아내면 되겠네요. 다시 앞의 그림을 보겠습니다.

퀵 정렬 재귀 호출 첫 단계에서 수행하는 비교는 모두 몇 회일까요? n회입니다. 그러면 두 번째 단계에서는 몇 회가 될까요? $n/2+n/2=n$입니다. 세 번째 단계 역시 비교 횟수는 $n/4+n/4+n/4+n/4=n$입니다. 매 단계에서 쪼개져 있는 각 자료구조의 크기를 합하면 항상 n개가 되기 때문입니다.

따라서 이상적인 경우, 다시 말해 최선의 경우에 퀵 정렬의 성능은 다음과 같이 정의됩니다.

이상적인 경우의 퀵 정렬 비교 횟수
=재귀 호출의 깊이×각 재귀 호출 단계에서의 비교 횟수
=$n\times\log_2 n=n\log_2 n$

매우 고무적인 일입니다. 구매포인트 데이터가 퀵 정렬에 대해 이상적인 상태로 나열되어 있다면 $30000\times\log_2 30000=446180.25$로, 45만 회가 채 안 되는 비교를 수행해서 데이터를 모두 정렬할 수 있습니다.

최악의 경우

인생을 살다 보면 기분 좋고 행복한 날도 있지만 괴롭고 힘든 날도 있기 마련입니다. 이 논리는 퀵 정렬에도 마찬가지로 적용됩니다. 운이 나쁜 날 퀵 정렬이 최악의 경우를 만나면 $\frac{n(n-1)}{2}$회의 비교를 수행해야 하거든요. 왜 $\frac{n(n-1)}{2}$인지 지금부터 살펴보겠습니다.

퀵 정렬을 사용할 때 맞닥뜨리는 최악의 경우는 다음 그림과 같이 매 재귀 호출마다 자료구조의 분할이 $1:n$-1로 이루어지는 것입니다.

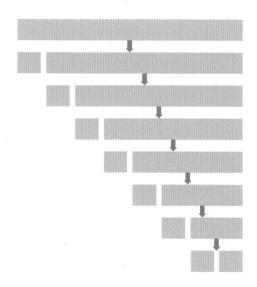

이렇게 되면 재귀 호출의 깊이는 $n-1$이 되고 재귀 호출이 일어날 때마다 정렬 대상의 범위도 1씩 줄어듭니다. 따라서 최악인 경우 퀵 정렬의 총 비교 횟수는 다음과 같이 정리할 수 있습니다.

$$(n-1)+(n-2)+(n-3)+...+3+2+1 = n \times \frac{n-1}{2} = \frac{n(n-1)}{2}$$

어디서 많이 본 식이지요? 이 식이 낯선 분은 5장을 처음부터 다시 읽어보기 바랍니다. 이처럼 천하의 퀵 정렬이라고 해도 최악의 경우 버블 정렬이나 삽입 정렬의 성능과 비슷해질 수 있습니다. 하지만 이런 경우는 최선의 경우와 마찬가지로 아주 드물게 발생하므로 크게 걱정하지 않아도 됩니다.

평균의 경우

축구에서 기복이 심한 선수는 믿고 기용할 수 없습니다. 어느 날에는 축구왕이었다가 또 어느 날에는 갑자기 홈런왕이 되어버리는 스트라이커는 팀의 불안 요소가 될 뿐이니까요. 하지만 퀵 정렬은 특별한 일이 없는 한 평소에 아주 뛰어난 플레이를 보여주는 훌륭한 선수입니다.

퀵 정렬은 평균적으로 $1.39n\log_2 n$회 비교를 수행합니다. 이것은 $n\log_2 n$인 최선의 경우에 비해 39% 정도만 느린 성능입니다.

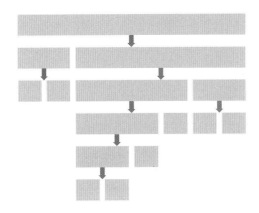

주석이가 다뤄야 하는 구매포인트 데이터의 산포가 평균적이라고 한다면 퀵 정렬을 사용할 경우 620190.54회만 비교해도 14,142번째 고객을 찾을 수 있으므로 최종 시험을 무사히 통과할 수 있겠네요. 해결책을 찾아서 참 다행이지요?

5.5 C 언어 표준 라이브러리의 퀵 정렬 함수: qsort( )

여기에 기쁜 소식이 하나 더 있습니다. 그것은 C 언어 표준 라이브러리(stdlib.h)에서 퀵 정렬 알고리즘이 구현된 함수를 제공한다는 사실입니다. 이 함수의 이름은 qsort( )이고 다음과 같은 함수 원형을 갖고 있습니다.

```
void qsort(
    void *base,      // 정렬 대상 배열의 주소
    size_t num,      // 데이터 요소의 개수
    size_t width,    // 개별 데이터 요소의 크기
    int ( cdecl *compare )(const void *, const void *) // 비교 함수에 대한 포인터
);
```

qsort( ) 함수의 첫 번째 매개 변수 base는 정렬할 데이터를 담은 배열의 주소를 가리키는 포인터이고, 두 번째 매개 변수 num은 그 배열의 요소 개수(배열의 크기)입니다. 세 번째 매개 변수 width는 데이터 요소 하나의 크기(바이트 단위)이며, 마지막 매개 변수는 비교를 수행한 결과를 반환하는 함수에 관한 포인터입니다.

마지막 매개 변수로 넘기는 포인터가 가리킬 함수는 다음과 같은 원형을 가져야 합니다.

```
int compare( (void *) & elem1, (void *) & elem2 );
```

비교 함수는 elem1이 elem2보다 크면 0보다 큰 수를, 같으면 0을, 작으면 0보다 작은 수를 반환합니다. 정수를 정렬하는 함수의 구현 예는 다음과 같습니다. 만약 정수 대신 문자열이나 구조체를 정렬해야 한다면 해당 자료형에 맞춰 elem1과 elem2를 비교하는 코드를 작성해야 합니다.

```
int ComparePoint( const void *_elem1, const void *_elem2 )
{
    int* elem1 = (int*)_elem1;
    int* elem2 = (int*)_elem2;

    if ( *elem1 > *elem2)
        return 1;
    else if ( *elem1 < *elem2)
        return -1;
    else
        return 0;
}
```

> **! 여기서 잠깐   함수 포인터**
>
> qsort( ) 함수의 마지막 매개 변수가 잘 이해되지 않는 분도 많으실 것 같습니다. 변수와 상수처럼 함수도 메모리에 존재합니다. 따라서 함수에 대한 포인터를 갖고 있으면 해당 포인터가 가리키는 메모리에 위치한 함수를 실행할 수 있습니다.
>
> 대부분의 경우 어떤 함수가 외부에 있는 함수를 호출하려면 다음 코드처럼 호출되는 함수가 미리 구현되어 있어야 합니다.
>
> ```
> void FunctionA()
> {
>     int a = FunctionB();
> }
> // …
> FunctionA(); // 내부에서 FunctionB 호출
> ```

하지만 함수 포인터를 이용하여 호출하는 경우에는 함수의 구현을 미리 알지 않아도 된다는 장점이 있습니다. 그뿐 아니라 이를 이용하면 같은 논리로 동작하는 함수를 중복해서 만들지 않아도 됩니다. 우리가 다루는 퀵 정렬 알고리즘이 함수 포인터를 응용할 수 있는 좋은 예입니다. 퀵 정렬 알고리즘은 데이터 요소를 비교하는 루틴을 제외하면 자료형의 영향을 받는 곳이 없습니다. 따라서 비교 루틴을 함수로 분리할 수 있다면 퀵 정렬 함수 하나로 다양한 자료형의 자료구조를 정렬하는 효과를 얻을 수 있습니다.

```c
void FunctionA( (int*)pFunction() )
{
    int a = (*pFunction)();
}
// …
FunctionA( &FunctionB ); // 내부에서 FunctionB를 호출
FunctionA( &FunctionC ); // 내부에서 FunctionC를 호출
```

5.5.1 qsort( ) 함수 예제 프로그램

주석이가 퀵 정렬을 직접 작성하는 것과 qsort( ) 함수를 활용하는 것, 둘 중 어느 쪽이 더 시간을 절약하는 방법일까요? 두말할 것도 없이 후자입니다. 우리가 직접 구현한 코드처럼 qsort( ) 함수가 제대로 정렬을 수행하는지 테스트해봅시다.

05장/QuickSort2/QuickSort2.c

```c
01  #include <stdlib.h>
02  #include <stdio.h>
03  #include <string.h>
04
05  //   리턴값이
06  //   < 0 이면, _elem1이 _elem2보다 작다.
07  //   = 0 이면, _elem1이 _elem2와 같다.
08  //   > 0 이면, _elem1이 _elem2보다 크다.
09  int ComparePoint( const void *_elem1, const void *_elem2 )
10  {
11      int* elem1 = (int*)_elem1;
12      int* elem2 = (int*)_elem2;
13
14      if ( *elem1 > *elem2 )
```

```
15          return 1;
16      else if ( *elem1 < *elem2)
17          return -1;
18      else
19          return 0;
20  }
21
22  int main( void )
23  {
24      int DataSet[] = {6, 4, 2, 3, 1, 5};
25      int Length = sizeof DataSet / sizeof DataSet[0];
26      int i = 0;
27
28      qsort((void*)DataSet, Length, sizeof (int), CompareScore );
29
30      for ( i=0; i<Length; i++ )
31      {
32          printf("%d ", DataSet[i]);
33      }
34
35      printf("\n");
36
37      return 0;
38  }
```

📥 **실행 결과**

```
1 2 3 4 5 6
```

---

qsort( )는 제대로 동작합니다. 우리가 원하는 결과를 주는군요. 그렇지요? 이로써 주석이의 최종
시험 문제가 해결되었습니다. 이제 주석이에게 qsort( ) 함수 사용법을 알려줍시다.

┌─ **❓ VITAMIN QUIZ 5-2** ├──────────────────────────

QuickSort2의 ComparePoint( ) 함수는 qsort( ) 함수가 데이터를 오름차순으로 비교하게 합니
다. 내림차순으로 비교할 수 있는 ComparePointDescend( ) 함수를 구현하고 테스트해보세요.

5.5.2 qsort( ) 응용 문제

지금까지 다양한 정렬 알고리즘에 대해 알아보았고, 퀵 정렬 알고리즘을 구현하는 qsort( ) 함수가 C 언어 표준 라이브러리에 탑재되어 있다는 사실도 배웠습니다. 이제 이벤트 당첨 고객을 찾아볼 차례입니다.

정렬 알고리즘을 구현하면서 다룬 데이터는 그 크기가 6밖에 되지 않습니다. 사실 이 정도 데이터로는 정렬 성능을 논할 수 없습니다. 여러분도 앞에서 예제 코드를 작성하며 작은 아쉬움을 느꼈을 것입니다. 그래서 주석이가 당첨자를 찾기 위해 씨름하고 있는 구매포인트 데이터를 정리하여 '05장/Interview' 폴더에 Point.h 파일로 넣어 뒀습니다. Point.h에는 고객 ID와 구매포인트의 짝으로 이루어진 Point 구조체가 정의되어 있고, 그 밑에 Point의 배열로 고객 데이터 30,000개가 무작위 순서로 열거되어 있습니다. 이 배열에서 구매포인트 내림차순으로 14,142번째인 고객 ID를 찾아내고 그 고객의 ID와 구매포인트를 출력하는 코드를 작성하세요.

```c
typedef struct
{
    int     number;
    double point;
} Point;

Point DataSet[] =
{
    //  ID, 구매포인트
    1,      877.88,
    2,      176.23,
    3,      365.92,
    4,      162.44,

    //  … 중략

    29999,      342.52,
    30000,      811.02
};
```

📝 연습문제

01 이미 정렬되어 있는 경우, 필요 없는 비교를 수행하지 않고 함수를 종료할 수 있게 버블 정렬 예제 프로그램의 Bubble Sort( ) 함수를 수정하세요.

02 더블 링크드 리스트는 탐색이 느린 대신 데이터 요소의 삽입과 삭제가 빠른 자료구조입니다. 배열을 위해 구현된 삽입 정렬 예제 프로그램의 InsertionSort( ) 함수가 더블 링크드 리스트를 정렬할 수 있게 구현하세요.

03 퀵 정렬 예제 프로그램의 QuickSort.c에서 Partition( ) 함수가 최악의 값을 피해 기준 요소를 선정하도록 개선하세요.

04 퀵 정렬 예제 프로그램의 QuickSort( ) 함수의 가장 큰 문제점 중 하나는 대용량 데이터 처리에 부적합하다는 것입니다. 재귀 호출에 사용되는 스택의 크기 때문이지요. 재귀 호출 대신 순환문을 이용하여 알고리즘을 구현하세요.

힌트 2장에서 설명한 스택을 이용하세요.

Chapter

06

▶ 탐색

탐색, 다른 말로 검색은 구글에게 가장 많은 돈을 벌어주는 기술 중 하나입니다. 사실 사업 초기에는 검색이 구글 그 자체였죠. 이번에 우리가 다룰 탐색 알고리즘은 여러분이 데이터 탐색 기능을 애플리케이션에 불어넣을 때 필요한 기초 지식을 제공합니다. 자세한 이야기는 본문에서 천천히 다루도록 하겠습니다.

학습목표

**이 장의
핵심 개념**

- 다양한 순차 탐색 기법을 이해합니다.

- 이진 탐색의 개념과 구현을 이해합니다.

- 이진 탐색 트리의 개념과 구현을 이해합니다.

- 레드 블랙 트리의 개념과 구현을 이해합니다.

**이 장의
학습 흐름**

탐색의 개념

▼

순차 탐색

▼

이진 탐색

▼

이진 탐색 트리

▼

레드 블랙 트리

6.1 탐색 알고리즘의 개요

우리가 잘 알고 있는 것처럼 탐색은 '무언가를 찾는다'라는 의미를 가진 단어입니다. 컴퓨터 세계에서 그 무언가는 '데이터'로 정해져 있으므로 여기서 탐색은 **'데이터를 찾는다'는 의미**가 되지요.

6장에서는 자료구조 형태에 따라 사용할 수 있는 여러 가지 탐색 알고리즘을 설명합니다. 이들 중 어떤 알고리즘은 배열과 링크드 리스트 모두에 사용할 수 있는가 하면 어떤 알고리즘은 배열에만, 또 어떤 알고리즘은 링크드 리스트나 이진 트리에만 사용할 수 있습니다.

여러분이 이번 장을 다 읽고 나면 탐색 알고리즘에 관한 지식 외에도 다음과 같은 능력을 추가로 얻을 수 있습니다.

- 단 10번의 출력문 삽입으로 1,000줄짜리 함수에서 변수를 잘못 조작하는 코드 1줄을 찾을 수 있습니다.
- 수천 페이지나 되는 영어사전에서 원하는 단어를 1분 안에 찾을 수 있습니다.
- 상대방이 마음속으로 생각하는 1~2,000 사이의 임의 숫자를 11번의 질문 내로 맞춰서 상대방을 놀라게 할 수 있습니다.

이제부터 우리는 가장 간단한 탐색 알고리즘인 순차 탐색과 이를 개선하는 방법을 살펴본 후 이진 탐색을 살펴볼 것입니다. 이진 탐색은 놀라운 성능을 보여주는 탐색 알고리즘이지만 모든 자료구조에서 사용할 수 있는 것은 아닙니다. 각 요소가 메모리에 순차적으로 적재되어 있어 그 주소를 바로 계산할 수 있는 배열에서나 사용이 가능하거든요. 그러므로 이진 탐색 트리와 레드 블랙 트리도 이어서 살펴보겠습니다. 이진 탐색 트리는 데이터의 크기가 동적으로 변경되는 경우에도 이진 탐색과 동일한 성능으로 탐색을 가능하게 하는 자료구조입니다. 그 뒤에 등장하는 레드 블랙 트리는 이진 탐색 트리를 한층 더 개선한 것입니다.

6.2 순차 탐색

순차 탐색 Sequential Search 은 우직하게 처음부터 끝까지 차례대로 모든 요소를 비교하여 원하는 데이터를 찾는 탐색 알고리즘입니다. 순차 탐색은 어느 한쪽 방향으로만 탐색할 수 있는 알고리즘이므로 선형 탐색 Linear Search 이라고 부르기도 합니다.

순차 탐색은 **처음부터 끝까지 모든 요소를 검사하는 전략**에 기반을 두고 있습니다. 똑똑하기보다는 성실하기만 할 뿐이라서 성능이 별로 좋지 않습니다. 그래도 정렬되지 않은 데이터에서 원하는 항목을 찾을 수 있는 유일한 방법이며 구현이 간단해서 버그를 만들 가능성이 적다는 장점이 있습니다. 그래서 극적으로 높은 성능이 필요하지 않거나 데이터의 크기가 작은 상황에서 유용하게 활용됩니다.

순차 탐색은 배열이나 링크드 리스트에 쉽게 적용할 수 있는 알고리즘입니다. 다음 코드는 링크드 리스트를 위한 순차 탐색의 구현 예입니다. 정말 간단하지 않습니까?

```
Node* SLL_SequentialSearch(Node* Head, int Target)
{
    Node* Current = Head;
    Node* Match = NULL;

    while ( Current != NULL )
    {
        if ( Current->Data == Target )      찾고자 하는 값을 해당 노드가 갖고 있으면
        {                                   노드의 주소를 Match에 저장합니다.
            Match = Current;
            break;
        }
        else
            Current = Current->NextNode;    현재 노드에 찾는 값이 없으면 다음 노드를
    }                                       조사합니다.

    return Match;                           찾는 값을 갖고 있는 노드의 주소를 반환합니다.
}
```

배열을 이용한 순차 탐색 구현 코드는 지면도 아낄 겸 여러분의 몫으로 남겨두겠습니다. 그 대신 조금 더 재미있는 주제를 준비했습니다. 이름하여 '자기 구성 순차 탐색Self-Organizing Sequential Search'이라는 것인데요. 지금부터 순차 탐색 수준을 한 단계 끌어올리는 자기 구성법을 살펴보겠습니다.

❗ 여기서 잠깐 **순차 탐색 예제의 전체 코드는 어디에 있나요?**

순차 탐색 예제의 전체 코드는 지면을 아끼기 위해 본문에 따로 싣지 않았습니다. 순차 탐색 관련 함수들을 제외하면 80% 이상이 링크드 리스트 관련 코드이기 때문입니다. 1장에서 만들었던 LinkedList 예제에 여러분이 직접 순차 탐색 알고리즘을 추가하면 가장 좋지만, 순차 탐색 알고리즘을 바로 테스트해보고 싶다면 예제 코드의 06장/SequentialSearch/SequentialSearch.c를 참조하면 됩니다.

여러분은 다음 세 가지에서 어떤 공통점이 보이나요? 잠깐 시간을 내서 고민해보기 바랍니다. 이들의 공통점은 자기 구성법의 특징이기도 하거든요.

- 마트 매장 입구에 진열된 특별 행사 제품
- MS 워드의 최근 문서 목록
- 배달 애플리케이션의 즐겨찾기

이들의 공통점은 자주 찾거나 자주 사용하는 항목을 다른 항목보다 우선적으로 접근할 수 있도록 배치한다는 데 있습니다. 어떤 배달 음식을 고를지 고민하기 싫은 날에는 배달 애플리케이션의 즐겨찾기를 열면 되고, 출근하자마자 어제 작업하던 문서를 이어서 작성하려면 MS 워드 최근 문서 목록의 최상단에 있는 파일을 선택하면 됩니다.

자기 구성법은 이처럼 **자주 사용되는 항목을 데이터 앞쪽에 배치함으로써 순차 탐색의 검색 효율을 끌어올리는 방법**입니다. 자기 구성법은 '자주 사용되는 항목을 선별하는 방법'에 따라 크게 다음과 같이 세 가지로 나뉩니다.

- 전진 이동법(Move To Front Method)
- 전위법(Transpose Method)
- 빈도 계수법(Frequency Count Method)

전진 이동법부터 하나씩 살펴보겠습니다.

6.2.1 전진 이동법

전진 이동법Move to Front Method은 탐색된 항목을 데이터의 가장 앞(링크드 리스트에서는 헤드)으로 옮기는 방법입니다. 전진 이동법을 사용하면 한 번 찾은 항목을 곧바로 다시 찾고자 할 때 단번에 탐색이 완료됩니다. MS 워드의 최근 문서 목록 기능과 같은 원리로 동작한다고 생각하면 쉽게 이해할 수 있습니다.

예를 들어 다음과 같은 데이터에서 48을 찾는다고 가정해봅시다.

71	5	13	1	2	48	222	136	3	15

순차 탐색을 통해 여섯 번째 요소에 담긴 48을 찾으면 이 요소를 뽑아 데이터의 가장 앞으로 이동시킵니다.

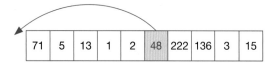

| 71 | 5 | 13 | 1 | 2 | 48 | 222 | 136 | 3 | 15 |

그 결과 다음과 같이 데이터가 변경됩니다. 다음 번에 48을 찾고자 할 때 첫 번째 요소에서 해당 값을 바로 찾을 수 있습니다.

| 48 | 71 | 5 | 13 | 1 | 2 | 222 | 136 | 3 | 15 |

전진 이동법이 모든 경우에 최선인 전략은 아닙니다. 항상 특정 항목만 집중적으로 탐색되는 현상이 모든 데이터에서 발생하지는 않기 때문입니다. 따라서 전진 이동법은 **한 번 탐색된 항목이 다음에 또 다시 검색될 가능성이 높은 데이터에 한해 사용**해야 합니다.

다음은 링크드 리스트에 사용할 수 있는 전진 이동 순차 탐색법을 구현한 SLL_MoveToFront( ) 함수입니다. 이 함수의 배열용 버전을 구현하는 일은 여러분의 숙제로 남겨두겠습니다.

```
Node* SLL_MoveToFront(Node** Head, int Target)
{
    Node* Current  = (*Head);
    Node* Previous = NULL;
    Node* Match    = NULL;

    while ( Current != NULL )
    {
        if ( Current->Data == Target )     ┄┄┄┄ 찾고자 하는 값을 해당 노드가 갖고 있으면
        {                                        노드의 주소를 Match에 저장합니다.
            Match = Current;
            if ( Previous != NULL )
            {
                //  자신의 이전 노드와 다음 노드를 연결
                Previous->NextNode = Current->NextNode;

                //  자신을 리스트의 가장 앞으로 옮기기
```

```
                Current->NextNode = (*Head);
                (*Head) = Current;
            }
            break;
        }
        else
        {
            Previous = Current;
            Current  = Current->NextNode;
        }
    }
    return Match;
}
```

❓ VITAMIN QUIZ 6-1

int형 배열에 사용할 수 있는 전진 이동 순차 탐색 코드를 구현하세요.

6.2.2 전위법

전위 Trasnpose란 위치를 바꾼다는 의미입니다. 순차 탐색에서 전위법 Transpose Method은 탐색된 항목을 바로 이전 항목과 교환하는 전략을 취하는 알고리즘입니다. 기본적으로는 전진 이동법과 비슷한 전략이지요.

예를 들어보겠습니다. 다음 데이터에서 순차 탐색으로 48을 찾았다고 가정해봅시다. 여기에 전위법을 사용하면 48이 담겨 있는 요소와 2가 담겨 있는 바로 앞 요소가 교환됩니다.

71	5	13	1	2	48	222	136	3	15

그 결과 48이 담긴 요소가 앞으로 한 칸 이동했습니다.

71	5	13	1	48	2	222	136	3	15

다시 한 번 48이 탐색되면 48이 담긴 요소와 그 앞에 있는 요소가 또 한 번 교환됩니다.

71	5	13	1	48	2	222	136	3	15

그 결과 48이 담긴 요소는 또다시 한 칸 앞으로 이동합니다.

71	5	13	48	1	2	222	136	3	15

전진 이동법은 탐색된 항목을 무조건 앞으로 옮기는 것에 비해, 전위법은 **자주 탐색된 항목을 조금씩 앞으로** 옮깁니다. 그래서 자주 탐색되는 항목들이 데이터 앞쪽으로 모이게 되고 이로 인해 자주 탐색되는 항목들을 빠르게 찾을 수 있게 됩니다. 많은 선택을 받는 항목을 데이터 앞쪽으로 보내므로 어떤 면에서는 제법 민주적인 알고리즘이라 할 수 있습니다.

다음의 SLL_Transpose( ) 함수는 링크드 리스트를 위한 전위법 순차 탐색을 구현하고 있습니다. 전진 이동법 때와 마찬가지로 이 함수의 배열용 버전 구현은 여러분에게 숙제로 남기겠습니다.

```
Node* SLL_Transpose(Node** Head, int Target)
{
    Node* Current    = (*Head);
    Node* PPrevious  = NULL; // 이전 노드의 이전 노드
    Node* Previous   = NULL; // 이전 노드
    Node* Match      = NULL;

    while ( Current != NULL )
    {
        if ( Current->Data == Target )
        {
            Match = Current;
            if ( Previous != NULL )
            {
                if ( PPrevious != NULL )
                    PPrevious->NextNode = Current;
                else
                    (*Head) = Current;

                Previous->NextNode = Current->NextNode;
```

```
                Current->NextNode = Previous;
            }
            break;
        }
        else
        {
            if ( Previous != NULL )
                PPrevious = Previous;

            Previous = Current;
            Current = Current->NextNode;
        }
    }
    return Match;
}
```

─┤ **? VITAMIN QUIZ 6-2** ├─

SLL_Transpose( ) 함수의 배열 버전을 구현하세요.

6.2.3 계수법

계수법Frequency Count Method은 데이터 내 각 요소가 탐색된 횟수를 별도의 공간에 저장해두고, 탐색된 횟수가 높은 순으로 데이터를 재구성하는 전략의 알고리즘입니다. 전위법보다 조금 더 민주적인 방법이라고 할 수 있지요. 전위법을 사용하면 처음부터 데이터 앞에 위치하던 요소는 계속해서 선두를 유지할 가능성이 높고, 뒤쪽에 위치하던 요소는 가장 많은 선택을 받더라도 데이터의 요소 개수가 많을 경우 가장 앞으로 갈 수 있다는 보장이 없기 때문입니다.

계수법도 단점이 있기는 합니다. 계수 결과를 저장하는 별도의 공간을 유지해야 하고 계수 결과에 따라 데이터를 재배치해야 하는 등 민주주의 실현을 위한 비용이 더 많이 소요됩니다. 계수법을 구현하는 코드는 여러분께 숙제로 내드리겠습니다.

─┤ **? VITAMIN QUIZ 6-3** ├─

계수법을 구현하는 SLL_FrequencyCount( ) 함수의 링크드 리스트 버전과 배열 버전을 구현하세요.

6.3 이진 탐색

이진 탐색^{Binary Search}은 정렬된 데이터에서 사용할 수 있는 '고속' 탐색 알고리즘입니다. 이진 탐색이라는 이름은 이 알고리즘의 핵심이 탐색 범위를 1/2씩 줄여나가는 방식에 있기 때문에 붙여졌습니다. 이진 탐색을 수행하는 과정은 다음과 같습니다.

❶ 데이터 중앙에 있는 요소를 고릅니다.

❷ 중앙 요소값과 찾고자 하는 목표값을 비교합니다.

❸ 목표값이 중앙 요소값보다 작다면 중앙을 기준으로 데이터 왼편에 대해, 크다면 오른편에 대해 이진 탐색을 새로 수행합니다.

❹ 찾고자 하는 값을 찾을 때까지 ❶~❸ 단계를 반복합니다.

이해를 돕기 위해 예를 들겠습니다. 다음 그림과 같이 정렬된 임의의 수 10개를 담고 있는 배열에서 67을 찾는다고 가정해봅시다.

1	7	11	12	14	23	67	139	672	871

먼저 중앙 요소를 골라야 합니다. 주어진 데이터의 크기를 반으로 나누면 중앙 요소의 위치를 간단히 계산할 수 있습니다. 이 배열에서 중앙 요소는 14가 됩니다. 다음에는 우리가 찾고자 하는 값 67과 중앙 요소 14 사이에서 크고 작음을 비교해야 합니다. 67이 14보다 크기 때문에 우리가 찾는 요소는 14를 기준으로 오른편에 있다는 사실을 알 수 있습니다.

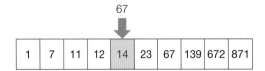

원래 데이터의 왼편을 탐색 대상에서 제외하고 오른편에서 다시 중앙 요소를 골라 비교합니다. 이번에는 139가 중앙 요소군요. 67은 139보다 작으니 왼편에 위치하겠지요?

NOTE ▶ 탐색 대상에서 제외되는 요소들은 빗금 표시했습니다.

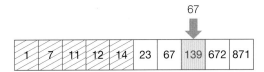

다시 탐색 대상에서 제외된 요소들을 빼면 23과 67 둘만 남습니다. 여기서 중앙 요소를 선택하면 23이 되고 탐색 대상의 범위는 23의 오른쪽에 있는 67로 좁아집니다.

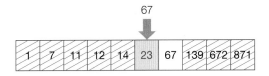

그리고 이 67은 우리가 찾고 싶어 했던 바로 그 친구입니다! 이렇게 해서 이진 탐색이 모두 완료되었습니다.

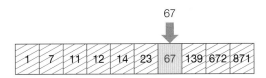

아름답지 않습니까? 이런 방식으로 탐색을 수행하면 1,000개의 요소를 가진 데이터의 경우 최대 10번만 비교하면 어떤 요소도 찾을 수 있습니다. 10,000개의 요소를 가진 데이터의 경우 최대 14번만 비교하면 됩니다. 이쯤 되면 '빠르다'라는 형용사가 부끄럽지 않겠지요?

6.3.1 이진 탐색의 성능 측정

앞에서는 이진 탐색이 어떤 원리로 빠른 탐색을 수행할 수 있는지 알아보았습니다. 이번에는 구체적으로 이진 탐색이 얼마나 빠른지에 대해 이야기하려 합니다.

이진 탐색은 처음 탐색을 시도할 때 탐색 대상의 범위가 1/2로 줄어듭니다. 그리고 그다음 시도에서는 원래의 반의 반, 즉 원본 데이터의 1/4로 줄어듭니다. 여기서 또 한 번 탐색을 시도하면 1/16로 탐색 대상의 범위가 줄어듭니다. 이런 식으로 탐색 대상의 범위가 계속 줄어들어 마침내 '1'이 되면 탐색을 종료합니다. 물론 그 전 단계에서라도 목표값을 찾으면 탐색을 바로 종료하지요.

탐색 범위가 줄어드는 과정 속에서 규칙 하나가 어렴풋이 보이지 않습니까? 이 규칙의 정체를 알아내면 데이터의 크기가 주어졌을 때 최악의 경우 수행해야 하는 최대 탐색 반복 횟수를 미리 계산할 수 있습니다.

데이터의 크기를 n, 탐색 반복 횟수를 x라고 한다면 탐색 완료 시점에 데이터 범위의 크기 1은 n에 $\frac{1}{2}$의 x제곱을 곱한 값과 같다고 할 수 있습니다.

$$1 = n \times \left(\frac{1}{2}\right)^x$$

이 수식은 탐색 범위가 줄어드는 규칙을 설명하고 있는데요. 이제 이 식에서 x를 이끌어내면 탐색 반복 횟수를 알게 됩니다. $\left(\frac{1}{2}\right)^x$은 $\frac{1^x}{2^x} = \frac{1}{2^x}$과 같으므로 앞의 식은 다음과 같이 바꿀 수 있습니다.

$$1 = n \times \left(\frac{1}{2^x}\right)$$
$$2^x = n$$

우리는 탐색 반복 횟수 x에 관심이 있지요? 로그 함수의 도움을 받아 정리하면 다음과 같은 식을 얻을 수 있습니다.

$$x = \log_2 n$$

즉, 이진 탐색의 최대 반복 횟수는 $\log_2 n$이라는 이야기입니다. 이는 데이터의 크기가 아무리 커져도 탐색 소요 시간은 아주 미미하게 증가한다는 것을 의미합니다. 예를 들어 요소가 100만 개인 데이터에서는 20회, 1,000만 개인 데이터에서는 23회 탐색을 반복하면 목표값을 찾아낼 수 있습니다. 감동적이지 않습니까?

6.3.2 이진 탐색의 구현

앞에서 살펴본 것처럼 이진 탐색은 성능이 매우 뛰어나면서도 구조는 굉장히 간단한 알고리즘입니다. 그러니 이를 구현하는 것도 그리 어렵지 않겠지요?

다음은 C 언어로 구현한 이진 탐색 함수 BinarySearch( )입니다. BinarySearch( ) 함수의 첫 번째 매개 변수는 데이터(배열), 두 번째 매개 변수는 데이터 크기, 마지막 매개 변수는 찾고자 하는 목표값입니다.

```
ElementType BinarySearch( Score ScoreList[], int Size, ElementType Target )
{
    int Left, Right, Mid;

    Left  = 0;
    Right = Size - 1;

    while ( Left <= Right )•·········· 탐색 범위의 크기가 0이 될 때까지 while문을 반복합니다.
    {
        Mid = (Left + Right) / 2; •·········· 중앙 요소의 위치를 계산합니다.

        if ( Target == ScoreList[Mid].score )•········· 중앙 요소가 담고 있는 값과 목표값이
            return &( ScoreList[Mid] );                 일치하면 해당 요소를 반환합니다.
        else if ( Target > ScoreList[Mid].score )
            Left = Mid + 1;
        else
            Right = Mid - 1;
    }

    return NULL;
}
```

6.3.3 이진 탐색 예제 프로그램: 두 번째 최종 시험 문제

5장에서 풀었던 주석이의 최종 입사 시험 문제를 기억하십니까? 3만 명의 구매포인트 데이터에서 14,142번째 고객 ID를 찾아내야 했던 그 문제 말입니다. 우리는 구매포인트 데이터를 퀵 정렬 알고리즘으로 정렬한 후 14,142번째에 있는 고객 데이터를 열어 답을 얻었습니다.

이번에는 이 문제를 이진 탐색용 버전으로 바꿔보겠습니다. 문제는 다음과 같습니다.

"구매포인트가 671.78점인 고객 ID를 알아내세요."

구매포인트가 671.78점인 고객 ID를 찾는 방법은 두 가지입니다. 첫 번째는 처음부터 차례대로 데이터의 모든 요소를 검사하는 순차 탐색을 사용하는 방법이고, 두 번째는 데이터를 정렬한 후 이진 탐색을 수행하는 방법입니다.

물론 제가 어떤 방법을 사용할지는 여러분도 잘 알고 있겠지요? 네, 바로 두 번째 방법인 '정렬+이

진 탐색'입니다. 5장에서 문제의 답을 구하기 위해 데이터를 이미 정렬해놨으므로 우리는 이진 탐색
코드만 구현하면 됩니다.

다음 예제 프로그램은 Point.h와 BinarySearch.c, 모두 2개의 파일로 구성됩니다. Point.h는 여
러분이 직접 작성하지 마세요. 05장/Interview/Point.h 파일을 복사해서 사용하면 됩니다.

06장/BinarySearch/Point.h

```
00001   typedef struct tagPoint
00002   {
00003       int    id;
00004       double point;
00005   } Point;
00006
00007   Point DataSet[] =
00008   {
00009       //     ID,         구매포인트
00010       (Point){1      ,    877.88},
00011       (Point){2      ,    176.23},
00012       (Point){3      ,    365.92},
00013       (Point){4      ,    162.44},

// …

30006       (Point){29997    ,    148.86},
30007       (Point){29998    ,     89.74},
30008       (Point){29999    ,    342.52},
30009       (Point){30000    ,    811.02}
30010   };
```

06장/BinarySearch/BinarySearch.c

```
01   #include <stdlib.h>
02   #include <stdio.h>
03   #include "Point.h"
04
05   Point* BinarySearch( Point PointList[], int Size, double Target )
06   {
```

```
07      int Left, Right, Mid;
08
09      Left  = 0;
10      Right = Size - 1;
11
12      while ( Left <= Right )
13      {
14          Mid = (Left + Right) / 2;
15
16          if ( Target == PointList[Mid].point )
17              return &( PointList[Mid] );
18          else if ( Target > PointList[Mid].point )
19              Left = Mid + 1;
20          else
21              Right = Mid - 1;
22      }
23
24      return NULL;
25  }
26
27  int ComparePoint( const void *_elem1, const void *_elem2 )
28  {
29      Point* elem1 = (Point*)_elem1;
30      Point* elem2 = (Point*)_elem2;
31
32      if ( elem1->point > elem2->point )
33          return 1;
34      else if ( elem1->point < elem2->point )
35          return -1;
36      else
37          return 0;
38  }
39
40  int main( void )
41  {
42      int Length = sizeof DataSet / sizeof DataSet[0];
43      Point* found = NULL;
44
45      // 구매포인트에 대해 오름차순으로 정렬
46      qsort( (void*)DataSet, Length, sizeof (Point), ComparePoint );
```

```
47
48      //  구매포인트가 671.78점인 고객 찾기
49      found = BinarySearch( DataSet, Length, 671.78 );
50
51      printf("found... ID: %d, Point: %f \n", found->id, found->point );
52
53      return 0;
54  }
```

📥 **실행 결과**

```
found... ID: 1780, Point: 671.780000
```

6.3.4 C 언어 표준 라이브러리의 이진 탐색 함수: bsearch( )

C 언어 표준 라이브러리에 퀵 정렬을 구현한 qsort( ) 함수가 있는 것처럼 이진 탐색을 구현한 bsearch( ) 함수도 있습니다. 덕분에 우리는 성능이나 버그 걱정 없이 이진 탐색 초식을 마음껏 쓸 수 있지요. bsearch( ) 함수의 원형은 다음과 같습니다.

```
void *bsearch(
    const void *key,     //  찾고자 하는 목표값 데이터의 주소
    const void *base,    //  데이터 배열의 주소
    size_t num,          //  데이터 요소의 개수
    size_t width,        //  한 데이터 요소의 크기
    int (_ _cdecl *compare)(const void *, const void *)   //  비교 함수에 대한 포인터
);
```

이 함수의 첫 번째 매개 변수 key는 찾고자 하는 목표값 데이터의 주소입니다. 두 번째 매개 변수 base는 데이터 배열의 주소를 가리키는 포인터이고, 세 번째 매개 변수 num은 그 데이터 요소의 개수, 즉 데이터의 크기입니다. 네 번째 매개 변수 width는 데이터 요소 하나의 크기(바이트 단위) 이며, 마지막 매개 변수는 비교를 수행한 결과를 반환하는 함수에 대한 포인터입니다. 비교 함수에 대해서는 5장의 qsort( ) 함수 설명을 참고하세요.

6.3.5 bsearch( ) 함수 예제 프로그램

표준 라이브러리의 bsearch( ) 함수는 우리가 직접 구현한 BinarySearch( ) 함수를 완전히 대체합니다. 다음 코드를 통해 직접 느껴보기 바랍니다.

06장/BinarySearch2/BinarySearch2.c

```c
01  #include <stdlib.h>
02  #include <stdio.h>
03  #include "Point.h"
04
05  int ComparePoint( const void *_elem1, const void *_elem2 )
06  {
07      Point* elem1 = (Point*)_elem1;
08      Point* elem2 = (Point*)_elem2;
09
10      if ( elem1->point > elem2->point )
11          return 1;
12      else if ( elem1->point < elem2->point )
13          return -1;
14      else
15          return 0;
16  }
17
18
19  int main( void )
20  {
21      int Length = sizeof DataSet / sizeof DataSet[0];
22      Point  target;
23      Point* found  = NULL;
24
25      //  구매포인트의 오름차순으로 정렬
26      qsort( (void*)DataSet, Length, sizeof (Point), ComparePoint );
27
28      //  구매포인트가 671.78점인 고객 찾기
29      target.id     = 0;
30      target.point  = 671.78;
31
32      found = bsearch( •·········  BinarySearch( ) 함수 대신 bsearch( )를 호출합니다.
33              (void*)&target,
```

```
34                (void*)DataSet,
35                Length,
36                sizeof (Point),
37                ComparePoint );
38
39    printf("found... ID: %d, Point: %f \n", found->id, found->point );
40
41    return 0;
42  }
```

이 프로그램의 결과요? 당연히 이전에 살펴본 이진 탐색 예제 프로그램과 똑같지요.

6.4 이진 탐색 트리

이진 탐색 트리^{Binary Search Tree}는 '이진 탐색'을 위한 트리이자 탐색을 위한 '이진 트리'입니다. 다시 말해, 이진 탐색 트리는 '이진 탐색'을 위한 '이진 트리'입니다.

여러분이 4장에서 공부한 내용을 기억할 수 있다면 이진 트리는 자식 노드가 최대 2개뿐인 노드로만 구성된 트리라는 사실 또한 알고 있을 것입니다. 이 독특한 모습의 트리가 컴파일러의 표현식 트리를 비롯해 다양한 용도로 활용되고 있다는 사실도 함께 말입니다. 앞에서는 이진 트리를 이용해 수식 계산기를 만들었고, 놀랍게도 이진 트리는 탐색 알고리즘에 응용되기도 합니다.

"잠깐만요. 이진 탐색 알고리즘이 있는데 왜 이진 탐색 트리가 필요한가요?"

좋은 질문입니다. 이진 탐색 트리가 필요한 이유는 **이진 탐색이 배열에만 사용 가능한 알고리즘이기 때문**입니다. 이진 탐색을 사용하려면 데이터의 처음과 끝을 알아야 하고 순식간에 데이터의 중앙 요소를 계산할 수 있어야 하며 계산된 중앙 요소에 즉시 접근할 수 있어야 합니다.

링크드 리스트는 위와 같은 작업들이 불가능한 자료구조입니다. 처음과 끝(헤드와 테일)의 위치는 알 수 있어도 **헤드와 테일 사이의 '중앙 요소'는 알 수 없기 때문**입니다. 링크드 리스트는 동적으로 크기를 변경하기 쉬운 자료구조인데, 이진 탐색과 같이 멋진 알고리즘을 사용할 수 없다니 너무 안타깝습니다.

링크드 리스트처럼 동적으로 노드를 추가하거나 제거할 수 있으면서 이진 탐색 알고리즘도 사용할 수 있는 방법은 없는 것일까요? 이 딜레마를 해결해주는 자료구조가 바로 '이진 탐색 트리'입니다. 자세한 내용은 이어서 설명하겠습니다.

6.4.1 이진 탐색 트리 표현

앞서 말했듯이 이진 탐색 트리는 자식이 최대 2개뿐인 노드로만 이루어진 이진 트리입니다. 여기서 이진 탐색 트리가 다른 이진 트리와 다른 특별한 점은 각 노드가 다음 규칙을 따른다는 것입니다.

"왼쪽 자식 노드는 나보다 작고 오른쪽 자식 노드는 나보다 크다."

그래서 이진 탐색 트리는 다음과 같은 모습으로 구성됩니다.

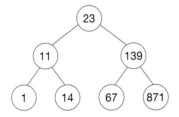

다음 그림의 트리들이 비록 조금 전에 본 이진 탐색 트리처럼 멋지게 균형 잡히진 않았어도 모두 이진 탐색 트리입니다. 트리의 각 노드가 **이진 탐색 트리 노드의 조건**을 갖추고 있으니까요.

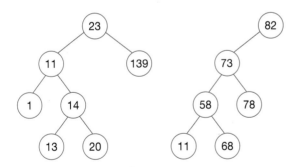

이진 탐색 트리와 안면을 텄으니, 다음으로 이진 탐색 트리를 구성하는 방법(노드의 삽입과 삭제)과 이진 탐색 트리를 이용한 탐색에 대해 알아보겠습니다.

6.4.2 이진 탐색 트리의 기본 연산

이진 탐색 트리에서 가장 중요한 연산은 뭐니뭐니 해도 '탐색'입니다. '이진 탐색'이라는 이름을 달고 있는 것만 봐도 알 수 있지요. 하지만 여기에는 중요한 전제 조건이 있습니다. 배열이 정렬되어 있어야 이진 탐색이 가능한 것처럼, 이진 탐색 트리도 **이진 탐색이 가능한 상태로 정렬**되어 있어야 한다는 것입니다. 물론 배열과는 다른 형태이지만요. 이진 탐색 트리는 트리를 늘 정렬 상태로 만들기 위해 삽입과 삭제가 이루어질 때 부가적인 작업을 수행합니다. 이와 관련하여 노드의 삽입과 삭제에 대한 설명을 이어갈 텐데요. 그 전에 이진 탐색 트리에서의 '이진 탐색'부터 알아보겠습니다.

이진 탐색 트리에서의 이진 탐색

이진 탐색 트리의 정의와 구조만 알고 있으면 이진 탐색에서의 탐색을 이해하는 데 필요한 90%의 지식을 확보했다고 할 수 있습니다.

여러분은 이진 탐색 트리의 정의가 **이진 탐색을 위한 이진 트리**임을 기억할 것입니다. 구조 측면에서 보면 이진 탐색 트리의 **각 노드는 왼쪽 자식 노드보다 크고 오른쪽 자식 노드보다 작다**는 사실도 함께 말입니다.

여기에서 각 노드가 왼쪽 자식보다 크고 오른쪽 자식보다 작다는 사실은 이진 탐색의 작동 원리를 이해하는 데 중요한 단서를 제공합니다. 그 단서는 무엇일까요?

그것은 바로 각 노드가 '중앙 요소'라는 점입니다. 예를 들어보겠습니다. 다음 그림에서 이진 탐색 트리의 뿌리 노드는 23이고 23은 트리 전체의 '중앙 요소'입니다. 23 노드의 오른쪽 하위 트리에는 23보다 큰 값을 가진 노드들만 있고, 왼쪽 하위 트리에는 23보다 작은 값을 가진 노드들만 있습니다.

하위 트리로 내려가도 같은 규칙이 적용됩니다. 23 노드 왼쪽 하위 트리의 뿌리 노드는 11인데, 11 노드 역시 왼쪽 하위 트리의 중앙값입니다. 23 노드의 오른쪽 하위 트리는 말할 것도 없겠지요?

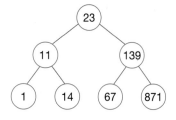

중앙 요소를 찾아 좌우의 대소를 비교하여 탐색 범위를 정하고, 또 다시 중앙 요소를 찾아 좌우의 대

소를 비교하는 일을 반복하는 과정은 배열에 대한 이진 탐색과 동일합니다.

이진 탐색을 실제로 해봅시다. 앞의 트리에서 67을 찾는다고 가정하고 탐색을 수행해보겠습니다.

먼저 뿌리 노드인 23 노드와 목표값 67을 비교합니다. 목표값이 더 크군요. 왼쪽을 버리고 오른쪽 하위 트리에 한정하여 탐색 대상을 좁힌 후 새로 탐색을 수행합니다.

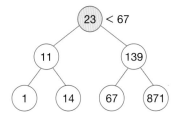

139는 67보다 크므로 우리가 찾으려는 값은 139 노드의 왼쪽 하위 트리에 있을 것입니다. 139 노드의 왼쪽 하위 트리에 대해 다시 탐색을 시작합니다.

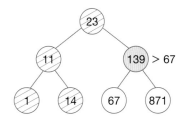

NOTE ▶ 빗금 친 부분은 탐색 대상에서 제외된 노드들입니다.

빙고! 우리의 목표값 67을 찾았습니다.

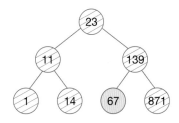

이진 탐색 트리에서 어떻게 이진 탐색을 수행하는지 이해되지요? 그렇다면 이제 이 내용을 코드로 옮겨봅시다. 다음 코드는 이진 탐색 트리를 구현한 BST_SearchNode( ) 함수입니다. BST는 Binary Search Tree의 약자입니다.

```
BSTNode*  BST_SearchNode( BSTNode* Tree, ElementType Target )
{
    if ( Tree == NULL )
        return NULL;

    if ( Tree->Data == Target )•·········································· 목표값이 현재 노드와 같은 경우
        return Tree;
    else if ( Tree->Data > Target )
        return BST_SearchNode ( Tree->Left, Target );•······· 목표값이 현재 노드보다 작은 경우
    else
        return BST_SearchNode ( Tree->Right, Target );•······ 목표값이 현재 노드보다 큰 경우
}
```

노드 삽입 연산

노드 삽입 연산의 핵심은 **새 노드가 삽입될 곳이 어디인지**를 찾아내는 일입니다. 다시 말해, 새 노드가 삽입될 곳을 이진 탐색으로 찾아내야 합니다. 이진 탐색으로 새 노드를 연결할 부모 노드를 찾아낸 후 그곳에 노드를 살포시 내려놓으면 노드 삽입 연산의 임무가 종료됩니다.

예를 한 가지 들어보겠습니다. 다음 이진 탐색 트리에 14를 삽입해봅시다.

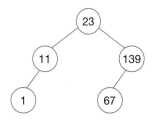

14는 23보다 작으므로 23의 왼쪽 하위 트리에 위치해야 하고 11보다 크므로 11의 오른쪽 하위 트리에 위치해야 합니다. 마침 11의 오른쪽 자식 트리가 없으니 여기에 새 노드 14를 연결하면 됩니다.

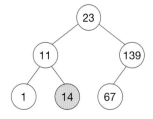

다음 코드는 삽입을 수행하는 BST_InsertNode( ) 함수입니다. BST_SearchNode( ) 함수와 비교해보면 코드를 이루고 있는 뼈대가 상당히 닮았다는 사실을 알 수 있습니다.

```c
void BST_InsertNode( BSTNode* Tree, BSTNode *Child)
{
    if ( Tree->Data < Child->Data )    ···········  새 노드가 현재 노드보다 큰 경우
    {
        if ( Tree->Right == NULL )
            Tree->Right = Child;
        else
            BST_InsertNode( Tree->Right, Child );

    }
    else if ( Tree->Data > Child->Data )  ·······  새 노드가 현재 노드보다 작은 경우
    {
        if ( Tree->Left == NULL )
            Tree->Left = Child;
        else
            BST_InsertNode( Tree->Left, Child );
    }
}
```

노드 삭제 연산

이 세상에서는 뭔가를 파괴하는 일이 만드는 일보다 쉬운 법이지만, 이상하게도 자료구조에서만큼은 무언가를 만드는 일보다 없애는 일이 대체로 어렵습니다. 사실 없애는 일 자체보다 없애고 난 후의 '뒤처리'가 복잡하지요(링크드 리스트를 떠올리면 공감이 갈 것입니다). 이진 탐색 트리의 노드 삭제가 딱 그런 경우입니다.

이진 탐색 트리에서 임의의 노드를 삭제하려면 먼저 삭제할 노드를 찾아야 합니다. 이 작업은 이진 탐색을 통해 간단히 끝낼 수 있습니다. 이진 탐색을 통해 노드가 어디에 있는지 알아낸 후에는 노드를 트리에서 떼어냅니다. 이때 떼어내는 노드가 '잎 노드'라면 아무 걱정 없이 부모 노드에서 자식 노드(어느 쪽이든)의 포인터를 NULL로 봉합하고 삭제한 노드의 주소를 반환하면 작업이 깔끔하게 마무리됩니다.

다음 그림은 이진 탐색 트리에서 14 노드를 제거하는 과정입니다. 14 노드는 자식이 없습니다. 따

라서 그냥 트리에서 해당 노드를 떼어내고 11의 오른쪽 자식 노드를 NULL로 초기화하기만 하면 모든 일이 끝납니다.

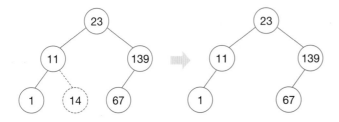

그러나 자식이 있는 경우에는 조금 더 복잡해집니다. 이래서 무자식이 상팔자라는 옛말이 있는 것일까요? 자식 노드가 있는 경우도 두 가지로 나뉘는데 다음과 같습니다.

- 양쪽 자식 노드를 모두 갖고 있는 경우
- 왼쪽과 오른쪽 중 어느 한쪽 자식 노드만 갖고 있는 경우

두 번째에 언급한 '한쪽 자식만 가진 노드'를 처리하는 일은 양쪽에 자식이 있는 경우보다 상대적으로 간단합니다. 삭제할 노드의 자식을 삭제할 노드의 부모에 연결시키기만 하면 되니까요. 다음 그림은 한쪽 자식만을 가진 노드의 삭제 과정입니다. 139 노드를 삭제하면 해당 노드를 가리키던 부모 노드(23)의 오른쪽 자식 포인터를 67 노드에 연결시킵니다.

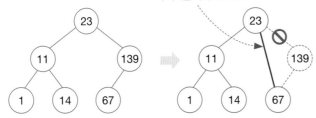

양쪽 자식을 가진 노드를 삭제하는 과정은 한쪽 자식만 가진 노드의 경우보다 약간 더 복잡합니다. 다음 그림에 있는 이진 탐색 트리의 경우 11 노드가 제거된 빈 자리를 어떻게 연결해야 '이진 탐색 트리의 특성'을 가장 효율적으로 유지할 수 있을까요?

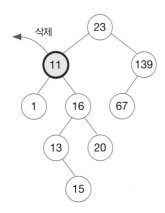

답은 **삭제된 노드의 오른쪽 하위 트리에서 가장 작은 값을 가진 노드(이 노드를 '최솟값 노드'라고 하겠습니다)**를 **삭제된 노드의 위치에 옮겨놓는 것**입니다. 앞의 이진 트리에 대해 계속 이야기하자면, 삭제된 11 노드의 오른쪽 하위 트리에서 가장 작은 13 노드를 옮겨 11 노드가 있던 자리에 놓으면 됩니다. 말 나온 김에 13 노드를 옮겨봅시다.

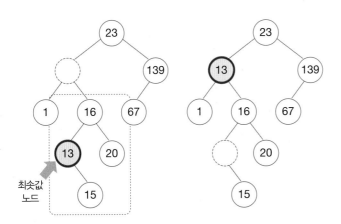

옮겨놓은 '최솟값 노드'가 자식이 없는 경우라면 이렇게 노드를 빈자리에 옮겨 놓는 것만으로 작업이 완료되지만, 자식이 있는 경우 처리해야 할 일이 조금 더 있습니다. 최솟값 노드는 자식이 있어도 왼쪽 자식은 없고 오른쪽 자식만 있습니다. 그 이유는 왼쪽 자식이 있으면 자기보다 작은 값을 가진 노드가 하위 트리에 있다는 뜻인데, 이렇게 되면 최솟값 노드가 더 이상 최솟값 노드가 아니게 되기 때문입니다.

아무튼 최솟값 노드의 오른쪽 자식을 최솟값 노드의 원래 부모에게 연결함으로써 삭제 작업이 모두 끝납니다. 여기서는 15 노드를 16 노드의 왼쪽 자식으로 만들면 됩니다.

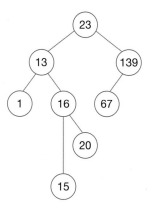

다음은 지금까지 설명한 내용을 코드로 구현한 BST_RemoveNode( ) 함수입니다.

```
BSTNode* BST_RemoveNode( BSTNode* Tree,BSTNode* Parent, ElementType Target )
{
    BSTNode* Removed = NULL;

    if ( Tree == NULL )
        return NULL;

    if ( Tree->Data > Target )
        Removed = BST_RemoveNode( Tree->Left, Tree, Target );
    else if ( Tree->Data < Target )
        Removed = BST_RemoveNode( Tree->Right, Tree, Target );
    else  // 목표값을 찾은 경우
    {
        Removed = Tree;

        // 잎 노드인 경우 바로 삭제
        if ( Tree->Left == NULL && Tree->Right == NULL )
        {
            if ( Parent->Left == Tree )
                Parent->Left = NULL;
            else
                Parent->Right = NULL;
        }
        else
        {
            // 자식이 양쪽 다 있는 경우
```

```
                    if ( Tree->Left != NULL && Tree->Right != NULL )
                    {
                        // 최솟값 노드를 찾아 제거한 뒤 현재의 노드에 위치시킨다.
                        BSTNode* MinNode = BST_SearchMinNode( Tree->Right );
                        MinNode = BST_RemoveNode( Tree, NULL, MinNode->Data );
                        Tree->Data = MinNode->Data;
                    }
                    else
                    {
                        // 자식이 하나만 있는 경우
                        BSTNode* Temp = NULL;
                        if ( Tree->Left != NULL )
                            Temp = Tree->Left;
                        else
                            Temp = Tree->Right;

                        if ( Parent->Left == Tree )
                            Parent->Left  = Temp;
                        else
                            Parent->Right = Temp;
                    }
                }
            }

        return Removed;
    }
```

> MinNode에 대해 BST_RemoveNode( ) 함수를 호출하는 이유는 이 노드에 대해서도 제거 후의 뒤처리가 필요하기 때문입니다.

6.4.3 이진 탐색 트리 예제 프로그램

지금까지 공부한 내용들을 바탕으로 예제 프로그램을 만들 차례입니다. 이 예제 프로그램은 이진 탐색 트리의 기본 연산을 구현하는 BinarySearchTree.h와 BinarySearchTree.c, 그리고 이들 기본 연산을 활용하여 이진 탐색 트리를 만들고 탐색을 시험하는 코드가 담기는 Test_Binary SearchTree.c, 모두 3개의 파일로 구성됩니다.

예제 코드의 양이 많기는 하지만 반드시 직접 구현해보기 바랍니다. 프로그래머에게는 눈과 머리로 알고리즘을 이해하는 것만큼 코드 작성 과정을 통해 알고리즘을 느끼는 것이 중요하기 때문입니다.

```
01   #ifndef BINARY_SEARCH_TREE_H
02   #define BINARY_SEARCH_TREE_H
03
04   #include <stdio.h>
05   #include <stdlib.h>
06
07   typedef int ElementType;
08
09   typedef struct tagBSTNode
10   {
11       struct tagBSTNode* Left;
12       struct tagBSTNode* Right;
13
14       ElementType Data;
15   } BSTNode;
16
17   BSTNode*  BST_CreateNode( ElementType NewData );
18   void      BST_DestroyNode( BSTNode* Node );
19   void      BST_DestroyTree( BSTNode* Tree );
20
21   BSTNode*  BST_SearchNode( BSTNode* Tree, ElementType Target );
22   BSTNode*  BST_SearchMinNode( BSTNode* Tree );
23   void      BST_InsertNode( BSTNode* Tree, BSTNode *Child );
24   BSTNode*  BST_RemoveNode( BSTNode* Tree,BSTNode* Parent, ElementType Target );
25   void      BST_InorderPrintTree( BSTNode* Node );
26
27   #endif
```

```
001  #include "BinarySearchTree.h"
002
003  BSTNode* BST_CreateNode( ElementType NewData )
004  {
005      BSTNode* NewNode = (BSTNode*)malloc( sizeof(BSTNode) );
006      NewNode->Left    = NULL;
007      NewNode->Right   = NULL;
```

```
008     NewNode->Data    = NewData;
009
010     return NewNode;
011 }
012
013 void BST_DestroyNode( BSTNode* Node )
014 {
015     free(Node);
016 }
017
018 void BST_DestroyTree( BSTNode* Tree )
019 {
020     if ( Tree->Right != NULL )
021         BST_DestroyTree( Tree->Right );
022
023     if ( Tree->Left != NULL )
024         BST_DestroyTree( Tree->Left );
025
026     Tree->Left = NULL;
027     Tree->Right = NULL;
028
029     BST_DestroyNode( Tree );
030 }
031
032 BSTNode*  BST_SearchNode( BSTNode* Tree, ElementType Target )
033 {
034     if ( Tree == NULL )
035         return NULL;
036
037     if ( Tree->Data == Target )
038         return Tree;
039     else if ( Tree->Data > Target )
040         return BST_SearchNode ( Tree->Left, Target );
041     else
042         return BST_SearchNode ( Tree->Right,  Target );
043 }
044
045
046 BSTNode*  BST_SearchMinNode( BSTNode* Tree )
047 {
```

```
048    if ( Tree == NULL )
049        return NULL;
050
051    if ( Tree->Left == NULL )
052        return Tree;
053    else
054        return BST_SearchMinNode( Tree->Left );
055 }
056
057 void BST_InsertNode( BSTNode* Tree, BSTNode *Child)
058 {
059    if ( Tree->Data < Child->Data )
060    {
061        if ( Tree->Right == NULL )
062            Tree->Right = Child;
063        else
064            BST_InsertNode( Tree->Right, Child );
065
066    }
067    else if ( Tree->Data > Child->Data )
068    {
069        if ( Tree->Left == NULL )
070            Tree->Left = Child;
071        else
072            BST_InsertNode( Tree->Left, Child );
073    }
074 }
075
076 BSTNode* BST_RemoveNode( BSTNode* Tree,BSTNode* Parent, ElementType Target )
077 {
078    BSTNode* Removed = NULL;
079
080    if ( Tree == NULL )
081        return NULL;
082
083    if ( Tree->Data > Target )
084        Removed = BST_RemoveNode( Tree->Left, Tree, Target );
085    else if ( Tree->Data < Target )
086        Removed = BST_RemoveNode( Tree->Right, Tree, Target );
087    else // 목표값을 찾은 경우
```

```
088    {
089        Removed = Tree;
090
091        //  잎 노드인 경우 바로 삭제
092        if ( Tree->Left == NULL && Tree->Right == NULL )
093        {
094            if ( Parent->Left == Tree )
095                Parent->Left = NULL;
096            else
097                Parent->Right = NULL;
098        }
099        else
100        {
101            //  자식이 양쪽 다 있는 경우
102            if ( Tree->Left != NULL && Tree->Right != NULL )
103            {
104                //  최솟값 노드를 찾아 제거한 뒤 현재의 노드에 위치시킨다.
105                BSTNode* MinNode = BST_SearchMinNode( Tree->Right );
106                MinNode = BST_RemoveNode( Tree, NULL, MinNode->Data );
107                Tree->Data = MinNode->Data;
108            }
109            else
110            {
111                //  자식이 한쪽만 있는 경우
112                BSTNode* Temp = NULL;
113                if ( Tree->Left != NULL )
114                    Temp = Tree->Left;
115                else
116                    Temp = Tree->Right;
117
118                if ( Parent->Left == Tree )
119                    Parent->Left  = Temp;
120                else
121                    Parent->Right = Temp;
122            }
123        }
124    }
125
126    return Removed;
127 }
```

```
128
129   void BST_InorderPrintTree( BSTNode* Node )
130   {
131       if ( Node == NULL )
132           return;
133
134       // 왼쪽 하위 트리 출력
135       BST_InorderPrintTree( Node->Left );
136
137       // 뿌리 노드 출력
138       printf( "%d ", Node->Data );
139
140       // 오른쪽 하위 트리 출력
141       BST_InorderPrintTree( Node->Right );
142   }
```

06장/BinarySearchTree/Test_BinarySearchTree.c

```
01   #include "BinarySearchTree.h"
02
03
04   void PrintSearchResult(int SearchTarget, BSTNode* Result)
05   {
06       if(Result != NULL)
07           printf("Found : %d \n", Result->Data);
08       else
09           printf("Not Found: %d\n", SearchTarget);
10   }
11
12   int main( void )
13   {
14       // 노드 생성
15       BSTNode* Tree = BST_CreateNode(123);
16       BSTNode* Node = NULL;
17
18       // 트리에 노드 추가
19       BST_InsertNode( Tree, BST_CreateNode(22) );
20       BST_InsertNode( Tree, BST_CreateNode(9918) );
```

```
21      BST_InsertNode( Tree, BST_CreateNode(424) );
22      BST_InsertNode( Tree, BST_CreateNode(17) );
23      BST_InsertNode( Tree, BST_CreateNode(3) );
24
25      BST_InsertNode( Tree, BST_CreateNode(98) );
26      BST_InsertNode( Tree, BST_CreateNode(34) );
27
28      BST_InsertNode( Tree, BST_CreateNode(760) );
29      BST_InsertNode( Tree, BST_CreateNode(317) );
30      BST_InsertNode( Tree, BST_CreateNode(1) );
31
32      int SearchTarget = 17;
33      Node =  BST_SearchNode(Tree, SearchTarget );
34      PrintSearchResult(SearchTarget, Node);
35
36      SearchTarget = 117;
37      Node =  BST_SearchNode(Tree, SearchTarget );
38      PrintSearchResult(SearchTarget, Node);
39
40      //  트리 출력
41      BST_InorderPrintTree( Tree );
42      printf( "\n");
43
44      //  특정 노드 삭제
45      printf( "Removing 98...\n");
46
47      Node = BST_RemoveNode( Tree, NULL, 98 );
48      BST_DestroyNode( Node );
49
50      BST_InorderPrintTree( Tree );
51      printf( "\n");
52
53      //  새 노드 삽입
54      printf( "Inserting 111...\n");
55
56      BST_InsertNode( Tree, BST_CreateNode(111) );
57      BST_InorderPrintTree( Tree );
58      printf( "\n");
59
60      //  트리 소멸
```

```
61      BST_DestroyTree( Tree );
62
63      return 0;
64  }
```

```
Found : 17
Not Found:  117
1 3 17 22 34 98 123 317 424 760 9918
Removing 98...
1 3 17 22 34 123 317 424 760 9918
Inserting 111...
1 3 17 22 34 111 123 317 424 760 9918
```

6.4.4 이진 탐색 트리의 문제점

이진 탐색 트리는 정말 훌륭한 알고리즘입니다. 동적으로 크기가 증가하는 데이터도 잘 처리하며 탐색 속도도 나무랄 데 없이 훌륭합니다. 하지만 이 부분의 제목처럼 이진 탐색 트리에는 문제점이 있는데, 다음 그림과 같이 기형적으로 성장하면 검색 효율이 극단적으로 떨어진다는 점입니다.

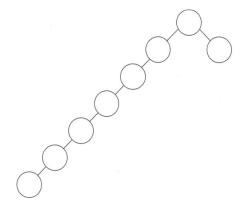

안타깝게도 순수 이진 탐색 트리는 실제 데이터를 담는 경우 앞의 그림과 같이 성장할 가능성이 높습니다. 트리가 예쁘고 건강하게 자라주기를 바라는 우리의 염원과는 상관없이 말입니다.

그래서 우리는 다음 절에서 이 문제를 해결하는 '레드 블랙 트리'에 대해 알아볼 계획입니다. 긴 여정이 될 수 있으므로 저도 여러분도 마음을 단단히 먹어야 할 것 같습니다.

6.5 레드 블랙 트리

앞서 살펴본 것처럼 순수한 이진 탐색 트리는 햇빛을 제대로 못 받고 자란 감나무처럼 가지들이 불균형하게 자라는 경우가 많습니다. 불균형한 성장은 이진 탐색 트리의 높이를 높여서 검색 효율을 심각하게 저하시키기 때문에 문제가 됩니다.

데이터가 아무리 많이 입력되어도 이진 탐색 트리가 균형 있게 성장해서 그 높이가 최소한으로 유지된다면 얼마나 좋을까요? 이번에 공부할 레드 블랙 트리^{Red Black Tree}는 이 문제에 대한 답을 갖고 있는 이진 탐색 트리입니다. 자료구조 측면에서 레드 블랙 트리와 순수한 이진 탐색 트리의 차이점은 노드를 빨간색 또는 검은색으로 표시한다는 정도밖에 없지만, 레드 블랙 트리에서 노드의 색은 트리 전체의 균형을 유지할 수 있게 도와주는 아주 중요한 비결입니다. 그러므로 구현에 사용할 레드 블랙 트리의 노드 구조체에는 다음과 같이 색깔을 위한 필드를 따로 마련해야 합니다.

```c
typedef struct tagRBTNode
{
    struct tagRBTNode* Parent;
    struct tagRBTNode* Left;
    struct tagRBTNode* Right;

    enum { RED, BLACK } Color;   노드의 색을 나타내는 Color 필드로, RED 아니면
                                 BLACK 값을 저장할 수 있습니다.

    ElementType Data;

} RBTNode;
```

NOTE▶ 이 책에서는 빨간색 노드를 보라색으로 표시합니다.

RBTNode 구조체에는 Color 필드뿐 아니라 앞에서 구현했던 이진 트리의 노드에 없던 Parent 포인터도 있습니다. Parent는 그 이름과 같이 부모 노드를 가리키는 포인터인데 삽입과 삭제 연산을 수행할 때 사용됩니다. 자세한 설명은 나중에 하겠습니다.

6.5.1 레드 블랙 트리의 구현 규칙

레드 블랙 트리는 색과 관련된 다음 규칙을 이용해서 균형을 유지합니다.

❶ 모든 노드는 빨간색이거나 검은색이다.

❷ 뿌리 노드는 검은색이다.

❸ 잎 노드는 검은색이다.

❹ 빨간색 노드의 자식은 모두 검은색이다(검은색 노드는 빨간색과 검은색을 모두 자식으로 가질 수 있다).

❺ 뿌리 노드와 모든 잎 노드 사이에 있는 검은색 노드의 수는 모두 동일하다.

다음 그림은 이 규칙을 따르는 레드 블랙 트리의 예입니다.

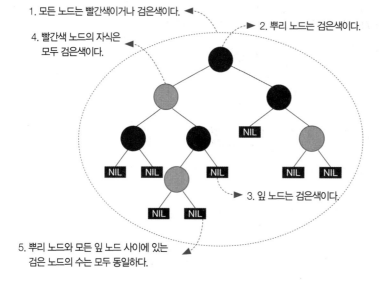

이 그림에서 레드 블랙 트리가 다섯 가지 규칙을 제대로 지키고 있는지 살펴보겠습니다. 우선 모든 노드가 검은색 아니면 빨간색으로 칠해져 있고(❶번 규칙), 뿌리 노드와 모든 잎 노드(NIL 노드)가 검은색입니다(❷번, ❸번 규칙). 빨간색 노드의 자식은 모두 검은색 노드이며(❹번 규칙), 뿌리와 각 잎 노드 사이의 검은색 노드 수는 모두 3개로 일정합니다(❺번 규칙). 따라서 이 트리는 유효한 레드 블랙 트리라고 할 수 있습니다.

이 그림에서 그냥 지나칠 수 없는 부분이 있는데, 바로 레드 블랙 트리의 잎 노드가 모두 NIL로 표시되어 있다는 것입니다. NIL 노드는 아무 데이터도 갖고 있지 않지만 색깔만 검은색인 더미 노드입니다. 이것을 센티넬^{Sentinel} 노드라고 하는데요. 아무 데이터도 갖고 있지 않은 이 노드에 굳이 저장 공간을 할애하여 사용하는 이유는 레드 블랙 트리 구현을 용이하게 만들기 위해서입니다. 원래의 잎 노드들에 검은색이든 빨간색이든 **NIL 노드를 양쪽 자식으로 연결하면 '모든 잎 노드는 검은색이다'라는 규칙 하나는 항상 지킬 수 있기 때문**입니다.

이제 레드 블랙 트리를 이해했으니 다음으로 이 트리의 기본 연산에 대해 설명하겠습니다.

6.5.2 레드 블랙 트리의 기본 연산

레드 블랙 트리는 이진 탐색 트리입니다. 따라서 탐색 알고리즘은 이진 탐색 트리의 탐색 알고리즘을 거의 그대로 사용하면 됩니다. 다만 이를 그대로 사용할 경우 삽입 및 삭제와 관련된 문제가 발생합니다. 어떤 노드를 삽입하거나 삭제하면 레드 블랙 트리의 규칙을 위반하는 상황이 생기기 때문입니다. 규칙을 위반하면 그 트리는 더 이상 레드 블랙 트리가 될 수 없으므로 이렇게 무너진 규칙을 바로잡아주는 과정이 레드 블랙 트리 구현의 핵심입니다.

제목은 기본 연산이지만 사실 삽입과 삭제 연산 후의 '뒤처리'가 주된 내용입니다. 노드를 삽입하고 삭제하는 과정 자체는 보통의 이진 탐색 트리와 똑같습니다.

회전

본격적으로 삽입과 삭제 연산의 뒤처리에 대해 배우기 전에 알아둬야 할 것이 있습니다. 바로 레드 블랙 트리 연산의 기초 초식인 '회전^{Rotate}'입니다. 회전은 부모와 자식 노드의 위치를 서로 바꾸는 연산입니다. 회전은 방향에 따라 우회전$^{Right-Rotate}$과 좌회전$^{Left-Rotate}$으로 나뉩니다. 다음 그림처럼 우회전은 왼쪽 자식과 부모의 위치를, 좌회전은 오른쪽 자식과 부모의 위치를 교환합니다.

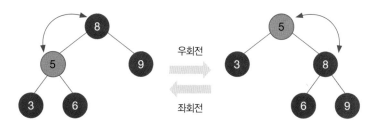

그냥 바꾸면 될 것 같지만 그렇게 간단하지 않습니다. 이진 탐색 트리의 특성상 왼쪽 자식 노드는 부모 노드보다 작고 오른쪽 자식은 부모보다 커야 하는데, 단순히 부모와 자식 노드의 위치만 바꾸면

레드 블랙 트리가 아닌 이진 탐색 트리의 조건마저 무너뜨리게 됩니다. 이런 문제를 일으키지 않으려면 다음과 같이 자식 노드를 처리해줘야 합니다.

- 우회전할 때는 왼쪽 자식 노드의 오른쪽 자식 노드를 부모 노드의 왼쪽 자식으로 연결합니다. 앞의 그림에서 왼쪽 트리를 보세요. 이 트리를 우회전하니 노드 6이 노드 8의 왼쪽 자식이 됐습니다.
- 좌회전할 때는 오른쪽 자식 노드의 왼쪽 자식 노드를 부모 노드의 오른쪽 자식으로 연결합니다. 이번에는 오른쪽 트리를 보세요. 이 트리를 좌회전해서 노드 6이 다시 노드 5의 오른쪽 자식이 됐습니다.

다음은 우회전을 구현한 RBT_RotateRight( ) 함수입니다. 좌회전 연산을 구현할 때는 이 함수에서 사용하는 왼쪽 자식을 오른쪽 자식으로, 오른쪽 자식을 왼쪽 자식으로 바꿔 사용하면 됩니다.

```
void RBT_RotateRight( RBTNode** Root, RBTNode* Parent )
{
    RBTNode* LeftChild = Parent->Left;        ← 왼쪽 자식 노드의 오른쪽 자식 노드를 부모
                                                  노드의 왼쪽 자식으로 등록합니다.
    Parent->Left = LeftChild->Right;

    if ( LeftChild->Right != Nil )
        LeftChild->Right->Parent = Parent;

    LeftChild->Parent = Parent->Parent;
                                                ← 부모가 NULL이라면 이 노드는 Root입
    if ( Parent->Parent == NULL )               니다. 이 경우에는 왼쪽 자식을 Root 노드
        (*Root) = LeftChild;                    로 만들어 회전시킵니다.
    else
    {
                                                ← 왼쪽 자식 노드를 부모 노드가 있던 곳(할
        if ( Parent == Parent->Parent->Left )     아버지의 자식 노드)에 위치시킵니다.
            Parent->Parent->Left = LeftChild;
        else
            Parent->Parent->Right = LeftChild;
    }

    LeftChild->Right = Parent;
    Parent->Parent = LeftChild;
}
```

NOTE▶ 좌회전 구현이 궁금한 분은 예제 파일로 제공되는 RBT_RotateLeft( ) 함수를 살펴보기 바랍니다.

노드 삽입 연산

이진 탐색으로 삽입할 장소(노드)를 찾고 여기에 새 노드를 자식 노드로 연결한다는 점에서 레드 블랙 트리와 이진 탐색 트리의 노드 삽입 연산은 비슷합니다. 그러나 이진 탐색 트리는 노드를 트리 안에 넣으면 그것으로 연산이 완료되는 데 반해, 레드 블랙 트리는 노드 삽입 때문에 무너졌을지도 모르는 규칙들을 살펴봐야 한다는 점이 다릅니다.

레드 블랙 트리에 새 노드를 삽입하면 **이 노드를 빨간색으로 칠한 다음 NIL 노드를 이 노드의 양쪽 자식으로 연결**해야 합니다. 다음 코드에 구현된 RBT_InsertNode( ) 함수가 이 과정을 잘 나타내고 있습니다. RBT_InsertNode( ) 함수는 먼저 이진 탐색을 통해 새 노드를 트리에 삽입(RBT_InsertNode Helper( ))한 다음, 이 노드를 빨간색으로 칠하고 NIL 노드를 양쪽 자식으로 연결합니다. 마지막으로 조금 전에 수행한 작업 때문에 무너진 레드 블랙 트리의 규칙을 복구(RBT_ResbuildAfter Insert( ))합니다.

```
void RBT_InsertNode( RBTNode** Tree, RBTNode* NewNode)
{
    RBT_InsertNodeHelper( Tree, NewNode );  •·········  이진 탐색 트리의 노드 삽입을 수행합니다.

    NewNode->Color = RED;
    NewNode->Left  = Nil;  •·········  새 노드는 빨간색으로 칠하고 NIL을 양쪽 자식으로 연결합니다.
    NewNode->Right = Nil;

    RBT_RebuildAfterInsert( Tree, NewNode );  •·········  무너진 레드 블랙 트리 규칙을 바로 잡습니다.
}
```

그런데 이 코드에는 특이한 곳이 있습니다. 바로 NewNode의 양쪽 자식에 NIL 노드를 연결하는 코드 부분입니다. 원래대로라면 다음과 같이 NIL 노드를 생성해서 NewNode에 연결해야 합니다.

```
RBTNode* LeftNil  = RBT_CreateNode( 0 );
RBTNode* RightNil = RBT_CreateNode( 0 );

NewNode->Left  = LeftNil;
NewNode->Right = RightNil;
```

그러나 RBT_InsertNode( ) 함수에서는 이렇게 하지 않고 같은 NIL 노드를 새 노드의 양쪽 자식으로 그냥 연결하고 있습니다. 이렇게 하는 이유는 **NIL 노드는 구현의 편의를 위해 도입된 개념**일 뿐 실제로 데이터를 담기 위해 사용되는 것이 아니기 때문입니다. 데이터를 담지도 않는 NIL 노드를 각 잎 노드당 2개씩 할당해서 사용하는 것은 저장 공간 낭비입니다. 이를 막기 위해 다음 그림처럼 NIL 노드를 전역으로 한 개만 생성해서 새 노드를 생성할 때마다 동일한 NIL 노드를 사용합니다.

NOTE ▶ 여기에서 잎 노드는 NIL 노드의 부모 노드를 말합니다.

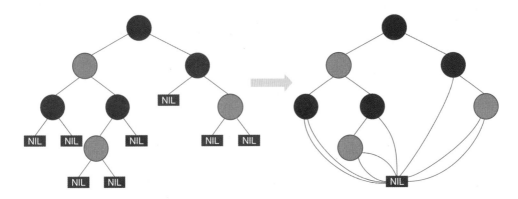

새 노드가 놓일 곳을 이진 탐색으로 찾아 트리에 연결하고 빨간색으로 칠한 다음 양쪽 자식에 NIL 노드까지 연결했습니다. 이제 레드 블랙 트리의 규칙들이 완전한지 혹은 무너졌는지 확인하고 이를 복구하는 작업을 할 차례입니다. 먼저 레드 블랙 트리의 규칙을 다시 불러오겠습니다.

❶ 모든 노드는 빨간색이거나 검은색이다.

❷ 뿌리 노드는 검은색이다.

❸ 잎 노드는 검은색이다.

❹ 빨간색 노드의 자식은 모두 검은색이다(검은색 노드는 빨간색과 검은색을 모두 자식으로 가질 수 있다).

❺ 뿌리 노드와 모든 잎 노드 사이에 있는 검은색 노드의 수는 모두 동일하다.

이 규칙 중 모든 노드가 빨간색 또는 검은색이어야 한다는 규칙은 위반되는 일이 없습니다. 모든 잎 노드는 검은색이어야 한다는 규칙도 마찬가지고요. 새 노드를 삽입할 때마다 자식으로 연결하는 NIL 노드가 검은색이기 때문입니다. 새 노드(빨간색)를 삽입할 때는 부모 노드에 연결되어 있던 NIL 노드(검은색)를 떼어내고 그 자리에 연결합니다. 따라서 마지막 규칙인 '뿌리 노드와 모든 잎 노드 사이에 있는 검은색 노드의 수는 모두 동일하다'도 역시 무너지지 않습니다.

이제 위반될 수 있는 규칙은 '뿌리 노드는 검은색이어야 한다'와 '빨간색 노드의 자식들은 모두 검은색이다' 두 가지로 좁혀집니다. 두 가지 중 '뿌리 노드는 검은색이어야 한다'라는 규칙의 뒤처리는 간단합니다. 뿌리 노드를 무조건 검은색으로 칠하면 되니까요. 이제 우리가 염려해야 하는 규칙은 한 가지로 좁혀집니다.

"빨간색 노드의 자식은 모두 검은색이다."

이 규칙이 위반되었다면 삽입한 노드와 부모 노드의 색이 모두 빨간색이라는 뜻입니다. 이 상황은 삽입한 노드의 삼촌이 어떤 색인가에 따라 다시 세 가지 경우로 나뉩니다. 여기에서 삼촌 노드는 다름 아닌 부모 노드의 둘도 없는 형제 노드를 말합니다. 레드 블랙 트리는 자식 노드가 둘뿐인 이진 트리니까요.

부모 노드가 (할아버지 노드의) 왼쪽 자식일 때 다음 세 가지 상황 중 하나에 해당되면 ❹번 규칙을 위반하게 되므로 각 상황에 따른 대처법을 마련해야 합니다. 부모 노드가 할아버지 노드의 오른쪽 자식일 때는 이어지는 설명에서 왼쪽과 오른쪽을 바꿔주면 됩니다.

- 삼촌도 빨간색인 경우
- 삼촌이 검은색이며 새로 삽입한 노드가 부모 노드의 오른쪽 자식인 경우
- 삼촌이 검은색이며 새로 삽입한 노드가 부모 노드의 왼쪽 자식인 경우

① 삼촌도 빨간색인 경우

삼촌도 빨간색인 경우에는 부모 노드와 삼촌 노드를 검은색으로 칠하고 할아버지 노드를 빨간색으로 칠하면 됩니다.

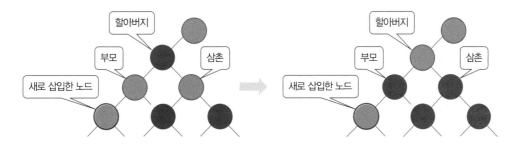

삼촌이 빨간색인 경우에 대한 후속처리는 끝났지만 이 작업으로 인해 생긴 부작용은 없는지 살펴봅시다. 할아버지 노드를 빨간색으로 칠함으로써 ❹번 규칙이 또 다시 위협받기 때문입니다. 그래서 할아버지 노드를 새로 삽입한 노드로 간주하고 다시 처음부터 ❹번 규칙을 위반하는 세 가지 경우를 따져봐야 합니다.

한편, 할아버지 노드 문제를 해결한다고 해도 할아버지의 할아버지가 빨간색이라면 ❹번 규칙이 또 다시 위협받습니다. 이러한 ❹번 규칙의 굴레는 계속 족보를 타고 위로 올라가서 부모 노드가 검은색이거나 새로 삽입한(또는 새로 삽입한 것으로 간주한) 노드가 뿌리여야 비로소 벗어날 수 있습니다.

② 삼촌이 검은색이며 새로 삽입한 노드가 부모 노드의 오른쪽 자식인 경우

삼촌이 검은색이고 삽입한 노드가 부모 노드의 오른쪽 자식인 경우에는 부모 노드를 좌회전시켜 이 상황을 ③의 경우와 같게 바꿉니다.

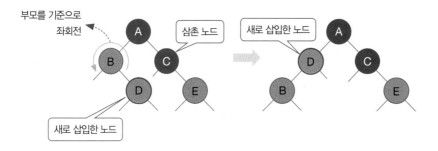

이 방법으로 문제의 유형을 바꾼 것이지 문제를 해결한 것은 아니라는 사실에 주의합시다. 새로 삽입한 노드 D가 부모가 되고 부모 노드였던 B가 자식이 되었습니다.

①의 경우를 처리한 후 할아버지 노드를 새로 삽입한 노드로 간주했던 것처럼, 이번에는 부모였던 노드를 새로 삽입한 노드로 간주하고 ③의 경우로 현재 상황을 넘기는 것이지요.

③ 삼촌이 검은색이며 새로 삽입한 노드가 부모 노드의 왼쪽 자식인 경우

삼촌이 검은색이고 삽입한 노드가 부모 노드의 왼쪽 자식인 경우에는 부모 노드를 검은색, 할아버지 노드를 빨간색으로 칠한 다음 할아버지 노드를 우회전시킵니다.

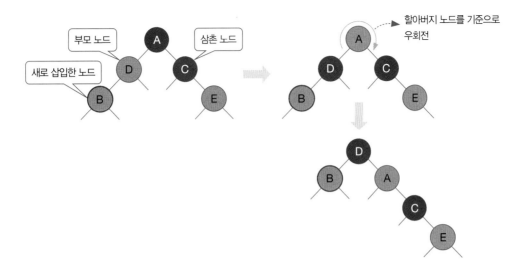

할아버지 노드를 기준으로
우회전

부모 노드

삼촌 노드

새로 삽입한 노드

③의 경우를 처리하고 나면 ❹번 규칙이 위반되지 않습니다. 새로 삽입한 노드 B의 부모 D가 검은색이기 때문입니다. D에게 부모가 있었다고 간주해봅시다. 그 부모 노드의 색이 빨간색이든 검은색이든 여전히 ❹번 규칙은 위반되지 않습니다. 드디어 ❹번 규칙의 굴레를 벗어날 수 있게 되었습니다!

지금까지 살펴본 세 가지 경우의 처리를 담은 RBT_RebuildAfterInsert( ) 함수는 다음과 같습니다.

```
void RBT_RebuildAfterInsert( RBTNode** Root, RBTNode* X )
{
    while ( X != (*Root) && X->Parent->Color == RED )
    {
        if ( X->Parent == X->Parent->Parent->Left )
        {
            RBTNode* Uncle = X->Parent->Parent->Right;
            if ( Uncle->Color == RED )
            {
                X->Parent->Color         = BLACK;
                Uncle->Color             = BLACK;
                X->Parent->Parent->Color = RED;

                X = X->Parent->Parent;
            }
            else
            {
                if ( X == X->Parent->Right )
```

❹번 규칙을 위반하는 동안에는 계속 반복합니다.

부모 노드가 할아버지 노드의 왼쪽 자식인 경우

삼촌이 빨간색인 경우

삼촌이 검은색이고 X가 오른쪽 자식인 경우

```
                    {
                        X = X->Parent;
                        RBT_RotateLeft( Root, X );
                    }

                    X->Parent->Color        = BLACK;
                    X->Parent->Parent->Color = RED;

                    RBT_RotateRight( Root, X->Parent->Parent );
                }
            }
            else
            {
                // 부모가 할아버지의 오른쪽 자식인 경우는
                // 왼쪽 자식인 경우의 코드에서 왼쪽과 오른쪽을 바꾸면 됩니다.
            }
        }

        (*Root)->Color = BLACK; •·········································· 뿌리 노드는 반드시 검은색이어야 합니다.
    }
```

노드 삭제 연산

평범한 이진 탐색 트리도 삭제 연산은 제법 복잡합니다. 어느 한 노드가 삭제되었을 때 왼쪽 자식 노드는 부모 노드보다 작아야 하고 오른쪽 자식 노드는 부모 노드보다 커야 한다는 규칙을 무너뜨리지 않기 위해 뒤처리를 해야 하기 때문입니다. 레드 블랙 트리는 지켜야 할 규칙이 다섯 가지나 있으니 이진 탐색 트리의 삭제보다 레드 블랙 트리의 삭제 과정이 더 복잡하다는 사실은 안 봐도 뻔합니다.

NOTE 뒤처리 과정이 잘 생각나지 않는다면 이진 트리의 노드 삭제 연산을 다시 읽어보기 바랍니다.

그나마 위안이 되는 점이 한 가지 있다면, 레드 블랙 트리의 삭제 연산이 기본적으로 이진 탐색 트리의 삭제 연산을 뼈대로 삼는다는 것입니다. 삭제 후에 발생하는 레드 블랙 트리의 규칙 붕괴를 수습하는 코드를 그 뼈대에 덧붙이기만 하면 됩니다.

이제 레드 블랙 트리에서 어느 한 노드를 삭제했을 때 규칙이 무너지는 경우를 쭉 나열해보겠습니다. 그다음에는 각 경우에 대한 대처 방안을 마련하고 이 방안들을 결합해서 레드 블랙 트리의 삭제 연산을 완성할 것입니다. 그 전에 먼저 레드 블랙 트리의 규칙 다섯 가지를 다시 소환해봅시다.

❶ 모든 노드는 빨간색이거나 검은색이다.

❷ 뿌리 노드는 검은색이다.

❸ 잎 노드는 검은색이다.

❹ 빨간색 노드의 자식은 모두 검은색이다(검은색 노드는 빨간색과 검은색을 모두 자식으로 가질 수 있다).

❺ 뿌리 노드와 모든 잎 노드 사이에 있는 검은색 노드의 수는 모두 동일하다.

노드 삭제 연산이 무너뜨릴 수 있는 규칙으로 어떤 것이 있는지 차근차근 살펴봅시다. 레드 블랙 트리에서 삭제할 노드를 무작위로 고르면 그 노드는 틀림없이 빨간색 아니면 검은색일 것입니다. 우선 빨간색 노드 삭제에 관해서는 고민할 필요가 없습니다. 빨간색 노드를 삭제한다고 해서 다른 노드의 색이 바뀌지 않으며(❶번 규칙을 위반하지 않습니다), 뿌리 노드나 잎 노드는 원래 검은색이므로 이들은 빨간색 노드를 삭제하는 경우에 해당되지 않습니다(❷번과 ❸번 규칙 역시 위반하지 않습니다). 빨간색 노드의 부모와 자식들은 원래부터 검은색이므로 ❹번 규칙도 지켜집니다. 마지막으로 뿌리 노드와 잎 노드 사이의 경로 위에 있는 검은색 노드를 셀 때 원래부터 빨간색 노드는 포함되지 않으므로 빨간색 노드를 삭제해도 ❺번 규칙은 유지됩니다. 결론적으로 **빨간색 노드 삭제는 ❶, ❷, ❸, ❹, ❺번 중 어떤 규칙도 무너뜨리지 않습니다.**

NOTE ▶ 빨간색 노드를 삭제할 때 '레드 블랙 트리로서의 규칙'에 관해서는 어떤 조치도 취할 필요가 없지만, 이진 탐색 트리로서의 뒤처리는 진행해야 합니다.

문제는 검은색 노드입니다. 검은색 노드를 삭제하면 ❺번 규칙이 가장 먼저 무너집니다. 삭제된 검은색 노드가 놓여 있던 뿌리 노드와 잎 노드 사이 경로의 검은색 노드 수가 다른 경로의 검은색 노드 수보다 하나 더 적어지기 때문입니다. 또한 다음 그림과 같이 삭제된 노드의 부모와 자식이 모두 빨간색이면 ❹번 규칙도 위반됩니다.

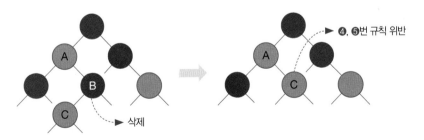

무너진 ❹, ❺번 규칙을 단번에 보완할 수 있는 방법이 있습니다. 바로 삭제된 노드를 대체하는 노드를 검은색으로 칠하는 방법입니다. 다음 그림을 보면 앞의 그림에서 삭제한 B 노드를 대체하는 C 노드를 검은색으로 칠함으로써 ❹, ❺번 규칙을 모두 지켜냈습니다.

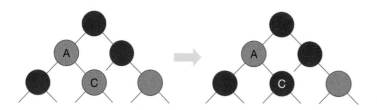

C 노드는 빨간색이기 때문에 그냥 검은색을 덧칠하는 것만으로 문제가 해결됐습니다. C 노드가 검은색이었다면 어땠을까요? 다음과 같이 말입니다. 빨간색 노드는 검은색 노드를 가져야 한다는 ❹번 규칙은 위반하지 않고, 모든 뿌리 노드와 잎 노드 사이 경로에 있는 검은색 노드의 수가 동일해야 한다는 ❺번 규칙만 위반합니다.

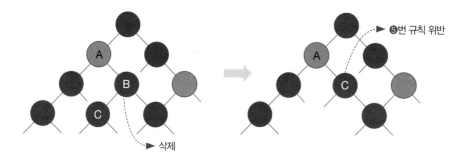

이 경우에도 대체 노드 C에 검은색을 덧입힙니다. 그래서 C 노드는 예외적으로 검은색을 '2개' 갖게 되었고 ❺번 규칙을 지켜냈습니다. 이렇게 검은색을 2개 갖는 노드를 '이중 흑색' 노드라고 부릅니다. 다음 그림의 오른쪽 트리를 보면 C 노드 위에 검은 정사각형 하나가 있습니다. 이것은 C 노드 위에 검은색을 '덧칠'했다는 표시입니다. 검은색이 2개인 노드를 표현할 방법이 달리 없어서 이렇게 밖에 표현하지 못하는 점 양해 바랍니다.

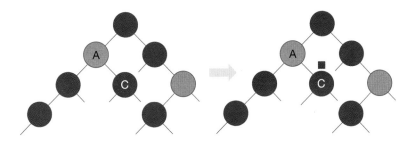

무너진 규칙은 이제 ❺번이 아니라 ❶번으로 바뀌었습니다. C 노드는 검은색도 빨간색도 아닌 '이중 흑색'이 되어버렸기 때문입니다. 이중 흑색 노드에 대해 조금 더 이야기하자면 검은색을 2개 가졌다는 것은 어디까지나 개념적인 표현입니다. 다시 말해, 이중 흑색은 사실 ❺번 규칙이 무너졌지만 ❶번 규칙이 무너진 것으로 간주함으로써 문제를 더 풀기 쉬운 상태로 만들기 위한 조치입니다. 따라서 실제 코드에서 노드를 이중 흑색으로 표시하는 일은 없을 것입니다.

아무튼 지금부터는 ❶번 규칙을 지켜내는 과정을 살펴보겠습니다. 이 과정의 중심에는 이중 흑색 노드가 있습니다. 바로 이 녀석이 문제 그 자체니까요. 이중 흑색 노드를 처리하는 방법은 이중 흑색 노드의 형제와 조카들의 상태에 따라 다시 네 가지 경우로 나뉩니다. 각 경우는 다음과 같으며 이중 흑색 노드가 부모 노드의 왼쪽 자식인 경우에 한합니다. 오른쪽 자식인 경우에는 아래의 설명에서 왼쪽과 오른쪽을 바꾸면 됩니다.

① 형제가 빨간색인 경우

② 형제가 검은색이고
　②-A 형제의 양쪽 자식이 모두 검은색인 경우
　②-B 형제의 왼쪽 자식은 빨간색, 오른쪽 자식은 검은색인 경우
　②-C 형제의 오른쪽 자식이 빨간색인 경우

각 상황별로 뒤처리 알고리즘을 자세히 알아볼까요? 참고로 지금부터 설명할 내용과 관련된 그림을 연습장에 베껴가며 읽는다면 더 이해하기 쉬울 것입니다.

① 형제가 빨간색인 경우

이중 흑색 노드의 형제가 빨간색인 경우에는 먼저 형제를 검은색, 부모를 빨간색으로 칠합니다. 그 다음에는 부모를 기준으로 자식 노드를 좌회전시킵니다. 이렇게 해도 여전히 이중 흑색 노드는 그대로 남아 있지만 형제 노드는 검은색 노드로 바뀝니다. 이제 문제 유형이 '빨간색 형제'에서 '검은색

형제'로 바뀌었습니다. 이제 이중 흑색 노드는 이어서 설명할 ②-A, ②-B, ②-C의 경우에 따라 처리하면 됩니다. 예는 다음 그림과 같습니다.

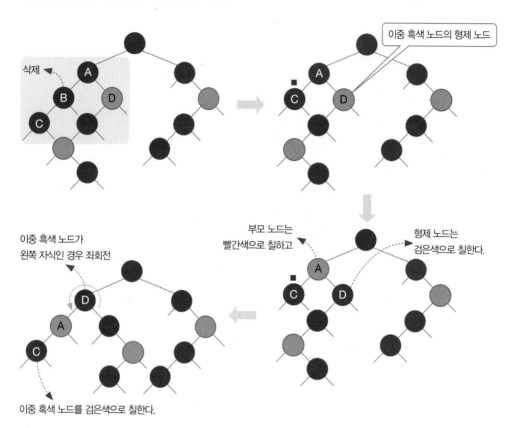

②-A. 형제가 검은색이고 형제의 양쪽 자식이 모두 검은색인 경우

이중 흑색 노드의 형제가 검은색이고 형제의 양쪽 자식(이중 흑색 노드의 조카)이 모두 검은색인 경우에는 형제 노드만 빨간색으로 칠한 후 이중 흑색 노드가 갖고 있던 2개의 검은색 중 하나를 부모 노드에게 넘겨주면 됩니다. 그렇다면 부모 노드는 그 검은색 노드를 어떻게 처리해야 할까요? 부모 노드도 그 형제의 상황에 따라 대처하면 됩니다. 즉, 우리가 지금 다루는 네 가지 경우 중 어떤 경우에 해당되는지를 따져서 그에 맞게 처리하면 됩니다. 그다음은 부모 노드가 알아서 할 일이니 여기서는 일단 잊어버려도 괜찮습니다.

다음 그림을 보면 삭제된 B 노드를 대체하는 이중 흑색 노드 C는 형제 노드 D도 검은색이고 그 양쪽 자식인 E와 F도 모두 검은색입니다. 방금 전에 설명한 대로 D를 빨간색으로 칠하고 C가 갖고 있던 2개의 검은색 중 하나를 부모 노드인 A에게 넘깁니다. 여기까지만 하면 원래의 이중 흑색 노드였던 C에 대한 처리가 끝납니다. 부모 노드인 A는 자기가 넘겨받은 검은색을 적절하게 잘 처리하면 됩니다. A는 빨간색 노드이므로 형제 노드를 볼 필요도 없습니다. A 노드만 검은색으로 칠해주면 상황은 종료됩니다.

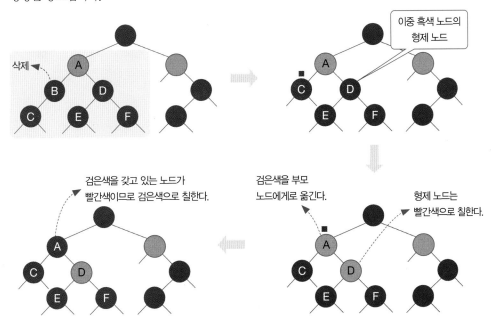

②-B. 형제가 검은색이고 형제의 왼쪽 자식은 빨간색, 오른쪽 자식은 검은색인 경우

이 경우에는 형제 노드를 빨간색으로 칠하고 왼쪽 자식을 검은색으로 칠한 다음 형제 노드를 기준으로 우회전합니다.

다음 그림에 ②-B의 경우를 위한 예가 나타나 있습니다. 첫 번째 트리에서 B 노드를 삭제하면 두 번째 그림과 같이 C 노드가 B 노드를 대체하고 이중 흑색 노드로 변합니다. 그런데 이중 흑색 노드의 형제 D가 검은색이고 형제의 왼쪽 자식인 E 노드는 빨간색, 오른쪽 자식인 F 노드는 검은색입니다. 조금 전에 설명한 것처럼 형제 노드 D를 빨간색, 형제 노드의 왼쪽 자식 노드 E를 검은색으로 칠합니다(세 번째 그림). 색을 다 칠했으면 네 번째 그림처럼 형제 노드 D를 기준으로 우회전함으로써 뒤처리를 마무리합니다.

아, 그런데 C 노드가 여전히 검은색 2개를 갖고 있습니다. 이 친구는 어떻게 해야 할까요? 그림을 다시 한번 보세요. 상황이 ②-C. 형제가 검은색이고 형제의 오른쪽 자식이 빨간색인 경우로 바뀌었습니다. 이제는 바뀐 상황에 대한 새로운 대처방안을 마련해야 합니다. 그 방안은 네 번째 경우에서 이어서 설명하겠습니다.

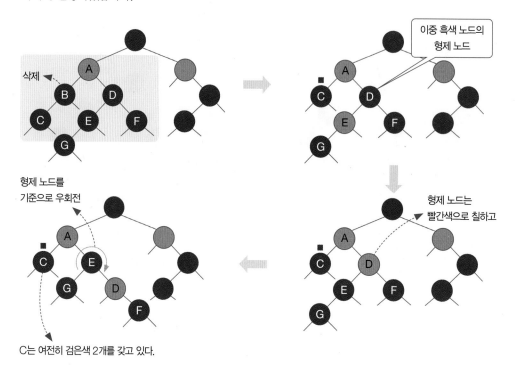

형제 노드를
기준으로 우회전

C는 여전히 검은색 2개를 갖고 있다.

②-C. 형제가 검은색이고 형제의 오른쪽 자식이 빨간색인 경우

이 경우에는 가장 먼저 이중 흑색 노드의 부모 노드가 갖고 있는 색을 형제 노드에 칠합니다. 그 다음에 부모 노드와 형제 노드의 오른쪽 자식 노드를 검은색으로 칠하고 부모 노드를 기준으로 좌회전하면 ❶번 규칙이 지켜집니다.

이번에도 그림 예제가 준비되어 있습니다. 방금 전에 다뤘던 ②-B의 마지막 그림부터 시작하겠습니다. C가 이중 흑색 노드였고 형제인 E 노드는 검은색, 형제의 오른쪽 자식 노드 D는 빨간색입니다. 우선 E를 부모 노드인 A의 색인 빨간색으로 칠합니다. 그다음에는 부모 노드 A와 오른쪽 자식 노드인 D를 검은색으로 칠합니다. 마지막으로 부모 노드 A를 기준으로 좌회전을 수행한 후 이중 흑색 노드 C가 갖고 있던 검은색 중 하나를 뿌리 노드에 넘깁니다.

뿌리 노드가 이중 흑색으로 변했다고 해서 당황할 필요는 없습니다. 뿌리 노드가 이중 흑색인 경우 검은색으로 칠해주기만 하면 상황이 끝나기 때문입니다.

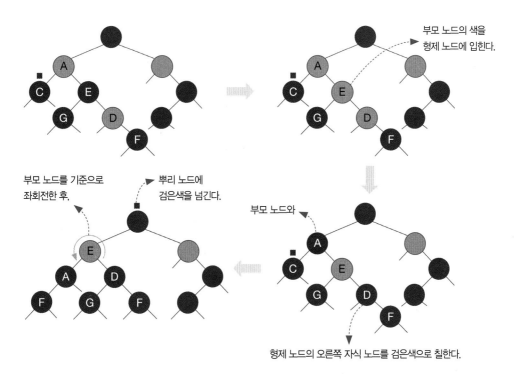

부모 노드의 색을
형제 노드에 입힌다.

부모 노드를 기준으로
좌회전한 후,

뿌리 노드에
검은색을 넘긴다.

부모 노드와

형제 노드의 오른쪽 자식 노드를 검은색으로 칠한다.

자, 이렇게 삭제 연산에서 발생하는 이중 흑색 노드의 네 가지 처리 과정에 대해 모두 알아봤습니다. 다음 코드에 있는 RBT_RebuildAfterRemove() 함수는 이중 흑색 노드를 처리하는 네 가지 경우를 모두 담고 있습니다. 물론 잘 알고 있는 것처럼 '이중 흑색'을 표시하기 위한 장치는 따로 없습니다. 다만 이 함수가 매개 변수로 넘겨받는 Successor, 즉 대체 노드가 이중 흑색 노드입니다. 코드를 읽을 때 Successor 위에 검은색이 하나 더 있다고 생각하면 이해하기 쉬울 것입니다.

```
void RBT_RebuildAfterRemove( RBTNode** Root, RBTNode* Successor )
{
    RBTNode* Sibling = NULL;
```

> 뿌리 노드이거나 빨간색 노드로
> 검은색이 넘어가면 루프 종료

```
    while ( Successor->Parent != NULL && Successor->Color == BLACK)
    {
        if ( Successor == Successor->Parent->Left )
        {
            // 이중 흑색 노드가 부모 노드의 왼쪽 자식인 경우
            Sibling = Successor->Parent->Right;
```

```c
        if ( Sibling->Color == RED )•---------------------------- ① 형제가 빨간색인 경우
        {
            Sibling->Color = BLACK;
            Successor->Parent->Color = RED;
            RBT_RotateLeft( Root, Successor->Parent );
        }
        else •---------------------------------------------- ② 형제가 검은색이며
        {
            if ( Sibling->Left->Color == BLACK &&
                 Sibling->Right->Color == BLACK )
            {                                          ②-A. 양쪽 자식이 모두 검은색인 경우
                Sibling->Color = RED;
                Successor      = Successor->Parent;
            }
            else
            {
                if ( Sibling->Left->Color == RED )•---- ②-B. 왼쪽 자식이 빨간색인 경우
                {
                    Sibling->Left->Color = BLACK;
                    Sibling->Color       = RED;

                    RBT_RotateRight( Root, Sibling );
                    Sibling = Successor->Parent->Right;
                }
                                                    ②-C. 오른쪽 자식이 빨간색인 경우
                Sibling->Color           = Successor->Parent->Color;
                Successor->Parent->Color = BLACK;
                Sibling->Right->Color    = BLACK;
                RBT_RotateLeft( Root, Successor->Parent );
                Successor = (*Root);
            }
        }
    }
    else
    {
        // 이중 흑색 노드가 부모 노드의 오른쪽 자식인 경우
    }
    }

    Successor->Color = BLACK;
}
```

RBT_RebuildAfterRemove( ) 함수는 노드를 삭제한 후, 그것도 삭제한 노드가 검은색일 때만 호출된다고 했지요? 다음은 BST_RemoveNode( ) 함수를 개선한 RBT_RemoveNode( ) 함수입니다. BST_RemoveNode( ) 함수와 달리 재귀 호출을 사용하지 않습니다. 노드를 찾는 일은 RBT_SearchNode( ) 함수에게 위임하고, RBT_SearchNode( )가 찾아낸 노드(RBTNode 구조체)는 부모 노드를 갖고 있기 때문에 부모 노드의 포인터를 매개 변수로 받지 않는다는 것 또한 다릅니다. 사실 이러한 차이는 별로 중요하지 않습니다. 여기까지는 둘 다 똑같은 일을 하고 있기 때문입니다. 중요한 차이는 무너진 레드 블랙 트리의 규칙을 복원하는 RBT_RebuildAfterRemove( )를 호출한다는 사실에 있습니다.

```
RBTNode* RBT_RemoveNode( RBTNode** Root, ElementType Data )
{
    RBTNode* Removed   = NULL;
    RBTNode* Successor = NULL;
    RBTNode* Target    = RBT_SearchNode( (*Root), Data );

    if ( Target == NULL )
        return NULL;

    if ( Target->Left == Nil || Target->Right == Nil )
    {
        Removed = Target;
    }
    else
    {
        Removed = RBT_SearchMinNode( Target->Right );
        Target->Data = Removed->Data;
    }

    if ( Removed->Left != Nil )
        Successor = Removed->Left;
    else
        Successor = Removed->Right;

    Successor->Parent = Removed->Parent;

    if ( Removed->Parent == NULL )
        (*Root) = Successor;
```

```
    else
    {
        if ( Removed == Removed->Parent->Left )
            Removed->Parent->Left = Successor;
        else
            Removed->Parent->Right = Successor;
    }

    if ( Removed->Color == BLACK )•·········
        RBT_RebuildAfterRemove( Root, Successor );

    return Removed;
}
```

> 삭제한 노드가 검은색이라면 대체 노드를 RBT_RebuildAfterRemove( ) 함수에 인수로 넘겨 호출합니다.

6.5.3 레드 블랙 트리 예제 프로그램

이번에 만들 프로그램은 사용자가 입력하는 명령에 따라 동작합니다. 명령어의 종류는 노드 생성, 노드 삭제, 노드 탐색, 트리 출력, 종료 이렇게 다섯 가지입니다.

```
Enter command number :
(1) Create a node, (2) Remove a node, (3) Search a Node
(4) Display Tree (5) quit
command number:4
```

다섯 가지 명령 중 트리 출력을 선택하면 각 노드는 다음과 같은 형식으로 출력됩니다.

〈노드 번호〉〈노드 색상〉[〈부모의 왼쪽과 오른쪽 자식의 유무〉, 〈부모 노드 번호〉]

트리 전체는 다음과 같이 들여쓰기 형식으로 출력합니다. 잎 노드 오른쪽에는 점선과 숫자가 출력되는데, 이것은 뿌리와 잎 사이 경로 위에 있는 검은색 노드의 수를 나타냅니다. 잎 노드 중에 이 수가 하나라도 다른 것이 있다면 이 레드 블랙 트리 프로그램은 오류를 갖고 있는 것입니다.

```
 87 BLACK [X,-1] ●········         뿌리 노드는 부모 노드가 없으므로 -1을 출력합니다.
    13 RED [L,87]
       12 BLACK [L,13] --------- 2
       15 BLACK [R,13]
          14 RED [L,15] --------- 2
          32 RED [R,15] --------- 2
   123 BLACK [R,87]
       95 RED [L,123] --------- 2
      174 RED [R,123] --------- 2
```

여느 예제 프로그램처럼 레드 블랙 트리 예제 프로그램도 다음과 같이 3개의 파일로 이루어져 있습니다. RedBlackTree.h는 구조체 및 함수 원형을 선언합니다. RedBlackTree.c는 RedBlack Tree.h에서 선언한 함수를 구현합니다. Test_RedBlackTree.c는 RedBlackTree.c에서 구현한 함수를 테스트합니다.

이진 탐색 트리 예제 프로그램 소스 코드에 우리가 방금 전까지 공부했던 레드 블랙 트리의 기본 연산을 추가한다고 생각하면 됩니다. 레드 블랙 트리의 기본 연산에 대해서는 이미 앞에서 코드와 함께 설명했으므로 여기서는 따로 설명하지 않겠습니다.

06장/RedBlackTree/RedBlackTree.h

```
01  #ifndef REDBLACKTREE_H
02  #define REDBLACKTREE_H
03
04
05  #include <stdio.h>
06  #include <stdlib.h>
07
08  typedef int ElementType;
09
10  typedef struct tagRBTNode
11  {
12      struct tagRBTNode* Parent;
13      struct tagRBTNode* Left;
14      struct tagRBTNode* Right;
15
16      enum { RED, BLACK } Color;
```

```
17
18      ElementType Data;
19
20  } RBTNode;
21
22  void        RBT_DestroyTree( RBTNode* Tree );
23
24  RBTNode*    RBT_CreateNode( ElementType NewData );
25  void        RBT_DestroyNode( RBTNode* Node );
26
27  RBTNode*    RBT_SearchNode( RBTNode* Tree, ElementType Target );
28  RBTNode*    RBT_SearchMinNode( RBTNode* Tree );
29  void        RBT_InsertNode( RBTNode** Tree, RBTNode *NewNode );
30  void        RBT_InsertNodeHelper( RBTNode** Tree, RBTNode *NewNode );
31  RBTNode*    RBT_RemoveNode( RBTNode** Root, ElementType Target );
32  void        RBT_RebuildAfterInsert( RBTNode** Tree, RBTNode* NewNode );
33  void        RBT_RebuildAfterRemove( RBTNode** Root, RBTNode* X );
34
35  void        RBT_PrintTree( RBTNode* Node, int Depth, int BlackCount );
36  void        RBT_RotateLeft( RBTNode** Root, RBTNode* Parent );
37  void        RBT_RotateRight( RBTNode** Root, RBTNode* Parent );
38
39  #endif
```

```
001  #include "RedBlackTree.h"
002  #include <string.h>
003
004  extern RBTNode* Nil;
005
006  RBTNode* RBT_CreateNode( ElementType NewData )
007  {
008      RBTNode* NewNode = (RBTNode*)malloc( sizeof(RBTNode) );
009      NewNode->Parent  = NULL;
010      NewNode->Left    = NULL;
011      NewNode->Right   = NULL;
012      NewNode->Data    = NewData;
```

```
013      NewNode->Color   = BLACK;
014
015      return NewNode;
016  }
017
018  void RBT_DestroyNode( RBTNode* Node )
019  {
020      free(Node);
021  }
022
023  void RBT_DestroyTree( RBTNode* Tree )
024  {
025      if ( Tree->Right != Nil )
026          RBT_DestroyTree( Tree->Right );
027
028      if ( Tree->Left != Nil )
029          RBT_DestroyTree( Tree->Left );
030
031      Tree->Left = Nil;
032      Tree->Right = Nil;
033
034      RBT_DestroyNode( Tree );
035  }
036
037  RBTNode*  RBT_SearchNode( RBTNode* Tree, ElementType Target )
038  {
039      if ( Tree == Nil )
040          return NULL;
041
042      if ( Tree->Data > Target )
043          return RBT_SearchNode ( Tree->Left, Target );
044      else if ( Tree->Data < Target )
045          return RBT_SearchNode ( Tree->Right,  Target );
046      else
047          return Tree;
048  }
049
050  RBTNode*  RBT_SearchMinNode( RBTNode* Tree )
051  {
052      if ( Tree == Nil )
```

```
053        return Nil;
054
055    if ( Tree->Left == Nil )
056        return Tree;
057    else
058        return RBT_SearchMinNode( Tree->Left );
059 }
060
061 void RBT_InsertNode( RBTNode** Tree, RBTNode* NewNode)
062 {
063    RBT_InsertNodeHelper( Tree, NewNode );
064
065    NewNode->Color = RED;
066    NewNode->Left  = Nil;
067    NewNode->Right = Nil;
068
069    RBT_RebuildAfterInsert( Tree, NewNode );
070 }
071
072 void RBT_InsertNodeHelper( RBTNode** Tree, RBTNode* NewNode)
073 {
074    if ( (*Tree) == NULL )
075        (*Tree) = NewNode;
076
077    if ( (*Tree)->Data < NewNode->Data )
078    {
079        if ( (*Tree)->Right == Nil )
080        {
081            (*Tree)->Right  = NewNode;
082            NewNode->Parent = (*Tree);
083        }
084        else
085            RBT_InsertNodeHelper(&(*Tree)->Right, NewNode);
086
087    }
088    else if ( (*Tree)->Data > NewNode->Data )
089    {
090        if ( (*Tree)->Left == Nil )
091        {
092            (*Tree)->Left    = NewNode;
```

```
093                 NewNode->Parent = (*Tree);
094             }
095         else
096             RBT_InsertNodeHelper(&(*Tree)->Left, NewNode);
097     }
098 }
099
100 void RBT_RotateRight( RBTNode** Root, RBTNode* Parent )
101 {
102     RBTNode* LeftChild =  Parent->Left;
103
104     Parent->Left = LeftChild->Right;
105
106     if ( LeftChild->Right != Nil )
107         LeftChild->Right->Parent = Parent;
108
109     LeftChild->Parent = Parent->Parent;
110
111     if ( Parent->Parent == NULL )
112         (*Root) = LeftChild;
113     else
114     {
115         if ( Parent == Parent->Parent->Left )
116             Parent->Parent->Left = LeftChild;
117         else
118             Parent->Parent->Right = LeftChild;
119     }
120
121     LeftChild->Right  = Parent;
122     Parent->Parent = LeftChild;
123 }
124
125 void RBT_RotateLeft( RBTNode** Root, RBTNode* Parent )
126 {
127     RBTNode* RightChild = Parent->Right;
128
129     Parent->Right = RightChild->Left;
130
131     if ( RightChild->Left != Nil )
132         RightChild->Left->Parent = Parent;
```

```
133
134     RightChild->Parent = Parent->Parent;
135
136     if ( Parent->Parent == NULL )
137         (*Root) = RightChild;
138     else
139     {
140         if ( Parent == Parent->Parent->Left )
141             Parent->Parent->Left = RightChild;
142         else
143             Parent->Parent->Right = RightChild;
144     }
145
146     RightChild->Left = Parent;
147     Parent->Parent = RightChild;
148 }
149
150 void RBT_RebuildAfterInsert( RBTNode** Root, RBTNode* X )
151 {
152     while ( X != (*Root) && X->Parent->Color == RED )
153     {
154         if ( X->Parent == X->Parent->Parent->Left )
155         {
156             RBTNode* Uncle = X->Parent->Parent->Right;
157             if ( Uncle->Color == RED )
158             {
159                 X->Parent->Color        = BLACK;
160                 Uncle->Color            = BLACK;
161                 X->Parent->Parent->Color = RED;
162
163                 X = X->Parent->Parent;
164             }
165             else
166             {
167                 if ( X == X->Parent->Right )
168                 {
169                     X = X->Parent;
170                     RBT_RotateLeft( Root, X );
171                 }
172
```

```
173                 X->Parent->Color        = BLACK;
174                 X->Parent->Parent->Color = RED;
175
176                 RBT_RotateRight( Root, X->Parent->Parent );
177             }
178         }
179     else
180     {
181          RBTNode* Uncle = X->Parent->Parent->Left;
182         if ( Uncle->Color == RED )
183         {
184             X->Parent->Color        = BLACK;
185             Uncle->Color            = BLACK;
186             X->Parent->Parent->Color = RED;
187
188             X = X->Parent->Parent;
189         }
190         else
191         {
192             if ( X == X->Parent->Left )
193             {
194                 X = X->Parent;
195                 RBT_RotateRight( Root, X );
196             }
197
198             X->Parent->Color        = BLACK;
199             X->Parent->Parent->Color = RED;
200             RBT_RotateLeft( Root, X->Parent->Parent );
201         }
202     }
203     }
204
205     (*Root)->Color = BLACK;
206 }
207
208 RBTNode* RBT_RemoveNode( RBTNode** Root, ElementType Data )
209 {
210     RBTNode* Removed   = NULL;
211     RBTNode* Successor = NULL;
212     RBTNode* Target    = RBT_SearchNode( (*Root), Data );
```

```
213
214     if ( Target == NULL )
215         return NULL;
216
217     if ( Target->Left == Nil || Target->Right == Nil )
218     {
219         Removed = Target;
220     }
221     else
222     {
223         Removed = RBT_SearchMinNode( Target->Right );
224         Target->Data = Removed->Data;
225     }
226
227     if ( Removed->Left != Nil )
228         Successor = Removed->Left;
229     else
230         Successor = Removed->Right;
231
232
233     Successor->Parent = Removed->Parent;
234
235     if ( Removed->Parent == NULL )
236         (*Root) = Successor;
237     else
238     {
239         if ( Removed == Removed->Parent->Left )
240             Removed->Parent->Left = Successor;
241         else
242             Removed->Parent->Right = Successor;
243     }
244
245     if ( Removed->Color == BLACK )
246         RBT_RebuildAfterRemove( Root, Successor );
247
248     return Removed;
249 }
250
251 void RBT_RebuildAfterRemove( RBTNode** Root, RBTNode* Successor )
252 {
```

```
253    RBTNode* Sibling = NULL;
254
255    while ( Successor->Parent != NULL && Successor->Color == BLACK)
256    {
257        if ( Successor == Successor->Parent->Left )
258        {
259            Sibling = Successor->Parent->Right;
260
261            if ( Sibling->Color == RED )
262            {
263                Sibling->Color          = BLACK;
264                Successor->Parent->Color = RED;
265                RBT_RotateLeft( Root, Successor->Parent );
266            }
267            else
268            {
269                if ( Sibling->Left->Color == BLACK &&
270                     Sibling->Right->Color == BLACK )
271                {
272                    Sibling->Color = RED;
273                    Successor      = Successor->Parent;
274                }
275                else
276                {
277                    if ( Sibling->Left->Color == RED )
278                    {
279                        Sibling->Left->Color = BLACK;
280                        Sibling->Color       = RED;
281
282                        RBT_RotateRight( Root, Sibling );
283                        Sibling = Successor->Parent->Right;
284                    }
285
286                    Sibling->Color          = Successor->Parent->Color;
287                    Successor->Parent->Color = BLACK;
288                    Sibling->Right->Color    = BLACK;
289                    RBT_RotateLeft( Root, Successor->Parent );
290                    Successor = (*Root);
291                }
292            }
```

```
293              }
294          else
295          {
296              Sibling = Successor->Parent->Left;
297
298              if ( Sibling->Color == RED )
299              {
300                  Sibling->Color          = BLACK;
301                  Successor->Parent->Color = RED;
302                  RBT_RotateRight( Root, Successor->Parent );
303              }
304              else
305              {
306                  if ( Sibling->Right->Color == BLACK &&
307                       Sibling->Left->Color  == BLACK )
308                  {
309                      Sibling->Color = RED;
310                      Successor      = Successor->Parent;
311                  }
312                  else
313                  {
314                      if ( Sibling->Right->Color == RED )
315                      {
316                          Sibling->Right->Color = BLACK;
317                          Sibling->Color        = RED;
318
319                          RBT_RotateLeft( Root, Sibling );
320                          Sibling = Successor->Parent->Left;
321                      }
322
323                      Sibling->Color           = Successor->Parent->Color;
324                      Successor->Parent->Color = BLACK;
325                      Sibling->Left->Color     = BLACK;
326                      RBT_RotateRight( Root, Successor->Parent );
327                      Successor = (*Root);
328                  }
329              }
330          }
331      }
332
```

```
333       Successor->Color = BLACK;
334   }
335
336   void RBT_PrintTree( RBTNode* Node, int Depth, int BlackCount )
337   {
338       int  i = 0;
339       char c = 'X';
340       int  v = -1;
341       char cnt[100];
342
343       if ( Node == NULL || Node == Nil)
344           return;
345
346       if ( Node->Color == BLACK )
347           BlackCount++;
348
349       if ( Node->Parent != NULL )
350       {
351           v = Node->Parent->Data;
352
353           if ( Node->Parent->Left == Node )
354               c = 'L';
355           else
356               c = 'R';
357       }
358
359       if ( Node->Left == Nil && Node->Right == Nil )
360           sprintf(cnt, "--------- %d", BlackCount );
361       else
362           strncpy(cnt, "", sizeof(cnt));
363
364       for ( i=0; i<Depth; i++)
365           printf("  ");
366
367       printf( "%d %s [%c,%d] %s\n", Node->Data,
368               (Node->Color == RED)?"RED":"BLACK", c, v, cnt);
369
370       RBT_PrintTree( Node->Left, Depth+1, BlackCount);
371       RBT_PrintTree( Node->Right, Depth+1, BlackCount );
372   }
```

```
01  #include "RedBlackTree.h"
02
03  RBTNode* Nil;
04
05  int main( void )
06  {
07      RBTNode* Tree = NULL;
08      RBTNode* Node = NULL;
09
10      Nil         = RBT_CreateNode(0);
11      Nil->Color  = BLACK;
12
13      while ( 1 )
14      {
15          int  cmd   = 0;
16          int  param = 0;
17          char buffer[10];
18
19          printf("Enter command number :\n");
20          printf("(1) Create a node, (2) Remove a node, (3) Search a Node\n");
21          printf("(4) Display Tree (5) quit\n");
22          printf("command number:");
23
24          fgets(buffer, sizeof(buffer)-1, stdin);
25          sscanf(buffer, "%d", &cmd );
26
27          if ( cmd < 1 || cmd > 5 )
28          {
29              printf("Invalid command number.\n");
30              continue;
31          }
32          else if ( cmd == 4 )
33          {
34              RBT_PrintTree( Tree, 0, 0 );
35              printf( "\n");
36              continue;
37          }
38          else if ( cmd == 5 )
```

```
39            break;
40
41        printf("Enter parameter (1~200) :\n");
42
43        fgets(buffer, sizeof(buffer)-1, stdin);
44        sscanf(buffer, "%d", &param );
45
46        if ( param < 1 || param > 200 )
47        {
48            printf("Invalid parameter.%d\n", param);
49            continue;
50        }
51
52        switch ( cmd )
53        {
54        case 1:
55            RBT_InsertNode( &Tree, RBT_CreateNode(param) );
56            break;
57        case 2:
58            Node = RBT_RemoveNode( &Tree, param);
59
60            if ( Node == NULL )
61                printf("Not found node to delete:%d\n", param);
62            else
63                RBT_DestroyNode( Node );
64
65
66            break;
67        case 3:
68            Node = RBT_SearchNode(Tree, param);
69
70            if ( Node == NULL )
71                printf("Not found node:%d\n", param);
72            else
73                printf("Found Node: %d(Color:%s)\n",
74                        Node->Data, (Node->Color==RED)?"RED":"BLACK");
75            break;
76        }
77
78        printf("\n");
```

```
79
80      }
81
82      RBT_DestroyTree( Tree );
83      return 0;
84  }
```

실행 결과

```
PS C:\Users\seanl\source\repos\ThisIsAlgorithm\07\RedBlackTree> .\RedBlackTree
Enter command number :
(1) Create a node, (2) Remove a node, (3) Search a Node
(4) Display Tree (5) quit
command number:1
Enter parameter (1~200) :
100

Enter command number :
(1) Create a node, (2) Remove a node, (3) Search a Node
(4) Display Tree (5) quit
command number:4
100 BLACK [X,-1] --------- 1
```
············ 뿌리 노드는 부모 노드가 없으므로 -1을 출력합니다.

```
Enter command number :
(1) Create a node, (2) Remove a node, (3) Search a Node
(4) Display Tree (5) quit
command number:1
Enter parameter (1~200) :
101

(중략)

Enter command number :
(1) Create a node, (2) Remove a node, (3) Search a Node
(4) Display Tree (5) quit
command number:4
99 BLACK [X,-1]
   97 RED [L,99]
     95 BLACK [L,97]
        94 RED [L,95] --------- 2
```

```
        96 RED [R,95] --------- 2
       98 BLACK [R,97] --------- 2
   101 RED [R,99]
      100 BLACK [L,101] --------- 2
      102 BLACK [R,101] --------- 2

Enter command number :
(1) Create a node, (2) Remove a node, (3) Search a Node
(4) Display Tree (5) quit
command number:2
Enter parameter (1~200) :
99 •---------------------------- 노드 99 삭제

Enter command number :
(1) Create a node, (2) Remove a node, (3) Search a Node
(4) Display Tree (5) quit
command number:4
100 BLACK [X,-1]
  97 RED [L,100]
    95 BLACK [L,97]
       94 RED [L,95] --------- 2
       96 RED [R,95] --------- 2
     98 BLACK [R,97] --------- 2
  101 BLACK [R,100]
     102 RED [R,101] --------- 2

Enter command number :
(1) Create a node, (2) Remove a node, (3) Search a Node
(4) Display Tree (5) quit
command number:5
```

01 다음과 같은 데이터에서 임의의 항목을 찾고자 할 때 순차 탐색을 사용하는 것이 낫겠습니까, 아니면 이진 탐색을 사용하는 것이 낫겠습니까? 그 이유와 함께 설명해보세요.

71	5	13	1	2	48	222	136	3	15

02 링크드 리스트에서의 이진 탐색은 정녕 불가능할까요? 여러분이 생각하는 링크드 리스트에서의 이진 탐색이 가능하거나 불가능한 이유를 설명해보세요.

03 우리가 마지막으로 공부한 레드 블랙 트리에서는 규칙이 무너질 때마다 노드를 빨간색이나 검은색으로 덧칠하거나 회전했습니다. 이렇게 하는 이유는 무엇일까요? 레드 블랙 트리의 다섯 가지 규칙을 중심으로 생각하고 설명해보세요.

07

우선순위 큐와 힙

"또 큐 이야기예요? 3장에서 설명할 때 한꺼번에 할 것이지 왜 이제 다시 이야기를 꺼내나요?"

너무 흥분하지 말고 제 설명을 들어보세요. 우선순위 큐는 우리가 3장에서 다뤘던 큐와는 다릅니다. 선입선출 방식으로 동작하지 않고 우선순위에 따라 데이터의 출력 순서가 결정되거든요. 우선순위 큐의 핵심은 데이터의 입출력이 이루어질 때마다 최소 비용으로 최우선순위의 데이터를 헤드에 위치시키는, 알고리즘 효율을 높이는 데 있습니다. 이 알고리즘을 이해하려면 6장에서 공부한 내용을 활용해야 합니다. 그래서 3장이 아닌 7장에서 우선순위 큐를 소개하게 되었습니다. 그러면 힙은 뭐냐고요? 그것은 본문에서 알려드릴게요.

학습목표

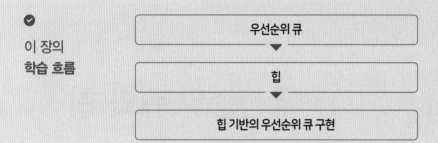

✅
이 장의
핵심 개념

• 우선순위 큐의 개념을 이해합니다.

• 힙의 개념과 구현을 이해합니다.

• 힙 기반의 우선순위 큐 구현을 이해합니다.

✅
이 장의
학습 흐름

우선순위 큐
▼
힙
▼
힙 기반의 우선순위 큐 구현

7.1 우선순위 큐

먼저 들어간 요소가 먼저 나오고 나중에 들어간 요소는 나중에 나오는 자료구조를 일컬어 '큐Queue'라고 합니다. 우선순위 큐Priority Queue는 큐와 이름이 비슷하지만 '우선순위' 속성에 따라 출력 순서를 결정한다는 점이 다릅니다.

우선순위 큐는 우선순위 속성을 갖는 데이터의 **삽입**Enqueue**과 제거**Dequeue**연산을 지원하는 ADT**라고 정의할 수 있습니다. 너무 싱겁죠? 우선순위 큐와 보통 큐의 차이는 삽입과 제거 연산이 '어떻게 동작하는가?'에 있습니다. 보통 큐는 먼저 들어온 요소가 무조건 먼저 나오게 하지만, 우선순위 큐는 새 요소에 우선순위를 부여해서 큐에 삽입하고 가장 높은 우선순위를 가진 요소부터 빠져나오게 합니다. 이것이 둘 사이에 존재하는 차이입니다.

이어서 우선순위 큐의 삽입과 제거에 대해 계속 이야기하겠습니다.

> **! 여기서 잠깐** **우선순위의 기준**
>
> 우선순위의 기준은 정해진 것이 없습니다. 이것을 어떻게 결정하느냐는 전적으로 프로그래머에게 달렸습니다. 예를 들어 수치 데이터의 경우 값이 작을수록 우선순위가 높을 수 있고 반대로 값이 클수록 우선순위가 높을 수도 있습니다. 시간의 경우에는 시간이 빠를수록 우선순위가 높을 수 있고 반대로 느릴수록 우선순위가 높을 수도 있습니다.
>
> 이 책에서 우선순위 큐의 우선순위는 데이터의 값이 작을수록 높은 것으로 간주하겠습니다.

7.1.1 우선순위 큐의 삽입/제거 연산

너무나 당연해서 글로 쓰는 것이 민망할 정도이지만, 우선순위 큐의 각 요소는 '우선순위'를 가집니다. 그리고 우선순위 큐는 이들 요소의 우선순위 오름차순으로 연결됩니다.

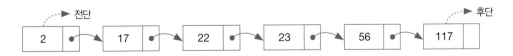

노드 삽입 연산

방금 살펴본 큐에 우선순위가 20인 요소를 삽입해보겠습니다. 일단 우선순위 큐의 첫 요소부터 순차적으로 우선순위를 비교해야 합니다. 20은 2와 17보다 크고 22보다 작으므로 17과 22 사이에 삽입되어야 합니다.

일반적인 큐였다면 20은 17 뒤에 추가되었을 것입니다. 하지만 이 큐가 우선순위 큐이기 때문에 17과 22 사이에 새 요소가 삽입됩니다. 그나저나 '순차'라는 단어에 거부감이 밀려오지 않습니까? 새 요소가 삽입되어야 하는 위치를 순차 탐색으로 찾아야 한다니 안타까워 눈물이 날 지경입니다. 이 문제를 해결할 방법은 없을까요? 여러분도 같이 생각해보면 좋겠습니다. 이 문제는 잠시 후에 다시 다루도록 하고 일단은 제거 연산에 대해 간단히 짚고 넘어가겠습니다.

노드 제거 연산

우선순위 큐의 제거^{Dequeue} 연산은 간단합니다. 그냥 전단만 제거해서 반환하면 끝나니까요.

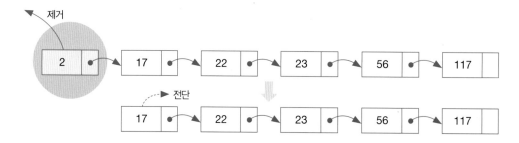

7.1.2 우선순위 큐의 구현

우선순위 큐에 대한 설명은 여기까지입니다. 우선순위 큐는 그저 우선순위에 따라 요소를 제거하는 큐에 지나지 않는다는 사실만 이해하면 됩니다. 그런데 아직 새 요소 삽입에 관해 찜찜했던 부분이 해결되지 않았습니다. 새 요소가 위치할 곳을 찾는 방법이 정말 순차 탐색밖에 없는 것일까요? '이 책을 공부하면서 익혔던 정렬이나 이진 탐색은 적용할 수 없을까?'라는 아쉬움이 진하게 남습니다.

다음 절을 시작하기 전에 여러분도 이 부분을 함께 고민해보면 좋겠습니다. 이 문제를 고민해봐야 하는 이유는 다음 절부터 우선순위 큐의 구현에 관해 이야기를 나눠야 하기 때문입니다. 다음 절의 제목은 '힙'이지만 너무 당황하지 않기를 바랍니다. 힙은 효율적인 우선순위 큐를 구현할 때 사용되는 자료구조니까요.

7.2 힙

여기에서 다룰 힙 Heap 은 한글 철자와 영문 철자가 같음에도 프로그래밍 언어에서 말하는 자유 저장소 Free Store 의 그 힙이 아닙니다. 간단하게 정의해서, 힙은 힙 순서 속성 Heap Order Property 을 만족하는 완전 이진 트리입니다.

완전 이진 트리는 여러분도 잘 아는 것처럼 최고 깊이를 제외한 모든 깊이의 노드가 완전히 채워져 있는 이진 트리를 말합니다. 다음 그림처럼 말입니다.

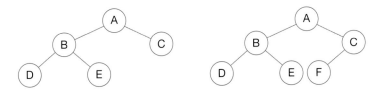

이제 힙 순서 속성만 이해하면 힙의 정체에 한 걸음 더 다가설 수 있습니다. '힙 순서 속성'이란 **트리 내의 모든 노드가 부모 노드보다 커야 한다**는 규칙입니다. 물론 뿌리 노드는 부모가 없으니 예외로 합니다. 다음은 힙 순서를 만족하는 완전 이진 트리, 즉 힙의 예입니다.

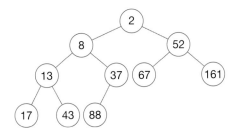

주의 깊게 보지 않으면 힙에서 이진 탐색이 가능할 것처럼 보이지만 절대 그렇지 않습니다. 힙은 자식 노드가 부모 노드보다 커야 한다는 조건만 만족하기 때문입니다. 힙 내에서 어떤 노드를 찾으려면 모든 노드를 순회해야 합니다. 이진 탐색도 안 되는 이진 트리라니, 힙은 별 쓸모가 없어 보입니다. 그렇다면 왜 힙을 공부하는 것일까요? 그 이유는 힙이 다음 사실 한 가지만은 확실히 보장하기 때문입니다.

"힙에서 가장 작은 데이터를 갖는 노드는 뿌리 노드이다."

힙에 사용되는 연산은 두 가지뿐입니다. 하나는 새 노드를 삽입하는 연산이고 다른 하나는 뿌리 노드를 없애는 '최솟값 삭제' 연산입니다. 이어서 두 가지 연산에 관해 설명하겠습니다.

7.2.1 힙의 삽입 연산

힙의 삽입 연산은 다음 3단계를 거쳐 이뤄집니다.

❶ 힙의 최고 깊이 가장 우측에 새 노드를 추가합니다. 물론 이때 힙은 완전 이진 트리를 유지하도록 해야 합니다.

❷ 삽입한 노드를 부모 노드와 비교합니다. 삽입한 노드가 부모 노드보다 크면 제 위치에 삽입된 것이므로 연산을 종료합니다. 반대로 부모 노드보다 작은 경우에는 다음 단계를 진행합니다.

❸ 삽입한 노드가 부모 노드보다 작으면 부모 노드와 삽입한 노드의 위치를 서로 바꿉니다. 바꾼 후에는 단계 ❷를 다시 진행합니다.

간단하지요? 삽입 연산은 새로 삽입한 노드가 힙 순서 속성을 만족할 때까지 그 노드를 부모 노드와 계속해서 교환하는 것이 핵심입니다. 새로 삽입한 노드가 자기 자리를 찾아가는 모습은 마치 거품이 물속에서 보글보글 올라오는 장면을 연상시킵니다.

이해를 돕기 위해 다음 힙에 새 노드 7을 삽입하는 예를 들어보겠습니다.

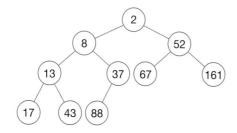

새 노드 7을 힙의 가장 깊은 곳에 추가합니다. 이때 완전 이진 트리가 무너지면 안 되므로 노드 37의 오른쪽 자식으로 추가합니다. 그리고 추가한 노드를 부모 노드와 비교합니다. 7은 37보다 작으므로 이 두 노드를 교환합니다.

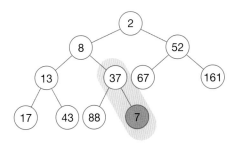

7이 37과 교환되어 한 단계 위로 올라왔습니다. 또 다시 부모 노드와 비교를 수행합니다. 7은 8보다 작으므로 이번에도 교환을 수행합니다.

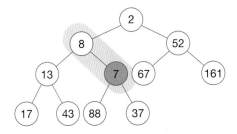

7이 또 한 단계 올라왔습니다. 이제는 비교할 노드가 뿌리 노드밖에 남지 않았습니다. 뿌리 노드 2는 7보다 작으니 힙 순서 속성을 위반하지 않습니다. 삽입은 이것으로 완료되었습니다.

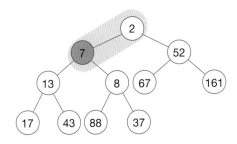

7의 삽입 과정을 처음부터 다시 한 번 살펴보면 7이 거품처럼 보글보글 올라오는 모습을 볼 수 있습니다. 힙에서의 최솟값 삭제 연산도 삽입 연산과 비슷한 과정을 거칩니다. 다만 거품이 위가 아닌 아래로 내려온다는 점이 다를 뿐입니다.

7.2.2 힙의 최솟값 삭제 연산

먼저 이 부분의 제목이 '힙의 삭제 연산'이 아닌 '힙의 최솟값 삭제 연산'임을 강조하고 싶습니다. 앞에서 힙을 소개하면서 다음과 같은 이야기를 했는데요.

"힙에서 가장 작은 데이터를 갖는 노드는 뿌리 노드이다."

힙의 최솟값 삭제는 곧 뿌리 노드를 삭제한다는 말과 같습니다. 뿌리 노드를 삭제하는 일에는 별 문제가 없습니다. 삭제한 후 '힙 순서 속성'을 유지하기 위해 해야 하는 일이 문제지요.

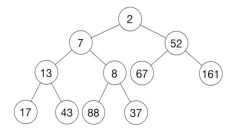

뿌리 노드를 삭제한 후 '힙 순서 속성'을 유지하기 위한 뒤처리 과정은 다음과 같습니다.

❶ 힙의 최고 깊이 가장 우측에 있던 노드를 뿌리 노드로 옮겨옵니다. 이때 힙 순서 속성이 파괴됩니다. 이를 복원하기 위한 작업을 다음 단계부터 시작합니다.

❷ 옮겨온 노드의 양쪽 자식을 비교하여 작은 쪽 자식과 위치를 교환합니다. 왜 작은 값과 교환할까요? 힙 순서 속성을 지키려면 부모 노드는 양쪽 자식보다 작은 값을 가져야 하기 때문입니다.

❸ 옮겨온 노드가 더 이상 자식이 없는 잎 노드로 되거나 양쪽 자식보다 작은 값을 갖는 경우 삭제 연산을 종료합니다. 그렇지 않으면 단계 ❷를 반복합니다.

예를 들어보겠습니다. 앞에서 봤던 힙에서 최솟값 노드, 즉 뿌리 노드를 삭제하겠습니다.

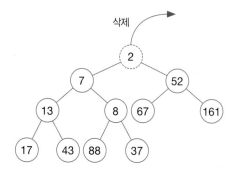

힙의 최고 깊이 가장 우측 노드를 삭제된 뿌리 노드가 있던 곳으로 옮깁니다. 그다음에는 힙 순서 속성의 위반 여부를 살핍니다. 힙 순서 속성에 따르면 부모 노드가 자식 노드보다 작은 값을 가져야 하는데, 뿌리 노드 37이 왼쪽 자식 노드 7보다 크므로 힙 순서 속성을 위반하고 있습니다. 뿌리 노드는 양쪽 자식 중 작은 값을 가진 노드와 자신을 교환해야 합니다. 따라서 7과 37을 교환합니다.

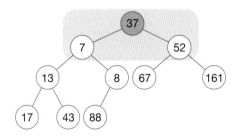

37이 한 단계 내려왔습니다. 이번에도 역시 힙 순서 속성의 위반 여부를 살핍니다. 37이 양쪽 자식 13과 8보다 큽니다. 13과 8 중에서 8이 더 작으므로 37 노드와 8 노드를 교환합니다.

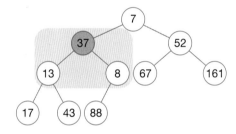

37 노드가 한 단계 더 내려왔습니다. 이번에도 힙 순서 속성을 위반하고 있는지 살펴봅시다. 자식 노드는 88 하나뿐인데 37 노드는 이보다 더 작으므로 힙 순서 속성을 위반하지 않습니다. 이제 삭제 연산이 완료되었습니다.

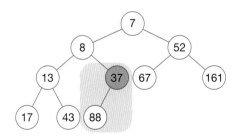

7.2.3 힙의 구현

6장에서 이진 트리를 구현한 것처럼 링크드 리스트 기반으로 힙을 구현해야 한다는 생각이 들 수도 있습니다. 실제로 힙 자체가 완전 이진 트리이므로 우리가 이미 구현한 적이 있는 링크드 리스트 기반의 이진 트리를 이용하는 것도 한 가지 방법이 될 수 있습니다. 하지만 링크드 리스트 기반의 구현은 '힙의 가장 마지막 노드, 즉 최고 깊이 가장 우측 노드를 어떻게 찾을 것인가?'라는 문제에 효율적인 답을 제공하기 어렵습니다. 그래서 힙의 구현에 사용되는 자료구조로는 링크드 리스트보다 배열이 더 인기 있는 편입니다. 이쯤 이야기했으면 제 의도를 아시겠지요? 네, 맞습니다. 저는 배열을 이용한 힙의 구현에 관해 이야기하려 합니다.

힙은 완전 이진 트리입니다. 놀랍게도 완전 이진 트리는 배열로 구현하기에 적합한 자료구조입니다. 배열을 이용하면 다음과 같이 완전 이진 트리를 나타낼 수 있거든요.

- 깊이 0의 노드는 배열의 0번 요소에 저장합니다.
- 깊이 1의 노드(모두 2개)는 배열의 1~2번 요소에 저장합니다.
- 깊이 2의 노드(모두 4개)는 배열의 3~6번 요소에 저장합니다.
- 깊이 n의 노드(2^n개)는 배열의 $2^n - 1 \sim 2^n + 1 - 2$번 요소에 저장합니다.

규칙이 간단하지요? 오히려 링크드 리스트 기반의 트리로 표현하는 것보다 훨씬 간단하지 않습니까? 이 규칙의 실제 예는 다음 그림에 잘 나타나 있습니다.

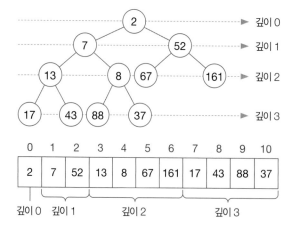

이 그림의 하단부에 있는 배열 그림을 보면 힙의 뿌리 노드인 2가 배열의 0번 요소에 와 있고 그 아래 깊이에 있는 7과 52가 바로 뒤(1, 2번 요소)에 입력되어 있습니다. 깊이 2의 노드들은 3, 4, 5,

6번 요소에 차례대로 입력되어 있습니다. 깊이 3의 노드들은 6번 요소 뒤에 입력되어 있군요.

이 배열의 장점은 인덱스 정보만 있으면 힙의 각 노드 위치나 부모와 자식 관계 등을 단번에 알아낼 수 있다는 것입니다. 다음 공식을 이용하면 배열 기반의 완전 이진 트리를 아주 간단하게 처리할 수 있습니다.

k번 인덱스에 위치한 노드의 양쪽 자식 노드들이 위치한 인덱스

- **왼쪽 자식 노드:** $2k + 1$
- **오른쪽 자식 노드:** $2k + 2$

k번 인덱스에 위치한 노드의 부모 노드가 위치한 인덱스: $(k-1) \div 2$의 몫

공식을 적용해서 자식 노드와 부모 노드의 위치를 바로 찾아낼 수 있는지 앞의 힙 그림에서 확인해보세요. 이제 우리는 코드를 작성하는 데 필요한 것을 다 갖췄습니다. 그렇다면 구현을 시작해볼까요?

자료구조 선언

우리가 구현할 힙은 2개의 구조체를 가집니다. 하나는 힙의 각 노드를 표현하는 HeapNode 구조체이고 다른 하나는 힙 자체를 표현하는 Heap 구조체입니다. Heap 구조체의 Capacity 필드는 힙의 용량, 즉 Nodes 배열의 크기를 나타내고 UsedSize는 실제 배열 안에 들어 있는 큐 요소의 수를 나타냅니다.

```
typedef int ElementType;

typedef struct tageHeapNode {
    ElementType Data;
} HeapNode;

typedef struct tagHeap {
    HeapNode* Nodes;
    int Capacity;
    int UsedSize;
} Heap;
```

삽입 연산 구현

다음은 삽입 연산을 구현하는 HEAP_Insert( )입니다. 코드가 단순하지요?

```
void  HEAP_Insert( Heap* H, ElementType NewData )
{
    int CurrentPosition = H->UsedSize;
    int ParentPosition  = HEAP_GetParent( CurrentPosition );

    if ( H->UsedSize == H->Capacity )
    {
        H->Capacity *= 2;
        H->Nodes = (HeapNode*)
                    realloc( H->Nodes, sizeof( HeapNode ) * H->Capacity );
    }

    H->Nodes[CurrentPosition].Data = NewData;

    // 후속 처리
    while ( CurrentPosition > 0
        && H->Nodes[CurrentPosition].Data < H->Nodes[ParentPosition].Data )
    {
        HEAP_SwapNodes( H, CurrentPosition, ParentPosition );

        CurrentPosition = ParentPosition;
        ParentPosition  = HEAP_GetParent( CurrentPosition );
    }

    H->UsedSize++;
}
```

> UsedSize가 Capacity에 도달하면 Capacity를 2배로 늘립니다.

최솟값 삭제 연산 구현

다음은 힙의 최솟값을 삭제하는 Heap_DeleteMin( ) 함수입니다. 힙은 항상 최솟값이 뿌리, 즉 Nodes 배열의 0번째 요소에 있음을 염두에 두면 다음 코드를 한결 이해하기 쉬울 것입니다.

```
void        HEAP_DeleteMin( Heap* H, HeapNode* Root )
{
    int ParentPosition = 0;
    int LeftPosition   = 0;
    int RightPosition  = 0;

    memcpy(Root, &H->Nodes[0], sizeof(HeapNode));•·············· Root에 최솟값을 저장합니다.
    memset(&H->Nodes[0], 0, sizeof(HeapNode));

    H->UsedSize--;                                              힙의 첫 번째 요소에 마지막 요소의 값을
    HEAP_SwapNodes( H, 0, H->UsedSize );•··············         복사합니다.

    LeftPosition  = HEAP_GetLeftChild( 0 );
    RightPosition = LeftPosition + 1;
                                                               힙 순서 속성을 만족할 때까지 자식 노드와의
    while ( 1 )•··············                                   교환을 반복합니다.
    {
        int SelectedChild = 0;

        if ( LeftPosition >= H->UsedSize )
            break;

        if ( RightPosition >= H->UsedSize )
        {
            SelectedChild = LeftPosition;
        }
        else {
            if ( H->Nodes[LeftPosition].Data > H->Nodes[RightPosition].Data)
                SelectedChild = RightPosition;
            else
                SelectedChild = LeftPosition;
        }

        if ( H->Nodes[SelectedChild].Data < H->Nodes[ParentPosition].Data )
        {
            HEAP_SwapNodes(H, ParentPosition, SelectedChild);
            ParentPosition = SelectedChild;
        }
        else
            break;
```

```
        LeftPosition  = HEAP_GetLeftChild(ParentPosition);
        RightPosition = LeftPosition + 1;
    }

    if ( H->UsedSize < ( H->Capacity / 2 ) )
    {
        H->Capacity /= 2;
        H->Nodes =
            (HeapNode*) realloc( H->Nodes, sizeof( HeapNode ) * H->Capacity );
    }
}
```

7.2.4 힙 예제 프로그램

지금까지 공부했던 내용을 코드에 쏟아부을 차례입니다. 이번에 만들 힙 예제 프로그램은 3개의 파일로 구성되어 있습니다. Heap.h와 Heap.c에서는 힙의 각종 연산 수행 함수들을 선언 및 구현하며 Test_Heap.c에는 함수들을 테스트하는 코드가 담겨 있습니다.

07장/Heap/Heap.h

```
01  #ifndef HEAP_H
02  #define HEAP_H
03
04  #include <stdio.h>
05  #include <memory.h>
06  #include <stdlib.h>
07
08  typedef int ElementType;
09
10  typedef struct tageHeapNode {
11      ElementType Data;
12  } HeapNode;
13
14  typedef struct tagHeap {
15      HeapNode* Nodes;
16      int Capacity;
```

```
17      int UsedSize;
18  } Heap;
19
20  Heap*     HEAP_Create( int InitialSize );
21  void      HEAP_Destroy( Heap* H );
22  void      HEAP_Insert(  Heap* H, ElementType NewData );
23  void      HEAP_DeleteMin( Heap* H, HeapNode* Root );
24  int       HEAP_GetParent( int Index );
25  int       HEAP_GetLeftChild( int Index );
26  void      HEAP_SwapNodes( Heap* H, int Index1, int Index2 );
27  void      HEAP_PrintNodes(Heap* H );
28
29  #endif
```

07장/Heap/Heap.c

```
001  #include "Heap.h"
002
003  Heap* HEAP_Create( int IntitialSize )
004  {
005      Heap* NewHeap = (Heap*) malloc( sizeof( Heap ) );
006      NewHeap->Capacity = IntitialSize;
007      NewHeap->UsedSize = 0;
008      NewHeap->Nodes = (HeapNode*) malloc( sizeof ( HeapNode )
         * NewHeap->Capacity );
009
010      printf("size : %d\n", sizeof(HeapNode));
011
012      return NewHeap;
013  }
014
015  void  HEAP_Destroy( Heap* H )
016  {
017      free( H->Nodes );
018      free( H );
019  }
020
021  void  HEAP_Insert( Heap* H, ElementType NewData )
```

```
022  {
023      int CurrentPosition = H->UsedSize;
024      int ParentPosition  = HEAP_GetParent( CurrentPosition );
025
026      if ( H->UsedSize == H->Capacity )
027      {
028          H->Capacity *= 2;
029          H->Nodes = (HeapNode*)
030                      realloc( H->Nodes, sizeof( HeapNode ) * H->Capacity );
031      }
032
033      H->Nodes[CurrentPosition].Data = NewData;
034
035      // 후속 처리
036      while ( CurrentPosition > 0
037          && H->Nodes[CurrentPosition].Data < H->Nodes[ParentPosition].Data )
038      {
039          HEAP_SwapNodes( H, CurrentPosition, ParentPosition );
040
041          CurrentPosition = ParentPosition;
042          ParentPosition  = HEAP_GetParent( CurrentPosition );
043      }
044
045      H->UsedSize++;
046  }
047
048  void     HEAP_SwapNodes( Heap* H, int Index1, int Index2 )
049  {
050      int CopySize = sizeof( HeapNode );
051      HeapNode* Temp = (HeapNode*)malloc(CopySize);
052
053      memcpy( Temp,               &H->Nodes[Index1], CopySize);
054      memcpy( &H->Nodes[Index1] , &H->Nodes[Index2], CopySize);
055      memcpy( &H->Nodes[Index2] , Temp,              CopySize);
056
057      free(Temp);
058  }
059
060  void     HEAP_DeleteMin( Heap* H, HeapNode* Root )
061  {
```

```
062        int ParentPosition = 0;
063        int LeftPosition   = 0;
064        int RightPosition  = 0;
065
066        memcpy(Root, &H->Nodes[0], sizeof(HeapNode));
067        memset(&H->Nodes[0], 0, sizeof(HeapNode));
068
069        H->UsedSize--;
070        HEAP_SwapNodes( H, 0, H->UsedSize );
071
072        LeftPosition  = HEAP_GetLeftChild( 0 );
073        RightPosition = LeftPosition + 1;
074
075        while ( 1 )
076        {
077            int SelectedChild = 0;
078
079            if ( LeftPosition >= H->UsedSize )
080                break;
081
082            if ( RightPosition >= H->UsedSize )
083            {
084                SelectedChild = LeftPosition;
085            }
086            else {
087                if ( H->Nodes[LeftPosition].Data > H->Nodes[RightPosition].Data)
088                    SelectedChild = RightPosition;
089                else
090                    SelectedChild = LeftPosition;
091            }
092
093            if ( H->Nodes[SelectedChild].Data < H->Nodes[ParentPosition].Data )
094            {
095                HEAP_SwapNodes(H, ParentPosition, SelectedChild);
096                ParentPosition = SelectedChild;
097            }
098            else
099                break;
100
101            LeftPosition  = HEAP_GetLeftChild(ParentPosition);
```

```
102          RightPosition = LeftPosition + 1;
103     }
104
105     if ( H->UsedSize < ( H->Capacity / 2 ) )
106     {
107         H->Capacity /= 2;
108         H->Nodes =
109             (HeapNode*) realloc( H->Nodes, sizeof( HeapNode ) * H->Capacity );
110     }
111 }
112
113 int HEAP_GetParent( int Index )
114 {
115     return (int) ((Index - 1) / 2);
116 }
117
118 int HEAP_GetLeftChild( int Index )
119 {
120     return (2 * Index) + 1;
121 }
122
123 void      HEAP_PrintNodes(Heap* H )
124 {
125     int i = 0;
126     for ( i=0; i < H->UsedSize; i++ )
127     {
128         printf("%d ", H->Nodes[i].Data);
129     }
130     printf("\n");
131 }
```

07장/Heap/Test_Heap.c

```
01  #include "Heap.h"
02
03  int main( void )
04  {
05      Heap* H = HEAP_Create( 3 );
```

```
06       HeapNode MinNode;
07
08       HEAP_Insert( H, 12 );
09       HEAP_Insert( H, 87 );
10       HEAP_Insert( H, 111 );
11       HEAP_Insert( H, 34 );
12       HEAP_Insert( H, 16 );
13       HEAP_Insert( H, 75 );
14       HEAP_PrintNodes( H );
15
16       HEAP_DeleteMin( H, &MinNode );
17       HEAP_PrintNodes( H );
18
19       HEAP_DeleteMin( H, &MinNode );
20       HEAP_PrintNodes( H );
21
22       HEAP_DeleteMin( H, &MinNode );
23       HEAP_PrintNodes( H );
24
25       HEAP_DeleteMin( H, &MinNode );
26       HEAP_PrintNodes( H );
27
28       HEAP_DeleteMin( H, &MinNode );
29       HEAP_PrintNodes( H );
30
31       HEAP_DeleteMin( H, &MinNode );
32       HEAP_PrintNodes( H );
33
34       return 0;
35  }
```

⊕ 실행 결과

```
size : 4
12 16 75 87 34 111
16 34 75 87 111
34 87 75 111
75 87 111
87 111
111
```

7.3 힙 기반 우선순위 큐의 구현

힙에 푹 빠져 있느라 혹시 우선순위 큐를 잊고 있지는 않은지요? 드디어 앞에서 못다 한 우선순위 큐의 구현에 대해 논할 때가 왔습니다. 처음에 우선순위 큐의 구현에 대해 이야기할 때와는 상황이 굉장히 달라졌습니다. 그때 우리의 선택지는 링크드 리스트와 이진 트리 정도가 전부였는데 지금은 힙이라는 신무기가 생겼습니다.

힙은 최솟값(또는 최댓값)을 즉시 얻어낼 수 있게 한다는 점에서 우선순위 큐를 구현하는 데 적격인 자료구조입니다. 그래서 이번 절에서는 제목과 같이 힙을 이용한 우선순위 큐를 구현해보려고 합니다.

이번에 만들 우선순위 큐 예제 프로그램은 조금 전에 함께 만든 힙 예제 프로그램과 비슷합니다. 대표적으로 달라진 점을 꼽으라면 다음과 같습니다.

- 노드 구조체에 Priority 필드 추가
- 노드 구조체의 Data 필드 자료형을 void*로 변경
- 삽입과 삭제 함수의 이름을 각 HEAP_Insert(), HEAP_DeleteMin()에서 PQ_Enqueue(), PQ_Dequeue()로 변경

Data 필드 자료형을 void*로 변경한 이유는 다양한 자료형을 우선순위 큐 안에 담을 수 있게 하기 위해서입니다. 이 책의 나머지 부분에 등장하는 알고리즘 중에는 우선순위 큐를 이용하는 것들이 여럿 있습니다. 최소 신장 트리(지금은 이게 무엇인지 몰라도 됩니다)를 구축하는 프림 알고리즘, 데이크스트라의 최단 경로 알고리즘, 허프만 압축 알고리즘이 그 예입니다. 여기에서 우선순위 큐의 자료형을 특정한 자료형으로 묶어둔다면 나중에 약간 귀찮은 일을 겪어야 합니다. 따라서 미래를 생각해서 이렇게 미리 void*로 처리해두는 편이 낫습니다.

우선순위 큐 예제 프로그램도 대부분의 다른 예제 프로그램과 마찬가지로 3개의 파일로 구성되어 있습니다. PriorityQueue.h와 PriorityQueue.c에서는 우선순위 큐의 자료구조를 이루는 구조체와 각 연산을 수행하는 함수들을 정의하고 Test_PriorityQueue.c에서는 이들을 테스트합니다.

07장/PriorityQueue/PriorityQueue.h

```
01  #ifndef PRIORITYQUEUE_H
02  #define PRIORITYQUEUE_H
03
```

```
04    #include <stdio.h>
05    #include <memory.h>
06    #include <stdlib.h>
07
08    typedef int        PriorityType;
09
10    typedef struct tagePQNode
11    {
12        PriorityType Priority;
13        void*        Data;
14    } PQNode;
15
16    typedef struct tagPriorityQueue
17    {
18        PQNode* Nodes;
19        int Capacity;
20        int UsedSize;
21    } PriorityQueue;
22
23    PriorityQueue* PQ_Create( int InitialSize );
24    void           PQ_Destroy( PriorityQueue* PQ );
25    void           PQ_Enqueue( PriorityQueue* PQ, PQNode NewData );
26    void           PQ_Dequeue( PriorityQueue* PQ, PQNode* Root );
27    int            PQ_GetParent( int Index );
28    int            PQ_GetLeftChild( int Index );
29    void           PQ_SwapNodes( PriorityQueue* PQ, int Index1, int Index2 );
30    int            PQ_IsEmpty( PriorityQueue* PQ );
31
32    #endif
```

```
001   #include "PriorityQueue.h"
002
003   PriorityQueue* PQ_Create( int IntitialSize )
004   {
005       PriorityQueue* NewPQ = (PriorityQueue*) malloc( sizeof( PriorityQueue ) );
006       NewPQ->Capacity = IntitialSize;
```

```
007      NewPQ->UsedSize = 0;
008      NewPQ->Nodes = (PQNode*) malloc( sizeof ( PQNode ) * NewPQ->Capacity );
009
010      return NewPQ;
011  }
012
013  void  PQ_Destroy( PriorityQueue* PQ )
014  {
015      free( PQ->Nodes );
016      free( PQ );
017  }
018
019  void  PQ_Enqueue( PriorityQueue* PQ, PQNode NewNode )
020  {
021      int CurrentPosition = PQ->UsedSize;
022      int ParentPosition  = PQ_GetParent( CurrentPosition );
023
024      if ( PQ->UsedSize == PQ->Capacity )
025      {
026          if ( PQ->Capacity == 0 )
027              PQ->Capacity = 1;
028
029          PQ->Capacity *= 2;
030          PQ->Nodes = (PQNode*) realloc( PQ->Nodes, sizeof( PQNode )
             * PQ->Capacity );
031      }
032
033      PQ->Nodes[CurrentPosition] = NewNode;
034
035      // 후속 처리
036      while ( CurrentPosition > 0
037          && PQ->Nodes[CurrentPosition].Priority
             < PQ->Nodes[ParentPosition].Priority )
038      {
039          PQ_SwapNodes( PQ, CurrentPosition, ParentPosition );
040
041          CurrentPosition = ParentPosition;
042          ParentPosition  = PQ_GetParent( CurrentPosition );
043      }
044
```

```
045     PQ->UsedSize++;
046   }
047
048   void      PQ_SwapNodes( PriorityQueue* PQ, int Index1, int Index2 )
049   {
050       int CopySize = sizeof( PQNode );
051       PQNode* Temp = (PQNode*)malloc(CopySize);
052
053       memcpy( Temp,                   &PQ->Nodes[Index1], CopySize);
054       memcpy( &PQ->Nodes[Index1] , &PQ->Nodes[Index2], CopySize);
055       memcpy( &PQ->Nodes[Index2] , Temp,               CopySize);
056
057       free(Temp);
058   }
059
060   void      PQ_Dequeue( PriorityQueue* PQ, PQNode* Root )
061   {
062       int ParentPosition = 0;
063       int LeftPosition  = 0;
064       int RightPosition = 0;
065
066       memcpy(Root, &PQ->Nodes[0], sizeof(PQNode));
067       memset(&PQ->Nodes[0], 0, sizeof(PQNode));
068
069       PQ->UsedSize--;
070       PQ_SwapNodes( PQ, 0, PQ->UsedSize );
071
072       LeftPosition  = PQ_GetLeftChild( 0 );
073       RightPosition = LeftPosition + 1;
074
075       while ( 1 )
076       {
077           int SelectedChild = 0;
078
079           if ( LeftPosition >= PQ->UsedSize )
080               break;
081
082           if ( RightPosition >= PQ->UsedSize )
083           {
084               SelectedChild = LeftPosition;
```

```
085              }
086          else {
087              if ( PQ->Nodes[LeftPosition].Priority
                     > PQ->Nodes[RightPosition].Priority)
088                  SelectedChild = RightPosition;
089              else
090                  SelectedChild = LeftPosition;
091          }
092
093          if ( PQ->Nodes[SelectedChild].Priority
             < PQ->Nodes[ParentPosition].Priority)
094          {
095              PQ_SwapNodes(PQ, ParentPosition, SelectedChild);
096              ParentPosition = SelectedChild;
097          }
098          else
099              break;
100
101          LeftPosition  = PQ_GetLeftChild(ParentPosition);
102          RightPosition = LeftPosition + 1;
103      }
104
105      if ( PQ->UsedSize < ( PQ->Capacity / 2 ) )
106      {
107          PQ->Capacity /= 2;
108          PQ->Nodes =
109              (PQNode*) realloc( PQ->Nodes, sizeof( PQNode ) * PQ->Capacity );
110      }
111  }
112
113  int PQ_GetParent( int Index )
114  {
115      return (int) ((Index - 1) / 2);
116  }
117
118  int PQ_GetLeftChild( int Index )
119  {
120      return (2 * Index) + 1;
121  }
122
```

```
123  int PQ_IsEmpty( PriorityQueue* PQ )
124  {
125      return ( PQ->UsedSize == 0 );
126  }
```

```
01  #include "PriorityQueue.h"
02
03  void PrintNode( PQNode* Node )
04  {
05      printf("작업명 : %s (우선순위:%d)\n", Node->Data, Node->Priority);
06  }
07
08  int main( void )
09  {
10      PriorityQueue* PQ = PQ_Create(  3 );
11      PQNode Popped;
12
13      PQNode Nodes[7] =
14      {
15          {34, (void*)"코딩"},
16          {12, (void*)"고객미팅"},
17          {87, (void*)"커피타기"},
18          {45, (void*)"문서작성"},
19          {35, (void*)"디버깅"},
20          {66, (void*)"이닦기"}
21      };
22
23      PQ_Enqueue(PQ, Nodes[0] );
24      PQ_Enqueue(PQ, Nodes[1] );
25      PQ_Enqueue(PQ, Nodes[2] );
26      PQ_Enqueue(PQ, Nodes[3] );
27      PQ_Enqueue(PQ, Nodes[4] );
28      PQ_Enqueue(PQ, Nodes[5]);
29
30      printf( "큐에 남아 있는 작업의 수 : %d\n", PQ->UsedSize );
31
```

```
32      while ( !PQ_IsEmpty ( PQ ) )
33      {
34          PQ_Dequeue( PQ, &Popped );
35          PrintNode( &Popped );
36      }
37
38      return 0;
39  }
```

▶ 실행 결과

큐에 남아 있는 작업의 수 : 6
작업명 : 고객미팅 (우선순위:12)
작업명 : 코딩 (우선순위:34)
작업명 : 디버깅 (우선순위:35)
작업명 : 문서작성 (우선순위:45)
작업명 : 이닦기 (우선순위:66)
작업명 : 커피타기 (우선순위:87)

01 힙은 이진 트리로 구성되어 있습니다. 그렇다면 힙에서 가장 작은 값을 가진 노드는 어떤 노드일까요?

① 가장 좌측 하단 노드

② 가장 우측 하단 노드

③ 뿌리 노드

02 힙은 개념적으로 이진 트리로 구성되어 있지만 우리는 배열을 이용해서 구현했습니다. 깊이 0의 노드는 배열의 0번 요소에, 깊이 1의 노드는 배열의 1~2번 요소에 저장하도록 했지요. 그렇다면 힙의 트리가 포화 이진 트리라고 했을 때 깊이 10에 있는 노드는 배열의 몇 번부터 몇 번까지의 요소에 저장될까요?

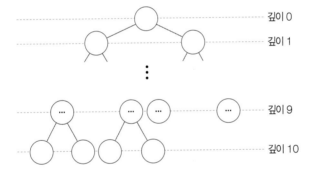

08

해시 테이블

뭔가를 얻고자 하면 내 것을 내줘야 하는 것이 인지상정입니다. 알고리즘의 세계도 비슷합니다. 속도를 끌어올리려면 메모리 공간을 내줘야 합니다. 해시 테이블은 이진 탐색보다 훨씬 빠른 성능을 자랑하지만, 그만큼 더 많은 메모리를 요구합니다.

해시는 해시 테이블뿐 아니라 10장에서 설명할 문자열 탐색, 이 책에서는 다루지 않는 암호화 등 다른 알고리즘에 많이 응용되는 알고리즘입니다. 이런 점에서 8장을 공부하는 것은 일석이조의 효과가 있습니다. 해시 테이블과 더불어 다른 알고리즘을 익힐 수 있는 기초를 다지니 말입니다.

학습목표

✔
**이 장의
핵심 개념**

- 해시의 개념을 이해합니다.

- 해시 테이블의 개념과 구현을 이해합니다.

- 해시 함수의 개념과 구현을 이해합니다.

- 해시 테이블의 주소 충돌 해결 방법을 이해합니다.

✔
**이 장의
학습 흐름**

해시의 개념
▼
해시 테이블의 개념
▼
해시 함수
▼
해시 테이블 주소 충돌 해결 알고리즘

8.1 해시 테이블의 개요

프로그래밍을 공부하며 정렬과 탐색을 배운 주석이는 알고리즘의 세계에 경탄했습니다. 이진 탐색과 같은 간단한 아이디어가 그토록 높은 성능을 낼 수 있다는 사실이 놀라웠습니다. 덕분에 자신이 공부하는 프로그래밍 세계를 다시 보게 되었지요. 하지만 어쩐 일인지 그날 이후 주석이의 가슴 속에는 '더 강력한 탐색'에 대한 갈증이 일기 시작했습니다. 며칠을 고민하던 주석이는 수업이 끝나고 개인적으로 선생님께 질문을 드렸습니다.

주석 선생님. 질문이 하나 있습니다.

선생님 네, 어떤 것이 궁금한가요?

주석 이진 탐색을 이용할 경우 백만 개의 데이터 집합 속에서도 탐색을 20번만 반복하면 목표값을 찾을 수 있습니다. 이는 순차 탐색에 비해 상당히 빠른 수준이기는 하지만 더 나은 방법은 없을까 하는 생각이 들었습니다.

선생님 오, 그래요? 더 구체적으로 이야기해주겠어요?

주석 네, 배열은 인덱스를 이용하여 단번에 목표 요소에 접근할 수 있습니다. 이것을 탐색이라고 할 수는 없지만, 탐색이 이런 식으로 이루어질 수는 없을까 하는 생각이 머릿속을 맴돕니다.

선생님 배열은 인덱스를 이용하여 메모리 각 요소의 주소를 계산해서 그 주소를 반환하기 때문에 배열을 사용하면 단번에 목표 요소로 접근할 수 있으니까요.

주석 네, 제가 궁금한 게 바로 그 부분입니다. 배열의 인덱스를 이용해서 데이터가 담길 주소를 계산하는 것처럼, 데이터를 이용해서 각 요소가 담길 주소를 계산하고 이 주소에 데이터를 담는다면 배열과 같은 수준의 성능을 얻을 수 있지 않겠습니까?

선생님 와, 거기까지 생각하다니 훌륭합니다. 이제 주석 학생은 극한의 탐색 성능을 가진 해시 테이블을 공부할 때가 된 것 같군요.

8.1.1 해시

해시 테이블을 배우기 전에 해시[Hash]가 무엇인지부터 알아보겠습니다. 여러분을 대신해서 제가 콜린스 영영사전에서 해시의 뜻을 찾아봤는데 그 내용은 다음과 같았습니다.

hash /hæ´ʃ/

1. PHRASE: V inflects, PHR n/-ing

   If you make a hash of a job or task, you do it very badly.[INFORMAL]

2. (N-UNCOUNT, oft n N)Hash is a dish made from meat cut into small lumps and fried with other ingredients such as onions or potato.

3. N-UNCOUNT

   Hash is hashish.[INFORMAL]

마지막 뜻 풀이를 보면 해시는 해시시(대마의 잎으로 만든 마약)라고 하는데요. 이 뜻 풀이는 우리가 여기서 다루려고 하는 내용과는 관련이 없는 것 같습니다.

첫 번째 뜻 풀이는 "당신이 어떤 일을 '해시한다'는 것은 그 일을 '제대로 망쳐놓는다'는 뜻입니다"라고 되어 있는데요. 조금은 관련 있어 보이지만 이 역시도 우리가 원하는 뜻이 아닌 것 같습니다.

이제 두 번째 뜻 풀이를 봅시다. "잘게 자른 고기를 양파나 감자와 같은 다른 재료와 함께 튀겨 한 덩어리로 만든 요리"라고 하네요. 빙고! 이것이 우리가 공부하려고 하는 해시를 잘 설명하는 뜻 풀이입니다. 원재료인 고기를 다른 재료와 함께 다지고 섞어서 완전히 새로운 형태의 요리로 만드는 것처럼, 해시는 데이터를 입력받아 완전히 다른 모습의 데이터로 바꾸는 작업입니다.

"데이터를 다른 모습으로 바꿀 수 있다니 정말 멋집니다. 하지만 이것을 어디에 쓰나요?"

아주 좋은 질문입니다. 해시는 다양한 목적으로 사용 가능하지만 주로 다음과 같은 용도로 사용합니다.

- **해시 테이블**: 해시 테이블은 데이터의 해시값을 테이블 내 주소로 이용하는 궁극의 탐색 알고리즘입니다. 빠르다고 정평이 나 있는 이진 탐색도 명함을 내밀지 못할 정도지요.

- **암호화**: 해싱은 원본 데이터를 다른 모습으로 바꿔놓습니다. 해싱은 같은 데이터에 대해 같은 결과를 출력하지만, 다른 데이터에 대해서는 다른 결과를 출력합니다. 말하자면 해시는 데이터의 지문 Finger Print 역할을 할 수 있다는 의미인데요. 이런 특징 때문에 해시는 디지털 서명이나 블록체인에 많이 사용되고 있습니다. MD5 Message Digest Algorithm 5, SHA Secure Hash Algorithm 알고리즘이 대표적인 예입니다.

- **데이터 축약**: 해시는 길이가 서로 다른 입력 데이터에 대해 일정한 길이의 출력을 만들 수 있습니다. 이 특성을 이용하여 커다란 데이터를 '해시'하면 짧은 길이로 축약할 수 있지요. 이렇게 축약된 데이터끼리 비교를 수행하면 커다란 원본 데이터끼리 비교하는 것에 비해 효율이 매우 높아집니다.

우리는 이 중에서 해시 테이블에 관해 알아볼 계획입니다. 바로 이어서 이야기하겠습니다.

8.1.2 해시 테이블

우선 우리가 잘 알고 있는 이야기부터 시작해보겠습니다. 배열을 선언하면 메모리(스택이든 자유 저장소든)에 일정 크기의 메모리가 예약되지요? 그리고 배열 내 각 요소에 접근할 때는 0, 1, 2와 같은 인덱스를 이용합니다.

한 가지 상황을 가정해보겠습니다. 크기가 59999인 배열을 'Table'이라는 이름으로 선언하는 상황 말이지요. 선언된 Table 배열에는 다음 그림과 같이 데이터들이 채워져 있습니다.

1번 인덱스에 있는 요소에 접근하고 싶으면 Table[1]을 이용해서 곧바로 해당 요소에 접근할 수 있습니다. 거창하게 탐색이라는 용어를 쓸 필요도 없습니다. 하지만 123817이라는 데이터가 있는 요소에 접근하고 싶다면 어떻게 해야 할까요? 순차 탐색을 하거나 배열을 정렬한 뒤 이진 탐색을 해야 겠지요?

어떤 알고리즘을 선택하든 최근 일반적으로 사용되는 컴퓨터라면 59999 크기의 배열을 사람이 순식간이라고 여길 정도로 짧은 시간 안에 탐색 완료할 것입니다. 이 정도 문제라면 순차 탐색이든 이진 탐색이든 평소 사용하는 용도로는 아무 문제가 없습니다.

하지만 극한의 성능이 요구되는 분야에서는 이런 성능이 용납되지 않습니다. 대표적인 예가 금융 분야입니다. 금융 분야의 프로그래머들은 끊임없이 엄청난 트래픽을 받아들여 데이터를 분석, 처리하고 거래를 성사시켜야 하는 거래 시스템을 위해 CPU의 단 몇 사이클이라도 절약하려고 엄청나게 노력합니다. 0.0001초의 지연이 곧 수백, 수천 억의 손해를 의미하며 반대로 이러한 지연을 제거할 수 있다면 그만큼 이익을 확보할 수 있기 때문입니다.

금융 컴퓨팅에서 시간은 돈입니다. 그것도 아주 큰 돈이지요. 여러분이라면 어떻게 이 문제를 극복하겠습니까? 이진 탐색으로도 해결이 안 되는 이 문제를 말입니다.

해시 테이블은 아주 간단한 개념을 도입해서 이 문제를 해결합니다. 바로 데이터의 '해시'값을 테이블 내의 주소로 사용하는 것입니다.

데이터가 해시 함수를 거치면 다음 그림처럼 테이블 내의 주소(인덱스)로 변환됩니다.

123817 ➡️ 해시 함수 ➡️ 3819

▶ 원본 데이터   테이블 내의 주소값 ◀

이 그림에서 우리가 123817을 해싱하여(잘게 쪼개고 다시 뭉쳐서) 얻은 주소값은 3819입니다. 이 제 다음과 같이 Table 내의 해당 주소(인덱스)에 데이터를 서장하면 됩니다.

```
Table[3819] = 123817;
```

테이블에 저장된 데이터를 읽는 것도 마찬가지입니다. 그냥 주소값 3819로 Table에서 데이터를 찾아 꺼내 쓰면 됩니다.

```
printf( Table[3819] );  // 123817 출력
```

이 과정을 정리하면 다음과 같습니다.

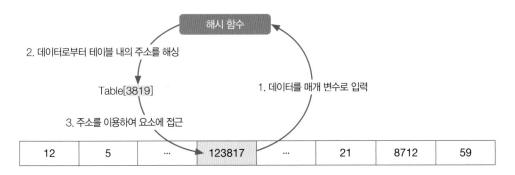

해시 함수

2. 데이터로부터 테이블 내의 주소를 해싱

Table[3819]

1. 데이터를 매개 변수로 입력

3. 주소를 이용하여 요소에 접근

| 12 | 5 | ... | 123817 | ... | 21 | 8712 | 59 |

데이터를 담을 테이블을 미리 크게 확보해놓은 후 입력 받은 데이터를 해싱하여 테이블 내 주소를 계산하고 이 주소에 데이터를 담는 것, 이것이 바로 해시 테이블의 기본 개념입니다.

해싱으로 주소값을 얻는 과정은 상수 시간에 완료되므로 테이블의 크기에 따른 성능 변화는 없습니다. 해시 테이블은 '탐색'이라는 단어가 무색할 정도로 배열과 다름없는 접근 속도를 자랑합니다.

한편 우리는 해시 테이블의 성능이 공간을 팔아 얻어낸 것이라는 사실에 주목할 필요가 있습니다. 나중에 자세히 설명하겠지만, 특이하게도 해시 테이블은 데이터가 입력되지 않은 여유 공간이 많아야 제 성능을 유지할 수 있습니다.

| 54 | 12 | | 31 | | | 882 | 23 | | | | 298 | 26 | 49 | 10 |

편집증에 걸린 프로그래머가 이 그림을 본다면 해시 테이블을 받아들이기 어려울지도 모르겠습니다. 하지만 못난 외모와 달리 해시 테이블은 엄청난 성능을 제공한다는 사실을 기억하기 바랍니다. 어쨌든 해시 테이블의 성능은 이렇게 여유 공간을 팔아 시간을 사들이는 방식으로 확보됩니다. 앞에서 예로 든 금융 시스템에서는 공간을 팔아 '돈'을 산 것이나 다름없지요.

여기까지가 해시 테이블에 대한 소개였습니다. 하지만 해시가 어떻게 데이터로부터 테이블 내의 주소값을 뽑아내는지 아직 모르는데요. 그 비밀은 해시 함수에 있습니다.

8.2 해시 함수

드디어 해시 테이블이 자랑하는 놀라운 성능의 베일을 걷어내는 순간이 찾아왔습니다. 지금부터 입력값에서 테이블 내의 주소를 계산하는 해시 함수^{Hash Function}에 관해 이야기해보겠습니다.

8.2.1 나눗셈법

나눗셈법^{Division Method}은 해시 함수 중에서도 가장 간단한 알고리즘입니다. 나눗셈법은 그 이름처럼 입력값을 테이블의 크기로 나누고 '나머지'를 테이블의 주소로 사용합니다. 수식으로 표현하면 다음과 같습니다. 이 책의 독자라면 '%'가 C 언어의 나머지 연산자라는 사실 정도는 알고 있겠지요?

주소 = 입력값 % 테이블의 크기

나눗셈법의 구현

어떤 값이든 테이블의 크기로 나누면 그 나머지는 테이블의 크기(이 값을 n이라고 합시다)를 절대 넘지 않습니다. 입력값이 테이블 크기의 배수 또는 약수인 경우 해시 함수는 0을 반환하고 그렇지 않은 경우에는 최대 $n-1$을 반환합니다. 즉, 나눗셈법은 **0부터 $n-1$ 사이의 주소 반환을 보장**합니다.

나눗셈법을 C 언어 코드로 구현하면 다음과 같습니다. 아주 단순하지요?

```
int Hash( int Input, int TableSize )
{
    return Input % TableSize;
}
```

이 코드에 따르면 테이블의 크기가 193일 때 데이터가 9인 경우 9를 반환하고 418일 때 32, 1031
일 때 66, 27일 때 27을 반환합니다. 혹시 여러분은 제가 왜 테이블의 크기를 100도 200도 아닌
193으로 가정했는지 궁금하지 않습니까?

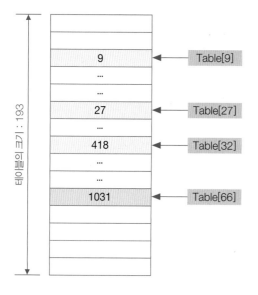

일반적으로 나눗셈법으로 구현된 해시 함수가 테이블 내 공간을 효율적으로 사용하기 위해서는 테
이블의 크기 n을 소수$^{\text{Prime Number}}$로 정하는 것이 좋다고 알려져 있습니다. 특히 2의 제곱수와 거리가
먼 소수를 사용하는 해시 함수가 좋은 성능을 냅니다.

'2의 제곱수와 거리가 먼 소수'라는 이야기가 머리를 어지럽게 하지요? 별것 아닙니다. 제가 앞에서
예로 들었던 테이블의 크기 193이 바로 이런 조건을 만족하는, $2^7=128$과 $2^8=256$ 사이에 있는 소
수입니다. 이해를 돕기 위해 테이블의 크기 샘플을 몇 개만 더 뽑아볼까요?

앞	뒤	소수
2^5	2^6	53
2^6	2^7	97
2^7	2^8	193
2^8	2^9	389
2^9	2^{10}	769
2^{10}	2^{11}	1543
2^{11}	2^{12}	3079
2^{12}	2^{13}	6151
2^{13}	2^{14}	12289
2^{14}	2^{15}	24593
...	...	...

이 표에서 한 가지 주의할 점이 있습니다. 이 표의 소수는 이해를 돕기 위해 제가 임의로 고른 것들입니다. 따라서 이들 주변에도 사용할 수 있는 소수가 많이 있음을 염두에 둬야 합니다.

나눗셈법 예제 프로그램

해시 함수를 어떻게 구현하는지 알았으니 이제 코드를 작성해봐야겠지요? 이번에 만들 Simple HashTable 예제 프로그램은 해시 테이블이 인덱스 대신 해시한 데이터를 주소로 사용하는 과정을 보여줍니다.

이 예제는 다음 코드에 나타난 Node 구조체의 배열을 해시 테이블의 자료구조로 사용합니다. Node 구조체의 Key는 주소로 사용할 데이터, Value는 Key로 얻어낸 주소에 저장할 데이터입니다.

```
typedef struct tagNode
{
    KeyType   Key;
    ValueType Value;
} Node;
```

다시 한번 짚고 넘어가겠습니다. 혹시 Key가 직접 주소로 사용될 것이라고 생각하는 분은 없겠지요? Key를 주소로 사용하는 것이 아니라 **해시 함수에 Key를 넣어 계산된 결과를 주소로 사용**하는 것입니다.

이것으로 예제 코드 작성에 필요한 사전 지식은 다 설명한 것 같으므로 이제 코드를 작성해보겠습니다. 이 프로그램을 구성하는 소스 코드 파일은 모두 3개이며, 그중 SimpleHashTable.h와 SimpleHashTable.c는 해시 테이블에 필요한 구조체와 함수를 정의하고 Test_SimpleHashTable.c는 이 함수들을 테스트하는 코드를 담고 있습니다. 그리고 예제 프로그램에서 사용하는 함수 이름의 접두사 SHT는 Simple Hash Table의 약자입니다. 참고하기 바랍니다.

08장/SimpleHashTable/SimpleHashTable.h

```
01  #ifndef SIMPLE_HASHTABLE_H
02  #define SIMPLE_HASHTABLE_H
03
04  #include <stdio.h>
05  #include <stdlib.h>
06
07  typedef int KeyType;
08  typedef int ValueType;
09
10  typedef struct tagNode
11  {
12      KeyType    Key;
13      ValueType Value;
14  } Node;
15
16  typedef struct tagHashTable
17  {
18      int    TableSize;
19      Node* Table;
20  } HashTable;
21
22  HashTable* SHT_CreateHashTable( int TableSize );
23  void       SHT_Set( HashTable* HT, KeyType Key, ValueType Value );
24  ValueType SHT_Get( HashTable* HT, KeyType Key );
25  void       SHT_DestroyHashTable( HashTable* HT);
26  int        SHT_Hash( KeyType Key, int TableSize );
```

```
27
28  #endif
```

```
01  #include "SimpleHashTable.h"
02
03  HashTable* SHT_CreateHashTable( int TableSize )
04  {
05      HashTable* HT = (HashTable*)malloc( sizeof(HashTable) );
06      HT->Table      = (Node*)malloc( sizeof(Node) * TableSize);
07      HT->TableSize = TableSize;
08
09      return HT;
10  }
11
12  void SHT_Set( HashTable* HT, KeyType Key, ValueType Value )
13  {
14      int Address = SHT_Hash( Key, HT->TableSize );
15
16      HT->Table[Address].Key   = Key;
17      HT->Table[Address].Value = Value;
18  }
19
20  ValueType SHT_Get( HashTable* HT, KeyType Key )
21  {
22      int Address = SHT_Hash( Key, HT->TableSize );
23
24      return HT->Table[Address].Value;
25  }
26
27  void SHT_DestroyHashTable( HashTable* HT)
28  {
29      free ( HT->Table );
30      free ( HT );
31  }
32
33  int SHT_Hash( KeyType Key, int TableSize )
```

```
34  {
35      return Key % TableSize;
36  }
```

08장/SimpleHashTable/Test_SimpleHashTable.c

```
01  #include "SimpleHashTable.h"
02
03  int main( void )
04  {
05      HashTable* HT = SHT_CreateHashTable( 193 );
06
07      SHT_Set( HT, 418,   32114);
08      SHT_Set( HT, 9,       514);
09      SHT_Set( HT, 27,     8917);
10      SHT_Set( HT, 1031, 286);
11
12      printf("Key:%d, Value:%d\n", 418,  SHT_Get( HT, 418 ) );
13      printf("Key:%d, Value:%d\n", 9,    SHT_Get( HT, 9 ) );
14      printf("Key:%d, Value:%d\n", 27,   SHT_Get( HT, 27 ) );
15      printf("Key:%d, Value:%d\n", 1031, SHT_Get( HT, 1031 ) );
16
17      SHT_DestroyHashTable( HT );
18
19      return 0;
20  }
```

□→ 실행 결과

```
Key:418, Value:32114
Key:9, Value:514
Key:27, Value:8917
Key:1031, Value:286
```

8.2.2 자릿수 접기

나눗셈법은 단순해서 이해하기가 쉬웠지요? 제 취향에 딱 맞는 알고리즘입니다. 하지만 '극한의 성능'을 갈망하는 프로그래머에게는 어딘가 2% 부족한 알고리즘입니다. 서로 다른 입력값에 대해 동일한 해시값, 즉 해시 테이블 내의 동일한 주소를 반환할 가능성이 높습니다. 이것을 충돌^{Collision}이라고 하는데, 똑같은 해시값이 아니더라도 해시 테이블 내 일부 지역의 주소들을 집중적으로 반환함으로써 데이터가 한 곳에 모이는 문제인 클러스터^{Cluster}가 발생할 가능성이 높습니다.

물론 충돌이나 클러스터링 문제를 완벽하게 해결할 수 있는 해싱 알고리즘은 존재하지 않습니다. 여러분이 이런 알고리즘을 고안해낸다면 마이크로소프트나 구글에서 여러분을 데리러 올 수도 있습니다. 정말입니다. 하지만 '문제를 일으킬 가능성을 줄인' 알고리즘은 있습니다. 그중 하나가 지금부터 살펴볼 자릿수 접기^{Digits Folding}입니다.

문방구에서 아주 얇은 전지를 한 장 샀다고 생각해보세요. 전지를 반으로 접으면 2절지가 됩니다. 2절지가 된 종이를 다시 반으로 접으면 4절지가 되고요. 이를 다시 반으로 접으면 8절지가 됩니다. 같은 방식으로 이 종이를 몇 번만 더 접으면 작은 노트 사이에 끼워 넣을 수 있을 만큼 크기가 압축될 것입니다.

같은 이치로 '자릿수' 접기는 종이를 접듯이 숫자를 접어 일정한 크기 이하의 수로 만드는 방법입니다. 숫자를 접는다는 말이 조금 이상하지요? 이해를 돕기 위해 예를 들어 설명해보겠습니다. 다음과 같이 7자리의 숫자가 있다고 가정해봅시다.

$$8\,1\,2\,9\,3\,3\,5$$

각 자리의 수를 모두 더하면 새로운 값인 31이 나옵니다.

$$31 = 8 + 1 + 2 + 9 + 3 + 3 + 5$$

이렇게 해서 8129335가 31로 접혔습니다. '접다'의 의미가 감이 잡히나요? 이번에는 조금 다르게 접어볼까요? 조금 전에는 한 자리씩 수를 더했는데 이번에는 두 자리씩 더해봅시다.

$$148 = 81 + 29 + 33 + 5$$

이번에는 8129335가 148로 접혔군요. 이처럼 **숫자의 각 자릿수를 더해 해시값을 만드는 것**을 자릿수 접기라고 합니다. 자릿수 접기 역시 나눗셈법처럼 일정한 범위 내의 해시값을 얻을 수 있습니다. 10진수의 경우 모든 수는 각 자리마다 0~9까지의 값을 가질 수 있으므로, 7자리수에 대해 '한 자리씩 접기'를 하면 최소 0에서 최대 63(9 + 9 + 9 + 9 + 9 + 9 + 9)까지의 해시값을 얻을 수 있고, '두 자리씩 접기'를 하면 최소 0에서 최대 306(99 + 99 + 99 + 9)까지의 해시값을 얻을 수 있습니다.

자릿수 접기는 문자열을 키로 사용하는 해시 테이블에 특히 잘 어울리는 알고리즘입니다. 문자열의 각 요소를 ASCII 코드 번호로 바꾸고, 이 값들을 각각 더해서 접으면 문자열을 깔끔하게 해시 테이블의 주소로 바꿀 수 있기 때문입니다.

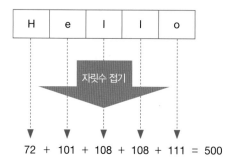

NOTE ▶ 문자열에 사용되는 ASCII 코드 번호는 0~127 사이의 값을 가집니다.

다음은 자릿수 접기를 이용하여 문자열 키로부터 해시값을 만들어내는 과정을 구현한 코드입니다.

```
int Hash( char* Key, int KeyLength, int TableSize )
{
    int i = 0;
    int HashValue = 0;

    //  문자열의 각 요소를 ASCII 코드 번호로 변환하여 더한다.
    for ( i=0; i<KeyLength; i++ )
    HashValue += Key[i];

    return HashValue % TableSize;
}
```

간단하지요? 그런데 이 코드에는 한 가지 문제가 있습니다. 가령 해시 테이블의 크기가 12289이고 문자열 키의 최대 길이가 10자리라고 한다면 해시 함수는 10×127=1270이므로 0에서 1270 사이의 주소만 반환하게 됩니다. 이러면 1271~12288 사이의 주소는 전혀 활용되지 않고, 결국 유령이 출몰하는 폐가가 되어버립니다. ASCII 코드로 10자리를 만들었을 때 조합할 수 있는 경우의 수가 12710=1,091,533,853,073,393,531,649가지나 된다는 사실을 생각하면 정말 심각한 문제입니다.

이 문제를 조금 더 자세히 들여다볼까요? 테이블의 크기 12289를 2진수로 표현하면 110000000000001입니다. 11000000000001은 총 14개의 비트로 이루어져 있습니다. 반면에 앞의 코드에 있는 Hash( ) 함수가 반환하는 최대 주소값은 1270(이진수: 10011110110)으로 11비트만 사용합니다. 이를 종합해보면 테이블의 주소 중 3개의 비트는 사용되지 않는다는 사실을 알 수 있습니다.

이것이 바로 문제의 핵심입니다. 놀고 있는 3개의 비트를 모두 활용한다면 앞에서 제기됐던 해시 테이블의 폐가 문제를 해결할 수 있습니다.

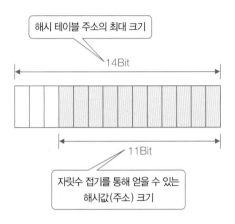

이제 우리가 어떻게 이 문제를 해결해야 할지 알 것 같군요. Hash( ) 함수가 남는 비트까지 모두 활용할 수 있도록 Hash( ) 함수를 고치면 됩니다. 다음 Hash( ) 함수는 루프가 반복될 때마다 HashValue를 왼쪽으로 3비트씩 밀어 올린 다음 ASCII 코드 번호를 더합니다. 이렇게 하면 Hash( ) 함수는 이론적으로 해시 테이블 내의 모든 주소를 해싱할 수 있고, 결과적으로는 폐가 마을이 될 뻔한 해시 테이블을 되살릴 수 있게 됩니다.

```c
int Hash( char* Key, int KeyLength, int TableSize )
{
    int i = 0;
    int HashValue = 0;
```

```
    for ( i=0; i<KeyLength; i++ )
        HashValue = (HashValue << 3) + Key[i];

    return HashValue % TableSize;
}
```

8.2.3 해시 함수의 한계: 충돌

해시 함수가 서로 다른 입력값에 대해 동일한 해시 테이블 주소를 반환하는 것을 일컬어 '충돌'이라고 합니다.

조금 전에 살펴본 자릿수 접기 알고리즘도 충돌을 일으킵니다. 예를 몇 가지 들어볼까요? 이 함수는 테이블의 크기가 12289일 때 WJLY를 입력해도 10871, SZSR을 입력해도 10871을 반환합니다. KFRE를 입력해도 SNRZ를 입력해도 똑같이 4508을 반환합니다. 그뿐이 아닙니다. QBPL과 AUVW에 대해서도 같은 값인 7973을 반환합니다.

자릿수 접기 알고리즘만 이런 문제를 갖고 있는 것이 아닙니다. 어떤 해시 함수든 그 알고리즘이 아무리 정교하게 설계되었다고 해도 모든 입력값에 대해 우주적으로 고유한 해시값을 만들지는 못합니다. 한마디로 말해서 해시 함수를 사용하는 한 충돌은 피할 수 없습니다.

그렇다고 충돌이 일어난 사고 현장을 그대로 둘 수도 없습니다. 뭔가 조치를 취해서 이 문제를 해결해야 합니다. 그러면 이 문제는 어떻게 풀어야 할까요? 다음 절에서 그 답을 찾아보겠습니다.

8.3 충돌 해결 기법

해시 테이블의 충돌을 해결하는 방법에는 크게 두 가지가 있습니다. 첫 번째는 해시 테이블의 주소 바깥에 새로운 공간을 할당하여 문제를 수습하는 것이고, 또 다른 하나는 처음에 주어진 해시 테이블의 공간 안에서 문제를 해결하는 것입니다. 전자는 개방 해싱 Open Hashing 이라고 하고, 후자는 폐쇄 해싱 Closed Hashing 이라고 합니다.

이어서 개방 해싱 기반의 충돌 해결 기법인 체이닝에 대해 알아보겠습니다.

8.3.1 체이닝

체이닝 Chaining 이란 해시 함수가 서로 다른 키에 대해 같은 주소값을 반환해서 충돌이 발생하면 각 데이터를 해당 주소에 있는 링크드 리스트에 삽입하여 문제를 해결하는 기법을 말합니다. 체이닝이라는 이름은 충돌이 일어날 때마다 데이터를 링크드 리스트에 사슬처럼 주렁주렁 엮는다는 의미에서 붙여졌습니다.

다음 그림처럼 체이닝 기반 해시 테이블은 데이터 대신 링크드 리스트에 대한 포인터를 관리합니다. 데이터는 해시 테이블의 각 요소가 가리키는 링크드 리스트에 저장됩니다. 이렇게 해시 테이블 외부에 데이터를 저장하는 체이닝은 개방 해싱 알고리즘에 해당합니다.

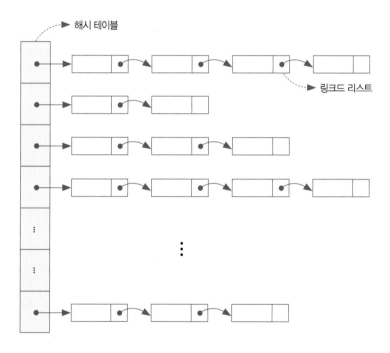

체이닝을 사용하기 위해 해시 함수를 수정해야 하는 것은 아닙니다. 해시 함수가 만들어낸 주소값을 데이터가 직접 사용하지 않고 링크드 리스트가 사용한다는 사실만 빼면 해시 함수가 하는 일은 전과 똑같기 때문입니다. 하지만 데이터를 해시 테이블에 삽입하고 탐색하는 연산은 새 알고리즘에 맞춰 바뀌어야 합니다. 삽입 연산은 **앞으로 발생할 충돌**을 고려해서, 삭제 연산과 탐색 연산은 **이미 발생한 충돌**을 고려해서 설계되어야 합니다. 이에 대한 내용은 〈여기서 잠깐〉 다음에 이어서 설명하겠습니다.

이어지는 내용에서 등장하는 코드를 이해하려면 키와 데이터(값)의 자료형, 링크드 리스트의 선언에 대해 알아야 합니다. 아래에 선언 내용이 있으므로 한번 읽어보기 바랍니다.

```
Typedef char* KeyType;      // 키의 자료형
Typedef char* ValueType;    // 키의 짝으로 입력될 데이터의 자료형

// 링크드 리스트의 노드
Typedef struct tagNode
{
    Keytype Key;
    ValueType Value;

    Struct tagNode* Next;
} Node;

// 링크드 리스트
Typedef Node* List;

// 해시 테이블
Typedef struct tagHashTable
{
    Int TableSize;
    List* Table;
} HashTable;
```

탐색 연산

앞에서도 잠깐 이야기했지만 탐색 연산은 앞으로 '발생할 충돌'을 고려해서 설계되어야 합니다. 따라서 체이닝 기반의 해시 테이블에서는 다음과 같은 순서로 탐색을 수행합니다.

❶ 찾고자 하는 목표값을 해싱하여 링크드 리스트가 저장된 주소를 찾는다.

❷ 이 주소를 이용하여 해시 테이블에 저장된 링크드 리스트에 대한 포인터를 생성한다.

❸ 링크드 리스트의 앞에서부터 뒤까지 차례대로 이동하며 목표값이 저장되어 있는지 비교한다. 목표값과 링크드 리스트 내 노드값이 일치하면 해당 노드의 주소를 반환한다.

간단하지요? 이 알고리즘은 코드로 옮기기도 아주 쉽습니다. 다음은 C 언어 코드로 옮긴 탐색 연산입니다. CHT는 Chained Hash Table의 약자입니다.

```
ValueType CHT_Get( HashTable* HT, KeyType Key )
{
    //  주소를 해싱한다.
    int Address = CHT_Hash( Key, strlen(Key), HT->TableSize );

    //  해싱한 주소에 있는 링크드 리스트를 가져온다.
    List TheList = HT->Table[Address];
    List Target  = NULL;

    if ( TheList == NULL )
        return NULL;

    //  원하는 값을 찾을 때까지 순차 탐색
    while ( 1 )
    {
        if ( strcmp( TheList->Key, Key ) == 0 )
        {
            Target = TheList;
            break;
        }

        if ( TheList->Next == NULL )
            break;
        else
            TheList = TheList->Next;
    }

    return Target->Value;
}
```

삽입 연산

체이닝 기반 해시 테이블의 삽입 연산도 탐색 연산과 비슷한 원리로 동작합니다. 먼저 해시 함수를 이용하여 데이터가 삽입될 링크드 리스트의 주소를 얻어낸 후, 링크드 리스트가 비어 있으면 데이터를 바로 삽입하고 그렇지 않다면 링크드 리스트의 헤드 앞에 삽입합니다.

왜 헤드 앞인지 그 이유를 지금부터 설명하겠습니다. 다음과 같이 주소 10871에 WJLY라는 키를 가진 데이터가 이미 삽입된 해시 테이블이 있다고 가정해봅시다.

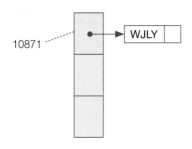

그런데 어느 날 평화롭게 지내던 이 해시 테이블에 'SZSR'이라는 키를 가진 데이터가 삽입을 시도하는 일이 일어났습니다. 'SZSR'을 해시 함수에 입력하면 10871이 반환되는데, 이는 키값 'WJLY'에 의해 해시되어 이미 주소로 사용 중인 값입니다. 한마디로 충돌이 발생했습니다.

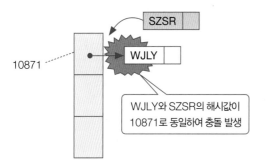

하지만 이 충돌은 문제되지 않습니다. 우리는 데이터를 해시 테이블에 직접 저장하지 않고 링크드 리스트에 저장하기 때문입니다. 그냥 주소 10871에 있는 링크드 리스트에 'SZSR' 데이터를 삽입하기만 하면 됩니다.

여러분이라면 새로운 데이터를 링크드 리스트의 어느 곳에 삽입하겠습니까? 이 데이터를 링크드 리스트의 테일로 만들고 싶다면 '순차 탐색'을 수행해서 테일 노드를 찾아 삽입해야 합니다. 이 예에서는 'WJLY' 하나만 있어서 다행이었지만 이미 같은 주소에서 충돌이 여러 번 발생했다고 생각해보세요. 링크드 리스트의 길이가 길어져 그만큼 더 많은 횟수의 순차 탐색을 수행해야 할 것입니다.

새 데이터를 링크드 리스트의 가장 앞(헤드의 앞)에 삽입하면 이렇게 순차 탐색을 할 필요가 없습니다. 게다가 해시 테이블의 성능이 쓸데없이 저하되는 일도 막을 수 있지요.

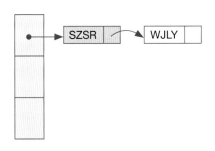

지금까지 체이닝 기반 해시 테이블의 삽입 연산에 대해 알아봤습니다. 다음은 지금까지 논의한 삽입 연산을 C 언어 코드로 구현한 CHT_Set( ) 함수입니다.

```c
void CHT_Set( HashTable* HT, KeyType Key, ValueType Value )
{
    int Address = CHT_Hash( Key, strlen(Key), HT->TableSize );
    Node* NewNode = CHT_CreateNode( Key, Value );

    //  해당 주소가 비어 있는 경우
    if ( HT->Table[Address] == NULL )
    {
        HT->Table[Address] = NewNode;
    }
    //  해당 주소가 비어 있지 않은 경우
    else
    {
        List L = HT->Table[Address];
        NewNode->Next      = L;
        HT->Table[Address] = NewNode;

        printf("Collision occured : Key(%s), Address(%d)\n", Key, Address );
    }
}
```

체이닝 예제 프로그램

지금까지 체이닝에 관해 배운 내용을 바탕으로 코드를 작성해봅시다. 이번에 만들 프로그램은 나스닥에 등록된 회사의 티커^Ticker(상장기업의 종목 코드)와 이름을 각각 키와 데이터로 사용합니다. 일종의 나스닥 상장사 기호 사전이라고 할 수 있습니다. 번뜩이는 두뇌를 가진 독자라면 다른 종류의 사전으로도 활용할 수 있는 프로그램이라는 사실을 눈치챘을 것입니다.

코드 에디터를 열어 다음 예제 코드를 작성해보세요. 여기서 눈여겨봐야 할 부분은 데이터의 입력을 담당하는 CHT_Set( ) 함수와 탐색을 담당하는 CHT_Get( ) 함수 두 가지입니다. 물론 나머지 코드도 꼼꼼히 살펴보고 해석한다면 더할 나위 없이 좋겠지요.

이 예제 프로그램은 모두 3개의 소스 코드 파일로 이루어져 있습니다. Chaining.h와 Chaining.c는 해시 테이블의 구조체와 함수를 정의하고 Test_Chaining.c는 해시 테이블을 테스트하는 코드를 담고 있습니다.

08장/Chaining/Chaining.h

```
01  #ifndef CHAINING_H
02  #define CHAINING_H
03
04  #include <stdio.h>
05  #include <stdlib.h>
06  #include <string.h>
07
08  typedef char* KeyType;
09  typedef char* ValueType;
10
11  typedef struct tagNode
12  {
13      KeyType   Key;
14      ValueType Value;
15
16      struct tagNode* Next;
17  } Node;
18
19  typedef Node* List;
20
21  typedef struct tagHashTable
22  {
23      int    TableSize;
24      List*  Table;
25  } HashTable;
26
27  HashTable* CHT_CreateHashTable( int TableSize );
```

```
28  void      CHT_DestroyHashTable( HashTable* HT);
29
30  Node*     CHT_CreateNode( KeyType Key, ValueType Value );
31  void      CHT_DestroyNode( Node* TheNode );
32
33  void      CHT_Set( HashTable* HT, KeyType Key, ValueType Value );
34  ValueType CHT_Get( HashTable* HT, KeyType Key );
35  int       CHT_Hash( KeyType Key, int KeyLength, int TableSize );
36
37  #endif
```

```
001  #include "Chaining.h"
002
003  HashTable* CHT_CreateHashTable( int TableSize )
004  {
005      HashTable* HT = (HashTable*)malloc( sizeof(HashTable) );
006      HT->Table     = (List*)malloc( sizeof(Node) * TableSize);
007
008      memset(HT->Table, 0, sizeof(List) * TableSize );
009
010      HT->TableSize = TableSize;
011
012      return HT;
013  }
014
015  Node* CHT_CreateNode( KeyType Key, ValueType Value )
016  {
017      Node* NewNode = (Node*) malloc( sizeof(Node) );
018
019      NewNode->Key = (char*)malloc( sizeof(char) * ( strlen(Key) + 1 ));
020      strcpy( NewNode->Key,   Key );
021
022      NewNode->Value = (char*)malloc( sizeof(char) * ( strlen(Value) + 1 ));
023      strcpy( NewNode->Value, Value );
024      NewNode->Next = NULL;
025
```

```
026        return NewNode;
027    }
028
029    void CHT_DestroyNode( Node* TheNode )
030    {
031        free( TheNode->Key );
032        free( TheNode->Value );
033        free( TheNode );
034    }
035
036    void CHT_Set( HashTable* HT, KeyType Key, ValueType Value )
037    {
038        int Address = CHT_Hash( Key, strlen(Key), HT->TableSize );
039        Node* NewNode = CHT_CreateNode( Key, Value );
040
041        //  해당 주소가 비어 있는 경우
042        if ( HT->Table[Address] == NULL )
043        {
044            HT->Table[Address] = NewNode;
045        }
046        //  해당 주소가 비어 있지 않은 경우
047        else
048        {
049            List L = HT->Table[Address];
050            NewNode->Next      = L;
051            HT->Table[Address] = NewNode;
052
053            printf("Collision occured : Key(%s), Address(%d)\n", Key, Address );
054        }
055    }
056
057    ValueType CHT_Get( HashTable* HT, KeyType Key )
058    {
059        //  주소를 해싱한다.
060        int Address = CHT_Hash( Key, strlen(Key), HT->TableSize );
061
062        //  해싱한 주소에 있는 링크드 리스트를 가져온다.
063        List TheList = HT->Table[Address];
064        List Target  = NULL;
065
```

```
066      if ( TheList == NULL )
067          return NULL;
068
069      //  원하는 값을 찾을 때까지 순차 탐색
070      while ( 1 )
071      {
072          if ( strcmp( TheList->Key, Key ) == 0 )
073          {
074              Target = TheList;
075              break;
076          }
077
078          if ( TheList->Next == NULL )
079              break;
080          else
081              TheList = TheList->Next;
082      }
083
084      return Target->Value;
085  }
086
087  void CHT_DestroyList( List L )
088  {
089      if ( L == NULL )
090          return;
091
092      if ( L->Next != NULL )
093          CHT_DestroyList( L->Next );
094
095      CHT_DestroyNode( L );
096  }
097
098  void CHT_DestroyHashTable( HashTable* HT)
099  {
100      // 1. 각 링크드 리스트를 자유 저장소에서 제거하기
101      int i = 0;
102      for ( i=0; i<HT->TableSize; i++ )
103      {
104          List L = HT->Table[i];
105
```

```
106            CHT_DestroyList( L );
107        }
108
109        //  2. 해시 테이블을 자유 저장소에서 제거하기
110        free ( HT->Table );
111        free ( HT );
112  }
113
114  int CHT_Hash( KeyType Key, int KeyLength, int TableSize )
115  {
116        int i=0;
117        int HashValue = 0;
118
119        for ( i=0; i<KeyLength; i++ )
120        {
121            HashValue = (HashValue << 3) + Key[i];
122        }
123
124        HashValue = HashValue % TableSize;
125
126        return HashValue;
127  }
```

08장/Chaining/Test_Chaining.c

```
01  #include "Chaining.h"
02
03  int main( void )
04  {
05      HashTable* HT = CHT_CreateHashTable( 12289 );
06
07      CHT_Set( HT, "MSFT",    "Microsoft Corporation");
08      CHT_Set( HT, "JAVA",    "Sun Microsystems");
09      CHT_Set( HT, "REDH",    "Red Hat Linux");
10      CHT_Set( HT, "APAC",    "Apache Org");
11      CHT_Set( HT, "ZYMZZ",   "Unisys Ops Check"); //  APAC와 충돌
12      CHT_Set( HT, "IBM",     "IBM Ltd.");
13      CHT_Set( HT, "ORCL",    "Oracle Corporation");
```

```
14      CHT_Set( HT, "CSCO",    "Cisco Systems, Inc.");
15      CHT_Set( HT, "GOOG",    "Google Inc.");
16      CHT_Set( HT, "YHOO",    "Yahoo! Inc.");
17      CHT_Set( HT, "NOVL",    "Novell, Inc.");
18
19      printf("\n");
20      printf("Key:%s, Value:%s\n", "MSFT",   CHT_Get( HT, "MSFT" ) );
21      printf("Key:%s, Value:%s\n", "REDH",   CHT_Get( HT, "REDH" ) );
22      printf("Key:%s, Value:%s\n", "APAC",   CHT_Get( HT, "APAC" ) );
23      printf("Key:%s, Value:%s\n", "ZYMZZ",  CHT_Get( HT, "ZYMZZ" ) );
24      printf("Key:%s, Value:%s\n", "JAVA",   CHT_Get( HT, "JAVA" ) );
25      printf("Key:%s, Value:%s\n", "IBM",    CHT_Get( HT, "IBM" ) );
26      printf("Key:%s, Value:%s\n", "ORCL",   CHT_Get( HT, "ORCL" ) );
27      printf("Key:%s, Value:%s\n", "CSCO",   CHT_Get( HT, "CSCO" ) );
28      printf("Key:%s, Value:%s\n", "GOOG",   CHT_Get( HT, "GOOG" ) );
29      printf("Key:%s, Value:%s\n", "YHOO",   CHT_Get( HT, "YHOO" ) );
30      printf("Key:%s, Value:%s\n", "NOVL",   CHT_Get( HT, "NOVL" ) );
31
32      CHT_DestroyHashTable( HT );
33
34      return 0;
35  }
```

실행 결과

```
Collision occured : Key(ZYMZZ), Address(2120)

Key:MSFT, Value:Microsoft Corporation
Key:REDH, Value:Red Hat Linux
Key:APAC, Value:Apache Org
Key:ZYMZZ, Value:Unisys Ops Check
Key:JAVA, Value:Sun Microsystems
Key:IBM, Value:IBM Ltd.
Key:ORCL, Value:Oracle Corporation
Key:CSCO, Value:Cisco Systems, Inc.
Key:GOOG, Value:Google Inc.
Key:YHOO, Value:Yahoo! Inc.
Key:NOVL, Value:Novell, Inc.
```

체이닝의 성능 향상 방법

체이닝은 원하는 데이터를 찾기 위해 순차 탐색을 해야 하는 링크드 리스트의 단점을 물려받습니다. 해시 테이블은 '극한의 탐색'을 위해 고안되었는데 순차 탐색 때문에 그 성능이 훼손당하다니 무언가 너무 억울하다는 생각이 들지 않습니까?

그러나 해시 테이블의 극한 성능에는 못 미치지만, 여전히 감동적인 성능을 가진 레드 블랙 트리와 같은 이진 탐색 트리를 사용하면 이 문제를 해결할 수 있습니다. 해시 함수의 성능이 아주 좋아서 충돌이 거의 없다면 이진 탐색 트리가 과한 선택일 수도 있지만, 해시 함수의 성능이 좋지 않아 **충돌이 잦다면 해시 테이블과 이진 탐색 트리의 결합은 아주 훌륭한 선택**이 됩니다.

이진 탐색 트리를 이용한 체이닝 구현은 여러분에게 숙제로 내겠습니다.

8.3.2 개방 주소법

Open과 Addressing은 영어가 짧은 제게도 참 쉬운 단어입니다만 이렇게 붙여놓으니 너무 낯선 용어가 되어버리네요. 개방 주소법Open Addressing은 충돌이 일어날 때 해시 함수에 의해 만들어진 주소가 아니더라도 얼마든지 다른 주소를 사용할 수 있도록 허용하는 충돌 해결 알고리즘입니다.

금이나 석유가 매장되어 있는 곳을 탐사하듯, 개방 주소법은 충돌이 일어나면 해시 테이블 내의 새로운 주소를 탐사Probe하여 충돌된 데이터를 입력하는 방식으로 동작합니다. 개방 주소법은 탐사가 전부이며, 따라서 지금부터 이 탐사 작업을 어떻게 할 것인가에 관한 내용을 주로 다룰 계획입니다. 그렇다면 선형 탐사부터 시작해봅시다.

> **NOTE ▶** 앞에서 살펴본 체이닝은 해시 함수에 의해 만들어진 주소만 사용하는 기법이었습니다. 그러므로 체이닝은 오픈 해싱 기법인 동시에 폐쇄 주소법Closed Addressing 알고리즘이기도 합니다.

선형 탐사

선형 탐사Linear Probing는 가장 간단한 탐사 방법입니다. 해시 함수로부터 얻어낸 주소에 이미 다른 데이터가 입력되어 있을 경우 현재 주소에서 고정 폭(예를 들면 1)으로 주소를 이동합니다. 그 주소에도 다른 데이터가 있어 충돌이 발생하면 또 그다음 주소로 이동하고요. 이렇게 해서 비어 있는 주소를 찾아내면 그곳에 데이터를 입력합니다. 이것이 선형 탐사입니다.

예를 하나 들어볼까요? 크기가 13이고 나눗셈법 기반 해시 함수를 이용하는 해시 테이블이 있습니다. 여기에 42를 입력합니다. 42 % 13 = 3이므로 42는 테이블의 3번째 요소에 입력됩니다.

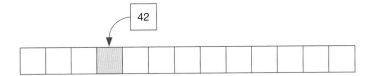

이어서 55를 입력합니다. 55 % 13도 3입니다. 그래서 55를 3번째 요소에 입력해야 하는데 이미 이 주소는 42가 사용하고 있습니다. 충돌이 일어난 것이지요.

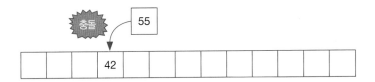

이제 선형탐사를 시작해서 55가 지낼 곳을 찾아줘야 합니다. 충돌이 일어난 주소의 뒤로 1만큼 이동하면 빈 주소가 있습니다. 이곳에 55를 입력합니다.

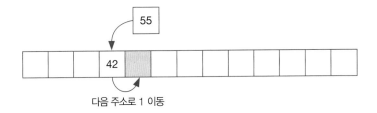

하나만 더 입력해볼까요? 이번에는 81을 입력해보겠습니다. 81 % 13도 역시 결과가 3입니다. 당연히 충돌이 일어나지요.

충돌을 피해 선형 탐사를 시작합니다. 첫 번째 탐사를 통해 찾은 주소에는 이미 55가 입력되어 있고, 두 번째 탐사를 통해 찾은 주소는 비어 있군요. 이곳에 81을 입력합니다.

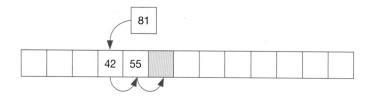

선형 탐사를 쓰다 보면 이 그림과 같이 충돌할 뻔한 데이터들이 한 곳에 모이는 이른바 클러스터 Cluster 현상이 많이 발생합니다. 클러스터 현상이 발생하면 새로운 주소를 찾기 위해 수행하는 선형 탐사 시간이 길어지고 이로 인해 해시 테이블의 성능은 엄청나게 저하됩니다. 이 문제를 개선한 알고리즘이 이어서 소개할 제곱 탐사입니다.

제곱 탐사

제곱 탐사Quadratic Probing의 기본적인 개념은 선형 탐사와 크게 다르지 않습니다. 선형 탐사가 다음 주소를 찾기 위해 고정폭만큼 이동하는 것에 비해 제곱 탐사는 이동폭이 제곱수로 늘어나는 것이 다를 뿐입니다.

선형 탐사를 설명하기 위해 들었던 예를 이용해서 제곱 탐사를 설명해보겠습니다. 다음은 크기가 13인 해시 테이블입니다. 여기에 키가 42인 데이터를 입력합니다. 해시 함수는 나눗셈법을 기반으로 구현되어 있습니다. 테이블의 크기가 13이므로 42를 13으로 나눈 나머지 3이 주소가 됩니다. 해시 테이블은 텅텅 비어 있는 상태이므로 42는 주소 3에 무사히 입력됩니다.

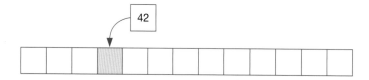

이어서 55를 입력합니다. 55 % 13은 3이고 이 주소에는 이미 42가 입력되어 있기 때문에 충돌이 발생합니다. 이때 제곱 탐사가 작동합니다.

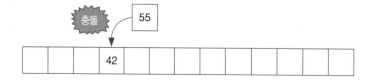

제곱 탐사를 처음 수행할 때는 1의 제곱만큼 이동합니다. 1의 제곱은 1이니 결국 1만큼만 이동한다는 의미입니다. 여기까지는 선형 탐사와 결과가 같지요?

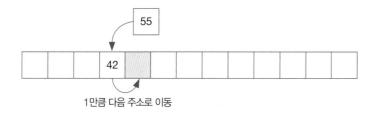

이번에는 81을 입력해봅시다. 81 % 13도 역시 결과가 3이므로 충돌이 일어납니다.

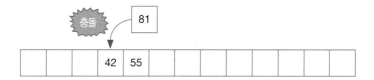

다시 제곱 탐사가 작동합니다. 첫 번째 1의 제곱수만큼 이동하는데 이 주소는 55가 사용하고 있습니다. 두 번째 탐사를 해봅시다. 두 번째에는 2의 제곱, 즉 4만큼 이동합니다.

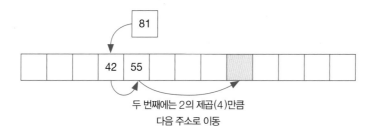

그 결과 똑같은 해시값을 가진 42, 55, 81이 다음과 같이 해시 테이블에 입력됩니다.

선형 탐사를 이용해서 충돌을 해결했을 때는 42, 55, 81이 클러스터를 이뤘는데 제곱 탐사를 이용하니 55와 81 사이가 널찍이 벌어졌습니다. 이 상태에서 109를 해시 테이블에 입력한다고 가정해봅시다. 109 % 13은 6이므로 충돌 없이 자기 자리를 찾아갑니다.

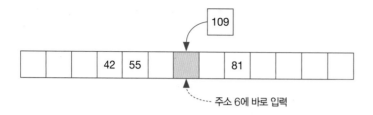

····· 주소 6에 바로 입력

여기까지만 보면 제곱 탐사가 해시 테이블을 클러스터로부터 해방시킬 수 있을 것처럼 보입니다. 실제로는 그렇지 않은데 말입니다. 제곱 탐사는 충돌이 일어났을 때 '제곱수의 폭'으로 이동한다는 규칙을 가집니다. 그리고 이 규칙성에 의해 또 다른 종류의 클러스터가 발생합니다. 다음 그림을 보세요.

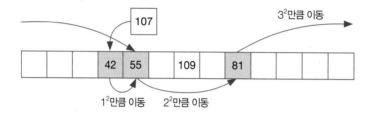

선형탐사에 의해 발생했던 클러스터와 조금 다른 모습이기는 하지만 분명히 클러스터가 발생했습니다. 이런 현상이 발생하는 이유는 하나의 주소에서 충돌이 발생할 때 탐사할 위치가 정해져 있기 때문입니다. 다시 말해, 제곱 탐사는 서로 다른 해시값을 가진 데이터에 대해 클러스터가 형성되지 않도록 하는 효과가 어느 정도 있지만, 같은 해시값을 가진 데이터에 대해서는 2차 클러스터를 형성하는 문제를 갖고 있다는 의미입니다.

그렇다면 1차 클러스터와 2차 클러스터를 한꺼번에 해결하는 방법은 없을까요? 물론 있습니다. 충돌이 일어났을 때 탐사할 새로운 주소에 대한 규칙성을 없애면 됩니다. 무슨 말인지 아직은 잘 모르겠지요? 자세한 설명은 '이중 해싱'에서 계속하겠습니다.

이중 해싱

앞에서도 이야기했지만 클러스터를 제대로 방지할 수 있는 방법은 **탐사할 주소의 규칙성을 없애는 것뿐**입니다. 혹시 또 다른 훌륭한 방법이 있다면 저에게 알려주세요. 어떻게 하면 이 규칙성을 없앨 수 있을까요?

rand( ) 함수를 이용해서 난수를 뽑아내 이 값을 탐사 이동폭으로 삼자고요? 오, 굉장히 그럴 듯한 아이디어입니다. 훌륭해요. 하지만 난수는 말 그대로 난수입니다. 같은 상황에서 같은 키를 입력하면 항상 같은 해시값(주소)을 얻을 수 있어야 하는데 rand( ) 함수를 이용하면 항상 다른 값을 얻게 됩니다. 따라서 rand( ) 함수는 답이 아닙니다. 그렇다면 저 요구 사항을 어떻게 모두 만족시킬 수 있을까요?

해시 함수에 키를 입력하여 얻어낸 주소에서 충돌이 일어나면 새로운 주소를 향해 이동해야 합니다. 이때의 이동폭을 제2의 해시 함수로 계산하면 어떨까요? 다시 말해, 2개의 해시 함수를 준비해서 하나는 최초의 주소를 얻을 때, 또 다른 하나는 충돌이 일어날 때 탐사 이동폭을 얻기 위해 사용하는 것은 어떨까요? 이렇게 하면 탐사 이동폭의 규칙성은 없애면서도 같은 키에 대해서는 항상 똑같은 결과를 얻을 수 있습니다.

근사합니다. 그렇지 않습니까? 이중 해싱^{Double Hashing}이 동작하는 예를 하나 살펴보겠습니다. 이번에도 크기가 13인 해시 테이블이 등장합니다. 그리고 최초의 주소를 계산하는 첫 번째 해시 함수(이름을 Hash( )라고 짓겠습니다)와 충돌 발생 시 탐사 이동폭을 계산하는 두 번째 해시 함수(이 함수의 이름은 Hash2( )입니다)를 다음과 같이 정의하겠습니다.

```
int Hash( int Key )
{
    return Key % 13;
}


int Hash2( int Key )
{
    return ( Key % 11 ) + 2;
}
```

선형 탐사와 제곱 탐사의 예에서 그랬던 것처럼 키가 42인 데이터부터 입력하겠습니다. 42 % 13은 3이므로 주소 3에 입력합니다.

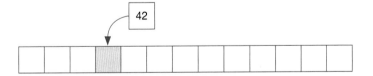

이어서 55를 입력하겠습니다. 55 % 13은 3이지만 이 주소에는 이미 42가 입력되어 있기 때문에 충돌이 발생합니다. 충돌이 발생했으니 새로운 주소를 탐사해야겠지요? 그러기 위해서는 우선

Hash2( ) 함수를 이용해서 이동폭을 얻어야 합니다. Hash2( ) 함수에 55를 매개 변수로 넘기면 2를 반환합니다.

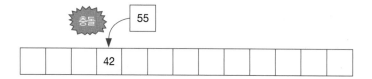

55의 새 주소는 원래의 주소 3에 이동폭 2를 더한 5가 됩니다.

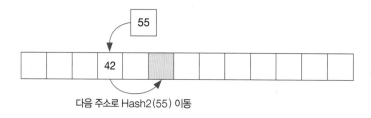

이번에는 81을 입력해봅시다. 81 % 13도 결과가 3이니 충돌이 일어납니다.

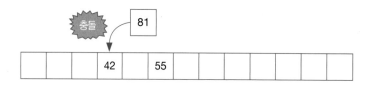

81이 삽입될 곳을 탐사하기 위해 Hash2( ) 함수로 이동폭을 계산합니다. Hash2(81)은 6이므로 새로운 주소는 3 + 6 = 9입니다.

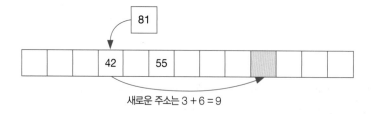

제곱 탐사를 이용해서 81을 입력했을 때는 42에서 처음 충돌한 후 52에서 한 번 더 충돌합니다. 반면에 이중 해싱을 이용했을 때는 81이 42와 충돌한 후 곧장 자기 자리를 찾아갔습니다. 이렇듯 이중 해싱은 2차 클러스터를 효과적으로 방지하여 해시 테이블의 성능 유지를 도와줍니다.

이번에는 마지막으로 224를 입력해봅시다. 224도 42와 충돌합니다. Hash2( ) 함수가 반환한 폭
(Hash2(224) = 6)만큼 이동하여 주소 9로 가지만 여기에도 81이 있어서 충돌이 일어납니다.
다시 6만큼 이동합니다. 그런데 테이블의 마지막 주소가 12인데 새 주소는 15입니다. 이렇게 테이
블의 끝을 넘어가는 경우 넘어가는 부분만 반영해서 테이블의 첫 주소부터 탐사를 시작하면 됩니다.
그래서 224의 새 주소는 2입니다.

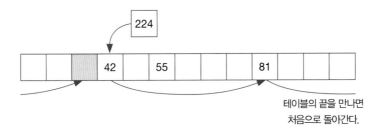

재해싱

지금까지 우리는 해시 테이블의 충돌 문제를 해결할 수 있는 알고리즘인 선형 탐사, 제곱 탐사, 이중
해싱에 대해 알아봤습니다. 그중에서도 단연 이중 해싱의 성능이 돋보였지요. 하지만 아무리 성능이
뛰어난 충돌 해결 알고리즘이라도 해시 테이블의 여유 공간이 모두 차버려서 발생하는 성능 저하는
막아낼 방법이 없습니다. 다음 그림과 같이 남은 공간이 거의 없는 해시 테이블에서는 연쇄 충돌이
자주 일어납니다.

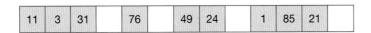

재해싱 Rehashing 은 이 문제를 해결할 수 있는 방법 중 하나입니다. 재해싱은 해시 테이블의 크기를 늘
리고 늘어난 해시 테이블의 크기에 맞춰 테이블 내의 모든 데이터를 다시 해싱합니다. 이렇게 하면
또 다시 여유 공간이 생깁니다.

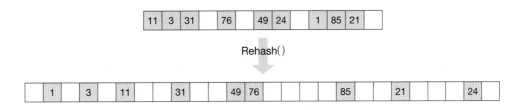

통계적으로 해시 테이블의 공간 사용률이 70%~80%에 이르면 성능 저하가 나타나기 시작합니다. 그러므로 공간 사용률이 이보다 적은 수준일 때 미리 재해싱해둬야 성능 저하를 막을 수 있습니다. 하지만 재해싱 역시 만만치 않은 오버헤드를 수반합니다. 재해싱을 수행할 임계치를 너무 낮게 잡으면 빈번하게 재해싱을 유발하고 결국 성능 저하를 일으키므로 임계치를 75% 수준으로 설정하는 것이 일반적입니다.

개방 주소법 예제 프로그램

이제는 예제 프로그램을 만들어볼 차례입니다. 체이닝 예제 프로그램을 조금 손질해서 개방 주소법 프로그램으로 바꿨습니다. 링크드 리스트에 대한 포인터를 담았던 해시 테이블이 직접 데이터를 담도록 하고, 충돌이 일어났을 때는 이중 해싱으로 새 주소를 탐사하도록 했습니다. 또한 데이터가 해시 테이블의 공간을 50% 이상 차지하면 재해싱하여 테이블의 크기를 늘리도록 조치했습니다.

예제 프로그램이 조금 길기는 하지만 여러분이 눈여겨봐야 할 코드는 다음 네 가지 함수의 구현입니다. 나머지는 크게 달라진 것이 없으므로 예제 코드가 길다고 스트레스 받지 마시기 바랍니다.

OAHT_Set( )은 해시 테이블에 데이터를 입력하고, OAHT_Get( )은 해시 테이블에서 데이터를 탐색합니다. OAHT_Hash2( )는 충돌이 일어났을 때 탐사 이동폭을 계산하며, OAHT_Rehash( )는 해시 테이블의 크기를 두 배로 늘려 재해싱합니다.

앞에서 재해싱 임계치는 75%가 적당하다고 했는데 예제 프로그램에서는 임계치를 50%로 설정했습니다. 보다 빈번하게 재해싱이 일어나도록 만들어서 알고리즘이 동작하는 과정을 잘 관찰하기 위해서입니다.

최초의 주소를 구하는 해시 함수는 어디 갔냐고요? 걱정 마세요. 예제 코드에 그대로 있으니까요. 예제 프로그램에서 사용했던 구현을 그대로 사용할 것이므로 크게 신경 쓰지 않아도 됩니다. 참고로 함수 이름 앞에 붙은 OAHT는 Open Addressing Hash Table의 약자입니다.

```
08장/OpenAddressing/OpenAddressing.h

01   #ifndef OPEN_ADDRESSING_H
02   #define OPEN_ADDRESSING_H
03
04   #include <stdio.h>
```

```
05  #include <stdlib.h>
06  #include <string.h>
07
08  typedef char* KeyType;
09  typedef char* ValueType;
10
11  enum ElementStatus
12  {
13      EMPTY     = 0,        해시 테이블 요소의 상태
14      OCCUPIED  = 1        비어 있을 때는 0, 점유되어 있을 때는 1
15  };
16
17  typedef struct tagElementType
18  {
19      KeyType     Key;
20      ValueType   Value;
21
22      enum ElementStatus Status;
23  } ElementType;
24
25  typedef struct tagHashTable
26  {
27      int          OccupiedCount;
28      int          TableSize;
29
30      ElementType*  Table;
31  } HashTable;
32
33  HashTable* OAHT_CreateHashTable( int TableSize );
34  void       OAHT_DestroyHashTable( HashTable* HT );
35  void       OAHT_ClearElement( ElementType* Element );
36
37  void       OAHT_Set( HashTable** HT, KeyType Key, ValueType Value );
38  ValueType  OAHT_Get( HashTable* HT, KeyType Key );
39  int        OAHT_Hash ( KeyType Key, int KeyLength, int TableSize );
40  int        OAHT_Hash2( KeyType Key, int KeyLength, int TableSize );
41
42  void       OAHT_Rehash( HashTable** HT );
43
44  #endif
```

```
001   #include "OpenAddressing.h"
002
003   HashTable* OAHT_CreateHashTable( int TableSize )
004   {
005       HashTable* HT = (HashTable*)malloc( sizeof(HashTable) );
006       HT->Table    = (ElementType*)malloc( sizeof(ElementType) * TableSize);
007
008       memset(HT->Table, 0, sizeof(ElementType) * TableSize );
009
010       HT->TableSize = TableSize;
011       HT->OccupiedCount = 0;
012
013       return HT;
014   }
015
016   void OAHT_Set( HashTable** HT, KeyType Key, ValueType Value )
017   {
018       int    KeyLen, Address, StepSize;
019       double Usage;
020
021       Usage = (double)(*HT)->OccupiedCount / (*HT)->TableSize;
022
023       if ( Usage > 0.5 )
024       {
025           OAHT_Rehash( HT );
026       }
027
028       KeyLen   = strlen(Key);
029       Address  = OAHT_Hash( Key, KeyLen, (*HT)->TableSize );
030       StepSize = OAHT_Hash2( Key, KeyLen, (*HT)->TableSize );
031
032       while ( (*HT)->Table[Address].Status != EMPTY &&
033                   strcmp((*HT)->Table[Address].Key, Key) != 0 )
034       {
035           printf("Collision occured! : Key(%s), Address(%d), StepSize(%d)\n",
036                   Key, Address, StepSize );
037
038           Address = (Address + StepSize) % (*HT)->TableSize;
```

```
039         }
040
041         (*HT)->Table[Address].Key = (char*)malloc( sizeof(char) * (KeyLen + 1) );
042         strcpy( (*HT)->Table[Address].Key, Key );
043
044         (*HT)->Table[Address].Value = (char*)malloc( sizeof(char) * (strlen(Value) + 1) );
045         strcpy( (*HT)->Table[Address].Value, Value );
046
047         (*HT)->Table[Address].Status = OCCUPIED;
048
049         (*HT)->OccupiedCount++;
050
051         printf("Key(%s) entered at address(%d)\n", Key, Address );
052     }
053
054     ValueType OAHT_Get( HashTable* HT, KeyType Key )
055     {
056         int KeyLen    = strlen(Key);
057
058         int Address   = OAHT_Hash( Key, KeyLen, HT->TableSize );
059         int StepSize  = OAHT_Hash2( Key, KeyLen, HT->TableSize );
060
061         while ( HT->Table[Address].Status != EMPTY &&
062                     strcmp(HT->Table[Address].Key, Key) != 0 )
063         {
064             Address = (Address + StepSize) % HT->TableSize;
065         }
066
067         return HT->Table[Address].Value;
068     }
069
070     void OAHT_ClearElement( ElementType* Element )
071     {
072         if ( Element->Status == EMPTY )
073             return;
074
075         free(Element->Key);
076         free(Element->Value);
077     }
078
```

```
079   void OAHT_DestroyHashTable( HashTable* HT )
080   {
081       //  1. 각 링크드 리스트를 자유 저장소에서 제거하기
082       int i = 0;
083       for ( i=0; i<HT->TableSize; i++ )
084       {
085           OAHT_ClearElement( &(HT->Table[i]) );
086       }
087
088       //  2. 해시 테이블을 자유 저장소에서 제거하기
089       free ( HT->Table );
090       free ( HT );
091   }
092
093   int OAHT_Hash( KeyType Key, int KeyLength, int TableSize )
094   {
095       int i=0;
096       int HashValue = 0;
097
098       for ( i=0; i<KeyLength; i++ )
099       {
100           HashValue = (HashValue << 3) + Key[i];
101       }
102
103       HashValue = HashValue % TableSize;
104
105       return HashValue;
106   }
107
108   int OAHT_Hash2( KeyType Key, int KeyLength, int TableSize )
109   {
110       int i=0;
111       int HashValue = 0;
112
113       for ( i=0; i<KeyLength; i++ )
114       {
115           HashValue = (HashValue << 2) + Key[i];
116       }
117
118       HashValue = HashValue % ( TableSize - 3 );
```

```
119
120     return HashValue + 1;
121  }
122
123  void OAHT_Rehash( HashTable** HT )
124  {
125      int i = 0;
126      ElementType* OldTable = (*HT)->Table;
127
128      //  새 해시 테이블을 만들고,
129      HashTable* NewHT = OAHT_CreateHashTable( (*HT)->TableSize * 2 );
130
131      printf("\nRehashed. New table size is : %d\n\n", NewHT->TableSize );
132
133      //  이전의 해시 테이블에 있던 데이터를 새 해시 테이블로 옮긴다.
134      for ( i=0; i<(*HT)->TableSize; i++ )
135      {
136          if ( OldTable[i].Status == OCCUPIED )
137          {
138              OAHT_Set( &NewHT, OldTable[i].Key, OldTable[i].Value );
139          }
140      }
141
142      //  이전의 해시 테이블은 소멸시킨다.
143      OAHT_DestroyHashTable( (*HT) );
144
145      //  HT 포인터에는 새로 해시 테이블의 주소를 대입한다.
146      (*HT) = NewHT;
147  }
```

```
01   #include "OpenAddressing.h"
02
03   int main( void )
04   {
05       HashTable* HT = OAHT_CreateHashTable( 11 );
06
```

```
07      OAHT_Set( &HT, "MSFT",   "Microsoft Corporation");
08      OAHT_Set( &HT, "JAVA",   "Sun Microsystems");
09      OAHT_Set( &HT, "REDH",   "Red Hat Linux");
10      OAHT_Set( &HT, "APAC",   "Apache Org");
11      OAHT_Set( &HT, "ZYMZZ",  "Unisys Ops Check"); //  APAC와 충돌
12      OAHT_Set( &HT, "IBM",    "IBM Ltd.");
13      OAHT_Set( &HT, "ORCL",   "Oracle Corporation");
14      OAHT_Set( &HT, "CSCO",   "Cisco Systems, Inc.");
15      OAHT_Set( &HT, "GOOG",   "Google Inc.");
16      OAHT_Set( &HT, "YHOO",   "Yahoo! Inc.");
17      OAHT_Set( &HT, "NOVL",   "Novell, Inc.");
18
19      printf("\n");
20      printf("Key:%s, Value:%s\n", "MSFT",   OAHT_Get( HT, "MSFT" ) );
21      printf("Key:%s, Value:%s\n", "REDH",   OAHT_Get( HT, "REDH" ) );
22      printf("Key:%s, Value:%s\n", "APAC",   OAHT_Get( HT, "APAC" ) );
23      printf("Key:%s, Value:%s\n", "ZYMZZ",  OAHT_Get( HT, "ZYMZZ" ) );
24      printf("Key:%s, Value:%s\n", "JAVA",   OAHT_Get( HT, "JAVA" ) );
25      printf("Key:%s, Value:%s\n", "IBM",    OAHT_Get( HT, "IBM" ) );
26      printf("Key:%s, Value:%s\n", "ORCL",   OAHT_Get( HT, "ORCL" ) );
27      printf("Key:%s, Value:%s\n", "CSCO",   OAHT_Get( HT, "CSCO" ) );
28      printf("Key:%s, Value:%s\n", "GOOG",   OAHT_Get( HT, "GOOG" ) );
29      printf("Key:%s, Value:%s\n", "YHOO",   OAHT_Get( HT, "YHOO" ) );
30      printf("Key:%s, Value:%s\n", "NOVL",   OAHT_Get( HT, "NOVL" ) );
31
32      OAHT_DestroyHashTable( HT );
33
34      return 0;
35  }
```

⊡ 실행 결과

```
Key(MSFT) entered at address(5)
Key(JAVA) entered at address(0)
Key(REDH) entered at address(2)
Key(APAC) entered at address(3)
Key(ZYMZZ) entered at address(10)
Key(IBM) entered at address(8)

Rehashed. New table size is : 22
```

```
Key(JAVA) entered at address(11)
Key(REDH) entered at address(2)
Key(APAC) entered at address(3)
Key(MSFT) entered at address(16)
Key(IBM) entered at address(19)
Key(ZYMZZ) entered at address(10)
Key(ORCL) entered at address(20)
Key(CSCO) entered at address(15)
Collision occured! : Key(GOOG), Address(3), StepSize(2)
Key(GOOG) entered at address(5)
Key(YHOO) entered at address(1)
Key(NOVL) entered at address(18)

Key:MSFT, Value:Microsoft Corporation
Key:REDH, Value:Red Hat Linux
Key:APAC, Value:Apache Org
Key:ZYMZZ, Value:Unisys Ops Check
Key:JAVA, Value:Sun Microsystems
Key:IBM, Value:IBM Ltd.
Key:ORCL, Value:Oracle Corporation
Key:CSCO, Value:Cisco Systems, Inc.
Key:GOOG, Value:Google Inc.
Key:YHOO, Value:Yahoo! Inc.
Key:NOVL, Value:Novell, Inc.
```

01 우리는 4장 말미에서 분리 집합을 배웠습니다. 그때는 트리를 이용하여 분리 집합을 구현했는데 이렇게 하면 집합의 크기가 커질수록 성능이 떨어집니다. 한 노드가 집합에 소속되어 있는지 알기 위해서는 Parent 포인터를 이용하여 뿌리 노드까지 순차 탐색을 해야 하기 때문입니다. 자, 이제 문제입니다. 트리 대신 해시를 이용하는 분리 집합을 구현하세요.

02 해시 테이블의 충돌 해결 기법 중 체이닝은 충돌이 일어난 데이터를 리스트에 담도록 했습니다만, 리스트 대신 레드 블랙 트리나 해시 테이블을 사용하는 것은 어떨까요? 아, 물음표가 있기는 하지만 방금 것은 문제가 아닙니다. 문제는 다음과 같습니다. 레드 블랙 트리 또는 해시 테이블을 도입했을 때 얻게 되는 것과 잃게 되는 것을 생각해보고 설명하세요.

03 이번 장에서 체이닝과 개방 주소법을 따로 설명했습니다. 이 둘을 같이 사용할 수도 있을까요? 두 기법을 같이 사용하는 방안과 그에 따른 효과 및 부작용을 설명하세요.

Chapter

09

그래프

위대한 수학자 오일러가 17세기에 개발한 이래, 그래프는 다양한 문제를 해결하는 도구로 사용되어 왔습니다. 시청에서 버스 노선을 정리할 때, 건축회사에서 시공 일정을 계획할 때, 내비게이션이 경로를 탐색할 때 등에 말이지요. 따라서 우리가 프로그래머로서 현실 세계의 문제를 풀려면 그래프를 이해할 필요가 있습니다.

그래프를 활용한 알고리즘은 다양하지만, 우리는 최소 신장 트리와 최단 경로 탐색을 집중적으로 살펴보겠습니다. 그에 앞서 그래프의 정의와 성질, 그래프를 다루는 기본적인 기법을 먼저 알아보도록 합시다.

그럼 9장을 시작하겠습니다.

학습목표

이 장의 핵심 개념

- 그래프의 개념을 이해합니다.

- 그래프 표현 방법과 구현을 이해합니다.

- 그래프 순회 기법과 구현을 이해합니다.

- 위상 정렬의 개념과 구현을 이해합니다.

- 최소 신장 트리 기법과 구현을 이해합니다.

- 최단 경로 탐색 알고리즘의 개념과 구현을 이해합니다.

이 장의 학습 흐름

그래프의 개념

▼

그래프 표현 방법

▼

그래프 순회

▼

위상 정렬

▼

최소 신장 트리

▼

최단 경로 탐색

9.1 그래프의 개요

그래프 Graph 는 수백 년 전인 17세기에 고안된 자료구조인데요. 원래는 수학 분야에서 활용하기 위해 만들어졌지만 현재는 물리, 화학, 사회 분야 전반에서 유용하게 사용되고 있습니다. 구글 맵이 제공하는 내비게이션 기능은 그래프를 이용한 최단 경로 알고리즘을 바탕으로 만들어졌지요. 이번 장은 조금 어려울 수도 있으니 가벼운 이야기로 시작해보겠습니다. 괜찮겠지요?

9.1.1 그래프의 탄생 배경: 오일러의 문제 해결 도구

러시아의 유일한 발트해 연안 도시 칼리닌그라드 Kaliningrad 는 다른 러시아의 영토와 동떨어진 곳에 있습니다. 리투아니아, 폴란드, 발트해에 의해 고립되어 마치 대륙 위의 섬처럼 보이기도 합니다. 원래 이 도시는 독일(프러시아)의 땅이었는데 제2차 세계 대전에서 독일이 패한 뒤 소비에트 연방(소비에트 연방 해제 이후에는 러시아)이 점령하면서 주인이 바뀌었습니다. 주인이 바뀌기 전에는 원래 쾨니히스베르크 Königsberg 라는 이름을 갖고 있었으며 철학자 임마누엘 칸트가 이곳 출신입니다. 이 곳에 관해 재미있는 이야기가 하나 있습니다.

쾨니히스베르크에는 도시를 가로지르는 강이 하나 있습니다. 그 강의 이름은 '프레겔'이며 다음 그림처럼 쾨니히스베르크를 네 조각으로 가르며 흐릅니다. 시민들은 프레겔 강이 조각낸 도시를 연결하기 위해 7개의 다리를 건설했습니다. 이 다리는 쾨니히스베르크의 명물이 되었고 시민들은 일요일 오후만 되면 이 7개의 다리를 통해 도시의 이곳 저곳을 거닐며 시간을 보냈습니다. 사람들이 쾨니히스베르크를 더욱 사랑하게 되었음은 물론입니다.

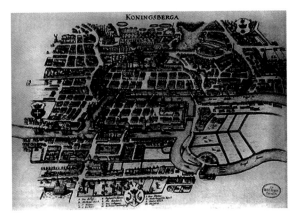

1652년도의 쾨히스베르크

어떤 사람이 시작했는지는 모르겠지만 언제부터인가 쾨니히스베르크의 시민들 사이에 다음과 같이 재미있는 문제 하나가 확산되기 시작했습니다.

"7개의 다리를 한 번씩만 건너서 도시 전체를 모두 밟아보는 방법은?"

하지만 누구도 7개의 다리를 한 번씩만 건너서 도시 전체를 밟는 방법을 알아내지 못했습니다. 누가 이 문제를 풀었을까요? 바로 위대한 수학자 레온하르트 오일러 Leonhard Euler였습니다. 이 문제는 수학 분야와 관련된 것도 아닌데 오일러처럼 바쁜 수학자(오일러는 평생 동안 500권이 넘는 책과 논문을 발표했습니다)가 이처럼 사소한 수수께끼에 도전했다는 사실이 놀랍지 않습니까? 하지만 더 놀라운 사실은 오일러가 찾은 답이 **'7개의 다리를 한 번씩만 건너서 도시 전체를 밟는 방법은 존재하지 않는다'**는 것이었다는 점입니다. 허탈하다고요? 아마 그 당시 쾨니히스베르크의 시민들도 같은 심정이었을 것입니다.

오일러는 7개의 다리를 한 번씩만 건너서 쾨니히스베르크의 모든 지역을 밟는 것이 불가능하다는 사실을 어떻게 증명했을까요? 힌트는 이 장의 제목입니다. 네, 맞습니다. 오일러는 이 문제를 풀기 위해 그래프를 고안해냈고 이를 도구로 이용하여 다리를 한 번씩만 건너서 쾨니히스베르크의 모든 지역을 순회하는 일이 불가능하다는 사실을 밝혀냈습니다.

오일러가 어떻게 이 문제를 풀었는지 한번 살펴봅시다. 우선 당시 쾨니히스베르크의 지도를 단순화하면 다음 그림과 같습니다.

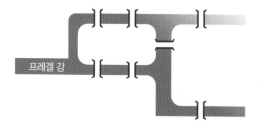

프레겔 강

오일러는 이를 더 단순하게 만들어서 각 육지를 정점 Vertex으로, 각 육지를 잇는 다리를 간선 Edge으로 표시했습니다. 이렇게 하면 쾨니히스베르크의 네 육지와 7개의 다리를 4개의 정점과 7개의 간선으로 나타낼 수 있습니다.

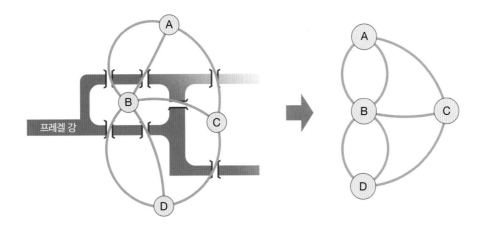

이제 7개의 간선들을 한 번씩만 따라 그어서 도형을 완성할 수 있는지 여부만 알면 문제의 답을 찾을 수 있습니다. 다시 말해, 쾨니히스베르크의 다리 문제는 이제 한붓그리기 문제가 된 것입니다. 한붓그리기는 홀수 개의 선으로 연결된 점이 없거나 두 개인 도형에서만 가능합니다. 쾨니히스베르크의 그래프에서 정점 A, B, C, D는 모두 홀수 개의 선으로 연결되어 있어 한붓그리기가 불가능하므로 7개의 다리를 한 번씩만 건너서 쾨니히스베르크의 모든 지역을 순회하는 일은 불가능합니다.

쾨니히스베르크의 다리 문제를 풀기 위해 개발된 그래프는 오늘날까지 수백 년 동안 수학, 과학, 공학, 심지어 사회·경제학에 이르기까지 폭넓은 분야에 걸쳐 응용되고 있습니다. 물론 컴퓨터 분야에도 사용되었는데요. 컴퓨터 분야에서 그래프를 이용해 개발된 알고리즘은 수백 가지가 넘지만, 여기서는 그중에서도 프로그래머로서 꼭 알아둬야 할 필수 알고리즘과 응용 알고리즘 몇 가지에 대해서만 설명하려고 합니다. 지면이 한정적이라는 이유도 있지만, 모든 것을 담기 위해 노력하다가 하나도 제대로 담지 못하는 잘못을 피하기 위해서입니다(우리가 지금부터 공부할 내용도 결코 적은 양이 아닙니다). 이번 장에서는 다음과 같은 내용을 다룹니다.

- 그래프의 정의
- 그래프의 순회
- 위상 정렬
- 최소 신장 트리
- 최단 경로 탐색

9.1.2 그래프의 정의

그래프는 '정점의 모음'과 이 정점을 잇는 '간선의 모음'이 결합한 것입니다. 조금 더 고상하게 표현한다면 다음과 같이 정의할 수 있습니다.

"정점의 집합을 V, 간선의 집합을 E, 그래프를 G라고 했을 때 G = (V, E)이다."

정점 자체는 아무것도 아니지만 이들이 간선을 통해 서로 연결되면 '관계'가 형성되고 이로 인해 그래프가 만들어집니다.

| 정점의 집합 | 간선의 집합 | 그래프 |

간선으로 연결된 두 정점을 가리켜 서로 '인접 Adjacent' 또는 '이웃 관계'에 있다고 말합니다. 다음 그림을 보면 (A, B), (A, D), (A, E), (B, C), (B, E), (C, D)가 서로 이웃 관계에 있군요.

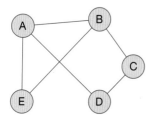

이처럼 간선을 통해 서로 이웃이 된 각 정점은 그래프 안에서 길을 만들기도 합니다. 예를 들어 이 그래프의 정점 A에서 정점 C까지는 A, B, C가 하나의 '경로 Path'를 이루고 A, D, C가 또 하나의 경로를 형성합니다. 경로는 길이를 가지는데, '길이'는 정점과 정점 사이에 있는 간선의 수로 정의됩니다. 경로 A, B, C 사이에는 간선이 (A, B)와 (B, C) 2개가 있으니 길이가 2입니다.

한편 어느 경로가 정점 하나를 두 번 이상 거치도록 되어 있다면 그 경로를 일컬어 '사이클 Cycle'이라고 합니다. 예를 들어 다음 그림에서 A, B, C, D, A에 이르는 굵은 선으로 표시된 경로가 사이클입니다. 사이클은 트리에서 볼 수 없는 특징이기도 합니다.

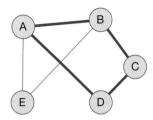

간선이 이웃을 만들고 경로를 만들며 사이클을 형성합니다. 간선은 그래프의 성격 자체를 바꾸기도 하는데요. 간선에 방향성이 있으면 왼쪽 그림과 같은 방향성 그래프^{Directed Graph}가 되고, 반대로 간선에 방향성이 없으면 오른쪽 그림과 같은 무방향성 그래프^{Undirected Graph}가 됩니다.

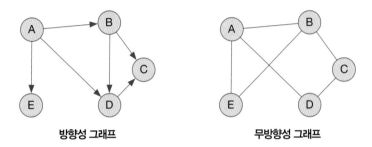

방향성 그래프   **무방향성 그래프**

그래프 세계에는 '연결성^{Connectivity}'이라는 말이 있습니다. 무방향성 그래프 내의 **두 정점 사이에 경로가 존재하면 이 두 정점이 연결되어 있다**고 합니다. 그리고 그래프 내의 각 정점이 다른 **모든 정점과 연결되어 있으면 이 그래프는 연결되었다**고 합니다.

? VITAMIN QUIZ 9-1

그래프와 관련된 다음 용어들을 설명해보세요.

· 정점:

· 간선:

· 인접(이웃) 관계:

· 경로:

· 사이클:

9.2 그래프 표현 방법

그래프는 정점 집합과 간선 집합의 결합이기 때문에 이를 표현하는 문제는 '정점의 집합'과 '간선의 집합' 표현 문제로 생각할 수 있습니다.

정점의 집합은 배열, 링크드 리스트 등 어떤 자료구조를 사용하더라도 쉽게 표현할 수 있습니다. 문제는 간선의 집합을 표현하는 방법입니다. 여러분이 앞 절을 충실히 읽었다면 간선이 그냥 '선'이 아니라는 사실을 알고 있을 것입니다. 간선은 정점과 정점이 '인접' 관계에 있음을 나타내는 존재입니다. 결국 그래프의 표현 문제는 '간선, 즉 정점과 정점의 인접 관계를 어떻게 나타내는가?'의 문제로 귀결됩니다.

정점 사이의 인접 관계를 나타내는 방법에는 크게 두 가지가 있습니다. 하나는 행렬을 이용하는 것이고 또 하나는 리스트를 이용하는 것입니다. 행렬을 이용하는 방식은 인접 행렬Adjacency Matrix이라고 하고 리스트를 이용하는 방식은 인접 리스트Adjacency List라고 부릅니다.

이어서 인접 행렬과 인접 리스트에 관해 설명하겠습니다.

9.2.1 인접 행렬

인접 행렬Adjacency Matrix은 이름 그대로 정점끼리의 인접 관계를 나타내는 행렬입니다. 사용 방법은 아주 간단합니다. 그래프의 정점 수를 N이라고 했을 때 N×N 크기의 행렬을 만들어 한 정점과 또 다른 정점이 인접해 있는 경우(즉, 정점 사이에 간선이 존재하는 경우) 행렬의 각 원소를 1로 표시하고 인접해 있지 않은 경우 0으로 표시하는 것입니다.

다음 그래프를 살펴봅시다.

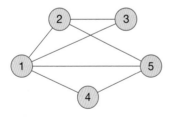

이 그래프의 정점 1은 정점 2, 3, 4, 5와 인접해 있으므로 (1, 2), (1, 3), (1, 4), (1, 5)는 모두 1입니다. 정점 1은 자기 자신과 인접 관계를 만들 수 없으므로 (1, 1)은 0이고, (2, 2), (3, 3), (4, 4), (5, 5)도 모두 0입니다. 계속해볼까요? 정점 2는 정점 1, 3, 5와 이웃해 있습니다. 그러므로

(2, 1), (2, 3), (2, 5)를 1로 표시하고 (2, 4)는 0으로 표시합니다. 이런 식으로 나머지 정점들에 대해서도 인접 표시를 하면 다음과 같은 행렬을 얻을 수 있습니다.

	1	2	3	4	5
1	0	1	1	1	1
2	1	0	1	0	1
3	1	1	0	0	0
4	1	0	0	0	1
5	1	1	0	1	0

이 행렬에서 (1, 1), (2, 2), (3, 3), (4, 4), (5, 5)를 따라 선을 죽 그어서 행렬을 둘로 나눠보세요. 그러면 인접 행렬이 주 대각선(방금 그은 선)을 기준으로 대칭 Symmetric 을 이룬다는 사실을 발견할 수 있습니다. 무방향성 그래프의 인접 행렬은 이처럼 주 대각선을 기준으로 대칭을 이루는 것이 특징입니다.

	1	2	3	4	5
1	0	1	1	1	1
2	1	0	1	0	1
3	1	1	0	0	0
4	1	0	0	0	1
5	1	1	0	1	0

자, 그럼 다음 그림과 같은 방향성 그래프는 어떻게 표현할까요?

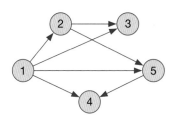

방향성 그래프에서 정점과 정점 사이의 인접 관계는 매우 삭막합니다. 무방향성 그래프에서는 정점

A가 정점 B와 이웃해 있으면 B도 당연히 A와 이웃해 있다고 말할 수 있었는데, 방향성 그래프에서는 그럴 수 없습니다. 방향성 그래프에서의 정점은 자신이 직접 간선을 통해 가리키고 있는 정점에 대해서만 인접해 있다고 표현하기 때문입니다. 앞의 그래프로 예를 들면 정점 1은 정점 2, 3, 4, 5에 인접해 있지만 3, 4는 인접한 정점이 하나도 없습니다.

다음은 앞의 방향성 그래프를 표현한 인접 행렬입니다.

	1	2	3	4	5
1	0	1	1	1	1
2	0	0	1	0	1
3	0	0	0	0	0
4	0	0	0	0	0
5	0	0	0	1	0

이제 인접 행렬은 모두 이해했지요? 다음으로 인접 리스트에 대해 알아보겠습니다.

9.2.2 인접 리스트

인접 리스트 Adjacency List는 그래프 내 각 정점의 인접 관계를 표현하는 리스트입니다. 각 정점이 자신과 인접한 모든 정점의 목록을 리스트로 관리하도록 하는 기법이지요. 인접 행렬을 설명할 때 예로 들었던 다음 그래프를 다시 살펴봅시다.

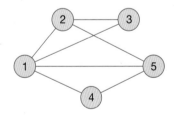

인접 리스트를 만드는 요령은 간단합니다. 먼저 모든 정점을 죽 늘어놓고 각 정점의 인접 정점을 옆에 나열합니다.

정점	인접 정점
1	2, 3, 4, 5
2	1, 3, 5
3	1, 2
4	1, 5
5	1, 2, 4

그다음에는 인접 정점들끼리 리스트로 연결한 후 이를 각 정점에 연결합니다. 그러면 다음과 같은 인접 리스트가 만들어집니다. 방향성 그래프의 인접 리스트는 직접 만들어보세요.

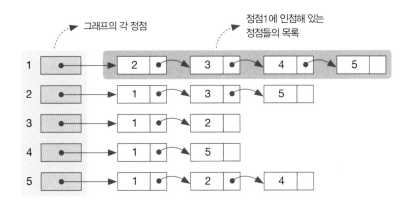

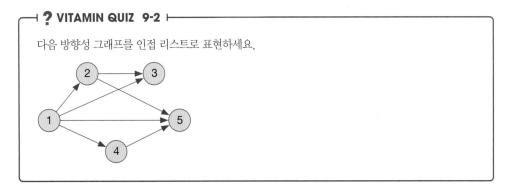

? VITAMIN QUIZ 9-2

다음 방향성 그래프를 인접 리스트로 표현하세요.

인접 행렬과 인접 리스트 비교

인접 행렬과 인접 리스트 중 어느 것을 사용해도 그래프의 인접 관계를 표현하는 데 아무 문제가 없습니다. 하지만 각각 장단점이 있습니다.

인접 행렬을 이용하면 정점 간의 인접 여부를 빠르게 알 수 있지만, 인접 관계를 행렬 형태로 저장하기 위해 사용하는 메모리의 양이 '정점의 크기×N^2'만큼 커진다는 단점이 있습니다. 인접 리스트는 정점 간의 인접 여부를 알아내기 위해 인접 리스트를 타고 순차 탐색을 해야 한다는 단점이 있는 반면, 정점과 간선의 삽입이 빠르고 인접 관계를 표시하는 리스트에 사용되는 메모리의 양이 적다는 장점이 있습니다.

인접 행렬과 인접 리스트 어느 쪽도 장점이 압도적으로 많지는 않습니다. 따라서 어느 자료구조를 선택할 것인가는 여러분이 작성하는 **프로그램의 목적에 따라 결정**하는 것이 좋습니다. 예를 들어 그래프 내의 정점 수가 많지 않거나 정점끼리의 인접 여부를 빠르게 알아내야 한다면 인접 행렬을 사용하면 되고, 정점과 간선의 입력이 빈번하게 이루어지며 메모리 효율성을 우선시해야 한다면 인접 리스트를 사용하면 됩니다.

> **❗ 여기서 잠깐** "나는 다 필요 없고 구현이 간단한 자료구조를 사용하겠다"라고 말씀하시는 독자에게
>
> 네, 구현의 용이성도 괜찮은 선택 기준입니다. 인접 행렬은 배열을 사용하고 인접 리스트는 링크드 리스트를 사용하기 때문에 구현의 용이성 면에서는 인접 행렬이 인접 리스트보다 우수하다고 할 수 있습니다. 그래서 저는 이번 장의 예제 프로그램을 인접 리스트 기반 코드로 작성할 계획입니다. 인접 행렬 구현은 여러분께 숙제로 남기겠습니다. 재미있겠지요?

인접 리스트의 구현

인접 리스트로 그래프를 표현하려면 인접 행렬을 이용할 때보다 손이 많이 갑니다. 인접 행렬은 2차원 배열 하나면 구현할 수 있는데 인접 리스트에서는 정점, 간선, 그리고 이 두 가지 집합을 쥐고 있어야 하는 그래프용 구조체까지 모두 3개의 구조체가 필요합니다.

정점 구조체는 다음과 같이 표현합니다. 필드가 5개 있는데 당장 이해할 수 있을 만한 것부터 살펴봅시다. Data는 데이터를 담는 필드이고 Next는 다음 정점을 가리키는 포인터이며 Adjacency List는 인접 정점의 목록에 대한 포인터입니다.

다음에는 이게 왜 필요할까 싶은 Visited와 Index 필드에 대해 설명하겠습니다. Visited는 그래프 순회 알고리즘에서 사용할 필드입니다. 방문 여부를 나타내지요. Index는 정점의 인덱스를 나타냅니다. 그래프의 첫 번째 정점은 0번, 두 번째 정점은 1번, 세 번째는 2번과 같은 식으로 증가합니다. 이 필드는 최단 경로 탐색 알고리즘에서 사용하게 됩니다.

```
typedef struct tagVertex
{
    VElementType    Data;
    int             Visited;
    int             Index;

    struct tagVertex* Next;
    struct tagEdge*   AdjacencyList;
} Vertex;
```

다음은 간선 구조체입니다. Edge 구조체는 필드가 4개 있습니다. From과 Target은 각각 간선의 시작 정점(From)과 끝 정점(Target)을 나타내고, Next는 다음 간선을 가리키는 포인터입니다. Vertex 구조체의 AdjacencyList가 Edge 구조체의 Next 포인터를 이용해서 구성됩니다. 마지막으로 Weight 필드는 간선의 가중치를 나타냅니다. Weight 필드는 최소 신장 트리나 최단 경로 탐색 알고리즘에서 정점 사이의 거리나 비용 등을 표현하기 위해 사용됩니다.

```
typedef struct tagEdge
{
    int     Weight;
    struct  tagEdge* Next;
    Vertex* From;
    Vertex* Target;
} Edge;
```

마지막으로 그래프 구조체입니다. 정점 목록에 대한 포인터 Vertices와 정점 수를 나타내는 Vertex Count가 전부입니다.

```
typedef struct tagGraph
{
    Vertex* Vertices;
    int     VertexCount;
} Graph;
```

이어서 이들 구조체를 모두 엮어 예제 프로그램으로 만들어보겠습니다.

인접 리스트 예제 프로그램

이번 인접 리스트 예제 프로그램에는 특별한 알고리즘이 사용되지 않지만 이번 장을 공부하는 데 필요한 기초 지식이 담겨 있습니다. 예제 프로그램은 모두 3개의 소스 코드 파일로 구성되어 있습니다. Graph.h와 Graph.c에서는 그래프 자료구조를 다루는 구조체와 함수들을 정의하고 Test_ Graph.c에는 이들을 간단하게 시험하는 코드가 포함되어 있습니다.

```
09장/Graph/Graph.h
```

```c
01  #ifndef GRAPH_H
02  #define GRAPH_H
03
04  #include <stdio.h>
05  #include <stdlib.h>
06
07  enum VisitMode { Visited, NotVisited };
08
09  typedef int VElementType;
10
11  typedef struct tagVertex
12  {
13      VElementType    Data;
14      int             Visited;
15      int             Index;
16
17      struct tagVertex* Next;
18      struct tagEdge*   AdjacencyList;
19  } Vertex;
20
21  typedef struct tagEdge
22  {
23      int     Weight;
24      struct tagEdge* Next;
25      Vertex* From;
26      Vertex* Target;
27  } Edge;
```

```
28
29  typedef struct tagGraph
30  {
31      Vertex* Vertices;
32      int     VertexCount;
33  } Graph;
34
35  Graph* CreateGraph();
36  void   DestroyGraph( Graph* G );
37
38  Vertex* CreateVertex( VElementType Data );
39  void    DestroyVertex( Vertex* V );
40
41  Edge*   CreateEdge( Vertex* From, Vertex* Target, int Weight );
42  void    DestroyEdge( Edge* E );
43
44  void    AddVertex( Graph* G, Vertex* V );
45  void    AddEdge( Vertex* V, Edge* E );
46  void    PrintGraph ( Graph* G );
47
48  #endif
```

09장/Graph/Graph.c

```
001  #include "Graph.h"
002
003  Graph* CreateGraph()
004  {
005      Graph* graph = (Graph*)malloc( sizeof( Graph ) );
006      graph->Vertices = NULL;
007      graph->VertexCount = 0;
008
009      return graph;
010  }
011
012  void DestroyGraph( Graph* G )
013  {
014      while ( G->Vertices != NULL )
```

```
015     {
016         Vertex* Vertices = G->Vertices->Next;
017         DestroyVertex( G->Vertices );
018         G->Vertices = Vertices;
019     }
020
021     free( G );
022 }
023
024 Vertex* CreateVertex( VElementType Data )
025 {
026     Vertex* V = (Vertex*)malloc( sizeof( Vertex ) );
027
028     V->Data = Data;
029     V->Next = NULL;
030     V->AdjacencyList = NULL;
031     V->Visited = NotVisited;
032     V->Index = -1;
033
034     return V;
035 }
036
037 void DestroyVertex( Vertex* V )
038 {
039     while ( V->AdjacencyList != NULL )
040     {
041         Edge* Edge = V->AdjacencyList->Next;
042
043         DestroyEdge ( V->AdjacencyList );
044
045         V->AdjacencyList = Edge;
046     }
047
048     free( V );
049 }
050
051 Edge*   CreateEdge( Vertex* From, Vertex* Target, int Weight )
052 {
053     Edge* E   = (Edge*)malloc( sizeof( Edge ) );
054     E->From   = From;
```

```
055    E->Target = Target;
056    E->Next   = NULL;
057    E->Weight = Weight;
058
059    return E;
060  }
061
062  void    DestroyEdge( Edge* E )
063  {
064    free( E );
065  }
066
067  void AddVertex( Graph* G, Vertex* V )
068  {
069    Vertex* VertexList = G->Vertices;
070
071    if ( VertexList == NULL )
072    {
073        G->Vertices = V;
074    }
075    else
076    {
077        while ( VertexList->Next != NULL )
078            VertexList = VertexList->Next;
079
080        VertexList->Next = V;
081    }
082
083    V->Index = G->VertexCount++;
084  }
085
086  void AddEdge( Vertex* V, Edge* E )
087  {
088    if ( V->AdjacencyList == NULL )
089    {
090        V->AdjacencyList = E;
091    }
092    else
093    {
094        Edge* AdjacencyList = V->AdjacencyList;
```

```
095
096        while ( AdjacencyList->Next != NULL )
097            AdjacencyList = AdjacencyList->Next;
098
099        AdjacencyList->Next = E;
100    }
101 }
102
103 void PrintGraph ( Graph* G )
104 {
105     Vertex* V = NULL;
106     Edge*   E = NULL;
107
108     if ( ( V = G->Vertices ) == NULL )
109         return;
110
111     while ( V != NULL )
112     {
113         printf( "%c : ", V->Data );
114
115         if ( (E = V->AdjacencyList) == NULL ) {
116             V = V->Next;
117             printf("\n");
118             continue;
119         }
120
121         while ( E != NULL )
122         {
123             printf("%c[%d] ", E->Target->Data, E->Weight );
124             E = E->Next;
125         }
126
127         printf("\n");
128
129         V = V->Next;
130     }
131
132     printf("\n");
133 }
```

```c
01  #include "Graph.h"
02
03  int main( void )
04  {
05      // 그래프 생성
06      Graph* G = CreateGraph();
07
08      // 정점 생성
09      Vertex* V1 = CreateVertex( '1' );
10      Vertex* V2 = CreateVertex( '2' );
11      Vertex* V3 = CreateVertex( '3' );
12      Vertex* V4 = CreateVertex( '4' );
13      Vertex* V5 = CreateVertex( '5' );
14
15      // 그래프에 정점을 추가
16      AddVertex( G, V1 );
17      AddVertex( G, V2 );
18      AddVertex( G, V3 );
19      AddVertex( G, V4 );
20      AddVertex( G, V5 );
21
22      // 정점과 정점을 간선으로 잇기
23      AddEdge( V1, CreateEdge(V1, V2, 0) );
24      AddEdge( V1, CreateEdge(V1, V3, 0) );
25      AddEdge( V1, CreateEdge(V1, V4, 0) );
26      AddEdge( V1, CreateEdge(V1, V5, 0) );
27
28      AddEdge( V2, CreateEdge(V2, V1, 0) );
29      AddEdge( V2, CreateEdge(V2, V3, 0) );
30      AddEdge( V2, CreateEdge(V2, V5, 0) );
31
32      AddEdge( V3, CreateEdge(V3, V1, 0) );
33      AddEdge( V3, CreateEdge(V3, V2, 0) );
34
35      AddEdge( V4, CreateEdge(V4, V1, 0) );
36      AddEdge( V4, CreateEdge(V4, V5, 0) );
37
38      AddEdge( V5, CreateEdge(V5, V1, 0) );
```

```
39      AddEdge( V5, CreateEdge(V5, V2, 0) );
40      AddEdge( V5, CreateEdge(V5, V4, 0) );
41
42      PrintGraph( G );
43
44      // 그래프 소멸
45      DestroyGraph( G );
46
47      return 0;
48  }
```

```
1 : 2[0]  3[0]  4[0]  5[0]
2 : 1[0]  3[0]  5[0]
3 : 1[0]  2[0]
4 : 1[0]  5[0]
5 : 1[0]  2[0]  4[0]
```

9.3 그래프 순회 기법

배열이나 링크드 리스트에서는 순차 탐색이나 이진 탐색 같은 탐색 기법으로 특정 데이터를 찾을 수 있습니다. 이진 탐색 트리에서도 이진 탐색을 사용할 수 있지요. 하지만 그래프에서는 특정 데이터를 가진 정점을 탐색하는 작업뿐 아니라 모든 정점을 순회하는 작업마저도 쉽지 않습니다.

한번 생각해보세요. 어떻게 하면 다음 그래프에서 모든 정점을 방문할 수 있을까요?

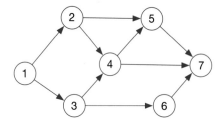

쉽지 않지요? 그러나 다행히도 이미 여러 가지 그래프 순회 기법(다시 말해, 그래프의 각 정점을 순회하는 기법)이 개발되어 있습니다. 여기서는 그중에서도 가장 대표적인 알고리즘이라고 할 수 있는 너비 우선 탐색과 깊이 우선 탐색을 살펴보겠습니다. 너비 우선 탐색은 그래프에서 최단 경로를 찾는 알고리즘의 기반이 되고, 깊이 우선 탐색은 그래프 정렬 알고리즘의 기반이 됩니다. 이 외에도 그래프를 이용한 다른 알고리즘에서 초석으로 사용되는 등 쓸모가 많으므로 지루하더라도 차분히 익혀보기 바랍니다.

여기서는 두 가지 탐색 기법 중 깊이 우선 탐색을 먼저 소개하려 합니다. 깊이 우선 탐색이 너비 우선 탐색보다 조금 더 이해하기 쉽거든요.

9.3.1 깊이 우선 탐색

깊이 우선 탐색 Depth First Search 은 '더 나아갈 길이 보이지 않을 때까지 깊이 들어간다'는 원칙으로 그래프 내의 정점을 방문하는 알고리즘입니다. 이 알고리즘은 길이 나오지 않을 때까지 그래프의 정점을 타고 깊이 들어가다가 더 이상 방문해왔던 정점 말고는 다른 이웃을 갖고 있지 않은 정점을 만나면 뒤로 돌아와 다른 경로로 뻗어 있는 정점을 타고 방문을 재개하는 방식으로 동작합니다.

미로 찾기를 하는 것 같지요? 실제로 깊이 우선 탐색은 미로 찾기를 푸는 데에도 사용할 수 있습니다. 이 알고리즘의 동작방식을 조금 더 구체적으로 설명하면 다음과 같습니다.

> ❶ 시작 정점을 밟은 후 이 정점을 '방문했음'으로 표시합니다.
> ❷ 그리고 이 정점과 이웃 정점(인접 정점) 중에 아직 방문하지 않은 곳을 선택하여 이를 시작 정점으로 삼고 다시 깊이 우선 탐색을 시작합니다. 그러니까 단계 ❶을 다시 수행하는 것입니다.
> ❸ 더 이상 방문하지 않은 이웃 정점이 없으면 이전 정점으로 돌아가 단계 ❷를 수행합니다.
> ❹ 이전 정점으로 돌아가도 더 이상 방문할 이웃 정점이 없다면 그래프의 모든 정점을 방문했다는 뜻이므로 탐색을 종료합니다.

이제 예제를 하나 잡아서 응용해봐야겠지요? 마침 앞에서 봤던 그래프가 있으니 깊이 우선 탐색으로 순회해보면 되겠군요. 정점 1을 시작점으로 삼아 순회해봅시다.

먼저 시작 정점을 밟은 후 이 정점을 '방문했음'으로 표시합니다.

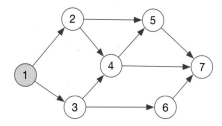

그리고 인접 정점 중 하나를 선택해 그곳으로 이동합니다. 정점 1의 인접 정점에는 2와 3이 있는데, 정점 3을 먼저 방문해도 상관없지만 정점 2를 먼저 방문하고 '방문했음'으로 표시합니다.

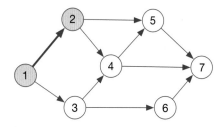

정점 2에도 인접 정점이 2개 있습니다. 4와 5가 있는데 정점 4를 먼저 방문하겠습니다. 그리고 이 정점을 '방문했음'으로 표시합니다.

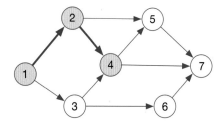

정점 4의 인접 정점에 대해서도 같은 원리로 방문을 이어갑니다. 5를 방문하고 7을 방문합니다. 물론 여기서도 방문한 정점은 '방문했음'으로 꼭 표시해야 합니다.

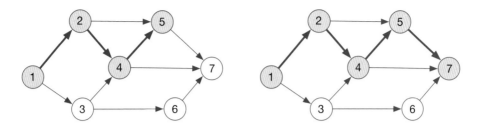

정점 7은 더 이상 방문할 인접 정점이 없습니다. 이제 걸어왔던 길을 되돌아가야 합니다. 정점 5로 돌아가서 방문하지 않은 인접 정점이 있는지 찾아보고 없다면 정점 4, 정점 2로 돌아가서 찾아봐야 합니다. 정점 2마저도 방문하지 않은 이웃 정점이 없으니 1로 되돌아갑니다. 정점 1에는 방문하지 않은 정점 3이 있습니다. 이 정점을 방문합니다.

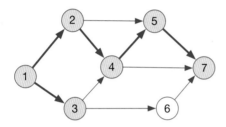

그리고 3에는 인접 정점 4와 6이 있지만 4는 이미 방문한 적이 있으므로 6을 방문합니다. 정점 6에는 새로 방문할 정점이 없으므로 다시 뒤로 돌아가 방문할 곳을 찾아야 합니다. 정점 3, 정점 1로 돌아가도 새로 방문할 곳이 없으니 탐색을 종료합니다.

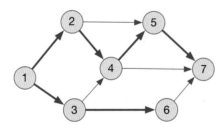

깊이 우선 탐색이 어떻게 동작하는지 이해되나요? 이번에는 깊이 우선 탐색을 코드로 구현해보겠습니다. 다음은 깊이 우선 탐색을 수행하는 DFS( ) 함수입니다.

```
void DFS( Vertex* V )
{
    Edge* E = NULL;

    printf("%d ", V->Data);

    V->Visited = Visited;•┈┈┈┈┈┈┈┈┈┈┈┈┈┈┈┈┈┈    방문한 정점에 '방문했음'이라고 표시합니다.

    E = V->AdjacencyList;

    while ( E != NULL )•┈┈┈┈┈┈┈┈┈┈┈┈        현재 정점의 모든 인접 정점에 대해
    {                                        DFS()를 재귀 호출합니다.
        if ( E->Target != NULL && E->Target->Visited == NotVisited )
            DFS( E->Target );•
                               ┈┈┈┈┈    인접 정점을 시작으로 다시 깊이 우선 탐색을 수행합니다.
        E = E->Next;
    }
}
```

이 함수를 이용한 예제 프로그램은 너비 우선 탐색을 배운 후 만들어보겠습니다. 이어서 너비 우선
탐색을 살펴볼까요?

9.3.2 너비 우선 탐색

깊이 우선 탐색의 정신은 '더 나아갈 길이 보이지 않을 때까지 깊이 들어간다'였죠? 너비 우선 탐색
의 인생관은 '꼼꼼하게 좌우를 살피며 다니자'입니다. 따라서 같은 그래프를 순회해도 깊이 우선 탐
색을 통해 방문하는 정점의 순서와 너비 우선 탐색을 통해 방문하는 정점의 순서가 서로 다릅니다.

너비 우선 탐색 Breadth First Search 에서는 시작 정점을 지난 후 깊이가 1인 모든 정점을 방문하고 그다음
에는 깊이가 2인 모든 정점을 방문합니다. 이런 식으로 한 단계씩 깊이를 더해가며 해당 깊이에 있
는 모든 정점을 방문하다가 더 이상 방문할 정점이 없을 때 탐색을 종료합니다.

앞에서 예제로 사용했던 그래프를 너비 우선 탐색으로 돌아다녀봅시다.

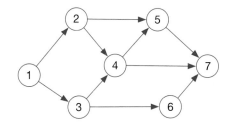

깊이 0에 있는 정점은 1밖에 없으므로 1을 제일 먼저 방문합니다. 깊이 1에 위치한 정점은 2와 3이므로 이 두 정점을 방문합니다. 깊이 2에 위치한 정점은 4, 5, 6입니다. 이 정점들을 방문한 후 깊이 3에 있는 정점 7을 방문합니다. 깊이 4에 해당하는 정점은 없으므로 탐색을 종료합니다.

이제 너비 우선 탐색이 무엇인지 알았지요? 지금부터는 너비 우선 탐색이 구체적으로 어떻게 동작하는가에 대해 이야기하려 합니다. 깊이 우선 탐색은 별도의 자료구조 없이도 재귀 호출을 이용하여 구현할 수 있었지만, 너비 우선 탐색은 탐색을 도와줄 큐가 따로 필요합니다. 너비 우선 탐색은 다음과 같은 과정으로 동작합니다.

❶ 시작 정점을 '방문했음'으로 표시하고 큐에 삽입합니다.

❷ 큐로부터 정점을 제거합니다. 제거한 정점의 인접 정점 중에서 아직 방문하지 않은 곳을 '방문했음'으로 표시하고 큐에 삽입합니다.

❸ 큐가 비면 탐색이 끝난 것입니다. 따라서 큐가 빌 때까지 단계 ❷의 과정을 반복합니다.

> **NOTE ▶** 재귀 호출은 스택을 이용하므로 깊이 우선 탐색은 스택을 이용했다고 볼 수도 있습니다.

이 알고리즘을 우리 예제에 적용해보겠습니다. '방문했음'은 보라색으로 칠하겠습니다. 또한 큐의 상태를 보여주는 그림도 그래프 위에 두겠습니다.

먼저 단계 ❶의 과정에서 시작 정점을 '방문했음'으로 표시하고 큐에 삽입한다고 했지요?

Queue

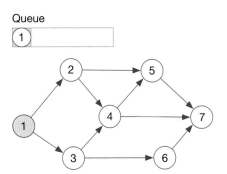

이제 단계 ❸의 탐색 종료 조건(큐가 비었을 때)을 만족할 때까지 단계 ❷의 과정을 반복하면 됩니다. 현재 큐에는 시작 정점 1이 있는데, 이를 큐에서 제거한 다음 인접 정점이 있는지 살핍니다. 1에는 아직 방문하지 않은 정점 2와 3이 있으므로 이 두 정점을 방문합니다. 방문한 정점은 큐에 넣습니다.

Queue

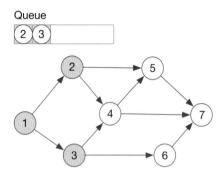

다시 큐를 검사합니다. 큐에는 2개의 정점이 들어 있는데 큐의 전단에 있는 정점을 제거한 후 이 정점의 인접 정점을 조사합니다. 이렇게 하면 큐의 두 번째 요소 3이 전단이 됩니다. 2에는 아직 방문하지 않은 정점 4, 5가 인접해 있습니다. 이들을 방문한 후 큐에 넣습니다. 이제 큐에는 3, 4, 5가 들어 있습니다.

Queue

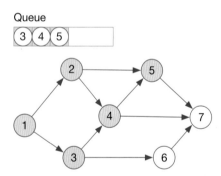

큐에 3, 4, 5가 있으므로 탐색이 끝나려면 아직도 멀었습니다. 큐의 전단에 있는 3을 큐에서 제거하고 이 정점의 인접 정점을 조사합니다. 3에 인접한 정점 중 4는 이미 방문했고 6은 방문하지 않았으므로 6을 방문하고 큐에 넣습니다. 큐에는 이제 4, 5, 6이 남아 있습니다.

Queue

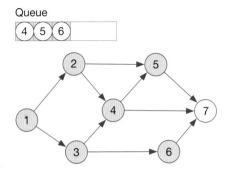

다시 큐가 비었는지 검사합니다. 큐에는 3개의 정점이 들어 있고 정점 4가 전단에 위치하고 있습니다. 앞에서 해온 것처럼 정점 4를 큐에서 제거하고 인접 정점을 찾습니다. 정점 4에 인접한 정점은 5와 7뿐인데, 5는 이미 방문한 정점이므로 7을 방문한 후 큐에 넣습니다. 이제 큐에는 5, 6, 7이 남아 있습니다.

Queue

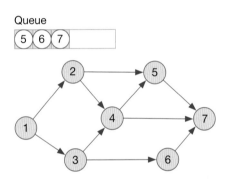

지겨워도 어쩔 수 없습니다. 탐색이 종료될 때까지 계속해서 큐를 검사해야 합니다. 큐에 아직 5, 6, 7이 남아 있는데 정점 5를 제거해도 남은 미방문 인접 정점이 없고 6을 제거해도 마찬가지입니다. 정점 7은 아예 인접 정점이 없고요.

이제 큐에 남은 정점이 없으므로 탐색을 종료합니다. 지금까지 밟아온 정점들의 순서를 살펴볼까요? 순서는 1 → 2 → 3 → 4 → 5 → 6 → 7입니다. 그래프의 깊이로 분류해보면 깊이 0(정점 1), 깊이 1(정점 2, 3), 깊이 2(정점 4, 5, 6), 깊이 3(정점 7)의 순으로 방문했다는 사실을 알 수 있습니다.

너비 우선 탐색 알고리즘에 대한 설명은 이렇게 마무리하고 이제는 알고리즘을 코드로 바꿔보겠습니다. 다음은 너비 우선 탐색을 수행하는 BFS() 함수입니다. 생소하면서도 어디선가 본 듯한 함수 몇 가지가 보입니다. LQ_Enqueue(), LQ_Dequeue(), LQ_IsEmpty() 함수는 3장에서 공부했던 링크드 큐의 함수입니다.

```
void BFS( Vertex* V, LinkedQueue* Queue )
{
    Edge* E = NULL;

    printf("%d ", V->Data);
    V->Visited = Visited;

    LQ_Enqueue( Queue, LQ_CreateNode( V ) );      시작 정점을 큐에 삽입합니다.

    while ( !LQ_IsEmpty( Queue ) )                 큐가 비어 있는지 검사합니다.
    {
        Node* Popped = LQ_Dequeue( Queue );        큐에서 전단을 제거합니다.
        V = Popped->Data;
        E = V->AdjacencyList;

        while ( E != NULL )                        큐에서 꺼낸 정점의 인접 정점을 조사합니다.
        {
            V = E->Target;

            if ( V != NULL && V->Visited == NotVisited )    미방문 정점만 방문합니다.
            {
                printf("%d ", V->Data);
                V->Visited = Visited;
                LQ_Enqueue( Queue, LQ_CreateNode( V ) );
            }

            E = E->Next;
        }
    }
}
```

9.3.3 그래프 순회 예제 프로그램

이번 예제 프로그램을 만들면서 새로 설명할 내용은 없습니다. 이 프로그램의 핵심이 될 깊이 우선 탐색(DFS( ))과 너비 우선 탐색(BFS( )) 알고리즘은 앞에서 이미 구현했고, 그래프의 구조를 다루는 코드는 인접 리스트 예제 프로그램을 만들면서 작성한 바 있습니다. 큐 코드 또한 3장에서 예제 프로그램을 만들 때 작성한 것이 있고요. 그러므로 우리가 가진 것들을 모아서 조립하기만 하면 됩니다.

이 예제 프로그램은 Graph.h, Graph.c, LinkedQueue.h, LinkedQueue.c, GraphTraversal. h, GraphTraversal.c, Test_GraphTraversal 이렇게 모두 7개의 파일로 이루어져 있습니다. 이 중에서 Graph.h와 Graph.c는 인접 리스트 예제 프로그램의 것을 그대로 사용하고 LinkedQueue. h와 LinkedQueue.c는 3장의 예제에서 ElementType을 char*에서 Vertex* 로만 바꿔 사용합니다. 새로 작성할 코드는 사실상 GraphTraversal.h, GraphTraversal.c, Test_GraphTraversal.c 3개인 셈입니다. 이 3개를 제외한 나머지 파일의 내용은 이미 앞 부분에서 다뤘으므로 여기서 다시 펼쳐놓지는 않겠습니다.

09장/GraphTraversal/GraphTraversal.h

```
01  #ifndef GRAPH_TRAVERSAL_H
02  #define GRAPH_TRAVERSAL_H
03
04  #include "Graph.h"
05  #include "LinkedQueue.h"
06
07  void DFS( Vertex* V );
08  void BFS( Vertex* V, LinkedQueue* Queue );
09
10  #endif
```

09장/GraphTraversal/GraphTraversal.c

```
01  #include "GraphTraversal.h"
02
03  void DFS( Vertex* V )
04  {
05      Edge* E = NULL;
06
07      printf("%d ", V->Data);
08
09      V->Visited = Visited;
10
```

```
11      E = V->AdjacencyList;
12
13      while ( E != NULL )
14      {
15          if ( E->Target != NULL && E->Target->Visited == NotVisited )
16              DFS( E->Target );
17
18          E = E->Next;
19      }
20  }
21
22  void BFS( Vertex* V, LinkedQueue* Queue )
23  {
24      Edge* E = NULL;
25
26      printf("%d ", V->Data);
27      V->Visited = Visited;
28
29      // 큐에 노드 삽입
30      LQ_Enqueue( Queue, LQ_CreateNode( V ) );
31
32      while ( !LQ_IsEmpty( Queue ) )
33      {
34          Node* Popped = LQ_Dequeue( Queue );
35          V = Popped->Data;
36          E = V->AdjacencyList;
37
38          while ( E != NULL )
39          {
40              V = E->Target;
41
42              if ( V != NULL && V->Visited == NotVisited )
43              {
44                  printf("%d ", V->Data);
45                  V->Visited = Visited;
46                  LQ_Enqueue( Queue, LQ_CreateNode( V ) );
47              }
48
49              E = E->Next;
50          }
```

```
51        }
52    }
```

```
01   #include "Graph.h"
02   #include "GraphTraversal.h"
03
04   int main( void )
05   {
06       int        Mode  = 0;
07       Graph* graph = CreateGraph();
08
09       Vertex* V1 = CreateVertex( 1 );
10       Vertex* V2 = CreateVertex( 2 );
11       Vertex* V3 = CreateVertex( 3 );
12       Vertex* V4 = CreateVertex( 4 );
13       Vertex* V5 = CreateVertex( 5 );
14       Vertex* V6 = CreateVertex( 6 );
15       Vertex* V7 = CreateVertex( 7 );
16
17       AddVertex( graph, V1 );
18       AddVertex( graph, V2 );
19       AddVertex( graph, V3 );
20       AddVertex( graph, V4 );
21       AddVertex( graph, V5 );
22       AddVertex( graph, V6 );
23       AddVertex( graph, V7 );
24
25       //  정점과 정점을 간선으로 잇기
26       AddEdge( V1, CreateEdge(V1, V2, 0) );
27       AddEdge( V1, CreateEdge(V1, V3, 0) );
28
29       AddEdge( V2, CreateEdge(V2, V4, 0) );
30       AddEdge( V2, CreateEdge(V2, V5, 0) );
31
32       AddEdge( V3, CreateEdge(V3, V4, 0) );
33       AddEdge( V3, CreateEdge(V3, V6, 0) );
```

```
34
35      AddEdge( V4, CreateEdge(V4, V5, 0) );
36      AddEdge( V4, CreateEdge(V4, V7, 0) );
37
38      AddEdge( V5, CreateEdge(V5, V7, 0) );
39
40      AddEdge( V6, CreateEdge(V6, V7, 0) );
41
42      printf( "Enter Traversal Mode (0:DFS, 1:BFS) : " );
43      scanf(  "%d", &Mode );
44
45      if ( Mode == 0  )
46      {
47          // 깊이 우선 탐색
48          DFS( graph->Vertices );
49      }
50      else
51      {
52          LinkedQueue* Queue = NULL;
53          LQ_CreateQueue(&Queue);
54
55          // 너비 우선 탐색
56          BFS(V1, Queue);
57
58          LQ_DestroyQueue( Queue );
59      }
60
61      DestroyGraph( graph );
62
63      return 0;
64  }
```

⊡ 실행 결과

```
>GraphTraversal
Enter Traversal Mode (0:DFS, 1:BFS) : 0
1 2 4 5 7 3 6
>GraphTraversal
Enter Traversal Mode (0:DFS, 1:BFS) : 1
1 2 3 4 5 6 7
```

9.4 위상 정렬

알고리즘들은 대개 이름만 이해하면 그 알고리즘의 본질을 이해할 수 있습니다. 문제는 이름을 이해하는 것조차 쉽지 않은 경우가 꽤 많다는 점이지요. 위상 정렬Topological Sort이 바로 그런 예입니다. 여러분은 위상 정렬이 무엇을 정렬하는 알고리즘인지 알고 있습니까? 네, 위상을 정렬하는 알고리즘이겠지요. 좋습니다.

그렇다면 위상은 무엇을 뜻하는 말일까요? 표준국어대사전에서는 위상의 뜻을 '어떤 사물이 다른 사물과의 관계 속에서 가지는 위치나 상태'라고 풀이하고 있습니다. 이 뜻풀이에서 '사물' 대신 '정점'으로 바꾸면 다음과 같습니다.

"어떤 정점이 다른 정점과의 관계 속에서 가지는 위치"

이 말은 그래프 내 서로 인접한 정점 사이의 관계에 '위치'라는 속성이 존재한다는 뜻입니다. 이 위치는 앞/뒤일 수도 있고 위/아래일 수도 있습니다. 뭐든 괜찮지만 이 책에서는 앞/뒤 관계라고 생각하겠습니다. 이 위치는 간선 방향에 의해 결정됩니다. 간선을 뻗어내는 정점이 앞이 되고, 간선을 받아들이는 정점이 뒤가 됩니다. 이 앞/뒤 관계를 차근차근 정렬하는 작업이 바로 위상 정렬입니다.

그런데 모든 그래프에 대해 위상 정렬을 할 수 있는 것은 아닙니다. 생각해보세요. 방향성이 없으면 정점의 앞뒤 관계를 어떻게 판단할 수 있으며, 사이클이 있다면 시작과 끝을 어떻게 정의할 수 있겠습니까? 그래서 위상을 정렬하려면 **첫째로 그래프에 방향성이 있어야 하고, 둘째로 그래프 내에 사이클이 없어야 합니다.** 이러한 그래프를 DAG Directed Acyclic Graph 라고 하는데 다음 그림이 DAG의 예입니다.

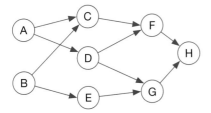

지금까지는 '위상 정렬이란 무엇인가?'에 대한 이야기였습니다. 지금부터는 위상 정렬이 어떻게 동작하는가에 대해 이야기해보겠습니다.

9.4.1 위상 정렬의 동작 방식

그래프는 정점의 집합과 간선의 집합으로 이루어져 있습니다. 특히 간선은 정점과 정점 사이의 관계를 설명하는 역할을 수행합니다. 두 정점이 이웃 또는 인접 관계에 있다는 사실뿐 아니라 간선이 방향성을 가진 경우 어느 정점이 선先이고 어느 정점이 후後인지도 설명합니다. 정점은 두 가지 종류의 방향성 간선을 가질 수 있는데 그중 하나는 정점으로 들어가는 진입 간선Incoming Edge이고 다른 하나는 정점에서 나가는 진출 간선Outgoing Edge입니다.

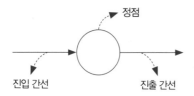

제가 진입 간선과 진출 간선 이야기를 꺼낸 이유는 이 두 개념이 위상 정렬 알고리즘을 이해하는 데 필요하기 때문입니다. 위상 정렬은 다음과 같은 과정을 거쳐 완성됩니다.

❶ 리스트를 하나 준비합니다.

❷ 그래프에서 진입 간선이 없는 정점을 리스트에 추가하고 해당 정점 자신과 진출 간선을 제거합니다.

❸ 모든 정점에 대해 단계 ❷를 반복하고 그래프 내에 정점이 남아 있지 않으면 정렬을 종료합니다. 이때 리스트에는 위상 정렬된 그래프가 저장됩니다.

알고리즘은 간단해 보이지요? 그러면 앞에서 DAG를 소개할 때 선보인 그래프로 위상 정렬을 실제로 한번 해보겠습니다. 먼저 앞에 나온 알고리즘의 단계 ❶에 따라 리스트를 하나 준비합니다. 아직 리스트가 비어 있으므로 그림은 따로 그리지 않겠습니다. 리스트를 준비했다면 이제 단계 ❷를 시작해야겠지요? 진입 간선이 없는 정점은 A와 B 2개가 있으며 어느 쪽에서 시작해도 상관없지만 저는 B를 고르겠습니다. B를 리스트에 추가하고 B와 진출 간선을 모두 제거합니다.

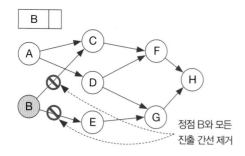

B를 제거하니 진입 간선이 없는 정점으로 A와 E가 남았습니다. 역시 어느 쪽을 제거해도 무방하지만 저는 E를 고르겠습니다. E를 리스트에 추가하고 E와 진출 간선을 제거합니다.

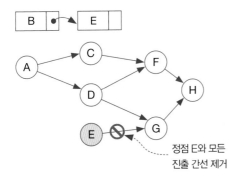

이번에는 진입 간선이 없는 정점이 A 하나뿐입니다. A를 리스트에 추가하고 A와 진출 간선을 모두 제거합니다.

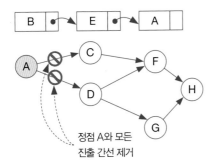

이번에는 C와 D가 제거 대상 후보입니다. 저는 D를 골라 제거하겠습니다. D를 리스트에 추가하고 진출 간선을 제거합니다.

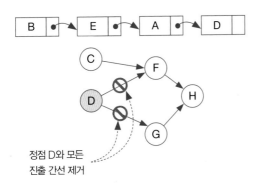

진입 간선이 없는 C와 G 중에서 G를 리스트에 추가하고 G와 진출 간선을 함께 제거합니다.

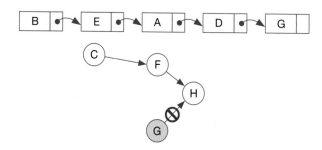

제거 대상 후보가 C 하나입니다. 리스트에 이 정점을 추가하고 진출 간선과 함께 제거합니다.

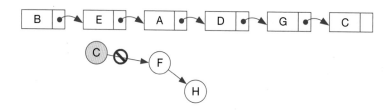

그다음은 F입니다. 역시 리스트에 추가하고 해당 정점과 진출 간선을 제거합니다.

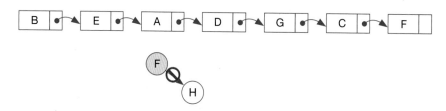

마지막으로 남은 정점 H를 리스트에 추가합니다. 이것으로 위상 정렬이 끝났습니다. 완성된 리스트가 바로 그래프를 위상 정렬한 결과입니다.

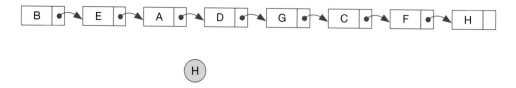

이 알고리즘은 이해하기 쉬우며 자신의 임무를 제대로 해냅니다. 이 알고리즘과 똑같이 위상을 정렬하지만 조금 더 우아하게 문제를 푸는 알고리즘도 있습니다. 바로 깊이 우선 탐색을 이용한 위상 정렬이며 그 알고리즘은 다음과 같습니다.

❶ 리스트를 하나 준비합니다.

❷ 그래프에서 진입 간선이 없는 정점에 대해 깊이 우선 탐색을 시행하고, 탐색 중에 더 이상 옮겨갈 수 있는 인접 정점이 없는 정점을 만나면 이 정점을 리스트의 새로운 '헤드'로 입력합니다.

❸ 단계 ❷를 반복하다가 더 이상 방문할 정점이 없으면 깊이 우선 탐색을 종료합니다. 깊이 우선 탐색이 끝나면 리스트에 위상 정렬된 그래프가 남습니다.

우리가 작성해놓은 깊이 우선 탐색 함수를 조금만 수정하면 위상 정렬 함수를 만들 수 있습니다. 코드를 작성하기에 앞서 예를 통해 깊이 우선 탐색을 이용한 위상 정렬을 시뮬레이션해봅시다.

먼저 리스트를 하나 준비한 다음, 진입 간선이 없는 정점을 찾아 깊이 우선 탐색을 시작합니다. 진입 간선이 없는 정점은 A와 B가 있지만 A에서부터 시작해보겠습니다. A - C - F - H를 타고 그래프 안쪽으로 탐색하면 H를 만납니다. H에서 옮겨갈 수 있는 인접 정점이 더 이상 없으므로 H를 리스트의 '헤드'로 삽입합니다.

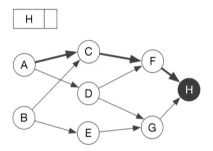

H에서 뒤로 돌아오면 정점 F를 만납니다. F의 유일한 인접 정점이 H였는데, H는 앞에서 방문했으니 현재는 더 방문할 정점이 없는 셈입니다. F를 리스트의 헤드로 삽입하고 뒤로 돌아갑니다.

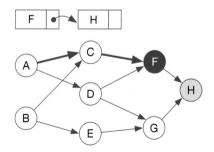

이번에는 정점 C입니다. 유일한 인접 정점이 F뿐이었는데 이미 방문했으므로 지금은 인접 정점이 없습니다. C를 리스트의 헤드로 추가하고 뒤로 돌아갑니다.

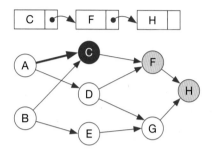

정점 A의 인접 정점은 C와 D 2개입니다. C는 이미 방문했고 D는 방문하지 않았으므로 D를 타고 그래프 깊숙이 들어갑니다. D를 거쳐 G에 도착하면 G의 유일한 인접 정점이었던 H가 이미 방문한 상태로 되어 있습니다. 따라서 G는 방문할 수 있는 인접 정점이 없는 상태이므로 이 정점을 리스트의 헤드로 추가하고 뒤로 돌아갑니다.

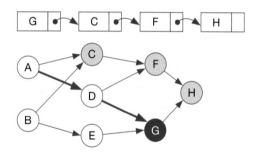

D 역시 남은 인접 정점이 없습니다. 원래는 인접 정점으로 F와 G가 있었는데 둘 다 이미 방문한 상태이니 없다고 봐야 합니다. 따라서 D를 리스트의 헤드로 삽입합니다.

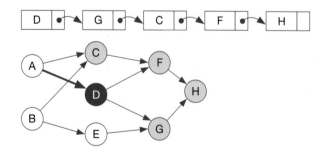

다시 A로 돌아왔습니다. A도 방문할 인접 정점이 더 이상 없습니다. 리스트의 헤드에 삽입합니다.

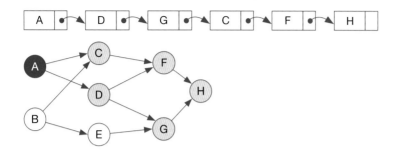

이제는 B를 타고 그래프 안으로 들어가볼 차례입니다. B의 인접 정점 C와 E중 C는 이미 방문한 상태이므로 E를 방문하면 됩니다. 그리고 E의 유일한 인접 정점이었던 G는 이미 방문한 상태이므로 E에는 다른 인접 정점이 없습니다. E를 리스트의 헤드로 삽입하고 뒤로 돌아갑니다.

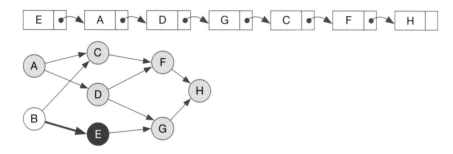

이제 B 하나만 남았습니다. 더 이상 방문할 수 있는 인접 정점이 없으므로 리스트의 헤드로 삽입합니다. 이렇게 깊이 우선 탐색도 끝났고 위상 정렬도 끝났습니다. 리스트로 그래프의 위상을 정렬한 결과는 다음과 같습니다.

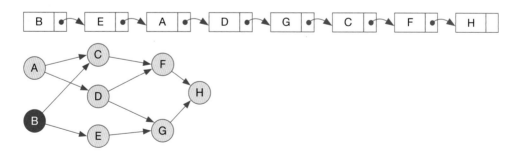

9.4.2 위상 정렬 예제 프로그램

위상 정렬을 C 언어 코드로 구현해봅시다. 이번 예제 프로그램도 Graph.h, Graph.c를 계속 사용하는데 해당 파일에 그래프를 표현하는 구조체와 기본적인 연산이 구현되어 있기 때문입니다. 그리고 1장에서 만든 LinkedList.h와 LinkedList.c도 가져와야 합니다. 위상 정렬 결과를 링크드 리스트에 담기 위해서입니다. 다만 LinkedList.h에 정의된 ElementType을 int에서 Vertex*로 수정하고, Vertex 형식을 참조할 수 있도록 #include "Graph.h"를 추가해야 합니다.

이 예제 프로그램은 Graph.h, Graph.c, LinkedList.h, LinkedList.c, TopologicalSort.h, TopologicalSort.c, Test_TopologicalSort.c 이렇게 모두 7개의 파일로 이루어져 있습니다. 새로 작성해야 하는 소스 코드 파일은 마지막 3개 TopologicalSort.h, Topologicalsort.c, Test_Topological Sort.c입니다.

09장/Graph/TopologicalSort/TopologicalSort.h

```
01   #include "Graph.h"
02   #include "LinkedList.h"
03
04   #ifndef TOPOLOGICALSORT_H
05   #define TOPOLOGICALSORT_H
06
07   void TopologicalSort( Vertex* V, Node** List );
08   void TS_DFS( Vertex* V, Node** List );
09
10   #endif
```

09장/Graph/TopologicalSort/TopologicalSort.c

```
01   #include "TopologicalSort.h"
02
03   void TopologicalSort( Vertex* V, Node** List )
04   {
05       while ( V != NULL && V->Visited == NotVisited )
06       {
07           TS_DFS( V, List );
08
```

```
09          V = V->Next;
10      }
11  }
12
13  void TS_DFS( Vertex* V, Node** List )
14  {
15      Node* NewHead = NULL;
16      Edge* E = NULL;
17
18      V->Visited = Visited;
19
20      E = V->AdjacencyList;
21
22      while ( E != NULL )
23      {
24          if ( E->Target != NULL && E->Target->Visited == NotVisited )
25              TS_DFS( E->Target, List );
26
27          E = E->Next;
28      }
29
30      printf("%c\n", V->Data );
31
32      NewHead = SLL_CreateNode( V );
33      SLL_InsertNewHead( List, NewHead );
34  }
```

09장/Graph/TopologicalSort/Test_TopologicalSort.c

```
01  #include "Graph.h"
02  #include "TopologicalSort.h"
03
04  int main( void )
05  {
06      Node* SortedList  = NULL;
07      Node* CurrentNode = NULL;
08
09      // 그래프 생성
```

```
10      Graph* graph = CreateGraph();
11
12      //  정점 생성
13
14      Vertex* A = CreateVertex( 'A' );
15      Vertex* B = CreateVertex( 'B' );
16      Vertex* C = CreateVertex( 'C' );
17      Vertex* D = CreateVertex( 'D' );
18      Vertex* E = CreateVertex( 'E' );
19      Vertex* F = CreateVertex( 'F' );
20      Vertex* G = CreateVertex( 'G' );
21      Vertex* H = CreateVertex( 'H' );
22
23      //  그래프에 정점을 추가
24      AddVertex( graph, A );
25      AddVertex( graph, B );
26      AddVertex( graph, C );
27      AddVertex( graph, D );
28      AddVertex( graph, E );
29      AddVertex( graph, F );
30      AddVertex( graph, G );
31      AddVertex( graph, H );
32
33      //  정점과 정점을 간선으로 잇기
34      AddEdge( A, CreateEdge( A, C, 0 ) );
35      AddEdge( A, CreateEdge( A, D, 0 ) );
36
37      AddEdge( B, CreateEdge( B, C, 0 ) );
38      AddEdge( B, CreateEdge( B, E, 0 ) );
39
40      AddEdge( C, CreateEdge( C, F, 0 ) );
41
42      AddEdge( D, CreateEdge( D, F, 0 ) );
43      AddEdge( D, CreateEdge( D, G, 0 ) );
44
45      AddEdge( E, CreateEdge( E, G, 0 ) );
46
47      AddEdge( F, CreateEdge( F, H, 0 ) );
48
49      AddEdge( G, CreateEdge( G, H, 0 ) );
```

```
50
51      //  위상 정렬
52      TopologicalSort( graph->Vertices, &SortedList );
53
54
55      printf("Topological Sort Result : ");
56
57      CurrentNode = SortedList;
58
59      while ( CurrentNode != NULL )
60      {
61          printf("%C ", CurrentNode->Data->Data );
62          CurrentNode = CurrentNode->NextNode;
63      }
64      printf("\n");
65
66
67      //  그래프 소멸
68      DestroyGraph( graph );
69
70      return 0;
71  }
```

⊳ 실행 결과

```
H
F
C
G
D
A
E
B
Topological Sort Result : B E A D G C F H
```

9.5 최소 신장 트리

그래프는 정점의 집합과 간선의 집합으로 이루어진 자료구조입니다(계속 반복해서 이야기하고 있지요? 그만큼 중요한 내용입니다). 그리고 간선은 정점과 정점의 인접 관계를 설명하는 요소입니다. 여기까지가 현재 우리가 알고 있는 그래프의 정의입니다. 지금부터는 간선에 새로운 속성을 부여하려 합니다. 새로운 속성은 바로 '가중치Weight'입니다.

간선이 가중치를 가지면 그래프로 표현할 수 있는 요소가 훨씬 다양해집니다. 예를 들면 지도상에서 도시를 정점으로 표시하고 도시 간의 도로를 간선으로 표시한 다음, 도시 간 거리를 가중치로 표현할 수 있습니다.

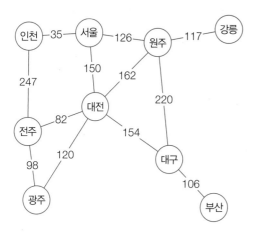

간선의 가중치가 무엇인지는 이해했지요? 그렇다면 이제부터 본격적으로 신장 트리에 대해 알아봅시다. 신장 트리Spanning Tree의 Spanning은 여러 가지 뜻을 가진 단어지만 여기서는 '떨어져 있는 둘 사이를 다리 등으로 연결한다'라는 뜻으로 사용됩니다. 즉, 신장 트리는 그래프의 모든 정점을 연결하는 트리입니다. 또한 신장 트리는 그래프의 하위 개념이기도 합니다.

잠깐, 그래프에서 트리가 난데없이 나타났습니다. 이게 웬일일까요? 다음 그림을 보면 그래프는 사이클을 형성하는 간선만 제거하면 트리로 변신한다는 사실을 알 수 있습니다.

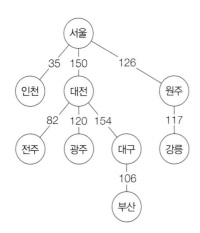

신장 트리가 꼭 이와 같은 모습일 필요는 없습니다. 저는 인천–원주, 원주–대전, 전주–광주, 원주–대구 사이의 간선을 제거했지만 원주–대전 간선 대신 서울–원주 간선을 제거해도 다른 모습의 신장 트리(이렇게 할 경우 원주 노드가 대전 노드의 자식이 됩니다)를 만들 수 있습니다. 또 뿌리 노드가 꼭 서울이어야 한다는 법도 없습니다. 대구를 뿌리 노드로 삼는 신장 트리도 만들 수 있습니다.

그렇다면 최소 신장 트리Minimum Spanning Tree란 무엇일까요? 가장 작은 신장 트리? 아닙니다. 마음의 눈을 뜨고 잘 보세요. 최소와 신장 사이에 '가중치'라는 단어가 보이지 않습니까? 최소 신장 트리는 최소 가중치 신장 트리Minimum Weight Spanning Tree라고도 부릅니다. 여러 간선 중 가중치의 합이 최소가 되는 간선만 남긴 신장 트리가 바로 최소 신장 트리입니다.

최소 신장 트리 알고리즘은 여러분에게 '최소한의 비용으로 모든 도시를 연결하는 도로를 건설할 방법을 찾아라'라는 문제가 주어졌을 때 이를 해결할 아주 좋은 도구가 됩니다. 그뿐이 아닙니다. 이 알고리즘을 사용하면 새로 건설할 호텔의 배관을 최소 비용으로 구축할 때, 책상이 복잡하게 놓인 사무실에 전기선을 연결할 때 최소한의 노력으로 작업을 마칠 수 있는 방법을 찾을 수 있습니다. 물론 여러분이 도로를 건설하거나 전기선을 연결할 기회는 흔치 않겠지요. 배관 공사는 더더욱 기회가 드물 테고요. 하지만 재미있는 알고리즘을 더 배운다는 사실 하나만으로도 공부할 가치가 있는 것 아니겠습니까?

이어지는 내용에서는 최소 신장 트리를 만드는 알고리즘에 대해 이야기하겠습니다. 최소 신장 트리 알고리즘에서는 일반적으로 두 가지 기법이 사용되는데, 하나는 프림 알고리즘Prim's Algorithm이고 또 하나는 크루스칼 알고리즘Kruskal's Algorithm입니다.

9.5.1 프림 알고리즘

프림 알고리즘Prim's Algorithm은 로버트 프림Robert C. Prim이 고안한 그래프에서 최소 신장 트리를 만들어 내는 알고리즘입니다. 발명가의 이름을 따라 명명된 이 알고리즘이 최소 신장 트리를 만들어내는 과 정은 다음과 같습니다.

❶ 그래프와 최소 신장 트리를 준비합니다. 물론 이때의 최소 신장 트리는 노드가 하나도 없는 상태입니다.

❷ 그래프에서 임의의 정점을 시작 정점으로 선택하여 최소 신장 트리의 뿌리 노드로 삽입합니다.

❸ 최소 신장 트리에 삽입된 정점들과 이 정점들의 모든 인접 정점 사이에 있는 간선의 가중치를 조사합니다. 간선 중에 가장 가중치가 작은 것을 골라 이 간선에 연결된 인접 정점을 최소 신장 트리에 삽입합니다. 단, 새로 삽입 되는 정점은 최소 신장 트리에 삽입된 기존 노드와 사이클을 형성해서는 안 됩니다.

❹ 단계 ❸의 과정을 반복하다가 최소 신장 트리가 그래프의 모든 정점을 연결하게 되면 알고리즘을 종료합니다.

프림 알고리즘을 이용해서 다음 그래프를 최소 신장 트리로 만들어보겠습니다. 조금 길겠지만 인내 심을 갖고 읽어보세요. 어려운 내용은 없을 것입니다.

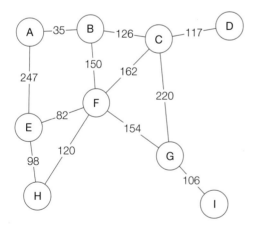

우선 시작 정점을 정해야 합니다. 어느 것을 골라도 무관하지만 저는 B를 시작 정점으로 사용하겠습니다. B는 시작 정점으로 선정됨과 동시에 최소 신장 트리(엄밀히 이야기하면 아직 신장 트리도 최소 신장 트리도 아닌 상태이긴 합니다)의 뿌리 노드가 됩니다.

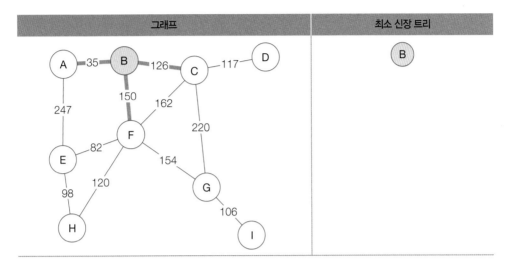

현재 최소 신장 트리의 노드는 B뿐입니다. 정점 B에 연결된 간선은 B-A, B-C, B-F 3개(가중치의 오름차순으로 표시한 것에 유의하세요)인데, 이 중에서 가장 가중치가 작은 간선은 가중치가 35인 B-A이므로 A를 최소 신장 트리에 추가합니다.

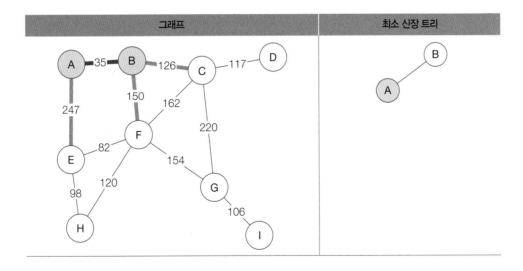

최소 신장 트리에 등록된 노드는 B, A로 모두 2개가 되었습니다. 이들 노드에 연결된 간선은 B–C, B–F, A–E인데 이 중 '최소 가중치'를 가진 간선을 찾습니다. B–C의 가중치가 126으로 가장 작기 때문에 C를 최소 신장 트리에 추가합니다. C가 추가됨으로써 최소 신장 트리의 노드는 모두 3개가 되었으며 조사해야 할 간선(다음 그림에서 연보라색으로 표시된 간선)도 4개가 되었습니다.

그런데 C–F 간선이 왜 조사 대상에서 빠졌는지 궁금하지 않으세요? 그 이유는 C–F 간선이 B–C–F를 통과하는 사이클을 형성하기 때문입니다. 사이클이 형성되는 것을 막으려면 B–F와 C–F 둘 중 하나를 제외하면 되는데, C–F의 가중치가 B–F보다 더 커서 C–F를 제외했습니다.

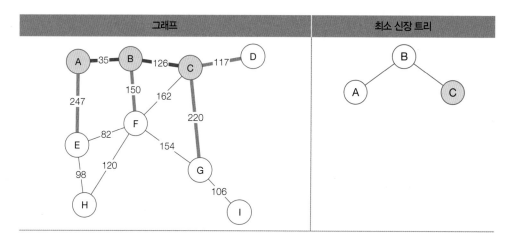

이번 단계에서는 가중치를 조사할 간선은 모두 4개(C–D, B–F, C–G, A–E)입니다. 이 중 가장 가중치가 작은 간선은 C–D(117)이므로 D를 최소 신장 트리에 추가합니다.

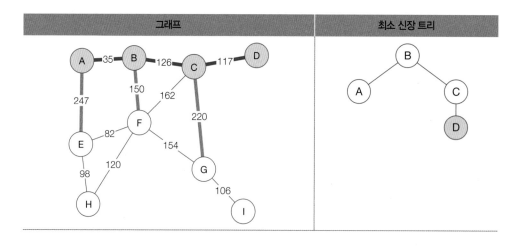

이제 알고리즘이 어떻게 동작하는지 감이 조금 잡히지요? 계속해보겠습니다. 최소 가중치를 조사할 간선 B-F, C-G, A-E 중 가중치가 가장 작은 간선은 B-F(150)입니다. F를 최소 신장 트리에 추가하고 다음 단계를 계속 진행합니다.

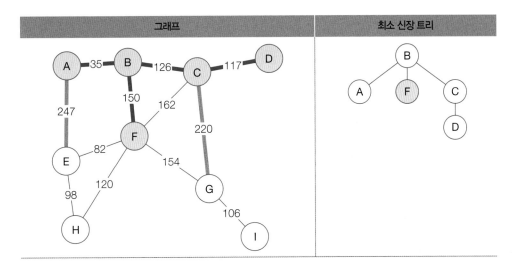

F가 최소 신장 트리에 추가됨으로써 조사 대상 간선에 큰 변화가 생겼습니다. A-E 간선은 가중치가 더 작은 F-E 간선에 의해, 또 C-G 간선 역시 가중치가 더 작은 F-G 간선에 의해 조사 대상에서 제거되었습니다. 그리고 F-H 간선이 조사 대상으로 새로 추가되었습니다. 한편 새로운 조사 대상 간선 3개 중 가장 작은 가중치를 갖는 간선은 F-E(82)이므로 이를 최소 신장 트리에 추가합니다.

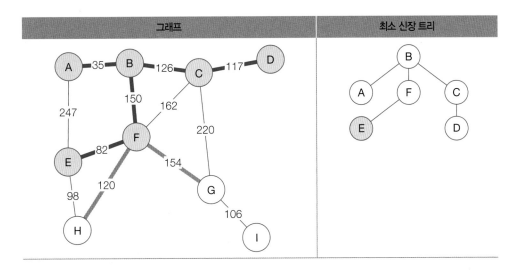

이번에는 F-H 간선이 E-H 간선에 의해 조사 대상에서 제거되었습니다. 따라서 이번 단계의 조사 대상 간선은 E-H, F-G 2개가 되었습니다. 이번에도 어김없이 더 작은 가중치의 간선을 선택합니다. 이번에 선택할 간선은 E-H(98)이며 최소 신장 트리에 H를 추가합니다.

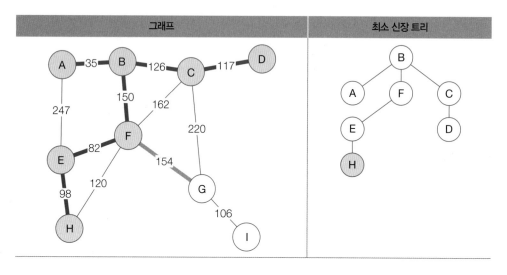

이제 조사 대상 간선이 F-G 하나만 남았습니다. 경쟁할 후보가 없으므로 이 간선을 선택하고 G를 최소 신장 트리에 추가합니다.

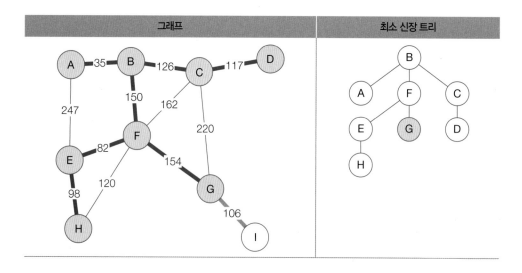

이번에도 조사 대상 간선이 G-I 하나입니다. 정점 I를 최소 신장 트리에 추가합니다. 이제 모든 정점이 최소 신장 트리에 입력되었으므로 트리 구축을 종료합니다.

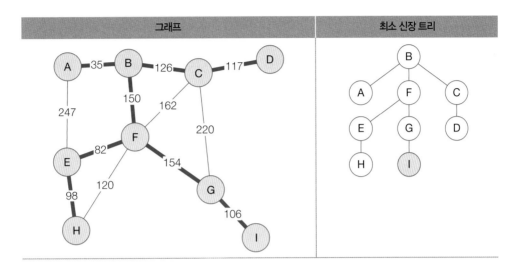

이렇게 해서 프림 알고리즘이 어떻게 최소 신장 트리를 만들어내는지에 대해 알아봤습니다. 이제는 이 알고리즘을 어떻게 구현할 것인지에 대해 생각해봅시다. 프림 알고리즘의 구현은 일견 간단해 보이지만 다음과 같은 두 가지 문제를 고려해야 합니다.

첫 번째 문제는 어떤 자료구조를 최소 신장 트리에 사용할 것인가입니다. 후보가 될 수 있는 자료구조는 배열, 링크드 리스트, 트리 등 다양하지만 최소 신장 트리는 그래프이므로 저는 앞에서 구현한 그래프를 사용하려 합니다.

두 번째는 조사 대상 간선 중 최소 가중치를 가진 것을 골라내는 과정에서 발생하는 성능 문제인데, 이것이 제법 심각합니다. 최소 신장 트리에 정점이 하나 추가될 때마다 그 수가 늘어나거나 줄어드는 조사 대상 간선 집합 속에서 '최소 가중치'를 가진 간선을 찾아내야 하기 때문입니다.

이것이 왜 문제가 되느냐고요? 생각해보세요. 정점이 새로 추가될 때마다 그래프의 모든 정점을 순회하면서 이 정점들이 최소 신장 트리에 추가되었는지 확인하고, 최소 신장 트리에 추가된 모든 정점의 간선을 조사해서 최소 가중치를 갖는 것을 찾아야 합니다. 그래프에 정점이 N개 존재한다고 가정하면 정점 추가 작업을 N회 해야 하고, 정점을 추가할 때마다 그래프 내 정점 N개를 순회해야 하므로 N×N회, 즉 N^2회 반복을 처리해야 하는 것입니다.

'정점이 추가될 때마다 조사 대상 간선 정렬하기'와 '이진 탐색 트리에 조사 대상 간선 입력하기'를 문제 해결사 후보로 생각해볼 수 있지만, 삽입과 삭제가 빠르고 최솟값을 찾는 데 비용도 거의 들지 않는 우선순위 큐를 이용하는 것이 가장 적절합니다.

이 두 문제 말고는 골칫거리가 없습니다. 다음 예제 코드는 프림 알고리즘을 구현한 Prim( ) 함수입니다. 이 함수가 받아들이는 첫 번째 매개 변수 G는 원본 그래프, 두 번째 매개 변수 StartVertex는 그래프의 시작 정점, 마지막 매개 변수 MST는 최소 신장 트리가 될 그래프입니다.

```c
void Prim(Graph* G, Vertex* StartVertex, Graph* MST )
{
    int i = 0;

    PQNode          StartNode = { 0, StartVertex };
    PriorityQueue* PQ       = PQ_Create(10);

    Vertex*  CurrentVertex = NULL;
    Edge*    CurrentEdge   = NULL;

    int*     Weights      = (int*) malloc( sizeof(int) * G->VertexCount );
    Vertex** MSTVertices  = (Vertex**) malloc( sizeof(Vertex*) * G->VertexCount );
    Vertex** Fringes      = (Vertex**) malloc( sizeof(Vertex*) * G->VertexCount );
    Vertex** Precedences  = (Vertex**) malloc( sizeof(Vertex*) * G->VertexCount );

    CurrentVertex = G->Vertices;
    while ( CurrentVertex != NULL )
    {
        Vertex* NewVertex = CreateVertex( CurrentVertex->Data );
        AddVertex( MST, NewVertex);

        Fringes[i]     = NULL;
        Precedences[i] = NULL;
        MSTVertices[i] = NewVertex;
        Weights[i]     = MAX_WEIGHT;
        CurrentVertex  = CurrentVertex->Next;
        i++;
    }

    PQ_Enqueue ( PQ, StartNode );
```

```
Weights[StartVertex->Index] = 0;

while( ! PQ_IsEmpty( PQ ) )
{
    PQNode  Popped;

    PQ_Dequeue(PQ, &Popped);
    CurrentVertex = (Vertex*)Popped.Data;

    Fringes[CurrentVertex->Index] = CurrentVertex;

    CurrentEdge = CurrentVertex->AdjacencyList;
    while ( CurrentEdge != NULL )
    {
        Vertex* TargetVertex = CurrentEdge->Target;

        if ( Fringes[TargetVertex->Index] == NULL &&
             CurrentEdge->Weight < Weights[TargetVertex->Index] )
        {
            PQNode NewNode =  { CurrentEdge->Weight, TargetVertex };
            PQ_Enqueue ( PQ, NewNode );

            Precedences[TargetVertex->Index] = CurrentEdge->From;
            Weights[TargetVertex->Index]     = CurrentEdge->Weight;
        }

        CurrentEdge = CurrentEdge->Next;
    }
}

for ( i=0; i<G->VertexCount; i++ )
{
    int FromIndex, ToIndex;

    if ( Precedences[i] == NULL )
        continue;

    FromIndex = Precedences[i]->Index;
    ToIndex   = i;

    AddEdge( MSTVertices[FromIndex],
```

```
                CreateEdge( MSTVertices[FromIndex], MSTVertices[ToIndex],   Weights[i]
    ) );

        AddEdge( MSTVertices[ToIndex],
            CreateEdge( MSTVertices[ToIndex],   MSTVertices[FromIndex], Weights[i]
    ) );
        }

    free( Fringes );
    free( Precedences );
    free( MSTVertices );
    free( Weights );

    PQ_Destroy( PQ );
}
```

9.5.2 크루스칼 알고리즘

프림 알고리즘이 최소 신장 트리에 연결된 정점들의 주변 정보를 파악하여 최소 신장 트리를 완성해 나가는 반면, 크루스칼 알고리즘 Kruskal's Algorithm 은 그래프 내 모든 간선의 가중치 정보를 사전에 파악 하고 이 정보를 토대로 최소 신장 트리를 구축해나갑니다.

크루스칼 알고리즘은 다음 순서대로 작동합니다.

❶ 그래프 내의 모든 간선을 가중치의 오름차순으로 정렬하여 목록을 만듭니다.

❷ 단계 ❶에서 만든 간선의 목록을 차례대로 순회하면서 간선을 최소 신장 트리에 추가합니다. 단, 이때 추가된 간선으로 인해 최소 신장 트리 내에 사이클이 형성되면 안 됩니다.

크루스칼 알고리즘이 프림 알고리즘보다 더 간결해 보이지요? 하지만 크루스칼 알고리즘에도 구현 을 위해 해결해야 할 문제가 있습니다. 그것은 바로 '최소 신장 트리에 생기는 사이클을 어떻게 효율 적으로 감지할 것인가?'입니다.

이 문제에 대한 해결책으로 깊이 우선 탐색을 생각해볼 수 있습니다. 깊이 우선 탐색을 수행할 때 이 미 방문했던 노드를 또 만난다면 사이클이 있다는 뜻이기 때문이지요. 가령 다음과 같은 방향성 그 래프에서 깊이 우선 탐색을 수행한다고 해봅시다. 먼저 A–B–D를 방문하고 이 정점들을 '방문했 음'으로 표시합니다. 그런데 정점 A로 돌아와서 정점 C를 타고 내려가면 이미 방문한 것으로 표시된 D를 만나게 됩니다. 이때 그래프에 사이클이 존재한다는 사실을 감지할 수 있습니다. 이 그래프가 무방향성 그래프라면 깊이 우선 탐색을 통해 A–B–C–D–A의 순서로 순회하여 이미 방문한 A를 만남으로써 사이클이 존재한다는 사실을 감지할 수 있습니다.

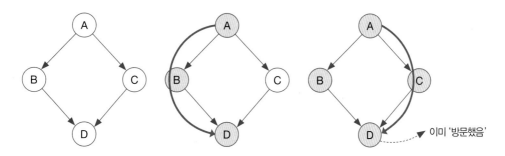

이 알고리즘은 탐색 비용이 커서 아쉽습니다. 대안으로 사용할 수 있는 사이클 탐지 방법은 분리 집합을 이용하는 것입니다. 방법은 이렇습니다. 우선 각 정점별로 각각의 분리 집합을 만들고, 간선으로 연결된 정점들에 대해서는 합집합을 수행합니다. 이때 간선으로 연결할 두 정점이 같은 집합에 속해 있다면 이 연결은 사이클을 이루게 됩니다. 예를 들어 다음 그림에서 정점 A와 D를 간선으로 연결한다고 가정해봅시다. 왼쪽 그림에서는 정점 A와 정점 D가 별개의 집합 속에 있기 때문에 사이클을 이루지 않지만, 오른쪽 그림에서는 이 두 정점이 같은 집합 속에 있기 때문에 둘을 연결하면 사이클이 생깁니다.

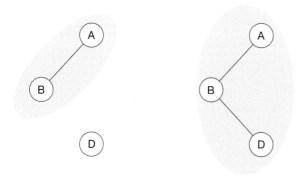

간결하지 않습니까? 그냥 간선으로 이을 두 정점이 같은 집합에 소속되어 있는지만 확인하면 사이클 형성 여부를 바로 알 수 있습니다. 탐색 비용도 깊이 우선 탐색에 비하면 적게 들고요.

사이클 탐지 문제를 해결했으니 이젠 예제를 통해 크루스칼 알고리즘의 동작 방식을 확인해볼 차례입니다. 최소 신장 트리를 뽑아낼 그래프는 프림 알고리즘 예제에서도 사용했던 그 그래프입니다.

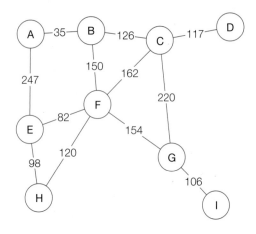

우선 그래프의 정점 사이에 있는 모든 간선을 가중치 오름차순으로 정렬해야겠지요? 정렬된 간선의 목록은 다음과 같습니다. 간선 A-B가 가중치 35로 가장 작고 A-E가 가중치 247로 가장 크군요.

A − B: 35

E − F: 82

E − H: 98

G − I: 106

C − D: 117

F − H: 120

B − C: 126

B − F: 150

F − G: 154

C − F: 162

C − G: 220

A − E: 247

그리고 각 정점별로 분리 집합을 만듭니다.

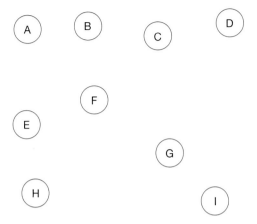

간선을 가중치 순으로 정렬하고 각 정점별로 분리 집합을 만들었다면 모든 준비가 끝난 것입니다. 이제 가장 작은 가중치를 가진 간선부터 작업을 시작합니다. 첫 번째 간선은 가중치 35인 A–B입니다. 정점 A와 B는 별개의 분리 집합 원소이므로 이 둘을 최소 신장 트리에 추가하고 간선으로 연결합니다. 그리고 분리 집합 {A}와 {B}에 대해 합집합을 수행하여 하나의 분리 집합으로 만듭니다.

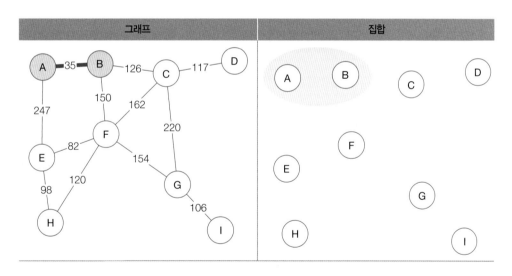

두 번째로 작은 가중치를 가진 간선은 E–F(82)입니다. 이 간선 양쪽 끝에 있는 정점도 별개의 분리 집합에 속해 있으므로 최소 신장 트리에 추가할 수 있습니다. E–F를 최소 신장 트리에 추가하고 분리 집합 {E}와 {F}를 합하여 하나의 분리 집합으로 만듭니다.

그래프	집합

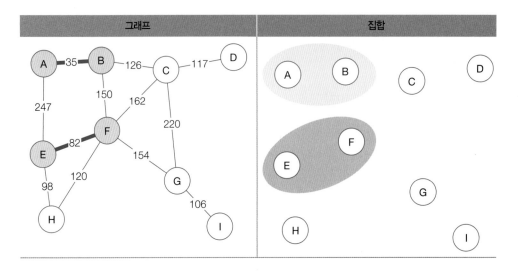

그다음 간선은 E-H(98)입니다. E는 {E, F}에, H는 {H}에 소속되어 있어 서로 별개의 분리 집합
인 상태입니다. 따라서 최소 신장 트리에 들어갈 조건을 갖췄습니다. 간선 E-H를 최소 신장 트리에
추가하고 {E, F}와 {H}에 대해 합집합을 수행합니다.

그래프	집합

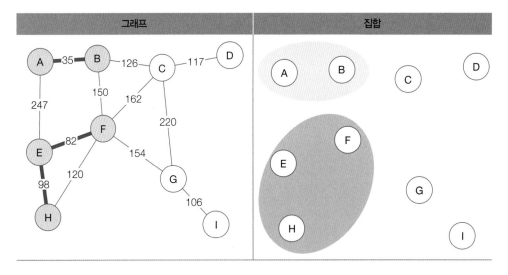

다음 순서는 G-I(106)군요. G와 I 역시 서로 별개의 분리 집합에 속해 있으므로 최소 신장 트리에
추가할 수 있습니다. 간선 G-I를 최소 신장 트리에 입력하고 {G}와 {I}에 대해서는 합집합 연산을
수행해서 {G, I}를 만듭니다.

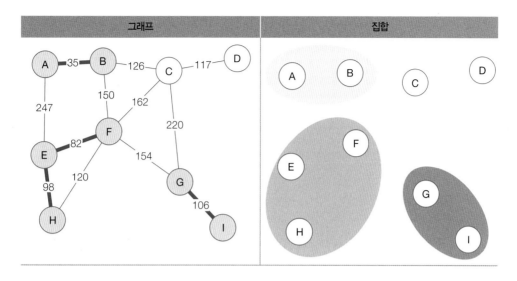

다음은 간선 F-H(120)입니다. 하지만 정점 F와 H는 이미 같은 집합에 속해 있습니다. 간선 양끝에 있는 정점이 같은 집합에 속해 있다면 이 간선으로 인해 그래프에 사이클이 형성되어 있다는 뜻입니다. 실제로 간선 F-H는 E-F-H에 이르는 사이클이 형성되어 있습니다. 따라서 간선 F-H는 무시하고 다음 순위의 간선을 채택합니다.

다음 순위의 간선은 가중치 117을 가진 C-D인데, 이 둘은 서로 다른 집합에 소속되어 있으므로 최소 신장 트리에 간선을 추가하고 두 정점을 하나의 집합으로 만듭니다.

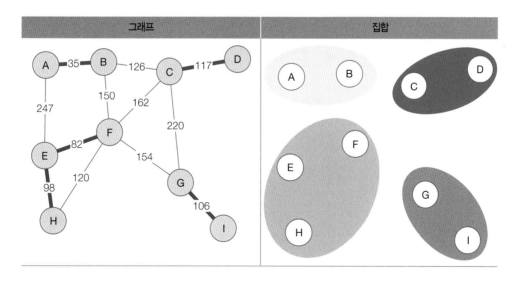

다음은 B-C(126)입니다. B와 C는 서로 다른 집합에 속해 있으므로 이 간선을 최소 신장 트리에
추가하고 B가 속한 {A, B}와 C가 속한 {C, D}에 대해 합집합을 수행합니다.

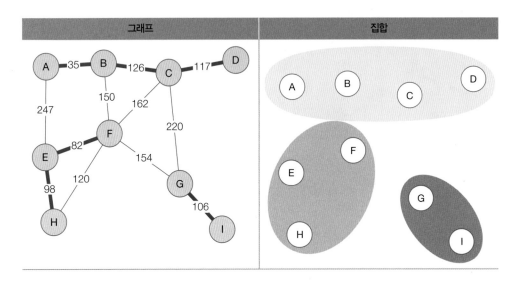

다음 순위의 간선은 가중치 150을 가진 B-F입니다. B와 F는 서로 다른 집합에 속해 있으므로 간선
B-F는 최소 신장 트리에 들어갈 수 있습니다. 간선 B-F를 최소 신장 트리에 추가하고 B가 소속된
{A, B, C, D}와 F가 소속된 {E, F, H}에 대해 합집합을 수행합니다.

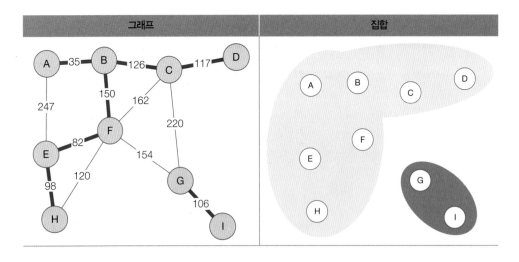

다음 순위의 간선은 F-G(154)입니다. F와 G는 서로 다른 집합에 소속되어 있습니다. 간선 F-G를 최소 신장 트리에 추가하고 {A, B, C, D, E, F, H}와 {G, I}를 하나로 만들기 위해 합집합을 수행합니다.

드디어 모든 정점이 하나의 집합 안에 모여서 최소 신장 트리가 되었습니다. 이제 남은 간선들은 사이클을 형성하는 것뿐입니다. 정말 그런지 궁금하면 직접 확인해보세요.

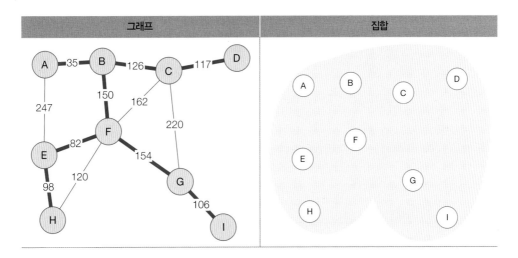

다음은 크루스칼 알고리즘을 구현한 Kruskal() 함수입니다.

```
void Kruskal(Graph* G, Graph* MST )
{
    int         i;
    Vertex*     CurrentVertex = NULL;
    Vertex**    MSTVertices   = (Vertex**) malloc( sizeof(Vertex*) *
                                    G->VertexCount );
    DisjointSet** VertexSet    =
                (DisjointSet**)malloc( sizeof(DisjointSet*) * G->VertexCount );

    PriorityQueue* PQ       = PQ_Create(10);

    i = 0;
    CurrentVertex = G->Vertices;
    while ( CurrentVertex != NULL )
    {
```

```
    Edge* CurrentEdge;

    VertexSet[i]   = DS_MakeSet( CurrentVertex );
    MSTVertices[i] = CreateVertex( CurrentVertex->Data );
    AddVertex( MST, MSTVertices[i] );

    CurrentEdge = CurrentVertex->AdjacencyList;
    while ( CurrentEdge != NULL )
    {
        PQNode NewNode = { CurrentEdge->Weight, CurrentEdge };
        PQ_Enqueue( PQ, NewNode );

        CurrentEdge = CurrentEdge->Next;
    }

    CurrentVertex  = CurrentVertex->Next;
    i++;
}

while ( !PQ_IsEmpty( PQ ) )
{
    Edge*  CurrentEdge;
    int    FromIndex;
    int    ToIndex;
    PQNode Popped;

    PQ_Dequeue( PQ, &Popped );
    CurrentEdge = (Edge*)Popped.Data;

    printf("%c - %c : %d\n",
        CurrentEdge->From->Data,
        CurrentEdge->Target->Data,
        CurrentEdge->Weight );

    FromIndex = CurrentEdge->From->Index;
    ToIndex   = CurrentEdge->Target->Index;

    if ( DS_FindSet( VertexSet[FromIndex] ) != DS_FindSet(
                    VertexSet[ToIndex] ) )
    {
        AddEdge( MSTVertices[FromIndex],
```

```
                        CreateEdge( MSTVertices[FromIndex],
                                    MSTVertices[ToIndex],
                                    CurrentEdge->Weight ) );

                AddEdge( MSTVertices[ToIndex],
                        CreateEdge( MSTVertices[ToIndex],
                                    MSTVertices[FromIndex],
                                    CurrentEdge->Weight ) );

                DS_UnionSet( VertexSet[FromIndex], VertexSet[ToIndex] );
            }
        }

        for ( i=0; i<G->VertexCount; i++ )
            DS_DestroySet( VertexSet[i] );

        free( VertexSet );
        free( MSTVertices );
    }
```

9.5.3 최소 신장 트리 예제 프로그램

최소 신장 트리 예제 프로그램을 구성하는 파일은 꽤 많습니다. 프림 알고리즘에서는 우선순위 큐를 이용하고 크루스칼 알고리즘에서는 분리 집합을 이용하기 때문입니다. 그 덕분에 이 예제 프로그램의 소스 코드 파일은 다음과 같이 9개나 됩니다.

- DisjointSet.c
- DisjointSet.h
- PriorityQueue.c
- PriorityQueue.h
- Graph.c
- Graph.h
- MST.c
- MST.h
- Test_MST.c

DisjointSet.h와 DisjointSet.c는 분리 집합을 공부할 때, PriorityQueue.h와 PriorityQueue.c는 우선순위 큐를 공부할 때 이미 만들었고 Graph.h와 Graph.c는 이번 장에서 계속 사용하고 있으므로 따로 작성할 필요가 없습니다. 이번에도 새로 작성해야 할 소스 코드는 MST.h, MST.c, Test_MST.c 이렇게 모두 3개입니다.

09장/MinimumSpanningTree/MST.h

```
01  #ifndef MST_H
02  #define MST_H
03
04  #include "Graph.h"
05  #include "PriorityQueue.h"
06  #include "DisjointSet.h"
07
08  #define MAX_WEIGHT 36267
09
10  void Prim(Graph* G, Vertex* StartVertex, Graph* MST );
11  void Kruskal(Graph* G, Graph* MST );
12
13  #endif
```

09장/MinimumSpanningTree/MST.c

```
001  #include "MST.h"
002
003  void Prim(Graph* G, Vertex* StartVertex, Graph* MST )
004  {
//    … 중략. 본문의 Prim() 구현 내용 참조
087  }
088
089  void Kruskal(Graph* G, Graph* MST )
090  {
//    … 중략. 본문의 Kruskal() 구현 내용 참조
162  }
```

```
01  #include "Graph.h"
02  #include "MST.h"
03
04  int main( void )
05  {
06
07      //  그래프 생성
08      Graph* graph     = CreateGraph();
09      Graph* PrimMST    = CreateGraph();
10      Graph* KruskalMST = CreateGraph();
11
12      //  정점 생성
13      Vertex* A = CreateVertex( 'A' );
14      Vertex* B = CreateVertex( 'B' );
15      Vertex* C = CreateVertex( 'C' );
16      Vertex* D = CreateVertex( 'D' );
17      Vertex* E = CreateVertex( 'E' );
18      Vertex* F = CreateVertex( 'F' );
19      Vertex* G = CreateVertex( 'G' );
20      Vertex* H = CreateVertex( 'H' );
21      Vertex* I = CreateVertex( 'I' );
22
23      //  그래프에 정점을 추가
24      AddVertex( graph, A );
25      AddVertex( graph, B );
26      AddVertex( graph, C );
27      AddVertex( graph, D );
28      AddVertex( graph, E );
29      AddVertex( graph, F );
30      AddVertex( graph, G );
31      AddVertex( graph, H );
32      AddVertex( graph, I );
33
34      //  정점과 정점을 간선으로 잇기
35      AddEdge( A, CreateEdge(A, B, 35) );
36      AddEdge( A, CreateEdge(A, E, 247) );
37
38      AddEdge( B, CreateEdge(B, A, 35  ) );
```

```
39      AddEdge( B, CreateEdge(B, C, 126 ) );
40      AddEdge( B, CreateEdge(B, F, 150 ) );
41
42      AddEdge( C, CreateEdge(C, B, 126 ) );
43      AddEdge( C, CreateEdge(C, D, 117 ) );
44      AddEdge( C, CreateEdge(C, F, 162 ) );
45      AddEdge( C, CreateEdge(C, G, 220 ) );
46
47      AddEdge( D, CreateEdge(D, C, 117 ) );
48
49      AddEdge( E, CreateEdge(E, A, 247 ) );
50      AddEdge( E, CreateEdge(E, F, 82 ) );
51      AddEdge( E, CreateEdge(E, H, 98 ) );
52
53      AddEdge( F, CreateEdge(F, B, 150 ) );
54      AddEdge( F, CreateEdge(F, C, 162 ) );
55      AddEdge( F, CreateEdge(F, E, 82  ) );
56      AddEdge( F, CreateEdge(F, G, 154 ) );
57      AddEdge( F, CreateEdge(F, H, 120 ) );
58
59      AddEdge( G, CreateEdge(G, C, 220 ) );
60      AddEdge( G, CreateEdge(G, F, 154 ) );
61      AddEdge( G, CreateEdge(G, I, 106 ) );
62
63      AddEdge( H, CreateEdge(H, E, 98  ) );
64      AddEdge( H, CreateEdge(H, F, 120 ) );
65
66      AddEdge( I, CreateEdge(I, G, 106 ) );
67
68      //  정점 B를 시작 정점으로 하는 최소 신장 트리
69      printf("Prim's Algorithm\n");
70      Prim(graph, B, PrimMST);
71      PrintGraph ( PrimMST );
72
73      printf("Kruskal's Algorithm...\n");
74      Kruskal(graph, KruskalMST);
75      PrintGraph ( KruskalMST );
76
77      //  그래프 소멸
78      DestroyGraph( PrimMST );
```

```
79      DestroyGraph( KruskalMST );
80      DestroyGraph( graph );
81
82      return 0;
83  }
```

```
Prim's Algorithm
A : B[35]
B : A[35] C[126] F[150]
C : B[126] D[117]
D : C[117]
E : F[82] H[98]
F : E[82] B[150] G[154]
G : F[154] I[106]
H : E[98]
I : G[106]

Kruskal's Algorithm...
A - B : 35
B - A : 35
F - E : 82
E - F : 82
H - E : 98
E - H : 98
G - I : 106
I - G : 106
D - C : 117
C - D : 117
F - H : 120
H - F : 120
B - C : 126
C - B : 126
B - F : 150
F - B : 150
C - F : 162
F - C : 162
G - C : 220
C - G : 220
```

```
A - E : 247
E - A : 247
A : B[35]
B : A[35] C[126] F[150]
C : D[117] B[126]
D : C[117]
E : F[82] H[98]
F : E[82] B[150] G[154]
G : I[106] F[154]
H : E[98]
I : G[106]
```

9.6 최단 경로 탐색: 데이크스트라 알고리즘

우리나라 지하철은 교통 편의성이 높은 것으로 유명합니다. 저도 지하철을 자주 이용하는 편인데요. 출퇴근은 걸어서 하기 때문에 평소에는 이용하지 않고 특별한 장소에서 미팅 등이 있는 경우에만 이용하는 편입니다.

지하철은 편리하지만 노선을 갈아탈 때는 '어떻게 갈아타야 목적지까지 가장 빠르게 갈 수 있을까?' 라고 고민하게 됩니다.

이번 절에서 다룰 최소 경로 탐색 알고리즘은 이러한 고민에 해답을 제시합니다. 최단 경로 탐색이란 그래프 내의 한 정점에서 다른 정점으로 이동할 때 가중치 합이 최솟값인 경로를 찾는 알고리즘입니다. 문제 자체가 재미있지 않습니까? 그래서인지 많은 사람이 관심을 가지고 이 문제에 대해 연구했으며 여러 가지 알고리즘이 발표되었습니다. 그중 여기서 다룰 알고리즘은 에츠허르 데이크스트라Edsger Dijkstra가 고안한 데이크스트라 알고리즘입니다.

9.6.1 데이크스트라 알고리즘의 개념

데이크스트라 알고리즘은 프림 알고리즘과 동작 방식이 상당히 비슷합니다. 다만 프림 알고리즘이 단순히 간선의 길이를 이용하여 어떤 간선을 먼저 연결할지 결정하는 데 비해 데이크스트라 알고리즘은 **경로의 길이를 감안해서 간선을 연결한다는 점**이 다릅니다. 또 다른 중요한 차이점은 데이크스트라 알고리즘의 경우 사이클이 없는 방향성 그래프에 한해서만 사용할 수 있다는 것입니다.

데이크스트라 알고리즘의 동작 방법을 정리하면 다음과 같습니다.

❶ 각 정점에는 시작점으로부터 자신에게 이르는 경로의 길이를 저장할 곳을 준비하고 각 정점에 대한 경로의 길이를 ∞(무한대)로 초기화합니다.

❷ 시작 정점의 경로 길이를 0으로 초기화하고(시작 정점에서 시작 정점까지의 거리는 0이니까요) 최단 경로에 추가합니다.

❸ 최단 경로에 새로 추가된 정점의 인접 정점에 대해 경로 길이를 갱신하고(경로가 아무리 길어도 무한대보다는 짧겠지요?) 이들을 최단 경로에 추가합니다. 만약 추가하려는 인접 정점이 이미 최단 경로 안에 있다면, 갱신되기 이전의 경로 길이가 새로운 경로 길이보다 더 큰 경우에 한해 다른 선행 정점을 지나던 기존 경로가 현재 정점을 경유하도록 수정합니다.

❹ 그래프 내의 모든 정점이 최단 경로에 소속될 때까지 단계 ❸의 과정을 반복합니다.

예제를 하나 풀어보겠습니다. 최단 경로 알고리즘에서 다뤘던 예제를 사용하면 되겠군요.

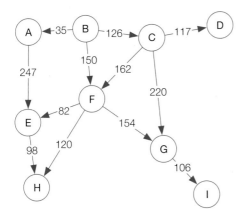

경로는 당연히 시작점과 도착점을 갖습니다. 시작이 없거나 도착이 없으면 경로라고 할 수 없습니다. 최소 경로를 찾는 데이크스트라 알고리즘도 시작점과 도착점을 필요로 합니다. 이 예제에서는 B를 시작점으로 설정하고 '나머지 모든 정점'을 도착점으로 지정하겠습니다.

우선 각 정점별로 경로 길이를 정점 좌측 상단의 상자 안에 표시하고 초기값을 ∞(무한대)로 설정합니다. 그리고 시작 정점 B의 경로 길이는 0으로 바꿉니다. 왜냐고요? B에서 B로 가는 비용이 얼마인지 생각해보세요.

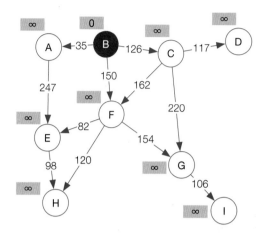

시작 정점인 B에 인접한 정점들을 찾고 간선의 가중치를 조사합니다. 정점 A, C, F가 B에 인접해 있군요. 경로 B-A를 거치는 데 드는 비용은 35입니다. 현재 경로 B-A 사이의 경로 길이인 ∞보다 작으므로 A의 경로 길이를 35로 바꿉니다. 같은 방법으로 경로 B-C의 경로 길이는 126, B-F의 경로 길이는 150으로 수정합니다.

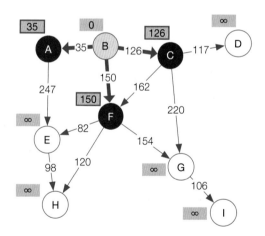

A의 유일한 인접 정점인 E가 보이지요? 현재까지 확보한 정보에 의하면 정점 B에서 E로 갈 수 있는 길은 B-A-E가 유일합니다(아직 B-F-E 경로는 발견하지 못한 상태입니다). B에서 A까지는 비용 35가 들고, A에서 E로 이동하는 데에는 다시 247이 듭니다. 따라서 A의 경로 길이 35와 간선 A-E의 비용 247을 더한 값 282를 경로 길이로 입력합니다. 이 값은 현재 E의 경로 길이인 무한대보다 작으므로 입력이 가능합니다.

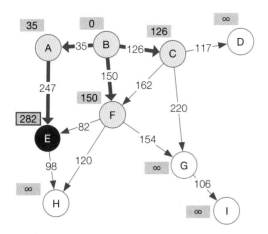

이번에는 C의 인접 정점들을 조사할 차례입니다. C의 인접 정점은 D, F, G가 있는데 현재 D의 경로 길이는 무한대이므로 B-C-D 경로의 비용을 그대로 입력하고 G 역시 경로 길이가 무한대이므로 B-C-G 경로의 비용을 입력하면 됩니다. 주의 깊게 봐야 할 부분은 정점 F인데, 현재 F가 가진 경로 길이는 150으로 B-C-F 경로의 비용인 288보다 작습니다. 따라서 새로 발견한 경로 B-C-F는 B-F보다 비용이 크기 때문에 채택할 수 없습니다.

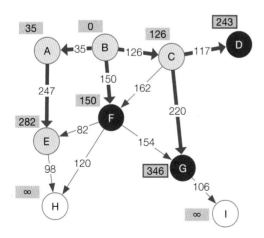

이번에는 정점 F에 인접한 정점들을 살펴보겠습니다. F는 E, G, H와 이웃하고 있습니다. 먼저 E 정점을 봅시다. 기존 경로 길이가 282인데 새로운 경로인 B-F-E의 비용이 232로 더 작습니다. 따라서 기존의 경로 B-A-E는 폐기하고 새로운 경로 B-F-E를 채택합니다. 새 경로 길이 232를 E에 입력하는 것은 물론입니다.

G도 마찬가지로 기존의 경로 B–C–G(비용 346)보다 새 경로 B–F–G(비용 304)가 훨씬 저렴하므로 예전 것을 폐기하고 새롭게 발견한 경로를 채택합니다. 이제 G의 경로 길이는 304로 갱신되었습니다. H의 경로 길이는 현재 무한대이므로 경로 B–F–H의 비용 270을 H의 경로 길이로 입력합니다.

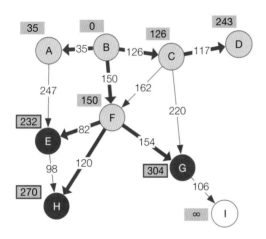

E에 인접 정점 H가 있기는 하지만 경로 B–F–E–H의 비용이 330이고 현재 경로 길이 270보다 크므로 무시하고 다음으로 넘어갑니다. 이제 정점 G만 유일하게 방문하지 않은 정점 I를 갖고 있는데, I의 현재 경로 길이는 무한대이므로 경로 B–F–G–I의 비용 410을 입력합니다.

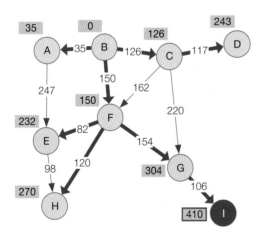

이제 더 탐사할 노드가 없으므로 최단 경로 탐색을 종료합니다. 다음 그래프에서 각 정점의 상단에 있는 상자 속 값들은 B에서부터 해당 정점에 이르는 경로상 모든 간선의 가중치를 합한 것임을 잊지 말기 바랍니다.

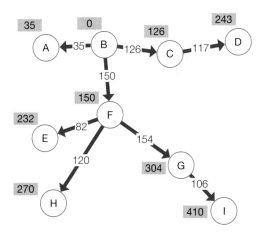

9.6.2 데이크스트라 알고리즘 예제 프로그램

이제 데이크스트라 알고리즘을 코드로 구현해볼 차례입니다. 이 예제 프로그램은 다음과 같이 7개의 파일로 구성됩니다.

- PriorityQueue.c
- PriorityQueue.h
- Graph.c
- Graph.h
- ShortestPath.c
- ShortestPath.h
- Test_ShortestPath.c

이 중에서 PriorityQueue.h, PriorityQueue.c, Graph.h, Graph.c 4개 파일은 이미 작성해둔 것이 있으므로 새로 만들 필요가 없습니다. 새로 작성해야 하는 소스 코드는 ShortestPath.h, ShortestPath.c, Test_ShortestPath.c, 모두 3개입니다.

ShortestPath.h와 ShortestPath.c에서 정의하는 Dijkstra()가 바로 데이크스트라의 최단 경로 알고리즘을 구현한 함수입니다. 앞에서 데이크스트라 알고리즘이 프림 알고리즘과 비슷한 방식으로 동작한다고 설명했는데, Dijkstra() 함수의 내용도 이전 절에서 구현한 Prim() 함수와 거의 비슷합니다. 따라서 Prim() 함수의 내용을 이해했다면 Dijkstra() 코드도 어렵지 않게 이해할 수 있습니다.

그러면 다음 코드를 따라 작성하고 컴파일하여 결과를 확인해보세요.

09장/Dijkstra/ShortestPath.h

```
01  #ifndef SHORTESTPATH_H
02  #define SHORTESTPATH_H
03
04  #include "Graph.h"
05  #include "PriorityQueue.h"
06
07  #define MAX_WEIGHT 36267
08
09  void Dijkstra(Graph* G, Vertex* StartVertex, Graph* MST );
10
11  #endif
```

09장/Dijkstra/ShortestPath.c

```
01  #include "ShortestPath.h"
02
03  void Dijkstra(Graph* G, Vertex* StartVertex, Graph* ShortestPath )
04  {
05      int i = 0;
06
07      PQNode        StartNode = { 0, StartVertex };
08      PriorityQueue* PQ        = PQ_Create(10);
09
10      Vertex*  CurrentVertex = NULL;
11      Edge*    CurrentEdge   = NULL;
12
13      int*     Weights        = (int*) malloc( sizeof(int) * G->VertexCount );
14      Vertex** ShortestPathVertices =
15                            (Vertex**) malloc( sizeof(Vertex*) * G->VertexCount );
16      Vertex** Fringes       = (Vertex**) malloc( sizeof(Vertex*) * G->VertexCount );
17      Vertex** Precedences   = (Vertex**) malloc( sizeof(Vertex*) * G->VertexCount );
18
19      CurrentVertex = G->Vertices;
20      while ( CurrentVertex != NULL )
```

```
21      {
22          Vertex* NewVertex = CreateVertex( CurrentVertex->Data );
23          AddVertex( ShortestPath, NewVertex);
24
25          Fringes[i]     = NULL;
26          Precedences[i] = NULL;
27          ShortestPathVertices[i] = NewVertex;
28          Weights[i]     = MAX_WEIGHT;
29          CurrentVertex  = CurrentVertex->Next;
30          i++;
31      }
32
33      PQ_Enqueue ( PQ, StartNode );
34
35      Weights[StartVertex->Index] = 0;
36
37      while( ! PQ_IsEmpty( PQ ) )
38      {
39          PQNode  Popped;
40
41          PQ_Dequeue(PQ, &Popped);
42          CurrentVertex = (Vertex*)Popped.Data;
43
44          Fringes[CurrentVertex->Index] = CurrentVertex;
45
46          CurrentEdge = CurrentVertex->AdjacencyList;
47          while ( CurrentEdge != NULL )
48          {
49              Vertex* TargetVertex = CurrentEdge->Target;
50
51              if ( Fringes[TargetVertex->Index] == NULL &&
52                   Weights[CurrentVertex->Index] + CurrentEdge->Weight <
53                              Weights[TargetVertex->Index] )
54              {
55                  PQNode NewNode =  { CurrentEdge->Weight, TargetVertex };
56                  PQ_Enqueue ( PQ, NewNode );
57
58                  Precedences[TargetVertex->Index] =  CurrentEdge->From;
59                  Weights[TargetVertex->Index]     =
60                              Weights[CurrentVertex->Index] + CurrentEdge->Weight;
```

```
61                }
62
63              CurrentEdge = CurrentEdge->Next;
64          }
65      }
66
67      for ( i=0; i<G->VertexCount; i++ )
68      {
69          int FromIndex, ToIndex;
70
71          if ( Precedences[i] == NULL )
72              continue;
73
74          FromIndex = Precedences[i]->Index;
75          ToIndex   = i;
76
77          AddEdge( ShortestPathVertices[FromIndex],
78              CreateEdge(
79                  ShortestPathVertices[FromIndex],
80                  ShortestPathVertices[ToIndex],
81                  Weights[i] ) );
82      }
83
84      free( Fringes );
85      free( Precedences );
86      free( ShortestPathVertices );
87      free( Weights );
88
89      PQ_Destroy( PQ );
90  }
```

09장/Dijkstra/Test_ShortestPath.c

```
01  #include "Graph.h"
02  #include "ShortestPath.h"
03
04  int main( void )
05  {
```

```
06
07    //  그래프 생성
08    Graph* graph      = CreateGraph();
09    Graph* PrimMST    = CreateGraph();
10    Graph* KruskalMST = CreateGraph();
11
12    //  정점 생성
13    Vertex* A = CreateVertex( 'A' );
14    Vertex* B = CreateVertex( 'B' );
15    Vertex* C = CreateVertex( 'C' );
16    Vertex* D = CreateVertex( 'D' );
17    Vertex* E = CreateVertex( 'E' );
18    Vertex* F = CreateVertex( 'F' );
19    Vertex* G = CreateVertex( 'G' );
20    Vertex* H = CreateVertex( 'H' );
21    Vertex* I = CreateVertex( 'I' );
22
23    //  그래프에 정점을 추가
24    AddVertex( graph, A );
25    AddVertex( graph, B );
26    AddVertex( graph, C );
27    AddVertex( graph, D );
28    AddVertex( graph, E );
29    AddVertex( graph, F );
30    AddVertex( graph, G );
31    AddVertex( graph, H );
32    AddVertex( graph, I );
33
34    //  정점과 정점을 간선으로 잇기
35
36    AddEdge( A, CreateEdge(A, E, 247) );
37
38    AddEdge( B, CreateEdge(B, A, 35  ) );
39    AddEdge( B, CreateEdge(B, C, 126 ) );
40    AddEdge( B, CreateEdge(B, F, 150 ) );
41
42    AddEdge( C, CreateEdge(C, D, 117 ) );
43    AddEdge( C, CreateEdge(C, F, 162 ) );
44    AddEdge( C, CreateEdge(C, G, 220 ) );
45
```

```
46      AddEdge( E, CreateEdge(E, H, 98 ) );
47
48      AddEdge( F, CreateEdge(F, E, 82  ) );
49      AddEdge( F, CreateEdge(F, G, 154 ) );
50      AddEdge( F, CreateEdge(F, H, 120 ) );
51
52      AddEdge( G, CreateEdge(G, I, 106 ) );
53
54      //  정점 B를 시작 정점으로 하는 최소 신장 트리
55      Dijkstra(graph, B, PrimMST);
56      PrintGraph ( PrimMST );
57
58      // 그래프 소멸
59      DestroyGraph( PrimMST );
60      DestroyGraph( KruskalMST );
61      DestroyGraph( graph );
62
63      return 0;
64  }
```

➡ 실행 결과

```
A :
B : A[35] C[126] F[150]
C : D[243]
D :
E :
F : E[232] G[304] H[270]
G : I[410]
H :
I :
```

01 간단한 퀴즈부터 시작하겠습니다. 그래프를 정의하세요.

02 그래프의 경로와 사이클을 정의하고 둘의 차이를 설명하세요.

03 다음 그래프를 인접 행렬로 표현하세요.

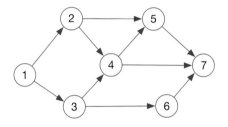

04 다음 그래프를 너비 우선 탐색하고 탐색 순서를 기록하세요.

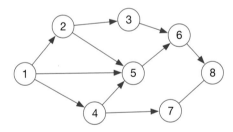

05 04번 문제의 그래프를 깊이 우선 탐색하고 탐색 순서를 기록하세요.

06 04의 그래프를 위상 정렬한 결과를 표현하세요.

Chapter 10

문자열 탐색

이제 '탐색'류의 알고리즘만 세 번째네요. 6장에서 다룬 탐색 알고리즘, 8장에서 다룬 해시 테이블은 데이터 그 자체를 빠르게 찾아내는 것에 목적이 있었지만, 이 장에서 다루는 문자열 탐색은 문자열 안에 존재하는 특정 단어를 빠르게 찾아내는 것에 목적이 있습니다.

얼핏 생각하면 문자열의 처음부터 끝까지 쭉 읽어나가면서 찾으려고 하는 단어와 일치하는 부분을 찾는 수밖에 없을 것 같지만, 컴퓨터 과학자들은 이 문제를 풀 수 있는 아주 우아한 방법을 많이 고안해냈습니다. 이 장에서는 그중에서도 가장 뛰어난 성능을 가졌다고 검증된 몇 가지만 선별해서 살펴보겠습니다.

학습목표

이 장의
핵심 개념

- 고지식한 탐색 알고리즘을 이해하고 구현합니다.

- 카프−라빈 알고리즘을 이해하고 구현합니다.

- KMP 알고리즘을 이해하고 구현합니다.

- 보이어−무어 알고리즘을 이해하고 구현합니다.

이 장의
학습 흐름

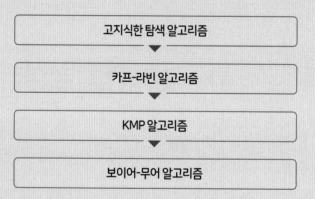

10.1 문자열 탐색 알고리즘의 개요

제가 컴퓨터를 쓸 때 Ctrl + C , Ctrl + V 와 더불어 가장 많이 사용하는 단축키는 Ctrl + F 입니다. 대부분의 앱에서 Ctrl + F 단축키는 현재 문서의 단어를 찾는 기능과 연결되어 있습니다. 예컨대 제가 VS Code로 코딩하다가 Ctrl + F 단축키를 누르면 다음 그림처럼 [탐색] 창이 나타납니다.

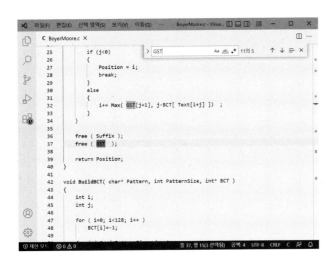

VS Code뿐이 아닙니다. 웹브라우저, MS 워드, E-Book 리더 등 문자열 데이터를 다루는 거의 모든 프로그램에서 단어 탐색 기능은 사실상 표준 기능이나 다름 없습니다. 이것은 곧 저나 여러분이 만들 프로그램에 문자열을 다루는 기능을 넣어야 한다면, 단어 탐색 기능도 같이 넣어야 욕을 먹지 않는다는 사실을 의미하기도 합니다.

문자열 탐색은 활용도가 높지만 한편으로는 그것을 구현하는 일은 독특한 재미로 프로그래머를 유혹하는 과업입니다. 그래서인지 많은 종류의 문자열 탐색 알고리즘이 개발되었는데요. 여기서는 그중 네 가지만 살펴보겠습니다.

> **! 여기서 잠깐** **이 장에서 사용할 용어를 소개합니다**
>
> • **본문** Text: 탐색 대상이 되는 문자열을 의미합니다.
> • **패턴** Pattern: 탐색어를 의미합니다.
> • **이동** Shift: 본문에서 탐색 위치를 옮기는 일입니다.

10.2 고지식한 탐색 알고리즘

고지식한 탐색^{Brute-Force Search}은 본문의 앞에서부터 끝까지 차근차근 탐색하는 알고리즘입니다. 다른 문자열 탐색 기법을 알아보기에 앞서 몸풀기를 한다는 마음으로 같이 공부해봅시다.

10.2.1 고지식한 탐색의 동작 방식

어쩌면 여러분은 10장의 제목을 보고 이런 생각을 했을 수도 있습니다.

"문자열 탐색? 알고리즘이라고 할 만한 것이 있나? 그냥 하면 되지"

머릿속에 바로 코드로 옮길 수 있을 정도로 구체적인 알고리즘을 떠올렸으니 문자열 탐색을 만만한 문제로 생각했겠지요? 아마도 그 알고리즘은 본문 문자열을 처음부터 끝까지 차례대로 순회하면서 패턴 내 문자들을 일일이 비교하는 방식으로 동작할 것이고요. 예를 들면 다음과 같이 말입니다.

본문은 'ABCABACDC', 패턴은 'BA'라고 가정해봅시다. 다시 말해, ABCABACDC 안에서 BA를 찾아보는 것이지요. 본문의 첫 번째 문자부터 패턴과 비교해보겠습니다. 본문의 첫 번째 문자는 A인데 패턴의 첫 번째 문자는 B입니다. 첫 번째 문자부터 서로 다르니 다음 문자는 비교할 필요도 없이 패턴이 일치하지 않는다는 사실을 알 수 있습니다. 이제 본문의 다음 문자로 이동합니다.

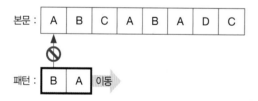

본문의 두 번째 문자로 이동했습니다. 이번에는 패턴의 첫 번째 문자와 현재 우리가 위치한 곳의 문자가 모두 B로 일치합니다. 그런데 다음 문자는 각각 C와 A로 일치하지 않습니다. 이번에도 패턴이 일치하지 않으니 본문의 다음 문자로 이동합니다.

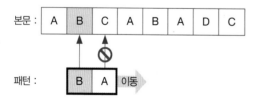

이제 본문의 세 번째 문자에 왔습니다. 이번에도 본문과 패턴의 첫 번째 문자가 서로 일치하지 않습니다. 본문의 다음 문자로 이동합니다.

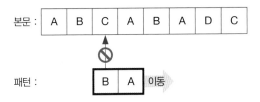

본문의 네 번째 문자는 A입니다. 패턴의 시작 문자인 B와는 다르기 때문에 지체없이 다음 문자로 이동합니다.

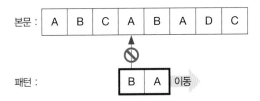

본문의 새 위치에 있는 문자는 B이고 패턴의 첫 번째 문자도 B입니다. 그리고 본문과 패턴의 두 번째 문자도 A로 일치합니다. 드디어 패턴과 일치하는 부분을 찾아냈습니다.

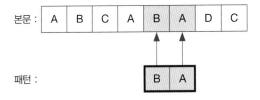

이 알고리즘은 마치 요령 부리지 않고 우직하게 일하는 일꾼처럼 동작합니다. 이러한 알고리즘을 가리켜 고지식한 탐색이라고 합니다. 고지식한 탐색은 본문 길이를 N, 패턴 길이를 M이라고 했을 때 본문 속에 있는 **패턴을 찾기 위해 최악의 경우 N×M번의 비교를 수행**합니다. 이런 알고리즘으로 문자열을 다루는 앱의 '찾기' 기능을 구현한다면 리뷰 테러를 당할지도 모릅니다.

10.2.2 고지식한 탐색 알고리즘 예제 프로그램

이제 고지식한 탐색을 예제 프로그램으로 구현해보겠습니다. 이 예제 프로그램은 본문을 담고 있는 파일과 패턴을 입력받아서 패턴과 일치하는 본문의 줄 번호와 열 번호를 출력합니다. 다시 말해, UNIX의 grep 유틸리티와 비슷한 기능을 구현하는 것입니다. 앞으로 10장에서 구현할 문자열 탐색 프로그램들은 모두 이 프로그램과 같은 기능을 가집니다. 물론 내부적으로 사용하는 알고리즘은 다르지만요.

BruteForce.h에 정의되어 있는 것처럼 고지식한 탐색을 수행하는 BruteForce( ) 함수는 매개 변수를 5개 받습니다. Text와 TextSize는 본문과 본문의 크기, Start는 탐색을 시작할 본문의 위치, Pattern과 PatternSize는 패턴과 패턴의 크기를 나타냅니다. 이 함수가 반환하는 값은 패턴과 일치하는 본문의 위치입니다. 본문에 패턴과 일치하는 부분이 없으면 이 함수는 −1을 반환합니다.

10장/BruteForce/BruteForce.h

```
1  #ifndef BRUTEFORCE_H
2  #define BRUTEFORCE_H
3
4  int BruteForce(char* Text, int TextSize, int Start,
5                 char* Pattern, int PatternSize );
6
7  #endif
```

BruteForce( ) 함수는 Text를 Start 위치에서 'TextSize − PatternSize' 위치까지 차례대로 순회합니다. 그리고 다시 PatternSize만큼 Pattern 내의 문자를 Text 내의 문자와 비교합니다. Text 내에 Pattern과 일치하는 부분이 있는지 확인하려고 말입니다. Text에서 Pattern과 일치하는 부분을 찾으면 그 위치를 반환하고 함수를 종료합니다.

10장/BruteForce/BruteForce.c

```
01  #include "BruteForce.h"
02
03  int BruteForce(char* Text, int TextSize, int Start,
04                 char* Pattern, int PatternSize )
05  {
06      int i = 0;
07      int j = 0;
08
```

```
09      for ( i=Start; i<=TextSize - PatternSize ; i++ )
10      {
11          for ( j=0; j<PatternSize; j++ )
12          {
13              if ( Text[i+j] != Pattern[j] )
14                  break;
15          }
16
17          if ( j >= PatternSize )
18              return i;
19      }
20
21      return -1;
22  }
```

> Text를 Start 위치부터 'TextSize - PatternSize' 위치까지 차례대로 순회
>
> PatternSize만큼 Pattern을 순회하며 Text와 Pattern 내 문자 비교

다음은 BruteForce( ) 함수를 테스트하는 Test_BruteForce.c의 내용입니다. main( ) 함수를 통해 파일 경로와 패턴을 입력받고, 파일을 열어 각 줄을 읽으면서 BruteForce( ) 함수를 호출하는 내용이 전부입니다.

10장/BruteForce/Test_BruteForce.c

```
01  #include <stdio.h>
02  #include <string.h>
03  #include "BruteForce.h"
04
05  #define MAX_BUFFER 512
06
07  int main(int argc, char** argv)
08  {
09      char* FilePath;
10      FILE* fp;
11
12      char  Text[MAX_BUFFER];
13      char* Pattern;
14      int   PatternSize = 0;
15      int   Line        = 0;
16
```

```
17        if ( argc < 3 )
18        {
19            printf("Usage: %s <FilePath> <Pattern>\n", argv[0] );
20            return 1;
21        }
22
23        FilePath = argv[1];•------------------    argv[1]은 본문이 들어 있는 파일의 경로,
24        Pattern  = argv[2];                        argv[2]는 패턴 문자열
25
26        PatternSize = strlen( Pattern );
27
28        if ( (fp = fopen( FilePath, "r")) == NULL )
29        {
30            printf("Cannot open file:%s\n", FilePath);
31            return 1;
32        }                                          파일을 처음부터 끝까지 한 줄씩 읽으며
33                                                   BruteForce( ) 함수 호출
34        while ( fgets( Text, MAX_BUFFER, fp ) != NULL )•----------
35        {
36            int Position =
37                BruteForce( Text, strlen(Text), 0, Pattern, PatternSize );
38
39            Line++;
40
41            if ( Position >= 0 )
42            {
43                printf("line:%d, column:%d : %s", Line, Position+1, Text);•----
44            }
45        }                                          
46                                                   패턴을 포함하는 현재 줄의 번호와
47        fclose( fp );                              열 번호, 내용 출력
48
49        return 0;
50  }
```

10장 디렉터리에 kjv.txt라는 파일을 넣어두었습니다. 킹제임스 버전 신구약 성경(노파심에 말씀드리지만 저는 종교가 없습니다)인데 크기는 4MB가 조금 넘고 31,103줄의 문자열 데이터로 구성되어 있습니다. 이 파일도 상당히 큰 것 같지만, 앞으로 구현할 알고리즘과의 성능 차이를 확인하려면

더 큰 파일을 이용하는 것이 좋습니다. 소스 코드를 컴파일하고 본문 kjv.txt와 패턴 Faithful을 매개 변수로 입력하여 실행해봅시다.

```
>BruteForce kjv.txt Faithful
line:17178, colum:9 : Prv27:6 Faihful are the wounds of a friend; but the kisses of
an enemy are deceitful.
line:29648, colum:9 : 1Th5:24 Faihful is he that calleth you, who also will do it.
line:31031, colum:97 : Rev19:11 And I saw heaven opened, and behold a white horse;
and he that sat upon him was called Faihful and True, and in righteousness he doth
judge and make war.
```

10.3 카프-라빈 알고리즘

리처드 카프[Richard M.Karp]와 마이클 라빈[Michael O. Rabin]은 튜링상을 수상한 천재들입니다. 이들이 이토록 천재적인 영감으로 가득한 문자열 탐색 알고리즘을 만든 것은 놀랄 일도 아니지요. 이 알고리즘의 핵심은 해싱에 있다고 해도 과언이 아닌데요. 이어서 이 알고리즘에서 해시를 어떻게 이용하는지 자세히 알아보겠습니다.

10.3.1 카프-라빈 알고리즘의 동작 방식

카프-라빈[Karp-Rabin] 알고리즘은 문자열 탐색을 위해 해시 함수를 이용합니다. 패턴 내의 문자들을 일일이 비교하는 대신 패턴의 해시값과 본문 내에 있는 하위 문자열의 해시값만 비교하는 방식으로 말이지요. 해시 함수는 다음과 같이 정의하겠습니다. S는 문자열이며 $S[n]$은 문자열 내의 n번째 문자, m은 문자열의 길이입니다.

$$H_i = S[i] \times 2^{m-1} + S[i+1] \times 2^{m-2} + \cdots + S[i+m-2] \times 2^1 + S[i+m-1] \times 2^0$$

해시값을 비교해서 탐색을 수행한다는 아이디어가 멋지기는 한데, 이 식을 자세히 보니 고지식한 탐색보다 나은 점이 별로 없는 것 같습니다. 문자열의 각 요소에 일일이 접근해서 수를 곱한 다음 덧셈까지 하는 '비용'을 더 지불하고 있으니까요. 오히려 고지식한 탐색 쪽의 연산이 더 적습니다. 이렇게 많은 연산을 거쳐 해시값을 비교하는 것보다 문자를 직접 비교하는 쪽이 차라리 더 저렴하지 않을까요? 도대체 이 함수 어디에 카프와 라빈의 천재적인 영감이 어렸다는 것일까요?

카프와 라빈의 천재적인 영감은 **해시 함수의 비용을 획기적으로 줄이는 방법**에 담겨 있습니다. 두 사람은 그 방법을 찾은 것이지요. 앞의 식을 조금 더 자세히 살펴보겠습니다. 패턴의 길이 m이 4일 때 $S[0...3]$의 해시값 H_0은 다음과 같습니다.

$$H_0 = S[0] \times 2^3 + S[1] \times 2^2 + S[2] \times 2^1 + S[3] \times 2^0$$

또한 $S[1...4]$의 해시값 H_1은 다음과 같습니다.

$$H_1 = S[1] \times 2^3 + S[2] \times 2^2 + S[3] \times 2^1 + S[4] \times 2^0$$

그리고 H_1은 다음과 같이 H_0을 이용하여 나타낼 수 있습니다.

$$\begin{aligned} H_1 &= S[1] \times 2^3 + S[2] \times 2^2 + S[3] \times 2^1 + S[4] \times 2^0 \\ &= 2(S[1] \times 2^2 + S[2] \times 2^1 + S[3] \times 2^0) + S[4] \times 2^0 \\ &= 2(S[0] \times 2^3 + S[1] \times 2^2 + S[2] \times 2^1 + S[3] \times 2^0 - S[0] \times 2^3) + S[4] \times 2^0 \\ &= 2(H_0 - S[0] \times 2^3) + S[4] \times 2^0 \end{aligned}$$

H_1을 앞 단계에서 계산해놓은 H_0과 $S[0]$(H_0에서 제거된 문자), $S[4]$(H_0에 새로 추가된 문자)만 이용해서 구할 수 있도록 식을 간추렸습니다. 원래의 해시 함수로는 비교할 때마다 매번 패턴 길이 m 만큼 문자에 접근해야 하지만, 새 해시 함수를 이용하면 2개의 문자에만 접근하면 됩니다. $S[i...i + m - 1]$의 새로운 해시 함수는 다음과 같이 정의할 수 있습니다.

$$\begin{aligned} H_i &= 2(H_{i-1} - S[i-1] \times 2^{m-1}) + S[i+m-1] \times 2^0 \\ &= 2(H_{i-1} - S[i-1] \times 2^{m-1}) + S[i+m-1] \end{aligned}$$

이 해시 함수라면 총 탐색 시간이 패턴 길이와 상관없이 본문 길이에만 영향을 받으므로 탐색 성능이 크게 향상됩니다. 다만 새 해시 함수는 i가 0일 때, 즉 이전 해시값을 미리 구해놓지 못하면 사용할 수 없으므로 최초의 해시값을 구할 때는 기존의 해시 함수를 사용해야 합니다.

논의할 거리가 한 가지 더 남아 있는데요. 최초의 해시 함수와 새 해시 함수 모두 문자열의 길이가 늘어나면 해시값도 같이 커진다는 문제가 있습니다. 하지만 다행히 큰 문제는 아닙니다. 해시값을 일정 범위 안에 가두기만 하면 해결되는 문제이기 때문입니다. 일정 범위 안에 들어오는 해시값을 구하기 위해 해시 함수 결과를 임의의 값으로 나눈 나머지를 해시값으로 사용하겠습니다. 이때 '임의의 값'을 q라고 하면 q가 들어간 해시 함수는 다음과 같습니다.

$$H_i = \begin{cases} (S[i] \times 2^{m-1} + S[i+1] \times 2^{m-2} + \cdots + S[i+m-2] \times 2^1 + S[i+m-1] \times 2^0) \bmod q, & i=0 \\ (2(H_{i-1} - S[i-1] \times 2^{m-1}) + S[i+m-1]) \bmod q, & i>0 \end{cases}$$

이제 이 해시 함수를 이용해서 문자열 탐색을 해보겠습니다. q의 값은 2,147,483,647(32비트 부호가 있는 정수의 최댓값)이고 본문과 패턴은 다음과 같습니다.

- 본문: ABACCEFABADD
- 패턴: CCEFA

패턴 길이 m은 5입니다. 먼저 패턴의 해시값과 본문[0···4]의 해시값을 구합시다. 패턴이나 본문[0···4] 모두 '이전 해시값'이 없으므로 다음 해시 함수를 이용해서 해시값을 계산해야 합니다.

$$S[i] \times 2^{m-1} + S[i+1] \times 2^{m-2} + \cdots + S[i+m-2] \times 2^1 + S[i+m-1] \times 2^0) \bmod q$$

패턴의 해시는 2089, 본문[0···4]의 해시는 2029로 계산되었습니다. 패턴과 본문[0···4]는 일치하지 않는다는 것이지요. 탐색을 계속하기 위해 본문의 탐색 위치를 오른쪽으로 한 칸 이동합니다.

$$2089 = (\text{'C'} \times 2^4 + \text{'C'} \times 2^3 + \text{'E'} \times 2^2 + \text{'F'} \times 2^1 + \text{'A'} \times 2^0) \bmod q$$

$$2029 = (\text{'A'} \times 2^4 + \text{'B'} \times 2^3 + \text{'A'} \times 2^2 + \text{'C'} \times 2^1 + \text{'C'} \times 2^0) \bmod q$$

처음 탐색을 시도했을 때와 달리 지금은 본문[0···4]의 해시값을 갖고 있습니다. 따라서 이제부터는 다음 해시 함수를 사용할 수 있습니다.

$$(2(H_{i-1} - S[i-1] \times 2^{m-1}) + S[i+m-1]) \bmod q,$$

본문[1···5]의 해시값을 본문[0···4]의 해시값과 새 해시 함수를 이용하여 계산하면 결과는 2047이므로 패턴의 해시값 2089와 일치하지 않습니다. 따라서 탐색 위치를 본문에서 오른쪽으로 한 칸 더 이동합니다.

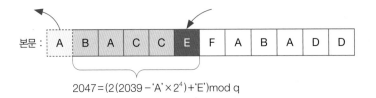

$$2047 = (2(2039 - 'A' \times 2^4) + 'E') \bmod q$$

이번에도 마찬가지로 앞 단계(본문[1…5])의 해시값을 이용해서 본문[2…6]의 해시값을 계산합니다. 2052는 우리가 찾는 값이 아니므로 다시 본문에서 오른쪽으로 한 칸 이동합니다.

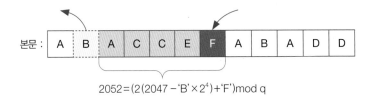

$$2052 = (2(2047 - 'B' \times 2^4) + 'F') \bmod q$$

본문[3…7]의 해시값은 패턴의 해시값과 같은 2089입니다. 드디어 우리가 찾으려 했던 패턴을 만났습니다.

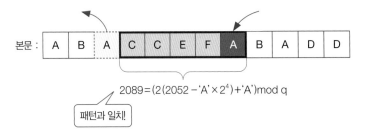

$$2089 = (2(2052 - 'A' \times 2^4) + 'A') \bmod q$$

패턴과 일치!

아직 끝나지 않았습니다! 패턴의 해시값과 일치하는 부분을 찾기는 했지만, 찾아낸 문자열이 패턴과 일치하는지는 증명되지 않았습니다. 카프–라빈 알고리즘이 해시 함수에 기반하고 있으므로 서로 다른 문자열에서 얻어낸 해시값이 동일한 경우(충돌)도 생길 수 있습니다. 다시 말해, 패턴의 해시값과 일치하는 문자열이라고 해서 패턴과 동일하다는 보장은 없다는 뜻입니다.

그래서 카프–라빈 알고리즘에서는 패턴과 일치하는 해시값을 가진 문자열을 본문에서 찾아낸 다음, 실제로 각 문자가 패턴의 문자와 일치하는지 한 차례 더 확인합니다. 물론 해시값이 다르다면 더 볼 것도 없지만 말이지요.

10.3.2 카프-라빈 알고리즘 예제 프로그램

카프-라빈 알고리즘을 구현하기 위해 3개의 함수를 정의하겠습니다. 패턴과 본문[0…m-1]의 해시값을 구하는 Hash() 함수, 본문[i…i+m-1]의 해시값을 구하는 Rehash() 함수, 카프-라빈 알고리즘 자체를 구현하는 KarpRabin() 함수입니다. 이 함수들은 다음과 같이 KarpRabin.h에 선언합니다.

10장/KarpRabin/KarpRabin.h

```
01   #ifndef KARPRABIN_H
02   #define KARPRABIN_H
03
04   int KarpRabin( char* Text, int TextSize, int Start,
05                  char* Pattern, int PatternSize );
06
07   int Hash( char* String, int Size );
08   int ReHash( char* String, int Start, int Size, int HashPrev, int Coefficient);
09   #endif
```

KarpRabin.c에서는 KarpRabin.h에서 선언한 함수 3개를 구현합니다. 먼저 Hash() 함수를 보면, $S[i] \times 2^{m-1} + S[i+1] \times 2^{m-2} + \ldots + S[i+m-2] \times 2^1 + S[i+m-1] \times 2^0) \bmod q$ 를 그대로 구현하고 있는 것을 알 수 있습니다. 그런데 무엇인가 빠져 있지요? q로 나눈 나머지를 반환해야 하는데 Hash() 함수는 나머지 연산 없이 그대로 반환하고 있습니다. 이렇게 처리하는 이유는 int의 최댓값을 q로 정해서 해시값이 q보다 더 커지는 경우 오버플로^{Overflow}된 값을 그대로 사용하면 되기 때문입니다. 그리고 연산 하나를 더 줄일 수도 있지요.

이것은 Rehash() 함수도 마찬가지입니다. 이 함수는 $(2(H_{i-1} - S[i-1] \times 2^{m-1}) + S[i+m-1]) \bmod q$를 구현하는데, q는 Hash() 함수처럼 int의 최댓값을 사용하므로 q로 나눈 나머지를 반환하는 부분이 생략되어 있습니다. 그런데 2^{m-1}의 자리에 Coefficient라는 변수가 앉아 있군요. 거듭제곱은 비용이 많이 소요되는 연산입니다. 게다가 한 패턴에 대해 2^{m-1}은 항상 같은 값을 가지므로 Rehash() 함수 안에서 매번 계산하는 것보다 밖에서 계산한 후 안으로 가져와 사용하는 것이 훨씬 경제적입니다. 그래서 2^{m-1} 대신 Coefficient 매개 변수를 받아들이는 것입니다.

KarpRabin() 함수는 앞에서 설명한 카프-라빈 알고리즘의 동작 과정을 그대로 따라 구현하고 있습니다. 이 함수는 구현이 간단하므로 설명을 생략하겠습니다.

```
01  #include "KarpRabin.h"
02  #include <stdio.h>
03  #include <math.h>
04
05  int KarpRabin(char* Text, int TextSize, int Start, char* Pattern, int PatternSize )
06  {
07      int i = 0;
08      int j = 0;
09      int Coefficient = pow( 2, PatternSize - 1 );
10      int HashText    = Hash( Text,    PatternSize );
11      int HashPattern = Hash( Pattern, PatternSize );
12
13      for ( i=Start; i<=TextSize - PatternSize; i++ )
14      {
15          HashText = ReHash( Text, i, PatternSize, HashText, Coefficient);
16
17          if ( HashPattern == HashText )
18          {
19              for ( j=0; j<PatternSize; j++ )
20              {
21                  if ( Text[i+j] != Pattern[j] )
22                      break;
23              }
24
25              if ( j >= PatternSize )
26                  return i;
27          }
28      }
29
30      return -1;
31  }
32
33  int Hash( char* String, int Size )
34  {
35      int i = 0;
36      int HashValue = 0;
37
38      for ( i=0; i<Size; i++ )
39      {
```

```
40          HashValue = String[i] + ( HashValue * 2 );
41      }
42
43      return HashValue;
44  }
45
46  int ReHash( char* String, int Start, int Size, int HashPrev, int Coefficient )
47  {
48      if ( Start == 0 )
49          return HashPrev;
50
51      return String[ Start + Size - 1] +
52              ( (HashPrev - Coefficient * String [Start-1] ) * 2 );
53  }
```

다음은 KarpRabin( ) 함수를 테스트하는 Test_KarpRabin.c입니다.

10장/KarpRabin/Test_KarpRabin.c

```
01  #include <stdio.h>
02  #include <string.h>
03  #include "KarpRabin.h"
04
05  #define MAX_BUFFER 512
06
07  int main(int argc, char** argv)
08  {
09      char* FilePath;
10      FILE* fp;
11
12      char  Text[MAX_BUFFER];
13      char* Pattern;
14      int   PatternSize = 0;
15      int   Line        = 0;
16
17      if ( argc < 3 )
18      {
19          printf("Usage: %s <FilePath> <Pattern>\n", argv[0] );
```

```
20          return 1;
21      }
22
23      FilePath = argv[1];
24      Pattern  = argv[2];
25
26      PatternSize = strlen( Pattern );
27
28      if ( (fp = fopen( FilePath, "r"))  == NULL )
29      {
30          printf("Cannot open file:%s\n", FilePath);
31          return 1;
32      }
33
34      while ( fgets( Text, MAX_BUFFER, fp ) != NULL )
35      {
36          int Position =
37              KarpRabin( Text, strlen(Text), 0, Pattern, PatternSize );
38
39          Line++;
40
41          if ( Position >= 0 )
42          {
43              printf("line:%d, column:%d : %s", Line, Position+1, Text);
44          }
45      }
46
47      fclose( fp );
48
49      return 0;
50  }
```

⊡ 실행 결과

>KarpRabin kjv.txt **Righteousness**
line:15287, colum:10 : Psa85:13 **Righteousness** shall go before him; and shall set us
in the way of his steps.
line:16756, colum:9 : Prv13:6 **Righteousness** keepeth him that is upright in the way:
but wickedness overthroweth the sinner.

```
line:16809, colum:10 : Prv14:34 Righteousness exalteth a nation: but sin is a
reproach to any people.
```

10.4 KMP 알고리즘

KMP $^{Knuth-Morris-Pratt}$ 알고리즘은 '고지식한 탐색'처럼 탐색 위치를 본문 왼쪽부터 시작해서 오른쪽으로 옮겨가며 문자를 직접 비교하는 방식으로 동작합니다. 하지만 요령을 눈곱만큼도 부리지 않는 고지식한 탐색과 달리, KMP 알고리즘은 비교할 필요 없는 부분은 지나치고 비교가 필요한 부분만 비교를 수행하는 똑똑한 알고리즘입니다.

도널드 크누스 $^{Donald Knuth}$와 제임스 모리스 $^{James Morris}$, 본 프랫 $^{Vaughan Pratt}$은 패턴과 본문 내 문자열을 한 차례 비교하고 나면, 다음 단계 탐색에서 사용할 수 있는 '어떤 정보'가 남으며 이 정보를 이용하면 불필요한 비교를 피할 수 있다는 사실을 알아냈습니다. KMP 알고리즘은 **이 '어떤 정보'가 무엇인지와 이 정보를 '어떻게 활용하는가'에 대한 것**입니다.

10.4.1 KMP 알고리즘의 동작 방식

어느 문자열이든 접두부 ^{Prefix}와 접미부 ^{Suffix}를 갖고 있습니다. 접두부는 문자열의 머리 부분을 뜻하고 접미부는 문자열의 꼬리 부분을 뜻합니다. 가령 **BAABABAA** 문자열에서 얻을 수 있는 접두부와 접미부는 다음과 같습니다. 이때 빈 문자열도 접두부와 접미부가 될 수 있습니다.

BAABABAA	
접두부	접미부
B	A
BA	AA
BAA	BAA
BAAB	ABAA
BAABA	BABAA
BAABAB	ABABAA
BAABABA	AABABAA

이제 이 문자열의 접두부와 접미부 목록을 차례대로 살펴봅시다. 같은 순서에서 일치하는 접두부와 접미부가 있습니까? 우선 빈 문자열이 일치하는군요. B와 A, BA와 AA는 일치하지 않고 그 아래에 있는 BAA는 일치합니다. 그 외에는 일치하는 접두부와 접미부가 보이지 않습니다.

KMP 알고리즘에서는 빈 문자열이나 BAA처럼 문자열에서 일치하는 접두부와 접미부 쌍을 가리켜 경계Border라고 합니다.

KMP 알고리즘은 이 경계를 활용해서 불필요한 문자 비교를 피합니다. 예를 들어 다음과 같은 본문과 패턴으로 탐색한다고 가정해봅시다.

- 본문: BAABAABAB
- 패턴: BAABAB

탐색을 시작해보면 본문과 패턴의 0~4번 문자열(BAABA)까지는 서로 일치합니다. 그런데 5번 문자에서 불일치가 발생합니다.

	0	1	2	3	4	5	6	7	8
본문 :	B	A	A	B	A	A	B	A	B
패턴 :	B	A	A	B	A	B			

불일치!

불일치가 발생하기 전까지 본문과 일치했던 패턴의 0~4번 문자열을 살펴봅시다. BAABA는 빈 문자열과 BA, 이렇게 2개의 경계를 갖고 있습니다. 다시 한번 이야기하지만, 경계는 **서로 일치하는 접두부와 접미부**입니다.

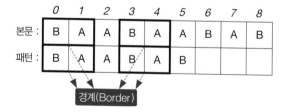

본문[0…4]와 패턴[0…4]는 서로 일치합니다. 이것은 곧 두 문자열의 경계가 서로 같다는 뜻인데, 본문[0…4]의 접미부는 패턴[0…4]의 접두부와 동일하다는 의미이기도 합니다. 따라서 패턴 전체를 오른쪽으로 쭉 밀어서 패턴의 접두부와 본문[0…4]의 접미부를 일치하게 만들어두면 곧바로 5번부터 비교를 재개할 수 있게 됩니다. 이때 패턴의 탐색 위치 이동 거리는 일치하는 부분 문자열 (BAABA)의 길이(5)에서 경계(BA)의 길이(2)를 뺀 값과 같습니다.

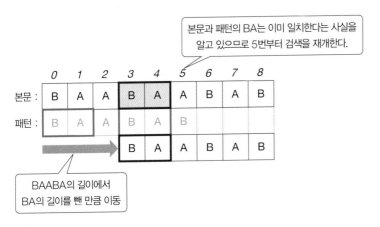

한번 생각해보세요. 이것이 고지식한 탐색이었다면 5번째 문자에서 불일치가 발견되더라도 다시 본문의 1번 문자(A)부터 탐색을 수행했을 것입니다. 하지만 KMP 알고리즘은 사전에 파악해둔 패턴의 경계를 이용해서 1번, 2번 문자를 뛰어넘어 3번 문자부터 탐색을 시작합니다.

따라서 KMP 알고리즘은 본문의 길이가 n일 때 최대 n번만큼만 비교를 수행하면 본문에서 패턴과 일치하는 문자열의 위치를 알아낼 수 있습니다.

10.4.2 경계 정보 사전 계산 방법

이제 여러분은 KMP 알고리즘이 본문과 패턴을 서로 비교하다가 불일치가 발생할 경우 경계가 있는지 살펴보고 그 경계를 이용해서 불필요한 비교를 피해간다는 사실을 이해했을 것입니다. 아울러 이런 의문도 함께 떠올렸겠지요.

"경계를 찾는 데 소요되는 비용은 공짜가 아닐 텐데?"

네, 당연히 탐색 중간에 매번 경계를 찾는다면 그 비용은 만만치 않게 늘어납니다. 그래서 KMP 알고리즘은 탐색을 수행하기 전에 미리 패턴으로부터 경계의 정보를 가진 테이블을 만듭니다. 지금부터는 그 테이블을 만드는 과정에 대해 설명하겠습니다.

예를 들어 설명하는 것이 좋겠네요. BAABABAA라는 패턴이 있고 이 패턴으로 탐색을 시도했을 때 첫 번째 문자부터 불일치가 일어난다고 가정해봅시다. KMP 알고리즘에서는 불일치가 일어난 위치 이전의 일치 접두부에서 최대 경계를 찾고, 이 경계의 너비를 이용해서 비교할 필요가 없는 탐색 위치를 건너뜁니다. 그런데 첫 번째 문자는 일치 접두부가 아예 존재하지 않습니다. 그래서 첫 번째 문자의 경계 너비는 항상 −1입니다. 왜 0이 아니냐고요? 0은 이전 접두부가 존재하지만 경계가 없을 때 경계의 너비로 사용하기 때문에 −1로 시작하는 것입니다.

일치 접두부의 길이	0	1	2	3	4	5	6	7	8
문자열	B	A	A	B	A	B	A	A	
일치 접두부의 최대 경계 너비	−1								

이번에는 첫 번째 문자가 일치하지만 두 번째(인덱스: 1) 문자에서 불일치가 발생한다고 가정해봅시다. 불일치가 일어난 두 번째 문자 앞에 있는 일치 접두부는 B 하나뿐입니다. 따라서 경계가 존재하지 않으므로 일치 접두부의 최대 경계 너비는 0이 됩니다. 세 번째(인덱스: 2) 문자는 어떻습니까? 역시 경계가 존재하지 않으므로 경계 너비는 0입니다. 네 번째(인덱스: 3) 문자도 마찬가지로 경계 너비가 0입니다.

일치 접두부의 길이	0	1	2	3	4	5	6	7	8
문자열	B	A	A	B	A	B	A	A	
일치 접두부의 최대 경계 너비	−1	0	0	0					

다섯 번째(인덱스: 4) 문자에서 불일치가 발생한 경우 일치 접두부는 BAAB이므로 최대 경계가 B 이며 너비는 1입니다. 여섯 번째(인덱스: 5) 문자의 일치 접두부 BAABA는 최대 경계가 BA로 너비가 2입니다. 이런 식으로 테이블을 완성해나가면 다음과 같은 결과를 얻을 수 있습니다.

일치 접두부의 길이	0	1	2	3	4	5	6	7	8
문자열	B	A	A	B	A	B	A	A	
일치 접두부의 최대 경계 너비	−1	0	0	0	1	2	1	2	

이제 보니 경계 테이블의 크기가 패턴 크기보다 1만큼 더 큽니다. 테이블의 마지막 칸은 본문 내 문자열이 패턴과 일치하지만 이어서 탐색을 계속하고자 할 때 사용합니다. 예를 들어 패턴 전체와 일치하는 부분을 찾았는데, 그 부분 뒤에 이어지는 본문의 문자가 패턴의 첫 번째 문자와 일치하지 않는 경우 이 경계의 너비값을 사용하게 됩니다. 그렇다면 마지막 칸을 채워봅시다. 일치 접두부는 BAABABAA이고 최대 경계는 BAA로 길이는 3입니다. 이 값을 기입하면 테이블이 완성됩니다.

일치 접두부의 길이	0	1	2	3	4	5	6	7	8
문자열	B	A	A	B	A	B	A	A	
일치 접두부의 최대 경계 너비	-1	0	0	0	1	2	1	2	3

구슬이 서 말이라도 꿰어야 보배라는 속담처럼, 경계 테이블을 만들어놓고 사용할 줄 모르면 지금까지 고생한 의미가 없겠지요? 탐색 위치의 이동 거리를 계산하기 위해 경계 테이블을 만들어뒀으니, 불일치가 발생했을 때 탐색 위치의 이동 거리는 다음 식을 이용하여 계산할 수 있습니다.

이동 거리 = 일치 접두부의 길이 − 최대 경계 너비

우리가 만들어둔 경계 테이블을 예로 들면, 본문과 패턴이 0~4번 문자까지는 일치하는데 5번 문자에서 불일치가 발생한 경우 패턴의 이동 거리는 5 − 2 = 3이 됩니다.

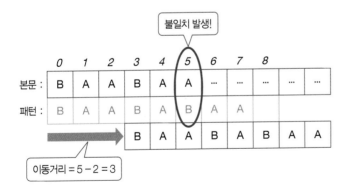

이 정도면 KMP 알고리즘을 구현하기 위해 알아야 할 내용은 다 파악한 것 같습니다. 이어서 KMP 알고리즘을 구현해보겠습니다.

10.4.3 KMP 알고리즘 예제 프로그램

이 예제 프로그램에서는 KMP 알고리즘을 2개의 함수로 나누어 구현합니다. 첫 번째는 탐색을 담당하는 KnuthMorrisPratt() 함수, 다른 하나는 최대 경계의 너비 보관용 테이블을 만드는 Preprocess() 함수입니다. 이 함수를 KnuthMorrisPratt.h에 다음과 같이 선언합니다.

```
10장/KnuthMorrisPratt/KnuthMorrisPratt.h

01  #ifndef KNUTHMORRISPRAT_H
02  #define KNUTHMORRISPRAT_H
03
04  #include <stdio.h>
05
06  int  KnuthMorrisPratt(char* Text, int TextSize, int Start,
07                      char* Pattern, int PatternSize );
08
09  void Preprocess( char* Pattern, int PatternSize, int* Border );
10
11  #endif
```

이 함수들을 구현해봅시다. 먼저 Preprocess() 함수를 볼까요? 이 함수는 세 가지 매개 변수를 받습니다. Pattern과 PatternSize는 패턴과 패턴의 크기를 나타내고 Border는 최대 경계 너비의 테이블을 가리키는 포인터입니다. Preprocess() 함수는 Border[0]을 -1로 지정하고 while 순환문에 진입합니다. 이 순환문 안에서 최대 경계의 너비를 찾아 Border[i]를 입력합니다.

KnuthMorrisPratt() 함수 구현도 상당히 간단합니다. 문자열을 순회하며 비교를 수행하다가 불일치 부분이 발견되면 패턴의 탐색 위치를 이동합니다.

```
10장/KnuthMorrisPratt/KnuthMorrisPratt.c

01  #include "KnuthMorrisPratt.h"
02  #include <stdlib.h>
03
04  void Preprocess( char* Pattern, int PatternSize, int* Border )
05  {
06      int i = 0;
```

```
07      int j = -1;
08
09      Border[0] = -1;
10
11      while ( i < PatternSize )
12      {
13          while ( j > -1 && Pattern[i] != Pattern[j] )
14              j = Border[j];
15
16          i++;
17          j++;
18
19          Border[i] = j;
20      }
21  }
22
23  int  KnuthMorrisPratt(char* Text, int TextSize, int Start,
24                        char* Pattern, int PatternSize )
25  {
26      int i = Start;
27      int j = 0;
28      int Position = -1;
29
30      int* Border = (int*)calloc( PatternSize + 1, sizeof( int ) );
31
32      Preprocess( Pattern, PatternSize, Border );
33
34      while ( i < TextSize )
35      {
36          while ( j >= 0 && Text[i] != Pattern[j] )
37              j = Border[j];
38
39          i++;
40          j++;
41
42          if ( j == PatternSize )
43          {
44              Position = i - j;
45              break;
46          }
```

```
47        }
48
49    free( Border );
50    return Position;
51 }
```

다음은 KnuthMorrisPratt( ) 함수를 테스트하는 Test_KnuthMorrisPratt.c 파일입니다. 파일 속
코드는 고지식한 탐색, 카프-라빈 알고리즘의 테스트 코드와 동일합니다.

10장/KnuthMorrisPratt/Test_KnuthMorrisPratt.c

```
01 #include <stdio.h>
02 #include <string.h>
03
04 #include "KnuthMorrisPratt.h"
05
06 #define MAX_BUFFER 512
07
08 int main(int argc, char** argv)
09 {
10     char* FilePath;
11     FILE* fp;
12
13     char  Text[MAX_BUFFER];
14     char* Pattern;
15     int   PatternSize = 0;
16     int   Line        = 0;
17
18     if ( argc < 3 )
19     {
20         printf("Usage: %s <FilePath> <Pattern>\n", argv[0] );
21         return 1;
22     }
23
24     FilePath = argv[1];
25     Pattern  = argv[2];
26
27     PatternSize = strlen( Pattern );
```

```
28
29      if ( (fp = fopen( FilePath, "r"))  == NULL )
30      {
31          printf("Cannot open file:%s\n", FilePath);
32          return 1;
33      }
34
35      while ( fgets( Text, MAX_BUFFER, fp ) != NULL )
36      {
37          int Position =
38              KnuthMorrisPratt( Text, strlen(Text), 0, Pattern, PatternSize );
39
40          Line++;
41
42          if ( Position >= 0 )
43          {
44              printf("line:%d, column:%d : %s", Line, Position+1, Text);
45          }
46      }
47
48      fclose( fp );
49
50      return 0;
51  }
```

📥 실행 결과

>KnuthMorrisPratt kjv.txt " **The Prince of Pleace** "
Line:17838, column:200 : Isa9:6 For unto us a child is born, unto us a son is given:
and government shall be upon his shoulder: and his name shall be called Wonderful,
Counsellor, The mighty God, The everlasting Father, **The Prince of Peace**.

10.5 보이어–무어 알고리즘

고지식한 탐색부터 KMP 알고리즘까지 우리가 살펴본 문자열 탐색 알고리즘은 모두 문자열의 왼쪽
부터 오른쪽으로 비교해나가는 방식이었습니다. 그러나 보이어–무어[Boyer-Moore] 알고리즘은 독특하

게도 문자열을 오른쪽에서 왼쪽으로 비교해나갑니다. 하지만 '이동'만큼은 왼쪽에서 오른쪽으로 이루어집니다. 이렇게 해서 탐색이 제대로 되겠냐고요? 여러분이 사용하고 있는 대부분의 프로그램이 이 알고리즘을 사용하고 있다고 말씀드리면 답변이 될까요?

보이어-무어 알고리즘에서 패턴의 오른쪽 끝에 있는 문자와 본문의 문자가 불일치하고 그 본문의 문자가 패턴 내에 존재하지 않는 경우 이동 거리는 무려 패턴의 길이와 같습니다. 다음 예처럼 오른쪽 끝 문자가 패턴 안에서 발견되지 않으면 패턴의 길이만큼 탐색 위치를 이동해서 비교를 재개합니다.

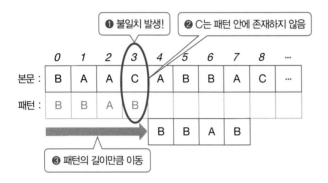

보이어-무어 알고리즘에는 크게 두 종류의 이동이 있습니다. 나쁜 문자 이동Bad Character Shift과 착한 접미부 이동Good Suffix Shift이 그것입니다. 완전히 반대 개념인 것처럼 이름이 붙여졌지만, 이 둘의 목적은 같습니다. 불일치가 발생한 경우 최대의 효율로 다음 탐색 위치로 이동하는 것이지요. 본문과 패턴을 비교했을 때 불일치가 발생하면 나쁜 문자 이동과 착한 접미부 이동 **모두를 검토해서 더 멀리 옮겨가는 이동 방법을 선택**하면 됩니다.

10.5.1 나쁜 문자 이동

나쁜 문자 이동Bad Character Shift이라는 말은 문자 이동Character Shift이 나쁘다Bad는 뜻이 아니라 나쁜 문자Bad Character를 이동Shift시킨다는 뜻입니다. 여기서 나쁜 문자는 본문과 패턴 사이를 이간질하는(본문과 패턴을 불일치하게 만드는) '본문의 문자'를 의미합니다.

나쁜 문자 이동은 다음 두 단계를 거칩니다.

❶ 본문과 패턴의 불일치가 발생하면 본문의 불일치한 문자와 같은 불일치 문자를 패턴에서 찾습니다.
❷ 찾아낸 패턴의 불일치 문자 위치가 본문의 불일치 문자 위치와 일치하도록 패턴을 이동시킵니다.

불일치 문자와 동일한 문자가 패턴 내에서 2개 이상 나오는 경우, 발견된 문자 중 가장 오른쪽에 있는 것을 본문의 불일치 문자에 맞추면 됩니다. 다음 그림을 보면 본문의 3번 문자는 B, 패턴의 3번 문자는 C이므로 서로 일치하지 않습니다. 따라서 불일치 문자 B를 패턴에서 찾습니다. B는 패턴의 0, 1번에서 각각 발견됩니다. 발견된 문자 중 1번에 있는 B가 가장 오른쪽에 있으므로 이 B를 본문의 불일치 문자 위치와 일치하도록 패턴을 이동시킵니다.

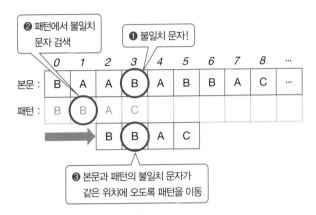

한편 나쁜 문자 이동이 실패하는 경우도 있습니다. 다음 그림을 보면 불일치 문자는 A인데 패턴에서 A를 찾으면 0, 2번 위치에서 나타납니다. 그런데 2가 가장 오른쪽에 있으므로 이것을 본문의 불일치 문자에 맞추기 위해 패턴을 이동시키면 패턴은 오른쪽이 아니라 왼쪽으로 이동합니다. 즉, 마이너스 방향으로 이동하는 것이지요.

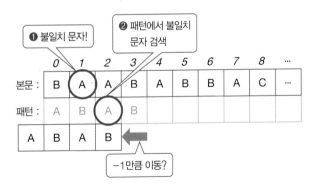

이때 사용할 수 있는 방법이 바로 '착한 접미부 이동'입니다. 이에 대해서는 다음 부분에서 계속 설명하겠습니다.

10.5.2 착한 접미부 이동

보이어–무어 알고리즘은 본문과 패턴을 비교할 때 패턴의 오른쪽부터 시작하므로 패턴에는 본문과
일치하는 접미부가 나타납니다. 이렇게 일치하는 접미부를 착한 접미부Good Suffix라고 부릅니다. 보
이어와 무어는 재미있는 사람들입니다. 불일치 문자는 '나쁜' 문자, 일치하는 접미부는 '착한' 접미부
라고 표현했다니 말입니다. 여하튼 착한 접미부 이동Good Suffix Shift을 사용하는 경우는 다음과 같이 두
가지로 나눌 수 있습니다.

첫 번째 경우

첫 번째 경우는 불일치가 발생한 상황에서 본문의 착한 접미부와 동일한 문자열이 패턴의 나머지 부
분에 존재할 때입니다. 다음 그림을 보면 본문과 패턴 비교를 오른쪽에서부터 시작했는데 3번에서
본문의 B와 패턴의 A가 불일치합니다. 그래서 착한(동일한) 접미부 AB를 패턴의 나머지 부분에서
찾고 이렇게 찾아낸 부분이 본문의 착한 접미부 위치와 일치하도록 패턴을 이동시켰습니다.

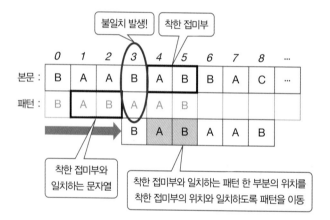

두 번째 경우

첫 번째 경우를 만족하지 않는다면 다음으로 '착한 접미부의 접미부'가 패턴의 접두부와 일치하는지
따져봐야 합니다. 접미부와 일치하는 접두부는 KMP의 경계와 비슷한 개념처럼 보이지요? 아무튼
이 경우에는 착한 접미부 전체가 아닌 '착한 접미부의 접미부'와 일치하는 패턴의 접두부가 동일한
위치에 놓이도록 패턴을 이동시키면 됩니다. 다음 그림을 보면 착한 접미부가 AAB인데 패턴의 나
머지 부분에서 이와 같은 문자열을 찾을 수 없습니다.

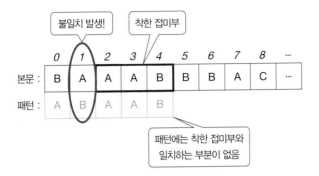

그런데 착한 접미부의 접미부 AB는 패턴의 접두부와 일치합니다. 이제 패턴의 접두부가 착한 접미부의 접미부에 일치하도록 다음과 같이 패턴을 이동시킵니다.

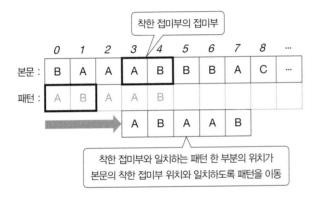

이렇게 해서 착한 접미부 이동을 사용할 수 있는 두 가지 경우를 모두 알아봤습니다. 혹시 나쁜 문자 이동과 착한 접미부 이동을 공부하면서 '이런 이동을 하려면 사전에 가공된 정보가 필요하겠군'이라는 생각이 들지 않았습니까? 다음에는 나쁜 문자 이동과 착한 접미부 이동을 위한 테이블을 만드는 과정에 대해 알아보겠습니다.

NOTE 첫 번째 경우와 두 번째 경우에 모두 해당하지 않으면 패턴의 전체 길이만큼 탐색 위치를 오른쪽으로 이동시키면 됩니다.

10.5.3 보이어-무어 알고리즘의 전처리 과정

이번에는 보이어-무어 알고리즘에서 이동에 활용하는 두 가지 테이블, '나쁜 문자 이동 테이블'과 '착한 접미부 이동 테이블'을 생성하는 방법에 관해 알아보겠습니다.

나쁜 문자 이동 테이블 만들기

나쁜 문자 이동 테이블을 만드는 과정은 상대적으로 간단합니다. 먼저 모든 문자를 입력할 수 있는 크기의 테이블을 하나 준비하고, 패턴을 왼쪽에서 오른쪽으로 읽어나가면서 패턴에 있는 각 문자의 위치를 테이블에 기록하면 됩니다. 이렇게 하면 패턴 안에 한 문자가 여러 번 나타나도 가장 마지막에 등장한 문자의 위치만 테이블에 남습니다.

다음 그림을 살펴봅시다. 테이블을 만들고 모든 요소를 −1로 초기화합니다. 그리고 패턴 ABAAB에 등장한 문자 A와 B의 위치를 이 테이블에 기록합니다. 패턴 ABAAB에서 A는 0, 2, 3번에 위치하지만 테이블에는 가장 오른쪽에 있는 3을 입력하고, B 역시 1, 4번에 위치하지만 가장 오른쪽인 4를 테이블에 입력합니다(65, 66, 67, 68은 ASCII 코드로 'A', 'B', 'C', 'D'입니다).

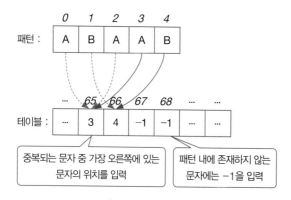

테이블에 입력된 위치는 불일치가 발생했을 때의 이동 거리가 됩니다.

착한 접미부 이동 테이블 만들기

이제 착한 접미부 이동 테이블을 만들어봅시다. 우리는 패턴으로부터 접미부의 이동 거리를 미리 계산해서 테이블에 기록해두고 불일치가 일어났을 때 미리 계산해둔 착한 접미부의 이동 거리만큼 바로 점프할 수 있도록 할 것입니다. 앞에서 착한 접미부 이동을 하는 경우가 두 가지라고 했는데요. 착한 접미부 이동 테이블도 두 가지 경우를 모두 고려하여 구축합니다.

착한 접미부 이동을 하는 첫 번째 경우는 다음 그림과 같이 불일치가 일어났을 때 착한 접미부가 패턴의 불일치 지점 이전에 존재하는 경우입니다.

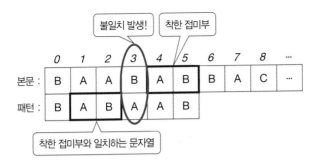

착한 접미부와 일치하는 문자열

이런 경우에 대해 착한 접미부 이동 테이블을 만드는 과정은 다음과 같습니다. 우선 패턴의 길이 +1 크기의 테이블을 준비합니다. 그다음에는 패턴을 오른쪽에서 왼쪽으로 읽으면서 나타나는 접미부 X 에 대해 이 접미부를 경계로 가진 패턴 내 가장 큰 하위 문자열 Y를 찾습니다. 가장 큰 하위 문자열 을 찾았으면 **X의 시작 위치 − Y의 시작 위치**를 이동 거리로 입력합니다.

그런데 만약 접미부 X가 다른 문자열과 경계를 이룰 수 없거나(예를 들어 접미부의 길이가 패턴 길 이의 1/2을 초과하는 경우), 경계가 되더라도 왼쪽 방향으로 확장해서 더 큰 경계가 될 수 있는 경 우에는 이동 거리 항목을 비워둡니다. 비어 있음을 나타낼 때는 이동 거리 항목에 0을 기입합니다. 이렇게 비워둔 이동 거리는 두 번째 경우를 다루면서 채우게 됩니다.

예시로 AABABA라는 패턴으로부터 착한 접미부 이동 테이블을 만들어보겠습니다. 먼저 빈 접미부 ('')는 경계를 가질 수 없으므로 '접미부의 가장 넓은 경계의 시작 위치'는 패턴 길이 6에 1을 더한 7이 됩니다. 그리고 접미부가 빈 문자열이라는 사실은 일치하는 부분이 전혀 없다는 의미이므로 이 동 거리에 1을 기입합니다.

접미부의 시작 위치	0	1	2	3	4	5	6
문자열	A	A	B	A	B	A	
접미부의 가장 넓은 경계의 시작 위치							7
이동 거리							1

왼쪽으로 한 칸 이동해서 다섯 번째 문자 A를 보면, A를 경계로 가진 접미부가 ABA, ABABA, AABABA 세 가지입니다. AABABA는 패턴의 시작 부분을 포함하고 있으므로 선택 대상에서 제 외합니다. 패턴의 시작 부분은 두 번째 경우에서 다루기 때문입니다. 남은 후보는 ABA와 ABABA 인데 이 중에서 더 큰 길이를 가진 ABABA를 선택합니다. 이제 이동 거리를 구해봅시다. 접미부 ABABA의 시작 위치는 1, 접미부 A의 시작 위치는 5이므로 이동 거리는 5 − 1 = 4입니다. 테이블

의 5번 열 이동 거리에 이 값을 입력합니다. 그리고 접미부 A 자체는 경계를 갖고 있지 않으므로 '접미부의 가장 넓은 경계의 시작 위치'에 패턴 길이 6을 그대로 입력합니다.

접미부의 시작 위치	0	1	2	3	4	5	6
문자열	A	A	B	A	B	A	
접미부의 가장 넓은 경계의 시작 위치						6	7
이동 거리						4	1

이제 한 칸 더 왼쪽으로 이동하여 4에서 시작하는 접미부 BA를 볼 차례입니다. BA를 경계로 갖는 다른 접미부는 BABA인데 BABA는 왼쪽 방향으로 확장 가능합니다. BABA에서 왼쪽으로 한 칸 더 이동하면 ABABA가 나옵니다. ABABA는 BA를 왼쪽으로 한 칸 확장한 ABA가 경계이기 때문입니다. 따라서 BA의 이동 거리는 0으로 입력합니다. BA 역시 경계를 갖고 있지 않으므로 이번에도 '접미부의 가장 넓은 경계의 시작 위치'에 패턴 길이 6을 그대로 입력합니다.

한 칸 더 이동해보겠습니다. 이번에는 ABA인데 조금 전에 이야기한 것처럼 ABA를 경계로 갖는 최대 접미부는 ABABA입니다. ABABA와 ABA는 왼쪽으로 확장할 수도 없기 때문에 이동에 활용할 수 있습니다. 현재 위치 3에서 ABABA의 시작 위치 1을 뺀 값 2를 테이블에 입력합니다. 접미부 ABA는 A가 가장 넓은 경계이므로 '접미부의 가장 넓은 경계의 시작 위치'에 A의 위치 5를 그대로 입력합니다.

나머지 접미부(BABA, ABABA, AABABA)는 길이가 원래 문자열 길이의 1/2보다 크기 때문에 경계가 될 수 없습니다. 이들의 이동 거리는 모두 0으로 채웁니다. BABA의 가장 넓은 경계는 BA, ABABA의 가장 넓은 경계는 ABA, AABABA의 가장 넓은 경계는 A이므로 이들의 시작 위치를 각각 기입하면 4, 3, 5가 됩니다.

접미부의 시작 위치	0	1	2	3	4	5	6
문자열	A	A	B	A	B	A	
접미부의 가장 넓은 경계의 시작 위치	5	3	4	5	6	6	7
이동 거리	0	0	0	2	0	4	1

이제 두 번째 경우를 다룰 차례입니다. 두 번째 경우에는 접미부의 가장 넓은 경계의 시작 위치가 곧 이동 거리입니다. 첫 번째 경우에 대한 이동 거리는 이미 처리했으므로 이제 테이블 내에서 이동 거리가 0인 항목에 대해서만 처리하면 됩니다.

접미부의 가장 넓은 경계의 시작 위치를 이동 거리로 입력할 때의 규칙은 다음과 같습니다.

- ❶ 첫 '접미부의 가장 넓은 경계의 시작 위치'를 이동 거리로 입력한다(앞의 예제에서는 5)
- ❷ 경계의 너비보다 접미부가 짧아지기 전까지 나타나는 모든 경계는 동일한 이동 거리를 입력한다.
- ❸ 경계의 너비보다 접미부가 짧아지면 '접미부의 시작 위치 − 1'에 있는 '접미부의 가장 넓은 경계의 시작 위치'를 이동 거리로 입력한다.

패턴을 왼쪽부터 읽으면서 각 경계의 이동 거리를 입력해보겠습니다. 먼저 첫 번째 가장 넓은 경계의 시작 위치가 5이므로 A(테이블[0])의 이동 거리를 5로 입력합니다. 이 이동 거리는 경계의 길이가 5가 되기 전까지 계속 사용합니다. AA(테이블[1]), AAB(테이블[2]), AABAB(테이블[4]) 모두 5를 입력합니다.

접미부의 시작 위치	0	1	2	3	4	5	6
문자열	A	A	B	A	B	A	
접미부의 가장 넓은 경계의 시작 위치	5	3	4	5	6	6	7
이동 거리	5	5	5	2	5	4	1

테이블[6] 이후에는 이동 거리가 6으로 변경됩니다. 가장 넓은 경계의 시작 위치[5]가 6이기 때문입니다. 하지만 이 예제 테이블에는 이동 거리가 0으로 남아 있는 곳이 없으므로 이것으로 처리가 완료됩니다.

10.5.4 보이어−무어 알고리즘 예제 프로그램

이제 보이어−무어 알고리즘을 이용한 문자열 탐색 프로그램을 만들어봅시다. 이 예제 프로그램도 3개의 파일로 이루어집니다. BoyerMoore.h와 BoyerMoore.c에서는 보이어−무어 알고리즘을 구현하고 Test_BoyerMoore.c에서는 이들을 테스트하는 코드를 담습니다.

BoyerMoore.h와 BoyerMoore.c에서 정의된 함수 중 BoyerMoore( )는 이름이 나타내는 것처럼 보이어−무어 알고리즘 그 자체를 구현하고 있으며 문자열 탐색을 수행합니다. 이 함수의 시작 부분에서 BuildBCT( ) 함수와 BuildGST( ) 함수를 호출하는데, 이들은 각각 나쁜 문자 이동 테이블과 착한 접두부 이동 테이블을 만드는 역할을 합니다. 한편 보이어−무어 알고리즘에서는 문자열을 오른쪽에서 왼쪽으로 비교해나가다가 불일치가 발생하면 나쁜 문자 이동 거리와 착한 접두부 이동 거리 중 더 멀리 옮겨나가는 것을 선택한다고 앞에서 이야기했었는데요. Max( )는 더 큰 이동 거리를 얻기 위해 사용하는 함수입니다.

10장/BoyreMoore/BoyreMoore.h

```
01  #ifndef BOYERMOORE_H
02  #define BOYERMOORE_H
03
04  #include <stdio.h>
05
06  int  BoyerMoore(char* Text, int TextSize, int Start,
07                  char* Pattern, int PatternSize );
08
09  void BuildGST( char* Pattern, int PatternSize, int* Suffix, int* GST );
10  void BuildBCT( char* Pattern, int PatternSize, int* BST );
11
12  int  Max( int A, int B);
13
14  #endif
```

10장/BoyreMoore/BoyreMoore.c

```
01  #include "BoyerMoore.h"
02  #include <stdlib.h>
03
04  int  BoyerMoore(char* Text, int TextSize, int Start,
05                  char* Pattern, int PatternSize )
06  {
07      int BadCharTable[128];•          나쁜 문자열 테이블        착한 접미부 테이블
08      int* GoodSuffTable  = (int*)calloc( PatternSize + 1, sizeof( int ) );•
09      int* PosOfBorder = (int*)calloc( PatternSize + 1, sizeof( int ) );•
10      int i = Start;                   접미부의 가장 넓은 경계의 시작 위치
11      int j = 0;
12
13      int Position = -1;
14
15      BuildBST( Pattern, PatternSize, BadCharTable );
16      BuildGST( Pattern, PatternSize, PosOfBorder, GoodSuffTable );
```

```
17
18      while (i <= TextSize - PatternSize)
19      {
20          j = PatternSize - 1;
21
22          while ( j >= 0 && Pattern[j] == Text[i+j] )
23              j--;
24
25          if (j<0)
26          {
27              Position = i;
28              break;
29          }
30          else
31          {
32              i+= Max( GoodSuffTable[j+1], j-BadCharTable[ Text[i+j] ]) ;
33          }
34      }
35
36      free ( PosOfBorder );
37      free ( GoodSuffTable  );
38
39      return Position;
40  }
41
42  void BuildBST( char* Pattern, int PatternSize, int* BadCharTable )
43  {
44      int i;
45      int j;
46
47      for ( i=0; i<128; i++ )
48          BadCharTable[i]=-1;
49
50      for ( j=0; j<PatternSize; j++ )
51          BadCharTable[ Pattern[j] ]=j;
52  }
53
54  void BuildGST( char* Pattern, int PatternSize, int* PosOfBorder,
                    int* GoodSuffTable )
55  {
```

```
56          // Case 1
57          int i = PatternSize;
58          int j = PatternSize + 1;
59
60          PosOfBorder[i]=j;
61
62          while (i>0)●----------------------------------●[ 패턴의 길이만큼 반복 ]
63          {
64              while (j<=PatternSize && Pattern[i-1] != Pattern[j-1])●--[ 패턴에서 경계 찾기 ]
65              {
66                  if ( GoodSuffTable[j] == 0 )
67                      GoodSuffTable[j]=j-i;
68
69                  j=PosOfBorder[j];
70              }
71
72              i--;
73              j--;
74
75              PosOfBorder[i] = j;●----------------●[ 찾아낸 경계의 시작점 저장 ]
76          }
77
78          // Case 2
79          j = PosOfBorder[0];
80
81          for ( i = 0; i <= PatternSize; i++ )
82          {
83              if ( GoodSuffTable[i] == 0 )
84                  GoodSuffTable[i] = j;●----●[ 이동 거리가 0인 항목에 대해서만 첫 '접미부의
85                                              가장 넓은 경계의 시작 위치' 입력(79행 참조) ]
86              if ( i == j )
87                  j = PosOfBorder[j];
88          }
89      }
90
91  int  Max( int A, int B )
92  {
93      if ( A > B )
94          return A;
95      else
```

```
96        return B;
97  }
```

```
01  #include <stdio.h>
02  #include <string.h>
03
04  #include "BoyerMoore.h"
05
06  #define MAX_BUFFER 512
07
08  int main(int argc, char** argv)
09  {
10      char* FilePath;
11      FILE* fp;
12
13      char   Text[MAX_BUFFER];
14      char*  Pattern;
15      int    PatternSize = 0;
16      int    Line        = 0;
17
18      if ( argc < 3 )
19      {
20          printf("Usage: %s <FilePath> <Pattern>\n", argv[0] );
21          return 1;
22      }
23
24      FilePath = argv[1];
25      Pattern  = argv[2];
26
27      PatternSize = strlen( Pattern );
28
29      if ( (fp = fopen( FilePath, "r")) == NULL )
30      {
31          printf("Cannot open file:%s\n", FilePath);
32          return 1;
33      }
```

```
34
35     while ( fgets( Text, MAX_BUFFER, fp ) != NULL )
36     {
37         int Position =
38             BoyerMoore( Text, strlen(Text), 0, Pattern, PatternSize );
39
40         Line++;
41
42         if ( Position >= 0 )
43         {
44             printf("line:%d, column:%d : %s", Line, Position+1, Text);
45         }
46     }
47
48     fclose( fp );
49
50     return 0;
51 }
```

▷ 실행 결과

```
> BoyerMoore kjv.txt "Get wisdom"
line:16498, column:8 : Prv4:5 Get wisdom, get understanding: forget it not; neither
decline from the words of my mouth.
```

01 KMP 알고리즘의 예제 프로그램에서 KnuthMorrisPratt() 함수는 Preprocess() 함수를 호출합니다. KnuthMorrisPratt() 함수가 10번 호출되면 Preprocess() 함수도 10번 호출되지요. 이 구조라면 여러 개의 본문에서 하나의 패턴을 탐색하게 할 경우 Preprocess() 성능을 저하시키는 병목이 되어버립니다. Preprocess()가 병목으로 되지 않게 하려면 어떻게 해야 할까요?

02 패턴 'CDADA'에 대해 보이어−무어 알고리즘의 나쁜 문자 이동 테이블과 착한 접미부 이동 테이블을 만드세요.

03 02번에서 만든 테이블과 보이어−무어 알고리즘을 이용하여 본문 'ADCDADACCB'에서 패턴 'CDADA'를 찾으세요. 그리고 그 탐색 과정도 적어보세요.

04 01번 문제에 대한 해결책을 찾았습니까? 이런, 보이어−무어 알고리즘의 예제 프로그램에서도 같은 문제가 발견됐습니다. 여러 개의 본문에서 하나의 패턴을 탐색해야 하는 경우에도 BuildBCT() 함수와 BuildGCT() 함수가 병목으로 되지 않게 개선해주세요.

Part

03

알고리즘
설계 기법

10장까지 배운 내용을 바탕으로 여러분만의 알고리즘을 만들었다고 가정해봅
시다. 이 알고리즘으로 프로그램을 만들기 전에 알고리즘의 성능을 미리 알면
얼마나 좋을까요? 또한 보편적인 상황별로 적용할 수 있는 알고리즘 설계 기법
을 알면 또 얼마나 좋을까요? 성능 분석 방법과 설계 기법을 미리 알아두면 프
로그램에 맞지 않는 알고리즘을 재설계하는 시간을 아껴 더 좋은 프로그램을
만드는 일에 집중할 수 있으니까요. 3부에서는 알고리즘 성능 분석 방법과 4가
지 알고리즘 설계 기법에 대해 설명합니다.

11

알고리즘 성능 분석

여러분이 수소전지 자동차를 개발했다고 가정해봅시다. 이 자동차는 강력한 전기모터, 시저 도어, 첨단 오디오 등을 탑재하고 있어 뛰어난 성능을 자랑합니다. 그런데 계기판 디스플레이가 없다는 것이 유일한 흠입니다. 이 차를 운전하는 사람들은 어떤 기분이 들까요? 아마도 현재 속도와 같은 정보가 전혀 없기 때문에 차량의 성능은 느끼지 못하고 갑갑한 기분만 들 것입니다.

여러분도 혹시 지금까지 공부해오면서 알고리즘의 성능을 몰라 갑갑하지 않았나요? 이번 장에서는 알고리즘 성능 측정 기준과 방법을 알아보고 퀵 정렬 알고리즘의 성능을 분석해봅니다.

학습목표

✔
이 장의
핵심 개념

- 5가지 알고리즘 성능 측정 기준을 이해합니다.

- 알고리즘 수행 시간의 개념을 이해합니다.

- 점근 표기법을 이해합니다.

- 마스터 정리를 이해합니다.

✔
이 장의
학습 흐름

5가지 알고리즘 성능 측정 기준
▼
| 알고리즘 수행 시간 분석 |
▼
| 점근 표기법 |
▼
| O 표기법 |
▼
| Ω 표기법 |
▼
| Θ 표기법 |
▼
| 재귀 알고리즘의 성능 분석 |

11.1 알고리즘 성능 측정 기준과 수행 시간

여러분은 어떤 기준으로 컴퓨터를 선택하나요? 어떤 분에게는 사과 모양 로고가 양보할 수 없는 필수 조건일 수 있고, 어떤 분에게는 하드웨어 스펙이 중요한 기준이 될 수 있습니다. 또 주머니 사정이 여의치 않은 대부분의 학생에게는 가격이 중요한 기준이 되겠지요. 컴퓨터 제조사는 가격, 성능, 브랜드 이미지 등 여러 가지 요소가 균형을 이루는 제품을 출시하므로 컴퓨터를 고르기가 여간 어려운 일이 아닙니다.

하지만 알고리즘은 훨씬 쉽습니다. 성능 측정 기준이 명확할 뿐 아니라 대부분의 경우 한 가지 기준이 압도적으로 많이 사용되기 때문입니다. 그게 어떤 것이냐고요? 지금부터 함께 알아보겠습니다.

11.1.1 알고리즘 성능 측정 기준

우리는 지금까지 몇 가지 자료구조와 알고리즘을 익혔으며 이들을 이용하여 다양한 문제를 풀어 왔습니다. 예를 들면 '어떻게 데이터를 정렬할 수 있을까?', '어떻게 그래프에서 정점 간의 최소 경로를 찾을 수 있을까?'와 같은 문제 말입니다.

이런 문제에는 '정답'이 없습니다. '어떻게 데이터를 정렬할 수 있을까?'라는 문제에 대한 답은 버블 정렬, 삽입 정렬, 퀵 정렬이나 그 밖의 정렬 알고리즘을 사용하면 됩니다. 하지만 이 알고리즘들이 똑같이 좋다고는 할 수 없습니다. 분명 어떤 알고리즘은 우월하고 어떤 알고리즘은 열등합니다. '정렬 속도'를 기준으로 삼는다면 이 문제에 대해서는 퀵 정렬 사용이 우리가 알고 있는 한 가장 좋은 답일 것입니다.

저장된 데이터에 빠르게 접근할 수 있게 도와주는 자료구조를 꼽으라면 이진 탐색 트리와 해시 테이블을 들 수 있습니다. 메모리 사용량 면에서는 이진 탐색 트리가, 속도 면에서는 해시 테이블이 더 우수합니다. 알고리즘의 우수함을 가리는 기준은 여러 가지가 있을 수 있으나, 다음 5가지가 대표적인 측정 기준으로 꼽힙니다.

❶ **정확성:** 정확하게 동작하는가?

❷ **작업량:** 얼마나 적은 연산을 수행하는가?

❸ **메모리 사용량:** 얼마나 적은 메모리를 사용하는가?

❹ **단순성:** 얼마나 단순한가?

❺ **최적성:** 더 이상 개선할 여지가 없을 만큼 최적화되어 있는가?

이 기준들에 대해 잠깐 이야기해볼까요?

정확성은 알고리즘이 입력값에 대해 정해진 절차를 수행하여 결과적으로 정확한 출력을 제공하는가를 가리키는 기준입니다. 알고리즘이 겉보기에 그럴듯해 보여도 정확한 결과를 만들어내지 못한다면 아무 쓸모가 없을 것입니다.

작업량은 요구되는 기능을 수행하기 위해 알고리즘이 수행해야 하는 작업의 양이 얼마나 되는가를 가리키는 기준입니다. 예를 들어 '버블 정렬은 정렬을 수행하기 위해 비교 연산을 몇 번 수행하는가?'라는 질문에서는 '비교 횟수'가, '이진 탐색 트리에서 목표값을 찾기 위해 몇 개의 노드를 거쳐야 하는가?'라는 질문에서는 '거치는 노드의 개수'가 작업량입니다.

메모리 사용량은 말 그대로 해당 알고리즘이 작업을 수행할 때 사용해야 하는 메모리의 양을 의미합니다. 요즘에는 메모리가 상대적으로 풍부해졌기 때문에 프로그래머들이 메모리 사용량에 대해서는 많이 관대해진 경향이 있지만, 알고리즘 성능을 따질 때 메모리 사용량은 여전히 중요한 기준입니다.

단순성 역시 중요한 요소입니다. 아인슈타인의 말을 빌리면, 모든 것은 더 이상 단순화할 수 없을 때까지 단순화해야 합니다. 복잡한 알고리즘은 분석하기 어렵고 분석하기 어려운 알고리즘은 개선하기도 어렵습니다. 정확성에 문제가 있어도 고치기가 어렵지요. 이진 탐색이나 퀵 정렬을 생각해보세요. 이들은 빠르면서도 메모리 사용량이 적은 알고리즘입니다. 이러한 알고리즘은 예술이라 부를 만합니다.

최적성은 알고리즘에 더 이상 개선할 부분이 없을 정도로 최적화되어 있는가를 가리키는 기준입니다. 실망할 수도 있겠지만 이 책에서 소개한 대부분의 알고리즘은 최적화되어 있지 않습니다. 이 책의 목적은 알고리즘의 기본 개념 소개인데, 최적화를 거친 알고리즘들은 이해하기 어렵기 때문입니다. 최적의 성능을 위해서는 개선 가능한 모든 요소(작업량, 메모리 사용량 등)를 쥐어짜야 합니다. 이렇게 하려면 알고리즘의 성능을 측정할 필요가 있습니다. 이게 바로 우리가 11장을 공부하는 이유입니다.

11.1.2 알고리즘 수행 시간 분석

알고리즘 수행 시간^{Time Complexity} 분석에 대해 이야기하기 전에 알고리즘 수행 시간이 정확히 무엇인지부터 알아봅시다. '시간 분석'이라고 해서 스톱워치를 들고 알고리즘 시작 시간부터 종료 시간까지의 차이를 측정하는 일이라고 생각하면 안 됩니다. 스톱워치로는 알고리즘의 성능을 분석할 수 없습니다. 똑같은 알고리즘이라고 해도 성능이 좋은 CPU와 나쁜 CPU에서 각각 테스트해보면 당연히 성능이 좋은 CPU 쪽의 수행 시간이 더 빠릅니다. 또한 열등한 알고리즘을 좋은 CPU에서 실행하고 우월한 알고리즘을 나쁜 CPU에서 실행했을 때는 열등한 알고리즘이 더 빠른 수행 시간을 보여줄 수도 있습니다. 즉, 이러한 물리적 측정 방법으로는 알고리즘 간의 성능을 제대로 비교할 수 없습니다. 더 안 좋은 점은 이와 같은 방법을 사용하면 입력 데이터의 크기 변화에 따른 수행 시간 변화를 직접 실행해보기 전까지 알 수 없다는 것입니다.

알고리즘 수행 시간은 하드웨어에 의존하지 않고도 정의될 수 있어야 하며, 필요한 경우 이미 알려진 수행 시간을 바탕으로 입력 데이터의 크기 변화에 대한 성능 변화 계산이 가능해야 합니다.

알고리즘의 수행 시간 분석 목표는 다음 세 가지를 찾는 것입니다.

① 최악의 경우

인터넷 쇼핑몰에서 물건을 주문한 다음 어떤 메시지를 받아야 사람들이 기뻐할까요?

❶ 아무리 늦어도 오늘 안으로는 도착합니다.

❷ 빠르면 오늘 도착합니다.

당연히 1번입니다. 최악의 경우에도 오늘 내로는 주문한 물건이 도착한다는 메시지는 우리를 안심시킵니다. 사람들은 가능하다면 보장받기를 원하기 때문입니다. 마찬가지로 최악의 경우 알고리즘 수행 시간은 알고리즘을 사용하는 어떤 경우에도 보장되는 알고리즘의 성능을 의미합니다.

② 평균의 경우

일반적인 상황에서의 알고리즘 수행 시간을 의미합니다. 경우에 따라 이보다 더 빠르게 동작할 수도 있고, 이보다 더 느리게 동작할 수도 있습니다. 그래서 평균의 경우라고 지칭합니다.

③ 최선의 경우

가장 좋은 조건이 주어졌을 때의 알고리즘 수행 시간을 의미합니다. 최선의 경우보다 더 빠른 경우는 없으므로 최선의 경우 수행 시간은 곧 알고리즘이 낼 수 있는 성능의 한계라고 간주할 수 있습니다.

11.2 점근 표기법

점근 표기법Asymptotic Notation은 '점근漸近: 차츰 점, 가까울 근'이라는 이름에서 알 수 있듯이 알고리즘의 수행 시간을 대략적으로 나타내는 방법을 말합니다. 대략적이라는 표현에 놀란 분이 계시다면 진정하시기 바랍니다. 오해하면 안 됩니다. 여기서 말한 '대략적으로'는 '정확하게'의 반대말이 아니라 '자세하게'의 반대말입니다.

소규모 데이터를 다루는 경우 우수한 성능의 알고리즘과 그렇지 않은 알고리즘 사이에 차이가 거의 없습니다. 퀵 정렬이 훨씬 우수한 성능을 갖고 있지만, 오히려 소규모 데이터를 정렬할 때에는 삽입 정렬을 사용하는 편이 더 나은 효율을 보인다는 사실을 떠올리면 이해에 도움이 될 것입니다.

알고리즘 성능 차이는 대규모 데이터를 다룰 때 두드러집니다. 그 규모가 무한대에 가까워진다면 그 차이는 아주 분명해지겠지요. 예를 들어 여러분이 고안한 정렬 알고리즘이 데이터를 정렬하는 데 필요한 비교 작업 횟수는 데이터 크기 n에 대하여 $n^2 + 5n$이고 제가 고안한 알고리즘은 $27n$이라고 가정해 이 둘을 비교해보겠습니다.

다음 표에 나타난 두 알고리즘의 성능 차를 살펴보면, 처음에는 제 알고리즘 성능이 나빠 보이지만 데이터의 크기가 커질수록(표에서는 n이 100이 되면서부터) 여러분의 알고리즘 성능이 더 나쁘다는 사실이 드러나기 시작합니다. 마지막에 $n = 10^9$일 때는 자릿수가 무려 8개나 차이 납니다. n이 더 커져서 무한대에 가까워진다면 그 차이는 극단적으로 벌어질 것입니다. 이처럼 n이 무한대에 가까워지는 상황에서는 $n^2 + 5n$의 $5n$ 항과 $27n$의 계수 27이 작업 횟수에 미치는 영향이 아주 작아집니다.

N	$n^2 + 5n$	$27n$
1	6	27
10	150	270
100	10,500	2,700
1,000	1,005,000	27,000
10,000	100,050,000	270,000
100,000	10,000,500,000	2,700,000
1,000,000	1,000,005,000,000	27,000,000
10,000,000	100,000,050,000,000	270,000,000
100,000,000	10,000,000,500,000,000	2,700,000,000
1,000,000,000	1,000,000,005,000,000,000	27,000,000,000

데이터의 크기가 작을 때는 성능 공식의 모든 요소가 두 알고리즘의 성능 차이를 나타내는 중요한 요인이 되지만, **데이터의 크기가 커지면 커질수록 최고차 항을 제외한 나머지 항의 영향은 거의 없습니다.** 이 때

문에 점근 표기법에서는 알고리즘의 성능을 최고차 항으로만 '대략적으로' 표시합니다.

그렇다면 이렇게 해서 얻는 점근 표기법의 장점은 무엇일까요? 그것은 바로 알고리즘의 성능을 단순화하여 표현하므로 알고리즘 간 성능 비교가 용이하다는 점입니다.

한편 대표적으로 사용하는 점근 표기법은 다음 3가지입니다.

> ❶ O(Big O) 표기법
>
> ❷ Ω(Big Omega) 표기법
>
> ❸ Θ(Big Theta) 표기법

처음 보면 이 표기법들이 그리스 문자를 이름으로 갖고 있어서 험상궂어 보이겠지만, 조금만 친해지면 이 친구들도 그렇게 무뚝뚝하지만은 않다는 사실을 알게 될 것입니다. O 표기법은 알고리즘 성능이 최악인 경우(수행 시간의 상한)를 나타낼 때 사용하고 Ω 표기법은 알고리즘의 성능이 최선인 경우(수행 시간의 하한)를 나타낼 때 사용합니다. 다시 말해, O 표기법으로 표현된 성능은 어떤 열악한 상황에서도 그 수준 이상의 성능을 보장하고 Ω 표기법으로 표현된 성능은 가장 좋은 상황에서 낼 수 있는 수준 이상으로 더 좋은 성능을 낼 수 없다는 사실을 말해줍니다. 그리고 Θ 표기법은 알고리즘이 처리해야 하는 수행 시간의 상한과 하한을 동시에 나타냅니다.

자, 이제 서로 인사도 나누었으니 O 표기법부터 자세히 알아보겠습니다.

11.2.1 O 표기법

O 표기법은 **최악의 경우 알고리즘 수행 시간**을 나타냅니다. 다시 말해, 아무리 열악한 조건이라도(입력이 아무리 크더라도) O 표기법으로 표현된 성능 수준에서 알고리즘이 종료된다는 사실을 나타낸다는 이야기입니다. 앞에서도 이야기했지만 최악의 경우에 대한 알고리즘 수행 시간이 가장 쓸모가 많습니다. 그러다 보니 가장 많이 사용하는 알고리즘 성능 표기법으로 O 표기법이 꼽히곤 합니다.

O 표기법을 사용하는 방법은 이렇습니다. 대문자 O를 쓰고 그 옆에 괄호를 열고 닫은 후 그 안에 증가 함수를 넣습니다. 증가 함수라는 말에 당황하지 마세요. 증가 함수는 입력 데이터의 크기 n에 대해 알고리즘의 수행 시간이 늘어나는 비율을 나타내는 함수니까요.

예를 들어볼까요? 데이터의 크기 n에 대한 최대 수행 시간이 $2n^2 + 4n$인 알고리즘의 경우 점근 표기법에서는 최고차 항을 제외한 나머지 모든 항과 모든 계수를 제거하므로 $4n$항을 제거하고, 아울러 $2n^2$에서 계수 2를 제거하면 증가 함수는 n^2이 됩니다. 이 증가 함수를 O 표기법으로 나타내면 다음과 같습니다.

$$O(n^2)$$

이제 응용으로 들어가보겠습니다. 버블 정렬과 삽입 정렬의 증가 함수 $\dfrac{n^2}{2}$을 O 표기법으로 나타내면 얼마일까요? 원래의 증가 함수에서 계수 $\dfrac{1}{2}$을 제거하면 되므로 답은 다음과 같습니다.

$$O(n^2)$$

이제 O 표기법의 의미를 이해할 수 있겠지요? 점근 표기법은 증가 함수를 단순화한다는 특성 때문에 알고리즘의 성능을 대표적인 몇 가지 유형으로 추릴 수 있다는 장점이 있습니다. 앞에서 살펴본 예와 같이 최대 수행 시간이 $2n^2 + 4n$이거나 $\dfrac{n^2}{2}$인 알고리즘의 성능을 O 표기법으로 나타내면 모두 $O(n^2)$이 되는 것처럼 말입니다.

다음은 우리가 자주 만날 수 있는 알고리즘의 성능을 O 표기법으로 보여주는 표입니다.

증가 함수	설명	알고리즘
O(1)	해당 알고리즘이 최악의 경우에도 일정한 상수 시간에 종료된다는 사실을 의미합니다.	해시 테이블
O(log₂n)	최악의 경우에도 입력값 n이 증가하는 속도보다 수행 시간이 천천히 증가하는 알고리즘의 성능을 나타냅니다. 이러한 성능을 가진 알고리즘은 n이 10일 때 수행 시간이 3.320이며 n이 10,000일 때도 여전히 13.29에 불과합니다. 입력이 1,000배가 늘어나도 수행 시간은 고작 4배 정도 늘어나는 것이지요.	이진 탐색
O(n)	최악의 경우 입력값 n만큼의 수행 시간을 요구하는 성능입니다. 입력값 n이 증가하는 속도만큼 수행 시간도 같은 속도로 증가합니다.	순차 탐색
O(n log n)	로그 함수가 사용되기는 했지만 O(log₂n)와는 비교할 수 없을 정도로 수행 시간이 큽니다. O(n) 알고리즘보다 훨씬 수행 시간이 크지요.	병합 정렬, 퀵 정렬
O(n²)	최악의 경우 입력값 n에 대해 제곱으로 수행 시간이 늘어납니다. 똑같이 n회 반복하도록 되어 있는 for문이 2개 중첩되어 있으면 이와 같은 성능이 나옵니다.	버블 정렬, 삽입 정렬
O(n³)	이러한 성능의 알고리즘은 최악의 경우 입력값 n에 대해 3제곱으로 수행 시간이 증가합니다.	행렬 곱셈
O(2ⁿ)	최악의 경우 입력값 n에 대해 최대 2의 n제곱만큼 수행 시간이 증가합니다. n이 10이라고만 해도 수행 시간은 1,024가 됩니다.	

O 표기법에 대해 알아야 할 점이 한 가지 더 있는데 $O(n^3)$은 점근적 상한 수행 시간이 n^3을 넘지 않는 모든 증가 함수의 '집합'이라는 사실입니다. 예를 들어 어느 알고리즘의 증가 함수가 $2n^2 + 4n$

이고 또 어떤 알고리즘의 증가 함수가 $37n+5$라고 한다면, 두 알고리즘의 수행 시간은 모두 점근적으로 n^3을 넘어서지 않으므로 이들의 수행 시간은 $O(n^3)$이라고 표현할 수 있다는 의미입니다.

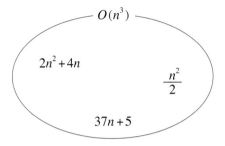

그나저나 앞에 나온 표에서 삽입 정렬이 최악의 경우 $O(n^2)$의 수행 시간을 보인다고 했지요? 실제로도 그런지 삽입 정렬을 소환해서 한번 분석해보겠습니다.

```
Void InsertionSort(int DataSet[], int Length)
{
    int i = 0;
    int j = 0;
    int value = 0;

    for ( i=1; i<Length; i++ )•·················  A
    {
        if ( DataSet[i-1] <= DataSet[i] )
            continue;

        value = DataSet[i];

        for ( j=0; j<i; j++ )•·················  B
        {
            if (DataSet[j] > value)
            {
                memmove(&DataSet[j+1], &DataSet[j], sizeof(DataSet[0]) * (i-j));
                DataSet[j] = value;
                break;
            }
        }
    }
}
```

이 코드에서 '최악의 경우' B 루프는 총 몇 번 반복될까요? A 루프는 $n-1$회 반복하면서 B 루프를 실행합니다. 그리고 B 루프는 최악의 경우(가장 마지막 요소에 삽입해야 할 때) 처음에는 한 번, 그 다음에는 두 번, 그다음에는 세 번과 같은 식으로 반복 횟수가 증가하다가 마지막에는 $n-1$회 반복합니다. 따라서 B 루프의 반복 횟수를 모두 합하면 다음과 같이 총 작업량(수행 시간)을 얻을 수 있습니다.

$$1+2+3+\cdots+(n-2)+(n-1) = \frac{n(n-1)}{2} = \frac{n^2-n}{2}$$

점근 표기법에서는 비# 최고차 항과 계수를 모두 제거하므로, 삽입 정렬은 최악의 경우 $O(n^2)$의 수행 시간이 소요된다고 할 수 있습니다. 이제는 O 표기법의 사용 요령을 알겠지요? 다음에는 Ω 표기법에 대해 알아보겠습니다.

11.2.2 Ω 표기법

Ω^{Big Omega} 표기법은 최선의 경우 알고리즘 수행 시간(**수행해야 하는 최소한의 수행 시간**)을 나타내기 위해 사용합니다. 다시 말해, 아무리 좋은 조건을 만나도 꼭 수행해야만 하는 최소한의 수행 시간을 나타내는 것이지요. O 표기법과는 반대의 역할을 한다고 볼 수 있습니다.

가령 어느 알고리즘의 성능이 최선인 경우 증가 함수가 $3n^2+8n$이라고 해봅시다. 점근 표기법에서는 $3n^2+8n$에서 계수 3과 $8n$항을 제거해야 하므로 이들을 제거하고 기호 Ω와 괄호를 이용하여 다음과 같이 표시합니다.

$$\Omega(n^2)$$

당연히 $\Omega(n^2)$은 $O(n^2)$과 반대로 점근적 하한 수행 시간이 n^2보다 크거나 같은 증가 함수들을 부분집합으로 가집니다. $2n^2+4n$, $\frac{n^2}{2}$과 같은 증가 함수는 차수가 같으므로 $\Omega(n^2)$에 포함되고 $3n^3$과 같이 차수가 더 높은 증가 함수도 포함됩니다.

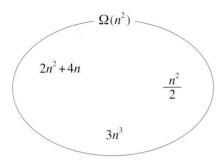

11.2.3 Θ 표기법

$\Theta^{\text{Big Theta}}$ 표기법은 O 표기법(점근적 상한)과 Ω 표기법(점근적 하한)을 모두 만족시키는 증가 함수를 나타냅니다. 집합으로 표현하면 Θ 표기법은 다음과 같이 O 표기법과 Ω 표기법의 교집합이라고 할 수 있습니다.

$$\Theta(f(n)) = O(f(n)) \cap \Omega(f(n))$$

O 표기법은 점근적 증가율이 자신의 증가 함수를 넘어서지 않는 모든 증가 함수를 포함하고, 반대로 Ω 표기법에서는 점근적 증가율이 자신의 증가 함수보다 작지 않은 모든 증가 함수를 포함합니다. Θ 표기법은 앞의 두 표기법과 달리 **점근적으로 자신의 증가율과 같은 증가 함수**만 포함합니다.

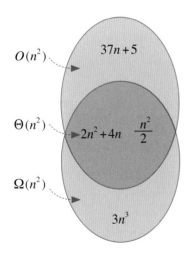

11.3 재귀 알고리즘 성능 분석

사람은 직관으로 문제를 풀 수 있지만 컴퓨터는 직관 같은 능력이 없습니다. 컴퓨터는 사람이 고안한 알고리즘을 반복 수행하면서 해를 찾을 뿐입니다. 이때 반복 수행하는 알고리즘이 루프로 구성되어 있을 경우 삽입 정렬의 수행 시간을 분석할 때처럼 분석이 쉬운 편입니다.

루프와 비슷한 효과의 재귀^{Recursion}에 대해서는 어떻게 수행 시간을 분석할 수 있을까요? 이렇게 막연하게 질문해서는 안 되겠네요. 다음에 나타난 코드의 수행 시간 분석을 한 번 해보세요. 이 코드는 5장에서 구현했던 퀵 정렬 함수입니다.

```c
void QuickSort(int DataSet[], int Left, int Right)
{
    if ( Left < Right )
    {
        int Index = Partition(DataSet, Left, Right);

        QuickSort( DataSet, Left, Index - 1 );
        QuickSort( DataSet, Index + 1, Right );
    }
}
```

쉽지 않지요? 이번 절에서는 퀵 정렬과 같은 재귀 알고리즘의 수행 시간을 분석하는 방법에 대해 설명하겠습니다.

11.3.1 재귀 방정식과 재귀 알고리즘

재귀 방정식은 그 이름이 나타내듯 자기 자신을 항으로 갖는 방정식을 말합니다. 예를 하나 들어보겠습니다. 혹시 팩토리얼^{Factorial}을 기억하시나요? 팩토리얼은 다음과 같이 1부터 양의 정수 n 사이에 있는 모든 정수를 곱한 것을 의미하며 $n!$의 형태로 나타냅니다.

$$0! = 1$$
$$1! = 1$$
$$2! = 2 \times 1$$
$$3! = 3 \times 2 \times 1$$

$$4! = 4 \times 3 \times 2 \times 1$$

$$5! = 5 \times 4 \times 3 \times 2 \times 1$$

$$6! = 6 \times 5 \times 4 \times 3 \times 2 \times 1$$

$$7! = 7 \times 6 \times 5 \times 4 \times 3 \times 2 \times 1$$

$$8! = 8 \times 7 \times 6 \times 5 \times 4 \times 3 \times 2 \times 1$$

$$\cdots$$

$$n! = n \times (n-1) \times (n-2) \times (n-3) \times \cdots \times 2 \times 1$$

팩토리얼은 재미있는 성질을 가지고 있습니다. 예컨대 8!은 원래 다음과 같이 정의합니다.

$$8! = 8 \times 7 \times 6 \times 5 \times 4 \times 3 \times 2 \times 1$$

하지만 다음과 같은 형태로도 표현할 수도 있습니다.

$$8! = 8 \times 7!$$

왜냐하면 7!은 $7 \times 6 \times 5 \times 4 \times 3 \times 2 \times 1$이기 때문입니다. 그러므로 $n!$ 역시 $n! = n \times (n-1)!$로 바꿔서 표현할 수 있습니다. $(n-1)!$은 또 다시 $(n-1)! = (n-1) \times (n-2)!$로 표현할 수 있지요. 이와 같은 성질을 이용하여 팩토리얼을 재귀 방정식으로 나타내면 다음과 같습니다.

$$f(n) = \begin{cases} 1, & n=0, n=1 \\ n \times f(n-1), & n>1 \end{cases}$$

여기까지가 재귀 방정식에 대한 소개였습니다. 재귀 방정식이 필요한 이유는 이것이 재귀 알고리즘의 수행 시간(성능)을 나타내는 방법이기 때문입니다.

재귀 방정식을 이용한 성능 분석을 같이 해볼까요? 다음은 입력된 정수의 전체 합을 구하는 알고리즘입니다. 재귀 방정식으로 이 코드를 분석해봅시다.

```c
int RecurrenceSum( int Data[], int SizeOfData )
{
    if ( SizeOfData == 1 )
        return Data[0];
    else
        return  RecurrenceSum( &Data[1], SizeOfData - 1 ) + Data[0];
}
```

먼저 앞의 코드를 이해해야겠지요? RecurrenceSum( ) 함수는 데이터의 크기(SizeOfData)가 1인 경우 첫 번째 원소의 값을 반환하고, 그렇지 않은 경우 첫 번째 원소의 값과 배열의 첫 번째 원소를 뺀 나머지 부분을 매개 변수로 호출한 RecurrenceSum( )의 반환값을 더합니다. RecurrenceSum( ) 함수는 자기 자신을 같은 방법으로 계속 호출하다가 배열의 크기가 1이 되면 재귀 호출을 멈춥니다.

입력 데이터의 크기 n에 대한 알고리즘의 수행 시간을 $T(n)$이라고 합시다. 그러면 데이터의 크기 n이 1보다 큰 경우 $T(n)$은 다음과 같이 정의할 수 있습니다. 상수 c는 재귀 호출 비용 외에 알고리즘에서 요구하는 처리 비용을 말합니다. RecurrenceSum( )에서는 재귀 호출 결과와 Data[0]을 더한 비용이 이에 해당합니다.

$$T(n) = T(n-1) + c$$

이 식을 펼쳐봅시다.

$$
\begin{aligned}
T(n) &= T(n-1) + c \\
&= T(n-2) + c + c = T(n-2) + 2c \\
&= T(n-3) + c + c + c = T(n-3) + 3c \\
&= \cdots \\
&= T(2) + (n-2)c \\
&= T(1) + (n-1)c \\
&\leq c + (n-1)c = c + cn - c = cn
\end{aligned}
$$

이로써 RecurrenceSum( )의 수행 시간이 $T(n) \leq cn$이라는 사실을 알게 되었습니다. 그런데 알고리즘의 수행 시간이 cn이라니 조금 어색하지 않습니까? 앞에서 점근 표기법을 이용하여 알고리즘 수행 시간을 나타내는 방법을 배웠으므로 cn을 점근 표기법으로 나타내봅시다.

cn에서 빼야 할 비최고차 항은 없고 cn의 계수만 빼면 되므로 점근 표기법으로는 n이 됩니다. 그리고 $T(n) \leq cn$은 $T(n)$의 상한이 cn이라는 것을 의미하므로 O 표기법을 써서 나타내면 됩니다. 따라서 RecurrenceSum( )의 수행 시간은 $O(n)$이 됩니다. 입력값 n에 대해 수행 시간도 최대 n만큼 증가한다는 말이지요.

11.3.2 퀵 정렬의 성능 분석

이번에는 재귀 방정식을 이용해 퀵 정렬 알고리즘의 성능을 분석해보겠습니다. 다음은 5장에서 사용한 퀵 정렬의 코드입니다.

NOTE ▶ 성능 분석 대상은 비교 작업량입니다.

```
void QuickSort(int DataSet[], int Left, int Right)
{
    if ( Left < Right )
    {
        int Index = Partition(DataSet, Left, Right);

        QuickSort( DataSet, Left, Index - 1 );
        QuickSort( DataSet, Index + 1, Right );
    }
}
```

이 코드와 같이 퀵 정렬의 수행 시간은 데이터를 분할하는 데 걸리는 시간과 데이터를 분할한 후 2개의 퀵 정렬 재귀 호출에 드는 수행 시간의 합과 같습니다. 따라서 QuickSort( ) 함수의 재귀 호출에 따른 비용뿐 아니라 데이터를 분할하는 Partition( ) 함수의 비용도 계산해야 합니다. 다음 코드를 보면 Partition( ) 함수는 데이터의 크기 n만큼 비교를 수행한다는 사실을 알 수 있습니다. 따라서 데이터를 분할하는 데 소요되는 시간은 데이터의 크기에 비례하므로 언제나 $\Theta(n)$입니다.

```
int Partition( int DataSet[], int Left, int Right )
{
    int First = Left;
    int Pivot = DataSet[First];

    ++Left;

    while( Left < Right )
    {
        while( DataSet[Left] <= Pivot )
            ++Left;
```

```
        while( DataSet[Right] > Pivot )
            --Right;

        if ( Left < Right )
            Swap( &DataSet[Left], &DataSet[Right]);
        else
            break;
    }

    Swap( &DataSet[First], &DataSet[Right] );

    return Right;
}
```

퀵 정렬은 데이터의 분포에 따라 그 성능이 완전히 달라집니다. 기준 데이터가 가장 크거나 작은 경우 최악의 성능이 나오고, 크기가 적절해서 데이터를 절반에 가깝게 분할할 수 있으면 최선의 성능이 나옵니다. 이 사실을 감안하여 성능 분석을 해보겠습니다.

최악의 경우

먼저 최악의 경우에 대해 알아봅시다. 퀵 정렬에서 최악의 경우는 기준 요소가 데이터에서 가장 작은 값을 가지는 때입니다. 이 경우 데이터를 $1 : n - 1$로 분할하기 때문입니다.

이를 재귀 방정식으로 나타내면 다음과 같습니다.

$$T(n) = T(n - 1) + cn, \qquad n > 1$$

이제 n을 1씩 줄여 나가면 다음과 같은 등식을 얻을 수 있습니다.

$$T(n) = T(n - 1) + cn$$
$$T(n - 1) = T(n - 2) + c(n - 1)$$
$$T(n - 2) = T(n - 3) + c(n - 2)$$
$$\cdots$$
$$T(3) = T(2) + c(3)$$
$$T(2) = T(1) + c(2)$$

이 등식들은 왼쪽 변과 오른쪽 변끼리 서로 더해도 여전히 등식이 성립합니다. 그렇다면 모두 더해 봅시다.

$$T(n) + T(n-1) + T(n-2) + \cdots + T(2)$$
$$= T(n-1) + T(n-2) + T(n-3) + \cdots + T(1) + cn + c(n-1) + c(n-2) + \cdots + c(2)$$

이 식에서 양변에 서로 같은 값을 제하면 다음과 같은 식을 얻을 수 있습니다.

$$T(n) = T(1) + cn + c(n-1) + \cdots + c(2) = T(1) + c\sum_{i=2}^{n} i$$

데이터가 하나일 때는 정렬할 것이 없으므로 $T(1) = 0$이고, 이를 바탕으로 최악의 경우의 $T(n)$을 점근 표기법으로 나타내면 $O(n^2)$이라고 할 수 있습니다.

$$T(1) + c\sum_{i=2}^{n} i = O(n^2)$$

최선의 경우

이번에는 데이터 분할이 이상적으로 이루어지는(항상 분할이 절반으로 이루어지는) 경우를 생각해 볼까요? QuickSort( )가 호출한 Partition( ) 함수에 의해 데이터가 정확히 반으로 나뉘면 각 데이터는 2개의 QuickSort( ) 호출에 매개 변수로 입력됩니다. 이렇게 QuickSort( ) 안에서 호출된 QuickSort( )는 다시 Partition( )을 호출하고 2개의 QuickSort( ) 호출을 만듭니다. 반으로 나뉜 데이터에 대한 2개의 QuickSort( )에 소요되는 수행 시간이 $2T\left(\frac{n}{2}\right)$, 데이터 분할에 걸리는 시간이 cn(c는 Swap( ) 등과 같이 분할하는 데 필요한 부대 비용)이므로 이상적인 경우의 퀵 정렬 수행 시간 $T(n)$은 다음과 같습니다.

$$T(n) = 2T\left(\frac{n}{2}\right) + cn$$

이 식의 양변을 n으로 나누면 다음과 같습니다.

$$\frac{T(n)}{n} = \frac{2}{n}T\left(\frac{n}{2}\right) + c = \frac{T(n/2)}{n/2} + c$$

그리고 이 식을 2의 제곱수로 나눠나가면 다음과 같은 등식을 얻을 수 있습니다.

$$\frac{T(n/2)}{n/2} = \frac{T(n/4)}{n/4} + c$$

$$\frac{T(n/4)}{n/4} = \frac{T(n/8)}{n/8} + c$$

$$\frac{T(n/8)}{n/8} = \frac{T(n/16)}{n/16} + c$$

$$\cdots$$

$$\frac{T(4)}{4} = \frac{T(2)}{2} + c$$

$$\frac{T(2)}{2} = \frac{T(1)}{1} + c$$

임의의 수 n이 2가 되려면 몇 번이나 n을 2로 반복해서 나눠야 할까요? 거꾸로 생각해서 2를 몇 번 제곱해야 n으로 만들 수 있을까요? 네, 맞습니다. $\log_2 n$번입니다. 따라서 $\frac{T(n)}{n}$이 $\frac{T(2)}{2}$가 되기까지는 $\log_2 n$번 나눠야 한다는 이야기가 됩니다.

이제 앞의 식들을 하나씩 더해볼까요? 우선 $\frac{T(n)}{n}$과 $\frac{T(n/2)}{n/2}$부터 해보겠습니다.

$$\frac{T(n)}{n} + \frac{T(n/2)}{n/2} = \frac{T(n/2)}{n/2} + c + \frac{T(n/4)}{n/4} + c$$

$$\frac{T(n)}{n} = \frac{T(n/4)}{n/4} + 2c$$

이번에는 $\frac{T(n)}{n}$과 $\frac{T(n/4)}{n/4}$를 더해보겠습니다.

$$\frac{T(n)}{n} + \frac{T(n/4)}{n/4} = \frac{T(n/4)}{n/4} + 2c + \frac{T(n/8)}{n/8} + c$$

$$\frac{T(n)}{n} = \frac{T(n/8)}{n/8} + 3c$$

뭔가 감이 오지요? 이런 식으로 $\frac{T(n)}{n}$부터 $\frac{T(2)}{2}$까지 쭉 더하면 다음과 같은 식을 얻을 수 있습니다.

$$\frac{T(n)}{n} = \frac{T(1)}{1} + c \log_2 n$$

이제 이 식의 양변에 n을 곱하면 $T(n) = cn \log_2 n + n$이라는 등식을 얻게 되고 이를 O 표기법으로 나타내면 $cn \log_2 n + n = O(n \log_2 n)$이 됩니다.

평균의 경우

퀵 정렬은 최악의 경우 $O(n^2)$, 최선의 경우 $O(n \log_2 n)$의 성능을 보입니다. 그렇다면 통상적인 경우(평균의 경우)에는 어느 정도의 성능을 보일까요?

기준 요소가 데이터에서 i번째에 있다고 하면 분할 후 왼쪽 하위 데이터의 길이는 i이고 오른쪽 하위 데이터의 길이는 $n - i - 1$입니다. 따라서 퀵 정렬의 성능을 다음과 같은 재귀 방정식으로 정리할 수 있습니다.

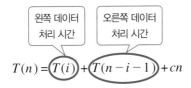

$$T(n) = T(i) + T(n - i - 1) + cn$$

퀵 정렬에서 가장 이상적인 경우는 i가 $\frac{n}{2}$일 때이고 최악의 경우는 0(처음)이나 $n - 1$(마지막)일 때입니다. 따라서 평균의 경우 수행 시간은 최악에서 최선까지 모든 경우의 수행 시간을 평균한 값과 같다고 할 수 있습니다.

$$T(i) = T(n - i - 1) = \frac{1}{n}\left(\sum_{i=0}^{n-1} T(i)\right)$$

따라서 $T(n)$을 다음과 같이 정리할 수 있습니다.

$$T(n) = \frac{2}{n}\left(\sum_{i=0}^{n-1} T(i)\right) + cn$$

꽤 단아한 모습을 갖추게 됐습니다. 이제 이 식에서 시그마 기호(Σ)를 없애봅시다. 먼저 양변에 n을 곱합니다.

$$nT(n) = 2\sum_{i=1}^{n-1} T(i) + cn^2$$

그런 다음 n 대신 $n - 1$을 대입합니다.

$$(n-1)T(n-1) = 2\sum_{i=0}^{n-1} T(i) + c(n-1)^2$$

이렇게 하면 시그마 기호를 없앨 준비가 끝나게 됩니다. 이제 $nT(n)$에서 $(n-1)T(n-1)$을 빼서 시그마 기호를 없애겠습니다.

$$nT(n) - (n-1)T(n-1) = 2T(n-1) + 2cn + c$$

n이 커질수록 c는 상대적으로 무시할 수 있을 만큼 작아집니다. 따라서 계산의 편의를 위해 c를 제거하는 것이 좋겠습니다.

$$nT(n) - (n-1)T(n-1) = 2T(n-1) + 2cn$$

거의 끝이 보이는군요. 이 식을 $nT(n)$에 관해 정리해보겠습니다.

$$nT(n) = 2T(n-1) + (n-1)T(n-1) + 2cn$$
$$= (n+1)T(n-1) + 2cn$$

이제 이 식을 다시 $T(n)$에 대하여 정리해야 합니다. 일단 $nT(n)$을 $n(n+1)$로 나눠봅시다.

$$\frac{T(n)}{n+1} = \frac{T(n-1)}{n} - \frac{2c}{n+1}$$

이 식에서 n 대신 $n-1$, $n-2$, $n-3$ … 3, 2까지 대입합니다.

$$\frac{T(n-1)}{n} = \frac{T(n-2)}{n-1} - \frac{2c}{n}$$
$$\frac{T(n-2)}{n-1} = \frac{T(n-3)}{n-2} - \frac{2c}{n-1}$$
$$\cdots$$
$$\frac{T(3)}{4} = \frac{T(2)}{3} - \frac{2c}{4}$$
$$\frac{T(2)}{3} = \frac{T(1)}{2} - \frac{2c}{3}$$

이제 $\frac{T(n-1)}{n}$부터 $\frac{T(2)}{3}$까지 쭉 더하면 다음과 같은 식을 얻을 수 있습니다.

$$\frac{T(n)}{n+1} = \frac{T(1)}{2} + 2c\sum_{i=3}^{n+1}\frac{1}{i}$$

거의 다 됐습니다. 이 식을 계산해보면 약 $\frac{T(n)}{n+1} = \frac{1}{2} + 2c\left[\log_e(n+1) + 0.5777 - \frac{3}{2}\right]$이 나옵니다. 따라서 $\frac{T(n)}{n+1}$은 $O(\log n)$이 되며 $T(n)$을 다음과 같이 정리할 수 있습니다.

$$T(n) = O(n\log n)$$

11.3.3 마스터 정리

갑자기 해본 적 없는 요리를 해야 할 때 그 요리의 조리법이 담긴 요리책이 눈앞에 있다면 얼마나 좋을까요? 우리는 지금까지 점근적 표기법과 재귀 알고리즘의 성능을 표현하는 방법(재귀 방정식)에 대해 알아봤습니다만, 재귀 방정식을 유도한 후 이를 점근적 표기법으로 나타내기까지 그리 녹록하지 않은 과정을 거쳐야 한다는 사실도 알 수 있었습니다. 퀵 정렬의 성능 분석만 해도 어떻습니까? 저와 같이 수학에 센스가 없는 사람은 알고리즘을 하나 작성할 때마다 성능 분석에 엄청난 시간을 들여야 하겠지요.

마스터 정리는 저처럼 똑똑하지 않은 사람들이 재귀 알고리즘의 성능을 손쉽게 파악할 수 있도록 도와주는, 다음과 같은 형태의 재귀 방정식에 대한 요리책입니다.

$$T(n) = aT\left(\frac{n}{b}\right) + f(n)$$

이 재귀 방정식에서 a와 b는 각각 $a \geq 1$, $b > 1$인 상수이고 $f(n)$은 함수입니다. 마스터 정리는 이 식의 $T(n)$의 점근적 한계가 다음과 같다고 이야기합니다.

❶ 어떤 상수 $\varepsilon > 0$에 대해 $f(n) = O(n^{\log_b a - \varepsilon})$이면 $T(n) = \Theta(n^{\log_b a})$이다.

❷ $f(n) = \Theta(n^{\log_b a})$이면 $T(n) = \Theta(n^{\log_b a}\log(n))$이다.

❸ 어떤 상수 $\varepsilon > 0$에 대해 $f(n) = \Omega(n^{\log_b a + \varepsilon})$이고
상수 $C(<1)$와 충분히 큰 n에 대해 $af\left(\frac{n}{b}\right) \leq cf(n)$이 성립하면 $T(n) = \Theta(f(n))$이다.

무슨 말인지 잘 모르겠지요? 지금부터 이 정리에 대해 하나씩 이야기해보겠습니다.

마스터 정리 ❶

어떤 상수 $\varepsilon > 0$에 대해 $f(n) = O(n^{\log_b a - \varepsilon})$ 이면 $T(n) = \Theta(n^{\log_b a})$이다.

예를 들어 다음과 같은 재귀 방정식이 있다고 가정해봅시다.

$$T(n) = 5T\left(\frac{n}{2}\right) + 3n^2$$

우리는 이 재귀 방정식에서 $a = 5$, $b = 2$, $f(n) = 3n^2$이라는 사실을 알 수 있습니다. 여기에서 상수 ε이 $f(n) = O(n^{\log_b a - \varepsilon})$을 만족시키면 마스터 정리 ❶을 사용할 수 있습니다. 마스터 정리 ❶에서 ε의 조건은 $\varepsilon > 0$인 상수이므로 제 임의대로 ε을 1이라고 하겠습니다. 그러면 $f(n) = O(n^{\log_b a - \varepsilon}) = O(n^{\log_2 5 - 1}) = 3n^2$이므로 마스터 정리 ❶을 사용할 수 있습니다. 따라서 $T(n)$을 점근 표기법으로 나타내면 다음과 같습니다.

$$T(n) = \Theta(n^2)$$

마스터 정리 ❷

$$f(n) = \Theta(n^{\log_b a}) \text{이면 } T(n) = \Theta(n^{\log_b a} \log(n)) \text{이다.}$$

다음과 같은 재귀 방정식이 있다고 가정해봅시다.

$$T(n) = 2T\left(\frac{n}{2}\right) + 3n$$

우리는 이 식에서 $a = 2$, $b = 2$, $f(n) = 3n$이라는 사실을 알 수 있습니다. 이 값들이 $f(n) = \Theta(n^{\log_b a})$를 만족시키면 마스터 정리 ❷를 사용할 수 있습니다. 한번 볼까요? $n^{\log_b a} = n^{\log_2 2}$이고 $n^{\log_2 2} = n^1 = n$입니다. 따라서 $f(n) = 3n = \Theta(n^{\log_b a}) = \Theta(n^{\log_2 2}) = \Theta(n^1) = \Theta(n)$이 성립합니다. 이제 마스터 정리 ❷를 사용할 수 있다는 사실을 확인했으니 $T(n)$을 점근 표기법으로 나타내보겠습니다.

$$T(n) = \Theta(n^{\log_b a} \log n) = \Theta(n^{\log_2 2} \log n) = \Theta(n \log n)$$

마스터 정리 ❸

어떤 상수 $\varepsilon > 0$에 대해 $f(n) = \Omega(n^{\log_b a + \varepsilon})$이고
상수 $C(<1)$과 충분히 큰 n에 대해 $af\left(\frac{n}{b}\right) \leq cf(n)$이 성립하면 $T(n) = \Theta(f(n))$이다.

마스터 정리 ❸을 이용하여 다음 재귀 방정식을 점근 표기법으로 표현해봅시다.

$$T(n) = 2T\left(\frac{n}{2}\right) + n^2$$

먼저 a, b, $f(n)$을 파악해야 하는데 $a = 2$, $b = 2$, $f(n) = n^2$입니다. 한편 상수 ε을 1이라 하고 $n^{\log_b a + \varepsilon}$을 구하면 $n^{\log_b a + \varepsilon} = n^{\log_2 2 + 1} = n^{1.584962501}$이 됩니다. 따라서 $f(n) = n^2 = \Omega(n^{\log_b a + \varepsilon}) = \Omega(n^{1.584962501})$이 성립합니다. 이제 상수 $C(<1)$과 충분히 큰 n에 대해 $af\left(\frac{n}{b}\right) \leq cf(n)$이 성립하는지 확인하면 됩니다. $a = 2$, $b = 2$, $f(n) = n^2$이지요? 여기에 충분히 큰 n과 1보다 작은 상수 C만 있으면 됩니다. n은 100이라고 하고 C는 $\frac{1}{2}$이라고 하겠습니다.

$$2f\left(\frac{100}{2}\right) \leq \frac{1}{2}f(100)$$
$$5000 \leq 5000$$

이제 앞의 재귀 방정식에 마스터 정리 ❸을 사용할 수 있다는 사실을 알게 되었습니다. $T(n)$을 정리하면 다음과 같습니다.

$$T(n) = \Theta(f(n)) = \Theta(n^2)$$

01 7장에서 만든 우선순위 큐의 삽입, 제거 연산의 수행 시간은 얼마나 될까요? 점근 표기법을 이용하여 표현하세요.

02 01번 문제는 풀 만했습니까? 이번에는 난도를 조금 높여보겠습니다. 레드 블랙 트리에서 삽입, 삭제, 탐색의 수행 시간은 각각 얼마입니까? 역시 점근 표기법을 이용하여 표현하세요.

03 데이크스트라 최단 경로 알고리즘의 성능이 궁금하지 않습니까? 점근 표기법으로 데이크스트라 알고리즘의 성능을 표현해보세요.

Chapter

12

분할 정복

"적 부대를 작게 나누고, 작아진 상대를 정복하라."

나폴레옹이 만든 이 전쟁 전략은 알고리즘을 설계할 때에도 유용하게 쓰이고 있습니다. 5장에서 살펴봤던 퀵 정렬 알고리즘도 분할 정복을 이용하는 대표적인 예입니다. 우리는 이 장에서 알고리즘이 처리해야 할 입력 데이터를 어떻게 나누고, 작게 나뉜 데이터를 어떻게 처리하며, 처리가 끝난 결과를 어떻게 다시 하나의 해로 합치는지에 관해 공부합니다. 재미있겠죠?

학습목표

**이 장의
핵심 개념**

- 분할 정복 기법의 탄생 배경과 개념을 이해합니다.

- 분할 정복을 이용하여 병합 정렬 알고리즘을 설계해봅니다.

- 분할 정복을 이용하여 거듭 제곱을 계산해봅니다.

- 분할 정복을 이용하여 피보나치 수 구하기 알고리즘을 설계해봅니다.

**이 장의
학습 흐름**

분할 정복 전술의 탄생 배경

▼

분할 정복 기법의 개념

▼

분할 정복 기반 병합 정렬 구현

▼

분할 정복 기반 거듭 제곱 계산

▼

분할 정복 기반 피보나치 수 구하기 알고리즘 구현

12.1 분할 정복 기법의 개요

전쟁은 컴퓨터의 발전에 지대한 공헌을 했으며 알고리즘 설계 기법에도 많은 영향을 줬습니다. 특히 오래전부터 사용되어온 군사 전술인 분할 정복은 알고리즘 설계에 있어서도 아주 유용하게 쓰이고 있는데요. 그렇다면 분할 정복이란 무엇일까요? 분할 정복의 창시자인 나폴레옹의 이야기를 같이 살펴보며 설명하겠습니다.

12.1.1 분할 정복 전술의 탄생 배경: 아우스터리츠 전투

프랑스는 1804년에 나폴레옹을 황제로 맞이했습니다. 그런데 나폴레옹의 사전에는 불가능뿐 아니라 평화라는 단어도 없었나 봅니다. 나폴레옹이 황제로 즉위한 이듬해 초 영국은 프랑스와 맺은 아미앵 화약Treaty of Amiens을 파기했는데요. 나폴레옹은 실망하지 않았습니다. 그렇지 않아도 영국을 최대의 적으로 간주하고 있던 차에 전쟁을 일으킬 좋은 구실이 생겨 오히려 회심의 미소를 지었습니다. 울고 싶었는데 뺨을 때려준 격이었지요.

당시 영국은 강력한 해군을 갖고 있었지만 나폴레옹 또한 자신을 황제의 자리에 오를 수 있게 한 프랑스 군사력에 대해 대단한 자신감이 있었습니다. 물론 영국도 이 점을 잘 알고 있었습니다. 그래서 프랑스와의 전쟁에 대비해 오스트리아와 러시아를 끌어들여 대對프랑스 동맹을 결성했습니다. 한편 프랑스는 에스파냐 함대의 힘을 빌려 영국을 칠 준비를 하고 있었습니다. 육지에서는 산전수전 다 겪은 나폴레옹이었지만 유럽 최강의 영국 해군은 부담스러울 수밖에 없었기 때문입니다. 프랑스는 에스파냐 함대의 도움을 받아 18만 대군을 영국에 상륙시킬 작전을 계획했으나 이 계획은 넬슨 제독이 이끄는 영국 해군에 의해 트라팔가에서 산산이 부서지고 맙니다.

비록 바다에서 뜨거운 맛을 보기는 했지만 여전히 프랑스는 대륙에서 적수가 없는 유럽의 맹주였습니다. 다시 대륙으로 눈을 돌린 나폴레옹은 6만 8천의 군대를 오스트리아로 진격시켜 수도 빈을 점령했습니다. 수도를 빼앗긴 오스트리아의 황제는 북쪽의 모라비아로 달아났지요. 그곳에서 오스트리아의 황제 프란츠 1세는 러시아의 황제 알렉산드르 1세와 함께 오스트리아-러시아 동맹군을 이루어 프랑스에게 반격을 도모했습니다. 동맹군의 규모는 8만 명이 넘었고 이는 프랑스군보다 1만 5천 명 정도 많은 전력이었습니다.

당시 프랑스군의 솔트 사단은 모라비아의 아우스터리츠를 점령하고 있었고 오스트리아-러시아 동맹군이 이곳을 강하게 압박하고 있었습니다. 프랑스군은 이에 겁을 먹은 것처럼 행동하며 화해를 원하는 듯한 분위기를 내비쳤습니다. 프랑스의 이러한 동태 덕분에 동맹군은 자신들이 아우스터리츠에서 확실히 우세를 점하고 있다고 판단했고 프랑스군을 이참에 확실히 무너뜨리고자 결심했습니다. 1805년 12월 2일 아침, 프랑스가 아우스터리츠에서 솔트 사단을 빼내기 시작하자 동맹군은 공세를 퍼붓기 시작했습니다. 동맹군은 순식간에 솔트 사단이 차지하고 있던 아우스터리츠의 프라첸 고원을 빼앗았고, 승기를 굳히기 위해 프랑스군을 빈으로부터 고립시키고자 전체 병력의 절반인 4만 명을 분리하여 프랑스군의 남쪽을 공격하기 시작했습니다.

프랑스는 패하는 것처럼 보였지만 이 모든 것은 나폴레옹의 계략이었습니다. 솔트가 나폴레옹이 보낸 2만 군사와 함께 방어가 취약해진 프라첸 고원을 다시 빼앗자 동맹군은 고원을 중심으로 반으로 나뉜 형태가 되어버렸습니다. 프랑스군은 둘로 나뉜 동맹군에 맹공을 퍼부어 15,000명을 사살하고 11,000명을 포로로 잡았습니다(프랑스군의 손실은 단지 9,000명의 군인을 잃는 데 그쳤습니다). 동맹군은 견디지 못하고 결국 퇴각했으며 이 전투는 개전 9시간 만에 프랑스의 승리로 끝났습니다.

12.1.2 분할 정복 알고리즘의 개념

나폴레옹은 6만 8천 명, 오스트리아–러시아 동맹군은 8만 3천 명이 넘는 군대를 갖고 있었습니다. 커다란 수적 열세에도 나폴레옹이 멋진 승리를 거둘 수 있었던 이유는 상대를 아군보다 작은 규모로 쪼개고 상대적으로 규모가 작아진 적군과 싸웠기 때문이었습니다. 이것을 분할 정복 Divide and Conquer 전술이라고 합니다.

막대 사탕을 빨아먹으면 다 먹는 데 30분이 걸리지만 깨뜨려서 잘게 부수면 1분 안에도 먹을 수 있습니다. 사탕의 큰 덩어리를 작은 조각으로 나누면 더 넓은 표면을 입안에서 녹일 수 있기 때문입니다. 마찬가지로 분할 정복 알고리즘은 문제를 더 이상 나눌 수 없을 때까지 나누고, 이렇게 나뉜 문제들을 각각 풀어 결국 전체 문제의 답을 얻는 기법입니다. 5장에서 공부한 퀵 정렬이 분할 정복 알고리즘의 좋은 예입니다. 퀵 정렬이 어떻게 정렬을 수행했는지 기억하나요? 우선 임의의 기준 요소 Pivot 를 정하고 기준 요소보다 작은 요소들을 왼편으로, 큰 요소들을 오른편으로 옮깁니다. 그다음에는 기준 요소에 의해 나뉜 양 편의 요소들에 대하여 왼쪽/오른쪽에 각각 분할을 수행합니다. 그리고 이렇게 분할된 데이터들을 더 이상 분할할 수 없을 때까지 계속해서 분할합니다. 더 이상 분할할 수 없을 때는 이미 정렬이 끝나 있지요.

분할 정복 알고리즘의 핵심은 **문제를 잘게 나누는 것**이라고 할 수 있습니다. 문제를 쪼개는 방법에는 정해진 공식이나 규칙이 없습니다. 이 부분은 알고리즘을 개발하는 여러분의 창의력에 달려 있습니다. 다만 분할 정복 알고리즘을 설계하는 대강의 요령은 있는데 그것은 다음과 같습니다.

❶ 분할 Divide **:** 문제가 분할 가능한 경우 2개 이상의 하위 문제로 나눕니다.

❷ 정복 Conquer **:** 하위 문제가 여전히 분할 가능한 상태라면 하위 집합에 대해 단계 ❶을 수행합니다. 그렇지 않다면 하위 문제를 풉니다.

❸ 결합 Combine **:** 단계 ❷를 통해 구한 답을 취합합니다.

다시 한번 이야기하지만 분할 정복 알고리즘은 '문제를 잘게 나누는 것'이 가장 중요합니다. 문제를 제대로 나누기만 한다면 정복(해결)하는 일은 아주 쉽기 때문입니다. 퀵 정렬만 해도 기준 요소를 바탕으로 작은 요소는 왼편에, 큰 요소는 오른편에 두어 그 복잡한 정렬 문제를 해결하지 않습니까?

분할 정복 기법으로 문제를 나눌 때 생기는 각 하위 문제는 완전히 독립적입니다. 다시 말해, 큰 문제에서 분할된 작은 문제들은 여러 프로세스, 네트워크상의 여러 컴퓨터에 의해 병렬 처리로 해결 가능하다는 의미입니다. 멀티 코어 CPU나 GPU에서도 말입니다. 병렬 처리는 흥미로운 주제이기는 하지만 이 책의 범위를 크게 벗어나므로 더 이상 다루지 않겠습니다.

하지만 분할 정복이 무조건 장점만 갖고 있는 것은 아닙니다. 분할 정복 기법이 함수의 재귀 호출과 자연스럽게 어울린다고 생각되지 않습니까? 네, 맞습니다. 분할 정복 알고리즘을 구현할 때 재귀 호출이 많이 사용됩니다. 이 때문에 문제를 잘게 나눔으로써 얻어진 알고리즘의 효율성을 재귀 호출 비용이 깎아내리기도 합니다.

다음 절에서부터 분할 정복 기법 응용 사례들을 알아보고 그 구현 코드를 작성해보겠습니다. 우리가 다룰 알고리즘은 병합 정렬, 거듭 제곱 계산, 피보나치 수, 이렇게 모두 3개입니다.

12.2 병합 정렬

"아니, 또 정렬이라니! 이게 무슨 소리야!"

하하, 놀랐지요? 이미 5장에서 여러 가지 정렬 알고리즘을 논했는데 새삼스럽게 다시 정렬 이야기가 나왔으니 말입니다. 병합 정렬Merge Sort은 퀵 정렬과 같이 분할 정복에 기반한 알고리즘으로 천재 컴퓨터학자(그리고 수학자, 물리학자, 경제학자)였던 존 폰 노이만John von Neumann이 고안했습니다. 성능도 퀵 정렬과 대동소이합니다(퀵 정렬의 속도가 대단하니 병합 정렬도 그 정도로 빠르다는 뜻입니다).

12.2.1 병합 정렬 동작 방식

병합 정렬 알고리즘을 한마디로 요약하면 '나누고 합쳐라'입니다. 구체적으로는 다음과 같은 순서로 동작합니다.

❶ 정렬할 데이터를 반으로 나눕니다.

❷ 나뉜 하위 데이터의 크기가 2 이상이면 이 하위 데이터에 대해 단계 ❶을 반복합니다.

❸ 동일 데이터에서 나뉜 하위 데이터 둘을 병합하여 원래대로 하나의 데이터로 만듭니다. 단, 병합할 때 데이터의 원소는 정렬 기준에 따라 정렬합니다.

❹ 데이터가 원래대로 모두 하나가 될 때까지 단계 ❸을 반복합니다.

어렵지 않지요? 병합 정렬은 살벌해 보이는 이름과 달리 상당히 간단한 알고리즘입니다. 다만 이 알고리즘을 구현할 때 **두 하위 데이터를 병합하는 부분에 관심**을 조금 더 기울여야 할 필요는 있습니다. 병합 정렬의 성능을 좌우하는 부분이기 때문입니다.

이제 알고리즘이 동작하는 과정을 보여주는 예제가 등장할 차례입니다. 우선 다음과 같이 정렬되지 않은 데이터가 있다고 가정하고 이를 병합 정렬해보겠습니다.

| 5 | 1 | 6 | 4 | 8 | 3 | 7 | 9 | 2 |

무엇을 먼저 해야 할까요? 네, 원래의 데이터를 반으로 나눠야 합니다. 그렇게 하려면 알고리즘의 ❶~❷ 단계를 반복해야 합니다. 다음 그림은 원본 데이터를 하위 데이터로 나눠가는 과정을 보여줍니다. 원본 데이터 및 각 하위 데이터에서 보라색으로 표시된 요소는 데이터 중간에 위치한 기준점을 의미합니다.

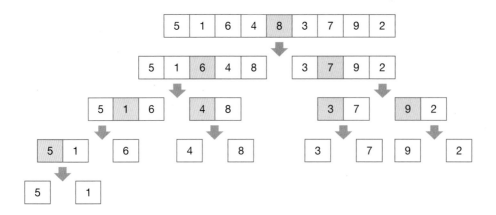

'분할'을 끝냈으니 이제는 '정복'할 차례입니다. 알고리즘의 ❸~❹ 단계를 반복해서 수행하되, 나뉜 하위 데이터들이 다시 모두 하나가 됐을 때 알고리즘을 종료합니다.

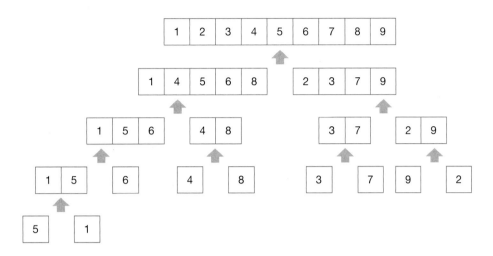

데이터를 나누고 정렬하면서 합친다. 단순하지요? 원본 데이터를 나눈 다음 조각난 각 하위 데이터를 정렬하면서 병합해나가면 결국에는 완전히 정렬된 하나의 데이터를 얻을 수 있습니다.

그런데 뭔가 허전합니다. 우리는 병합 정렬이 데이터를 나눈 후 정렬하면서 합치는 알고리즘이라는 사실을 알고 있지만 정작 어떻게 '정렬'을 수행하는지는 모릅니다. 그것도 두 데이터를 하나로 합치면서 수행해야 하는 정렬을 말입니다. 이제 그 부분에 대해 설명하겠습니다.

❶ 두 데이터를 합한 것만큼 비어 있는 데이터(공간)를 마련합니다.

❷ 두 데이터의 첫 번째 요소들을 비교하여 작은 요소를 새 데이터에 추가합니다. 그리고 새 데이터에 추가된 요소는 원래의 데이터에서 삭제합니다.

❸ 양쪽 데이터가 빌 때까지 단계 ❷를 반복합니다.

이해를 돕기 위해 예를 들어보겠습니다. 다음 그림에 두 데이터 A와 B가 있고, 이 둘을 합한 크기와 같은 크기의 빈 데이터 C가 있습니다. A와 B를 병합해서 C에 채워 넣어보겠습니다.

A | 1 | 4 | 5 | 6 | 8 |

B | 2 | 3 | 7 | 9 |

C | | | | | | | | | |

먼저 A와 B의 첫 번째 요소끼리 비교를 수행합니다. A의 첫 번째 요소는 1, B의 첫 번째 요소는 2 이므로 A의 것이 더 작습니다. C에 1을 입력하고 A에서 1을 삭제합니다.

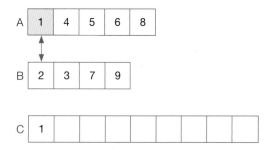

다음으로 A의 4와 B의 2를 비교합니다. 2가 작으니 2를 B에서 삭제하고 C에 입력합니다.

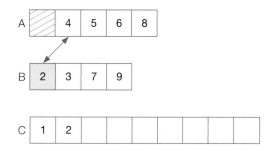

이번에는 A의 4와 B의 3을 비교할 차례입니다. 3이 작으니 이를 B에서 제거하고 C에 입력합니다.

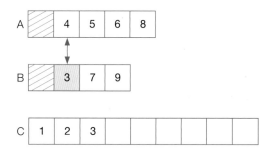

A의 4와 B의 7을 비교해봅시다. 이번에는 A에서 삭제될 데이터가 나왔네요. C에 4를 입력하고 A 에서는 삭제합니다.

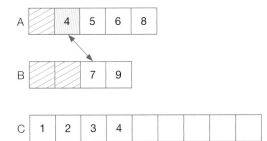

이와 같이 데이터 A와 B에 남은 첫 번째 요소를 비교하고 C에 옮겨 넣는 일을 계속하다 보면 B에 9 하나만 남게 됩니다. A에는 비교할 데이터가 남아 있지 않으므로 이를 C에 입력하고 B에서 삭제합니다. 이로써 A와 B가 모두 비게 되었고 C는 정렬된 데이터가 되었습니다.

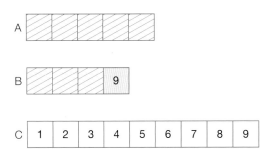

12.2.2 병합 정렬 알고리즘의 구현

분할 정복에 기반하여 설계된 모든 알고리즘은 재귀 호출을 이용하여 쉽게 구현할 수 있습니다. 병합 정렬도 마찬가지입니다. 재귀 호출을 이용하여 나누고 병합하는 과정을 구현할 수 있습니다.

병합 정렬 알고리즘을 구현하는 MergeSort( ) 함수는 크게 세 가지 작업을 수행합니다. 첫 번째로 데이터를 반으로 나누고, 두 번째로 반으로 나눈 데이터를 매개 변수로 삼아 스스로를 재귀 호출하며, 마지막으로 둘로 나눈 데이터를 다시 병합합니다.

```
void MergeSort(int DataSet[], int StartIndex, int EndIndex)
{
    int MiddleIndex;

    if ( EndIndex - StartIndex < 1 )
```

```
            return;

    MiddleIndex = (StartIndex + EndIndex) / 2;•········    절반으로 나누기 위해 중간 위치 찾기

    MergeSort( DataSet, StartIndex,   MiddleIndex );
    MergeSort( DataSet, MiddleIndex+1, EndIndex );•········    데이터를 반으로 나눠 다시 병합 정렬

    Merge( DataSet, StartIndex, MiddleIndex, EndIndex );•············    다시 병합
}
```

이 코드에서 MergeSort( ) 함수는 메모리 공간을 아끼고 메모리 할당에 소요되는 비용을 없애기
위해 하위 데이터용 메모리와 배열을 따로 할당하지 않습니다. 그 대신 각 하위 데이터를 구분하는
시작, 중간, 마지막 인덱스를 입력 받아 어디서부터 어디까지 작업 대상인지 식별합니다. 나뉜 하위
데이터를 정렬하면서 다시 합치는 Merge( ) 함수는 앞에서 설명한 '정렬하며 합치기'를 그대로 구
현합니다. Merge( ) 함수의 구현 코드는 다음 예제 코드에서 확인하기 바랍니다.

그러면 이제 병합 정렬 예제 프로그램을 만들어봅시다. 다음 코드를 작성하고 컴파일해보세요.

12장/MergeSort/MergeSort.c

```
01  #include <stdio.h>
02  #include <stdlib.h>
03
04  void MergeSort(int DataSet[], int StartIndex, int EndIndex);
05  void Merge(int DataSet[], int StartIndex, int MiddleIndex, int EndIndex );
06
07  void MergeSort(int DataSet[], int StartIndex, int EndIndex)
08  {
09      int MiddleIndex;
10
11      if ( EndIndex - StartIndex < 1 )
12          return;
13
14      MiddleIndex = (StartIndex + EndIndex) / 2;
15
16      MergeSort( DataSet, StartIndex,   MiddleIndex );
17      MergeSort( DataSet, MiddleIndex+1, EndIndex );
```

```
18
19      Merge( DataSet, StartIndex, MiddleIndex, EndIndex );
20  }
21
22  void Merge(int DataSet[], int StartIndex, int MiddleIndex, int EndIndex )
23  {
24      int i;
25      int LeftIndex   = StartIndex;
26      int RightIndex = MiddleIndex + 1;
27      int DestIndex   = 0;
28
29      int* Destination = (int*) malloc( sizeof(int) * (EndIndex - StartIndex + 1) );
30
31      while ( LeftIndex <= MiddleIndex && RightIndex <= EndIndex )
32      {
33          if (DataSet[ LeftIndex ] < DataSet [RightIndex ])
34          {
35              Destination[ DestIndex ] = DataSet[ LeftIndex ];
36              LeftIndex++;
37          } else {
38              Destination[ DestIndex ] = DataSet[ RightIndex];
39              RightIndex++;
40          }
41          DestIndex++;
42      }
43
44      while ( LeftIndex <= MiddleIndex )
45          Destination[ DestIndex++ ] = DataSet[ LeftIndex++ ];
46
47      while ( RightIndex <= EndIndex )
48          Destination[ DestIndex++ ] = DataSet[ RightIndex++ ];
49
50      DestIndex = 0;
51      for (i = StartIndex; i<=EndIndex; i++)
52      {
53          DataSet[i] = Destination[ DestIndex++ ];
54      }
55
56      free( Destination );
57  }
```

```
58
59  int main( void )
60  {
61      int DataSet[] = {334, 6, 4, 2, 3, 1, 5, 117, 12, 34};
62      int Length = sizeof DataSet / sizeof DataSet[0];
63      int i = 0;
64
65      MergeSort( DataSet, 0, Length-1 );
66
67      for ( i=0; i<Length; i++ )
68      {
69          printf("%d ", DataSet[i]);
70      }
71
72      printf("\n");
73
74      return 0;
75  }
```

📥 **실행 결과**

```
2 3 4 5 6 12 34 117 334
```

12.3 거듭 제곱 계산

거듭 제곱^{Exponentiation}은 컴퓨팅에서 자주 사용되는 연산 중 하나입니다. 하지만 일반 산술 연산과 달리 의외로 수행 시간이 오래 걸리는데 이 문제를 분할 정복으로 해결할 수 있습니다. 그것보다 거듭 제곱의 수행 시간이 오래 걸리는 이유가 무엇이냐고요? 우선 거듭 제곱 계산법을 살펴봅시다.

12.3.1 거듭 제곱 계산법

C^2을 계산하기 위해서는 다음과 같이 C 자신을 두 번 곱해야 합니다.

$$C^2 = C \times C$$

C^3을 계산하기 위해서는 다음과 같이 C 자신을 세 번 곱해야 합니다.

$$C^3 = C \times C \times C$$

그리고 C^n을 계산하려면 다음과 같이 C 자신을 n번 곱해야 합니다.

$$C^n = C \times C \times \cdots \times C$$

이것을 C 언어 코드로 바꾸면 다음과 같습니다.

```
int Power( int Base, int Exponent )
{
    int i=0;
    int Result = 1; // C^0은 1이므로

    for ( i=0; i<Exponent; i++ )
        Result *= Base;

    return Result;
}
```

매개 변수 Exponent(지수)의 크기만큼 곱셈을 수행하므로 이 알고리즘은 Exponent에 대해 $O(n)$의 수행 시간을 소요한다는 사실을 알 수 있습니다. 이보다 더 나은 성능을 얻을 방법은 없을까요? 중학교에서 배운 수학 지식을 약간만 활용하면 그 방법을 찾을 수 있습니다.

C^8은 다음과 같이 정의되지만,

$$C^8 = C \times C \times C \times C \times C \times C \times C \times C$$

다음과 같이 표현할 수도 있습니다.

$$C^8 = C^4 \times C^4 = (C^4)^2 = ((C^2)^2)^2$$

C^8을 구할 때 C를 일곱 번 곱하지 않고 C^2을 구한 뒤 제곱을 두 번 더 반복하여 결국 세 번의 곱셈만 수행함으로써 같은 결과를 얻었습니다. 이 원리에 의하면 C^{64}을 구할 때도 여덟 번만 곱셈을 수행하면 됩니다. 하지만 이 방법을 모든 제곱 연산에 적용할 수는 없습니다.

지수가 홀수인 경우도 있기 때문입니다. 이 경우 지수가 2로 나누어 떨어지지 않습니다. 제곱수가 홀수인 경우에는 다음의 정리를 이용합니다.

$$C^n = C^{\frac{n-1}{2}} \times C^{\frac{n-1}{2}} \times C = \left(C^{\frac{n-1}{2}}\right)^2 \times C$$

이 정리에 의해 C^5을 다음과 같이 구할 수 있습니다.

$$
\begin{aligned}
C^5 &= C^{\frac{5-1}{2}} \times C^{\frac{5-1}{2}} \times C \\
&= C^2 \times C^2 \times C \\
&= \left(C^2\right)^2 \times C
\end{aligned}
$$

이 내용을 정리하여 재귀 방정식을 만들면 다음과 같습니다.

$$C^n = \begin{cases} C^{n/2} \cdot C^{n/2}, & n\text{은 짝수} \\ C^{(n-1)/2} \cdot C^{(n-1)/2} \cdot C, & n\text{은 홀수} \end{cases}$$

이렇게 지수를 반으로 나눠가는 알고리즘의 수행 시간은 $O(\log_2 n)$입니다. $O(n)$이었던 처음 버전에 비하면 비약적으로 성능이 향상되었지요. 이어서 이 알고리즘의 구현에 관해 설명하겠습니다.

12.3.2 거듭 제곱 계산 알고리즘의 구현

먼저 거듭 제곱 연산의 결과는 기하급수적으로 증가하기 때문에 이를 담을 만한 크기의 자료형이 필요합니다. 결과를 담는 자료형으로는 unsigned long을 사용하기로 하고 typedef 키워드를 이용하여 ULONG이라는 별칭을 붙이겠습니다.

```
typedef unsigned long ULONG; // 64bit
```

다음은 거듭 제곱을 수행하는 Power( ) 함수입니다. 앞에서 도출한 재귀 방정식을 그대로 C 언어 코드로 옮겼습니다.

```
ULONG Power( int Base, int Exponent )
{
    if ( Exponent == 1 )
        return Base;
    else if ( Base == 0 )
        return 1;

    if ( Exponent % 2 == 0 )
    {
        ULONG NewBase = Power( Base, Exponent/2 );
        return NewBase * NewBase;
    }
    else
    {
        ULONG NewBase = Power( Base, (Exponent-1)/2 );
        return (NewBase * NewBase) * Base;
    }
}
```

이제 이 함수를 이용하는 예제 프로그램을 만들어봅시다.

12장/FastExponentiation/FastExponentiation.c

```
01  #include <stdio.h>
02
03  typedef unsigned long ULONG;
04
05  ULONG Power( int Base, int Exponent )
06  {
07      if ( Exponent == 1 )
08          return Base;
09      else if ( Base == 0 )
10          return 1;
11
12      if ( Exponent % 2 == 0 )
13      {
14          ULONG NewBase = Power( Base, Exponent/2 );
15          return NewBase * NewBase;
```

```
16        }
17        else
18        {
19            ULONG NewBase = Power( Base, (Exponent-1)/2 );
20            return (NewBase * NewBase) * Base;
21        }
22   }
23
24   int main( void )
25   {
26       int Base     = 2;
27       int Exponent = 30;
28       printf("%d^%d = %lu\n", Base, Exponent, Power( Base, Exponent ));
29
30       return 0;
31   }
```

📥 **실행 결과**

```
2^30 = 1073741824
```

12.4 분할 정복 기반 피보나치 수 구하기

피보나치 수를 이해하기 위해 다음 문제를 살펴보겠습니다. 토끼 한 쌍이 태어났는데 두 달이 지나면 성체가 되어 번식이 가능하고 토끼 한 쌍은 매달 새끼 한 쌍을 낳는다고 가정합시다. 그러면 8개월 후에는 몇 마리의 토끼가 있을까요?

답은 21쌍(42마리)입니다. 다음 표에서처럼 토끼가 다 자라기까지는 두 달이 걸리므로 두 달까지는 토끼 수에 아무 변화가 없습니다. 세 달 째가 되면 비로소 이 토끼들이 새끼 한 쌍을 낳습니다. 네 달 째에는 최초의 토끼가 또 한 쌍의 새끼를 낳지만, 세 달 째에 태어난 새끼들은 아직 다 자라지 않았으므로 토끼 수의 총합은 3쌍이 됩니다. 이런 식으로 8개월까지 토끼가 번식하는 과정을 전개해보면 모두 21쌍, 즉 42마리가 태어난다는 것을 알 수 있습니다.

달 수	토끼의 수(단위: 쌍)
1	1
2	1
3	2
4	3
5	5
6	8
7	13
8	21
...	...

사실 이 토끼 이야기는 이탈리아의 수학자 레오나르도 피보나치^{Leonardo Fibonacci}의 저서 『계산의 책 Liber Abbaci』에 소개된 문제입니다. 그리고 이 문제의 답 1, 1, 2, 3, 5, 8, 13 … 의 수열을 일컬어 '피보나치 수열'이라고 부르고요. 그리고 피보나치 수열 속의 각 수는 다음과 같은 재귀 방정식으로 정의됩니다.

$$F_n = \begin{cases} 0, & n = 0 \\ 1, & n = 1 \\ F_{n-1} + F_{n-2}, & n > 1 \end{cases}$$

이 정의에 의해 0번부터 20번까지의 피보나치 수를 나열해보면 다음과 같습니다.

F_0	F_1	F_2	F_3	F_4	F_5	F_6	F_7	F_8	F_9	F_{10}	F_{11}	F_{12}	F_{13}	F_{14}	F_{15}	F_{16}	F_{17}	F_{18}	F_{19}	F_{20}
0	1	1	2	3	5	8	13	21	34	55	89	144	233	377	610	987	1597	2584	4181	6765

이상은 우리가 중학교 시절에 배운 피보나치 수열에 관한 설명이었습니다. 이어서 피보나치 수열을 구하는 알고리즘에 관해 설명하겠습니다.

12.4.1 피보나치 수를 구하는 방법

피보나치 수열의 정의가 다음과 같으므로 피보나치 수열을 찾는 코드를 작성하는 일은 전혀 어렵지 않습니다. 재귀 방정식을 그대로 코드로 옮길 수 있기 때문입니다.

$$F_n = \begin{cases} 0, & n=0 \\ 1, & n=1 \\ F_{n-1} + F_{n-2}, & n>1 \end{cases}$$

다음과 같이 말이지요.

```
ULONG Fibonacci( int n )
{
    if ( n== 0 )
        return 0;

    if ( n == 1 || n == 2 )
        return 1;

    return Fibonacci( n - 1 ) + Fibonacci( n - 2 );
}
```

구현이 참 싱겁지요? 하지만 잠깐 시간을 내서 이 코드를 조금 더 살펴보기 바랍니다. 그중에서도 Fibonacci( ) 함수의 재귀 호출을 전개해서 몇 번의 호출이 이루어지는지 확인해보세요. 그러다 보면 이 코드의 문제가 보일지도 모릅니다.

여러분도 문제가 무엇인지 보이나요? 문제는 바로 이 코드가 분할 정복Divide and Conquer이 아니라 곱빼기 정복Double and Conquer 방식으로 피보나치 수를 구한다는 점입니다. 재귀 호출을 같이 전개해봅시다.

Fibonacci(n)을 호출하면 2개의 재귀 호출 Fibonacci(n-1), Fibonacci(n-2)가 발생합니다.

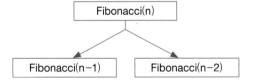

Fibonacci(n-1)은 Fibonacci(n-2)와 Fibonacci(n-3)의 호출을 생성하고 Fibonacci (n-2)는 Fibonacci(n-3)과 Fibonacci(n-4)의 호출을 생성합니다. 따라서 두 번째 단계에서는 Fibonacci( ) 호출이 4개로 늘어납니다.

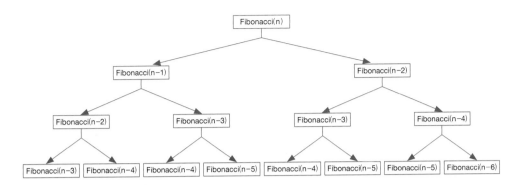

이 그림을 보면 Fibonacci(n)에 의해 생성된 Fibonacci(n-2) 호출이 Fibonacci(n-1)에 의해서도 완전히 새롭게 생성되는 것을 알 수 있습니다. 또한 Fibonacci(n-1)에 의해 생성된 Fibonacci(n-3) 호출이 Fibonacci(n-2)에 의해서도 똑같이 생성되고요. 그다음 단계를 전개하면 모두 8개의 Fibonacci() 함수 호출이 생기며 이 반복은 n이 0으로 될 때까지 계속됩니다. 따라서 이 알고리즘이 n번째 피보나치 수를 구하기 위한 작업량(수행 시간)은 $\Theta(2^n)$임을 알 수 있습니다. $\Theta(2^n)$이라면 20번째 피보나치 수를 찾기 위해 100만 회가 넘는 재귀 호출을 해야 하지요.

분할 정복 기법을 이용하면 이 소요 시간을 $\Theta(\log_2 n)$ 수준으로 줄일 수 있습니다.

12.4.2 분할 정복으로 피보나치 수를 구하는 방법

뜬금없는 것 같지만 지금부터는 행렬 이야기를 좀 하겠습니다. 정사각 행렬 A에 대해서는 $A^n A^m = A^{n+m}$이 성립합니다. 특히 $n = m$인 경우에는 $A^n A^n = A^{2n}$이 되지요. 갑자기 행렬 이야기를 꺼낸 이유는 피보나치 수의 여러 가지 성질 중 행렬에 관한 것이 있는데 이것을 소개하고 싶었기 때문입니다. 이 성질을 이용하면 분할 정복 방식으로 피보나치 수를 구할 수 있거든요.

n번째 피보나치 수를 F_n이라고 할 때 다음과 같은 2차원 정사각 행렬을 만들 수 있습니다.

$$\begin{bmatrix} F_2 & F_1 \\ F_1 & F_0 \end{bmatrix} = \begin{bmatrix} 1 & 1 \\ 1 & 0 \end{bmatrix}$$

이 정사각 행렬을 n번 제곱하면 다음과 같은 등식을 유도할 수 있습니다.

$$\begin{bmatrix} F_{n+1} & F_n \\ F_n & F_{n-1} \end{bmatrix} = \begin{bmatrix} 1 & 1 \\ 1 & 0 \end{bmatrix}^n = \begin{bmatrix} 1 & 1 \\ 1 & 0 \end{bmatrix}^{n-1} \begin{bmatrix} 1 & 1 \\ 1 & 0 \end{bmatrix}$$

이 행렬만 가지고도 $O(n)$의 피보나치 수 알고리즘을 구현할 수 있습니다. 계속 n회 제곱하면 되니까요. 하지만 정사각 행렬 A에 대해 $A^n A^m = A^{n+m}$이고 $n = m$인 경우 $A^n A^n = A^{2n}$이라는 성질을 이용하면 더 나은 성능을 끌어낼 수 있습니다. 즉, 앞의 행렬을 다음과 같이 나타낼 수 있습니다.

$$\begin{bmatrix} F_{n+1} & F_n \\ F_n & F_{n-1} \end{bmatrix} = \begin{bmatrix} 1 & 1 \\ 1 & 0 \end{bmatrix}^{n/2} \begin{bmatrix} 1 & 1 \\ 1 & 0 \end{bmatrix}^{n/2} = \begin{bmatrix} 1 & 1 \\ 1 & 0 \end{bmatrix}^n$$

이쯤에서 느낌이 조금 오지 않습니까? 이 성질을 이용하면 n번째 피보나치 수를 구할 때 $\frac{n}{2}$번째 피보나치 수를 찾아 제곱하면 되고, $\frac{n}{2}$번째 피보나치 수를 구하려면 $\frac{n/2}{2}$번째 피보나치 수를 제곱하면 됩니다. 이 말인즉 n번째 피보나치 수를 구하려면 최초의 행렬을 $\log_2 n$회 제곱하면 된다는 의미입니다.

예를 들어 10번째 피보나치 수를 찾는다고 가정해봅시다.

$$\begin{bmatrix} F_{10+1} & F_{10} \\ F_{10} & F_{10-1} \end{bmatrix} = \begin{bmatrix} 1 & 1 \\ 1 & 0 \end{bmatrix}^{10/2} \begin{bmatrix} 1 & 1 \\ 1 & 0 \end{bmatrix}^{10/2} \tag{1}$$

10을 2로 나누면 5인데 5는 2로 나누어 떨어지지 않으므로 $\begin{bmatrix} 1 & 1 \\ 1 & 0 \end{bmatrix}^n = \begin{bmatrix} 1 & 1 \\ 1 & 0 \end{bmatrix}^{n-1}$의 성질을 이용하여 다음과 같은 식을 끌어냅니다.

$$\begin{bmatrix} F_{5+1} & F_5 \\ F_5 & F_{5-1} \end{bmatrix} = \begin{bmatrix} 1 & 1 \\ 1 & 0 \end{bmatrix}^{5-1} \begin{bmatrix} 1 & 1 \\ 1 & 0 \end{bmatrix} \tag{2}$$

다시 제곱수가 짝수로 되었습니다. 이제 $\begin{bmatrix} 1 & 1 \\ 1 & 0 \end{bmatrix}^4$을 구하면 됩니다. 제곱수를 2로 나누어 다음 식을 만듭니다.

$$\begin{bmatrix} F_{4+1} & F_4 \\ F_4 & F_{4-1} \end{bmatrix} = \begin{bmatrix} 1 & 1 \\ 1 & 0 \end{bmatrix}^{4/2} \begin{bmatrix} 1 & 1 \\ 1 & 0 \end{bmatrix}^{4/2} \tag{3}$$

이번에는 제곱수가 2입니다. 이 단계에서는 $\begin{bmatrix} 1 & 1 \\ 1 & 0 \end{bmatrix}$을 제곱하기만 하면 됩니다.

$$\begin{bmatrix} F_{2+1} & F_2 \\ F_2 & F_{2-1} \end{bmatrix} = \begin{bmatrix} 1 & 1 \\ 1 & 0 \end{bmatrix} \begin{bmatrix} 1 & 1 \\ 1 & 0 \end{bmatrix} \tag{4}$$

문제를 잘게 분할했으니 이제 정복하고 합쳐야겠지요?

$$\begin{bmatrix} 1 & 1 \\ 1 & 0 \end{bmatrix}\begin{bmatrix} 1 & 1 \\ 1 & 0 \end{bmatrix} = \begin{bmatrix} 2 & 1 \\ 1 & 1 \end{bmatrix} = \begin{bmatrix} F_{2+1} & F_2 \\ F_2 & F_{2-1} \end{bmatrix}$$

$$\begin{bmatrix} 2 & 1 \\ 1 & 0 \end{bmatrix}\begin{bmatrix} 2 & 1 \\ 1 & 1 \end{bmatrix} = \begin{bmatrix} 5 & 3 \\ 3 & 2 \end{bmatrix} = \begin{bmatrix} F_{4+1} & F_4 \\ F_4 & F_{4-1} \end{bmatrix}$$

$$\begin{bmatrix} 5 & 3 \\ 3 & 2 \end{bmatrix}\begin{bmatrix} 1 & 1 \\ 1 & 0 \end{bmatrix} = \begin{bmatrix} 8 & 5 \\ 5 & 3 \end{bmatrix} = \begin{bmatrix} F_{5+1} & F_5 \\ F_5 & F_{5-1} \end{bmatrix}$$

$$\begin{bmatrix} 8 & 5 \\ 5 & 3 \end{bmatrix}\begin{bmatrix} 8 & 5 \\ 5 & 3 \end{bmatrix} = \begin{bmatrix} 89 & 55 \\ 55 & 34 \end{bmatrix} = \begin{bmatrix} F_{10+1} & F_{10} \\ F_{10} & F_{10-1} \end{bmatrix}$$

10번째 피보나치 수는 55군요. 재미있지 않습니까? 재귀 방정식을 그대로 옮긴 알고리즘과는 비교가 되지 않을 정도로 빠릅니다. 만약 재귀 방정식 기반의 알고리즘으로 10번째 피보나치 수를 찾는 과정을 이 책에 기록했다면 족히 수백 페이지는 필요했을 것입니다.

12.4.3 분할 정복 기반 피보나치 수 구하기 알고리즘의 구현

피보나치 수도 기하급수적으로 증가합니다. 따라서 이를 담을 만한 크기의 자료형이 필요한데, 거듭 제곱 알고리즘에서 결과를 담기 위해 사용했던 unsigned long을 사용하겠습니다.

```
typedef unsigned long ULONG;
```

ULONG 형식의 2차원 배열을 갖는 Matrix2x2 구조체를 다음과 같이 선언합니다.

```
typedef struct tagMatrix2x2
{
    ULONG Data[2][2];
} Matrix2x2;
```

이제 피보나치 수를 구하는 Fibonacci( ) 함수를 구현하겠습니다. 이 함수는 몇 번째 피보나치 수를 구할 것인지 나타내는 N을 매개 변수로 받고 ULONG 형식으로 피보나치 수를 반환합니다. 피보나치 수는 $\begin{bmatrix} 1 & 1 \\ 1 & 0 \end{bmatrix}^n$ 이므로 이 행렬을 N 제곱하는 Matrix2x2_Power( ) 함수를 호출합니다.

```
ULONG Fibonacci( int N )
{
    Matrix2x2 A;

    // 행렬 초기화
    A.Data[0][0] = 1; A.Data[0][1] = 1;
    A.Data[1][0] = 1; A.Data[1][1] = 0;

    // 행렬 제곱 계산
    A = Matrix2x2_Power(A, N);

    // Fₙ 반환
    return A.Data[0][1];
}
```

Matrix2x2_Power( ) 함수는 우리가 앞에서 살펴본 분할 정복 알고리즘을 그대로 구현합니다.

```
Matrix2x2 Matrix2x2_Power(Matrix2x2 A, int n)
{
    if( n>1)
    {
        A = Matrix2x2_Power( A, n/2 );•········   제곱수를 반으로 나눠 다시 Matrix2x2_Power()
        A = Matrix2x2_Multiply( A, A );           함수를 재귀 호출합니다.

        if( n & 1 )
        {
            Matrix2x2 B;
            B.Data[0][0] = 1; B.Data[0][1] = 1;
            B.Data[1][0] = 1; B.Data[1][1] = 0;
                                                  제곱수 n이 홀수인 경우 n/2을 수행할 때 / 연산
            A = Matrix2x2_Multiply( A, B );•······ 자에 의해 나머지 1이 버려집니다. 따라서 A에
        }                                         $\begin{bmatrix} 1 & 1 \\ 1 & 0 \end{bmatrix}$을 곱하여 버려진 나머지를 보완합니다.
    }
    return A;
}
```

Matrix2x2_Multiply( ) 함수가 무엇이냐고요? 별 것 없습니다. 그냥 다음 식대로 행렬곱을 구할 뿐입니다. 구현은 전체 코드에서 확인하세요.

$$\begin{bmatrix} a & b \\ c & d \end{bmatrix} \times \begin{bmatrix} e & f \\ g & h \end{bmatrix} = \begin{bmatrix} ae + bg & af + bh \\ ce + dg & cf + dh \end{bmatrix}$$

다음은 분할 정복으로 피보나치 수를 구하는 알고리즘이 담긴 예제 프로그램입니다.

12장/FibonacciDnC/FibonacciDnC.c

```
01  #include <stdio.h>
02
03  typedef unsigned long ULONG;
04
05  typedef struct tagMatrix2x2
06  {
07      ULONG Data[2][2];
08  } Matrix2x2;
09
10  Matrix2x2 Matrix2x2_Multiply(Matrix2x2 A, Matrix2x2 B)
11  {
12      Matrix2x2 C;
13
14      C.Data[0][0] = A.Data[0][0]*B.Data[0][0] + A.Data[0][1]*B.Data[1][0];
15      C.Data[0][1] = A.Data[0][0]*B.Data[1][0] + A.Data[0][1]*B.Data[1][1];
16
17      C.Data[1][0] = A.Data[1][0]*B.Data[0][0] + A.Data[1][1]*B.Data[1][0];
18      C.Data[1][1] = A.Data[1][0]*B.Data[1][0] + A.Data[1][1]*B.Data[1][1];
19
20      return C;
21  }
22
23  Matrix2x2 Matrix2x2_Power(Matrix2x2 A, int n)
24  {
25      if( n>1)
26      {
27          A = Matrix2x2_Power( A, n/2 );
28          A = Matrix2x2_Multiply( A, A );
29
30          if( n & 1 )
31          {
32              Matrix2x2 B;
33              B.Data[0][0] = 1; B.Data[0][1] = 1;
```

```
34              B.Data[1][0] = 1; B.Data[1][1] = 0;
35
36              A = Matrix2x2_Multiply( A, B );
37          }
38      }
39
40      return A;
41  }
42
43  ULONG Fibonacci( int N )
44  {
45      Matrix2x2 A;
46      A.Data[0][0] = 1; A.Data[0][1] = 1;
47      A.Data[1][0] = 1; A.Data[1][1] = 0;
48
49      A = Matrix2x2_Power(A, N);
50
51      return A.Data[0][1];
52  }
53
54  int main( void )
55  {
56      int    N     = 46;
57      ULONG Result = Fibonacci( N );
58
59      printf("Fibonacci(%d) = %lu\n", N, Result );
60
61      return 0;
62  }
```

```
Fibonacci (46) = 1836311903
```

01 분할 정복 알고리즘은 재귀 호출을 이용해야만 표현이 가능할까요? 재귀 호출은 비용이 큽니다. 조금 더 저렴한 방법을 생각하고 설명해보세요.

02 01번 문제의 답을 찾았습니까? 그래야 이번 문제를 풀 수 있습니다. 여러분이 생각해낸 **01**번 문제의 답을 이용하여 병합 정렬을 개선하세요. 재귀 호출이 제거되어야 합니다.

03 혹시 팩토리얼을 아시나요? $7! = 7 \times 6 \times 5 \times 4 \times 3 \times 2 \times 1$의 형태로 계산되는 수 말입니다. 팩토리얼은 다음과 같은 재귀 방정식으로 정의할 수 있습니다.

$$n! = \begin{cases} 1, & n = 0 \\ n(n-1)!, & n > 0 \end{cases}$$

이번 문제는 팩토리얼을 구하는 알고리즘을 분할 정복 기법으로 설계하고 구현하는 것입니다.

동적 계획법

'데이크스트라 알고리즘'을 이해하기 위해서는 '그래프'와 '우선순위 큐'를 먼저 이해해야 하고 '우선순위 큐'는 '이진 탐색 트리'를 알고 있어야 이해할 수 있습니다. '이진 탐색 트리'는 '트리'와 '이진 탐색'을, '트리'는 '리스트'를 알고 있어야 이해할 수 있지요.

이러한 알고리즘 공부 과정처럼 반복되는 부분 문제로 이루어진 문제를 풀 때 큰 힘을 발휘하는 알고리즘 설계 기법이 바로 동적 계획법입니다. 어떤 문제를 부분 문제로 단계적으로 나눈 후 작은 부분 문제의 답부터 구해 올라오면서 전체 문제의 답을 구하는 방법이지요. 이제 다음 페이지로 넘어가서 동적 계획법에 대해 더 자세히 알아보겠습니다.

📋 학습목표

✅
이 장의
핵심 개념

- 동적 계획법의 탄생 배경과 개념을 이해합니다.

- 동적 계획법을 이용하여 피보나치 수 구하기 알고리즘을 설계해봅니다.

- 동적 계획법을 이용하여 LCS 알고리즘을 설계해봅니다.

✅
이 장의
학습 흐름

동적 계획법의 탄생 배경
▼
동적 계획법의 개념
▼
동적 계획법 기반 피보나치 수 구하기 알고리즘 구현
▼
동적 계획법 기반 LCS 알고리즘 구현

13.1 동적 계획법의 개요

우리가 두 번째로 살펴볼 알고리즘 설계 기법은 동적 계획법입니다. 동적 계획법은 2차 세계대전 직후 개발된 알고리즘 설계 기법인데요. 원래는 효율적 의사결정을 위해 만들어졌지만 장점이 많은 기법이다 보니 현재는 컴퓨터 과학, 경제, 생명공학, 항공우주 공학 등 다양한 분야에서 활용되고 있습니다. 이처럼 유용한 동적 계획법에 대해 지금부터 함께 알아봅시다.

13.1.1 동적 계획법의 탄생 배경

2차 세계대전을 치르는 동안 미국은 전쟁에서 승리할 수 있는 모든 방법을 강구했고 그중 대표적인 것이 원자 폭탄 개발을 위한 맨해튼 프로젝트였습니다. 미국은 이런 '물리적' 무기 연구뿐 아니라 레이더 운용 문제, 함대 배치 문제, 대잠수함 작전 문제, 수송 문제 등 군사 작전 자체에 대한 연구에도 수학자를 비롯하여 많은 과학자를 투입하는 등 큰 투자를 했습니다. 이 연구들은 전쟁이 끝난 후 OR Operation Research 이라는 학문으로 발전했습니다.

이때 이루어진 연구 중 하나가 바로 다단계 의사 결정 문제 Multistage Decision Problem 입니다. 1940년대 미 공군에 의해 설립된 연구 조직인 RAND Research And Development 는 이 문제에 관심을 갖고 있다가 마침 RAND에서 컨설팅을 진행하고 있던 스탠포드 대학의 리처드 벨먼 Richard Bellman 교수에게 연구를 의뢰했습니다.

벨먼 교수는 다단계 의사 결정 문제를 본격적으로 연구하기 전에 이 연구를 위한 새로운 이름이 필요하다고 느꼈습니다. RAND는 미공군에게 계약되어 있었고 미공군은 윌슨 국방 장관을 수장으로 두고 있었습니다. 문제는 윌슨 국방 장관이 '연구' 비슷한 말만 들어도 병적인 공포와 증오심을 보인다는 데 있었습니다. 이를 알고 있는 이상 수학자의 냄새가 풀풀 나는 '다단계 의사 결정 어쩌고'하는 이름을 사용하는 것은 그다지 좋은 생각이 아니었던 것입니다.

벨먼 교수가 새로운 이름을 위해 가장 처음 떠올린 낱말은 의사 결정 '계획법 Planning'이었습니다. 우리나라 말로는 비슷해 보이는데 영어에서는 Planning(계획법)과 Programming(역시 계획법)에 묘한 차이가 있나 봅니다. 아무튼 벨먼 교수는 처음 생각했던 Planning 대신 Programming이라는 낱말을 사용하기로 했습니다. 벨먼 교수는 이 단계적 의사 결정이 '동적 Dynamic'으로 이루어진다는 사실을 알리고 싶었습니다. 다단계 의사 결정은 말 그대로 단계에 따라 동적으로 의사 결정을 하는 방법이었기 때문입니다. '동적'은 그야말로 적합한 낱말 후보였습니다. 의미를 잘 전달할 뿐만 아니라 용법도 형용사이기 때문에 '계획법' 앞에 붙이면 딱 들어맞는 이름을 만들 수 있었습니다. 이렇게 해서 '동적 계획법'이라는 이름이 탄생했습니다. 그리고 벨먼 교수는 동적 계획법을 연구하여 1952년에 발표했습니다.

그나저나 중요한 이야기가 빠졌네요. 다단계 의사 결정, 아니 동적 계획법이 도대체 무엇일까요? 이 질문에 대한 답은 이어지는 부분에서 알아보겠습니다.

13.1.2 동적 계획법의 개념

동적 계획법이란 어떤 문제가 여러 단계의 반복되는 부분 문제로 이루어졌을 때, 각 단계에 있는 부분 문제의 답을 기반으로 전체 문제의 답을 구하는 방법을 말합니다.

이렇게 이야기하니까 분할 정복과 비슷하게 들리지요? 하지만 동적 계획법은 분할 정복과 많이 다릅니다. 분할 정복은 문제를 위에서부터 아래로 쪼개지만Top-Down, 동적 계획법은 제일 작은 부분 문제부터 상위에 있는 문제로 풀어 올라갑니다Bottom-Up. 또한 분할 정복 기법으로 쪼갠 각 부분 문제는 완전히 독립적인 문제로 다룰 수 있지만, 동적 계획법에서 각 단계에 있는 부분 문제들은 그 이전 단계에 있는 문제들의 답에 의존합니다. 무엇보다 **동적 계획법은 분할 정복과 달리 한 번 푼 적 있는 부분 문제의 답을 다시 푸는 일이 없도록 테이블 등에 저장합니다.**

동적 계획법으로 알고리즘을 설계할 때 부분 문제의 답을 저장하는 테이블을 빼놓으면 안 됩니다. 이 테이블이 없으면 부분 문제들의 답을 수없이 반복해서 다시 구하는 일이 생길 수도 있기 때문입니다.

동적 계획법으로 설계된 알고리즘의 동작 방식은 다음 세 단계로 정리됩니다.

- ❶ 문제를 부분 문제로 나눕니다.
- ❷ 가장 작은 부분 문제부터 해를 구한 뒤 테이블에 저장합니다.
- ❸ 테이블에 저장된 부분 문제의 해를 이용하여 점차적으로 상위 부분 문제의 최적해를 구합니다.

그럼 동적 계획법으로 풀 수 있는 문제에는 어떤 것이 있을까요? 분할 정복이 만병 통치약이 아니듯, 동적 계획법 역시 풀 수 있는 문제의 종류가 한정되어 있습니다. 동적 계획법을 이용하여 문제를 풀기 위해서는 그 문제가 '최적 부분 구조Optimal Substructure'를 갖추어야 한다는 조건을 충족해야 합니다. **최적 부분 구조란 전체 문제의 최적해가 부분 문제의 최적해로부터 만들어지는 구조**를 말합니다. 예를 들어 5개의 작은 문제로 쪼갤 수 있는 어떤 문제가 있고 쪼개진 문제의 해 5개를 모두 얻어야 이 문제의 해를 구할 수 있다면 이 문제는 최적 부분 구조를 갖추었다고 할 수 있습니다.

13.2 동적 계획법 기반 피보나치 수 구하기

피보나치 수는 선행되는 피보나치 수를 구해야 다음 피보나치 수를 구할 수 있으므로 최적 부분 구조를 갖추고 있다고 할 수 있습니다. 피보나치 수 구하기 문제는 사실 우리가 이미 분할 정복 기법으로도 풀어본 적 있지만, 여기에서는 동적 계획법을 이용해서 다시 풀어보겠습니다.

13.2.1 동적 계획법으로 피보나치 수를 구하는 방법

이미 우리가 잘 알고 있는 것처럼 피보나치 수는 다음의 점화식으로 정의할 수 있습니다.

$$F_n = \begin{cases} 0, & n = 0 \\ 1, & n = 1 \\ F_{n-1} + F_{n-2}, & n > 1 \end{cases}$$

이 점화식을 C 언어 코드로 옮기면 다음과 같은 함수를 만들 수 있습니다. 물론 이 알고리즘의 수행 시간은 $O(2^n)$으로, 선뜻 수용하기 어려운 수준이지만요.

```c
ULONG Fibonacci( int n )
{
    if ( n== 0 )
        return 0;

    if ( n == 1 || n == 2 )
        return 1;

    return Fibonacci( n - 1 ) + Fibonacci( n - 2 );
}
```

우리는 이 알고리즘의 성능이 왜 그렇게 형편없는지도 알고 있습니다. 다음 그림에 나타난 것처럼 부분 피보나치 수를 얻기 위한 중복 계산이 수없이 이루어지기 때문입니다. 예를 들어 Fibonacci (n-4)는 4번, Fibonacci (n-3)은 3번이나 반복해서 계산이 수행되고 있습니다.

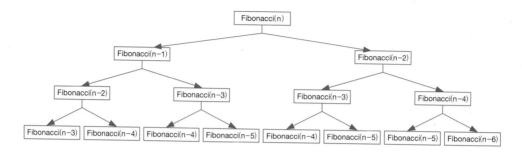

12장에서 풀었던 문제를 동적 계획법으로 다시 풀어보겠습니다. 이 알고리즘을 동적 계획법으로 재구성하면 $O(2^n)$의 성능을 $O(n)$으로 끌어올릴 수 있습니다.

동적 계획법으로 이 문제를 풀기 위해서는 제일 먼저 이 문제가 최적 부분 구조로 이루어져 있는지부터 확인해야 합니다. 피보나치 수는 부분 문제의 답에서 전체 문제의 답을 얻을 수 있으므로 최적부분 구조로 이루어져 있다고 할 수 있습니다. 동적 계획법을 사용할 수 있다는 사실을 확인했으니다음과 같은 동적 계획법의 세 단계로 풀어나가면 됩니다.

❶ 문제를 부분 문제로 나눕니다.

❷ 가장 작은 부분 문제부터 해를 구한 뒤 테이블에 저장합니다.

❸ 테이블에 저장된 부분 문제의 해를 이용하여 점차적으로 상위 부분 문제의 최적해를 구합니다.

이 절차를 피보나치 수 구하기 문제에 적용해봅시다. Fibonacci(n) 함수는 Fibonacci(n−1)과 Fibonacci(n−2)의 합입니다. Fibonacci(n−1)은 Fibonacci(n−2)와 Fibonacci(n−3)의 합이고요. 그리고 Fibonacci(2)는 Fibonacci(1)과 Fibonacci(0)의 합입니다. 이러한 사실에서 Fibonacci(n)이라는 문제가 Fibonacci(n−1), Fibonacci(n−2), ⋯ Fibonacci(2), Fibonacci(1), Fibonacci(0)의 부분 집합으로 나뉜다는 새로운 사실을 알 수 있습니다.

부분 문제로 나누는 일을 끝냈다면 가장 작은 부분 문제부터 해를 구해나갑니다. 물론 그 결과는 테이블에 저장됩니다.

테이블 인덱스	저장된 값	테이블 인덱스	저장된 값	테이블 인덱스	저장된 값
[0]	0	[5]	5	[10]	55
[1]	1	[6]	8	[11]	89
[2]	1	[7]	13	[12]	144
[3]	2	[8]	21	...	...
[4]	3	[9]	34	[n]	Fibonacci(n)

Fibonacci(0)과 Fibonacci(1)은 따로 계산할 것도 없이 이미 정의되어 있는 값을 테이블의 0번과 1번 인덱스에 넣어놓고, Fibonacci(2)부터 방금 테이블에 저장한 값을 이용하여 차근차근 테이블을 완성해나갑니다. Fibonacci(2)는 테이블의 0번과 1번에 저장된 값을 더해서 그 결과를 2번 인덱스에, Fibonacci(3)은 테이블의 2번과 1번에 저장된 값을 이용해서 3번 인덱스에 저장합니다. 이런 식으로 Fibonacci(n)을 구할 때까지 테이블에서 이전 피보나치 수를 참조하여 계산을 반복합니다.

테이블을 모두 완성하면 n번째 요소의 값이 Fibonacci(n)의 결과가 됩니다. 이렇게 해서 찾고자 하는 n번째 피보나치 수 계산이 끝납니다. 동적 계획법의 구체적인 모습이 이해되지요?

> **! 여기서 잠깐**   **분할 정복 기법보다 나은 것 같지 않은데요?**
>
> 물론 $\begin{bmatrix} 1 & 1 \\ 1 & 0 \end{bmatrix}$ 행렬을 이용해서 피보나치 수를 구하면 $O(\log_2 n)$의 수행 시간을 얻을 수 있고, 이는 동적 계획법을 적용해서 얻는 수행 시간 $O(n)$에 비해 훨씬 우수한 수준입니다. 여기서 또다시 피보나치 수 알고리즘을 다룬 이유는 더 나은 성능의 알고리즘을 찾기 위해서가 아니라 동적 계획법을 이해하기 위해서입니다.

13.2.2 동적 계획법 기반 피보나치 수 구하기 알고리즘의 구현

동적 계획법으로 설계된 피보나치 수 구하기 알고리즘을 구현하는 일은 별로 어렵지 않습니다. 다음은 동적 계획법 버전의 Fibonacci( ) 함수입니다.

```c
ULONG Fibonacci( int N )
{
    int    i;
    ULONG  Result;
    ULONG* FibonacciTable;

    if ( N==0 || N==1 )          N이 0이면 0을, 1이면 1을 반환
        return N;

    FibonacciTable = (ULONG*)malloc( sizeof( ULONG ) * (N+1) );

    FibonacciTable[0] = 0;
    FibonacciTable[1] = 1;
```

```
        for ( i=2; i<=N; i++ )•----------┄          ┌─────────────────────────────┐
        {                                            │ 테이블의 2번부터 N번째 요소까지 차례대로 │
                                                     │ 피보나치 수를 계산하여 입력           │
            FibonacciTable[i] = FibonacciTable[i-1] + FibonacciTable[i-2];
        }


        Result = FibonacciTable[N];•-----┄          ┌─────────────────────────────┐
                                                     │ N번째 요소가 결과값이므로 이를 나중에   │
                                                     │ 반환할 Result 변수에 저장           │
        free( FibonacciTable );                      └─────────────────────────────┘


        return Result;
    }
```

이제 실제로 코드를 작성해서 컴파일해봐야겠지요? 동적 계획법 버전의 피보나치 수를 구하는 예제
프로그램의 전체 코드는 다음과 같습니다.

13장/FibonacciDP/FibonacciDP.c

```
01  #include <stdio.h>
02  #include <stdlib.h>
03
04  typedef unsigned long ULONG;
05
06  ULONG Fibonacci( int N )
07  {
08      int    i;
09      ULONG  Result;
10      ULONG* FibonacciTable;
11
12      if ( N==0 || N==1 )
13          return N;
14
15      FibonacciTable = (ULONG*)malloc( sizeof( ULONG ) * (N+1) );
16
17      FibonacciTable[0] = 0;
18      FibonacciTable[1] = 1;
19
20      for ( i=2; i<=N; i++ )
21      {
```

```
22          FibonacciTable[i] = FibonacciTable[i-1] + FibonacciTable[i-2];
23      }
24
25      Result = FibonacciTable[N];
26
27      free( FibonacciTable );
28
29      return Result;
30  }
31
32  int main( void )
33  {
34      int   N      = 46;
35      ULONG Result = Fibonacci( N );
36
37      printf("Fibonacci(%d)  = %lu \n", N, Result );
38
39      return 0;
40  }
```

📥 실행 결과

```
Fibonacci(46)  = 1836311903
```

13.3 최장 공통 부분 수열

아마 윌슨 국방 장관이 '최장 공통 부분 수열LCS: Longest Common Subsequence'이라는 이름을 들었다면 이 알고리즘을 고안한 사람을 쥐도 새도 모르게 납치해서 감옥에 넣어버렸을지도 모릅니다. 하지만 우리는 국방 장관도 아니고 그저 프로그래머입니다. 이름이 불만스럽다고 그런 짓을 할 수 있는 권력 따위는 없습니다. 아무리 이상한 이름이라도 우리가 이해하려고 노력해야 하지요. 게다가 우리는 이해하는 데 충분한 지력도 갖추고 있습니다. 자, 그러니 최장 공통 부분 수열이 무엇인지 알아봅시다.

수학에서 '수열Sequence'은 어떤 물건이나 객체의 목록을 가리키는 용어입니다. 그리고 이 수열(즉, 정렬되어 있는 객체의 목록)에서 일부 요소를 제거한 것을 '부분 수열Subsequence'이라고 합니다. 예를 들어 'GOOD MORNING'이 수열이라고 한다면, 'OMIG'는 이 수열의 부분 수열이라고 할 수 있습니다. 'OMIG'는 'GOOD MORNING'에서 G, O, D, O, R, N, N을 제거한 결과이니까요.

공통 부분 수열은 두 수열 사이에 공통적으로 존재하는 부분 수열을 말합니다. 'GOOD MORNING'
과 'GUTEN MORGEN'의 공통 부분 수열을 뽑아보면 'G', 'GO', 'GON', 'GMORN' 등이 나옵
니다. 최장 공통 부분 수열은 여러 개의 공통 부분 수열 중 가장 긴 것을 말합니다.

최장 공통 부분 수열(이하 LCS) 알고리즘은 두 데이터를 비교할 때 아주 유용합니다. DNA 염기 서열을 비교
할 때(여러분과 풍뎅이의 DNA는 얼마나 유사할까요?)도 응용할 수 있고, 두 텍스트 파일의 차이
점을 찾아주는 UNIX의 diff 유틸리티도 이 알고리즘에 기반하여 만들어졌습니다.

13.3.1 LCS 알고리즘

LCS 문제를 동적 계획법으로 풀기 전에 먼저 이 문제가 최적 부분 구조로 이루어져 있는지 확인해
야 합니다.

이를 위해 $X_i = \langle x_1 x_2 x_3 \ldots x_i \rangle$, $Y_j = \langle y_1 y_2 y_3 \ldots y_j \rangle$인 두 문자열이 있다고 하고, 이 두 문자열을 매
개 변수로 받아 이들 사이에서 나올 수 있는 LCS의 '길이'를 구하는 함수를 LCS_LENGTH( )라고
합시다.

우선 i나 j 중 하나가 0이면 LCS_LENGTH(X_i, Y_j)의 결과는 0이 됩니다. i나 j가 0이라면 두 문자
열 중 하나의 길이가 0이라는 의미이고, 둘 중 하나의 길이가 0이면 공통 부분 수열이 존재하지 않
기 때문입니다.

두 번째 경우를 생각해봅시다. x_i와 y_j가 같다면, 즉 X_i와 Y_j의 마지막 요소가 동일하다면 LCS_
LENGTH(X_i, Y_j)는 LCS_LENGTH(X_{i-1}, Y_{j-1}) +1을 반환합니다. 두 문자열의 동일한 마지막 요
소는 당연히 LCS에 포함되므로 상수 1로 대체할 수 있기 때문입니다. 그리고 마지막 요소를 뺀 두
문자열끼리의 LCS 길이를 구하여 상수 1과 더하면 원래 구하고자 했던 LCS 길이를 얻을 수 있습니
다. 따라서 이 경우에는 다음과 같은 식이 성립합니다.

$$\text{LCS\_LENGTH}(X_i, Y_j) = \text{LCS\_LENGTH}(X_{i-1}, Y_{j-1}) + 1$$

세 번째 경우를 살펴보겠습니다. 두 문자열의 길이가 어느 한쪽도 0이 아니고 마지막 요소도 서로
다른 경우 LCS_LENGTH(X_{i-1}, Y_j)와 LCS_LENGTH(X_i, Y_{j-1}) 중 큰 쪽이 LCS_LENGTH$(X_i,$

Y_j)의 해입니다. 생각해보세요. 두 문자열의 마지막 요소를 각각 x_i, y_j라고 하면 두 요소끼리는 달라도 x_i와 y_{j-1}은 같을 수 있습니다. 또는 x_{i-1}과 y_j가 같을 수도 있지요. 따라서 이 경우에는 LCS_LENGTH(X_{i-1}, Y_j)와 LCS_LENGTH(X_i, Y_{j-1}) 중에서 큰 쪽이 LCS_LENGTH(X_i, Y_j)의 해가 되는 것이지요.

이 세 가지 경우를 정리하여 점화식을 만들면 다음과 같습니다.

$$\text{LCS\_LENGTH}(X_i, Y_j) = \begin{cases} 0, & i=0 \text{ or } j=0 \\ \text{LCS\_LENGTH}(X_{i-1}, Y_{j-1})+1, & x_i = y_j \\ \text{MAX}(\text{LCS\_LENGTH}(X_{i-1}, Y_j), \text{LCS\_LENGTH}(X_i, Y_{j-1})), & i,j \geq 0 \text{ and } x_i \neq y_j \end{cases}$$

이 점화식은 X와 Y의 LCS가 부분 LCS의 답으로부터 만들어지고 있음을 보여줍니다. 즉, 이 문제는 최적 부분 구조로 되어 있어서 동적 계획법으로 해를 구할 수 있다는 뜻입니다.

한편 이 점화식은 다음과 같이 정리할 수도 있습니다. 이 점화식은 $i \times j$의 테이블이 있다고 할 때 TABLE$[i, j]$는 LCS의 길이이며 TABLE의 각 요소는 TABLE$[i, j]$의 부분 문제들의 답을 담고 있다는 사실을 설명합니다.

$$\text{TABLE}[i,j] = \begin{cases} 0, & i=0 \text{ or } j=0 \\ \text{TABLE}[i-1, j-1]+1, & x_i = y_j \\ \text{MAX}(\text{TABLE}[i-1, j], \text{TABLE}[i, j-1]), & i,j \geq 0 \text{ and } x_i \neq y_j \end{cases}$$

여기서 한 가지 주의해야 할 점이 있는데, 이 점화식에 나오는 $i=0$, $j=0$은 C 언어에서의 배열 인덱스처럼 **첫 번째 요소를 가리키는 것이 아니라는 사실**입니다. $i=0$ 또는 $j=0$은 그야말로 '아무것도 없음'을 나타냅니다. 문자열 X의 첫 번째 요소는 $i=1$, 문자열 Y의 첫 번째 요소는 $j=1$입니다.

이제 이 점화식을 토대로 알고리즘을 설계해볼까요? 다음은 앞의 점화식을 그대로 C 언어 코드로 옮겨 작성한 LCS( ) 함수입니다. 매개 변수는 모두 5개입니다. 첫 번째와 두 번째 매개 변수는 문자열 X와 Y, 세 번째와 네 번째 매개 변수는 테이블의 마지막 인덱스, 다섯 번째는 LCS 테이블입니다. 참고로 마지막 매개 변수인 LCS 테이블의 크기는 $i \times j$가 아닌 $(i+1) \times (j+1)$임을 알아두기 바랍니다. 이 테이블이 점화식의 테이블보다 행과 열이 1씩 더 긴 이유는 '아무것도 없는' 행$(i=0)$과 열$(j=0)$을 표현하기 위해서입니다.

```
typedef struct structLCSTable
{
    int** Data;
} LCSTable;                               Table의 크기는 (X의 길이+1) × (Y의 길이+1)

int LCS( char* X, char* Y, int i, int j, LCSTable* Table )
{
    if ( i == 0 || j == 0 )
    {
        Table->Data[i][j] = 0;
        return Table->Data[i][j];
    }
    else if ( X[i-1] == Y[j-1] )
    {
        Table->Data[i][j] = LCS( X, Y, i-1, j-1, Table ) + 1;
        return Table->Data[i][j];
    }
    else
    {
        int A = LCS( X, Y, i-1, j  , Table );
        int B = LCS( X, Y, i  , j-1, Table );

        if ( A > B )
            Table->Data[i][j] = A;
        else
            Table->Data[i][j] = B;

        return Table->Data[i][j];
    }
}
```

앞의 함수가 두 문자열 'GOOD MORNING.' 및 'GUTEN MORGEN.'으로부터 얻어낸 LCS 테이블의 결과는 다음과 같습니다. 이 테이블의 오른쪽 아래 모서리에 있는 마지막 요소에는 두 문자열 사이의 LCS 길이가 저장되어 있습니다. 그리고 테이블 안쪽에는 X와 Y의 부분 문자열에 대한 LCS의 길이들로 채워져 있습니다. 가령 'GOOD MO'와 'GUTON MO' 사이에 존재하는 LCS의 길이는 다음 테이블에서 4('G', ' ', 'M', 'O')라는 사실을 알 수 있습니다.

		G	U	T	E	N		M	O	R	G	E	N	.
	0	0	0	0	0	0	0	0	0	0	0	0	0	0
G	0	1	1	1	1	1	1	1	1	1	1	1	0	0
O	0	1	1	1	1	1	1	1	2	2	2	2	0	0
O	0	1	1	1	1	1	1	1	2	2	2	2	0	0
D	0	1	1	1	1	1	1	1	2	2	2	2	0	0
	0	1	1	1	1	1	2	2	2	2	2	2	0	0
M	0	1	1	1	1	1	2	3	3	3	3	3	0	0
O	0	1	1	1	1	1	2	3	4	4	4	4	0	0
R	0	1	1	1	1	1	2	3	4	5	5	5	0	0
N	0	1	1	1	1	2	2	3	4	5	5	5	0	0
I	0	1	1	1	1	2	2	3	4	5	5	5	0	0
N	0	0	0	0	0	2	2	3	4	5	5	5	6	0
G	0	0	0	0	0	0	0	0	0	6	6	6	0	0
.	0	0	0	0	0	0	0	0	0	0	0	0	0	7

한편 LCS( ) 함수를 보고 '어? 이렇게 하면 수행 시간이 지수적으로 증가하는데?'라고 생각했다면 코드를 읽는 눈이 상당히 좋아졌다는 증거입니다. LCS( ) 함수는 자기 자신을 재귀 호출하는 분기문 블록을 두 군데 갖고 있습니다. 그중 마지막 블록(i와 j가 모두 0보다 크고 $X[i-1] \mathbin{!=} Y[j-1]$인 경우)은 LCS( ) 함수를 두 번 재귀 호출합니다. 이런 구조의 재귀 호출은 피보나치 수의 예에서 봤던 것처럼 $O(2^{n+m})$ 수행 시간을 가집니다. 최장 공통 부분 수열을 알아내기 위해 이런 수행 시간을 소요한다는 것은 용납하기 어렵습니다.

하지만 동적 계획법을 이용하여 이 알고리즘을 재구성하면 수행 시간을 $O(nm)$ 수준으로 확 낮출 수 있습니다. 이어서 동적 계획법 기반 LCS 알고리즘에 관해 설명하겠습니다.

13.3.2 동적 계획법 기반 LCS 알고리즘의 구현

LCS 문제를 동적 계획법으로 풀 때도 당연히 다음과 같이 동적 계획법 설계 절차를 따릅니다.

① 문제를 부분 문제로 나눕니다.

② 가장 작은 부분 문제부터 해를 구한 뒤 테이블에 저장합니다.

③ 테이블에 저장된 부분 문제의 해를 이용하여 점차적으로 상위 부분 문제의 최적해를 구합니다.

LCS 문제에서는 LCS 테이블의 각 요소가 각 부분 문제입니다. 그리고 테이블의 오른쪽 아래 방향으로 내려가면서 나타나는 요소들이 부분 문제를 포함하는 상위 문제입니다. 가장 오른쪽 아래 모서리에 있는 요소가 전체 문제이지요. 따라서 테이블의 왼쪽 위 모서리부터 시작해서 오른쪽 아래로 내려가면서 계산을 수행하면 가장 작은 문제부터 해를 구하고 이를 기반으로 상위 문제의 해를 구하게 됩니다. 마지막으로 오른쪽 아래 모서리에 이르게 되면 전체 LCS 길이의 해를 얻을 수 있습니다.

앞에서 살펴본 LCS의 점화식에 따르면 $i=0$이거나 $j=0$인 경우 $Table[i,j]=0$입니다. 따라서 모든 j에 대해 $Table[0,j]$를 0으로 만들고 모든 i에 대해 $Table[i,0]$을 0으로 만듭니다.

$j = 0$이면 $Table[i, j] = 0$

			0	1	2	3	4	5	6	7	8	9	10	11	12	13
				G	U	T	E	N		M	O	R	G	E	N	.
0			0	0	0	0	0	0	0	0	0	0	0	0	0	0
1		G	0													
2		O	0													
3		O	0													
4		D	0													
5			0													
6		M	0													
7		O	0													
8		R	0													
9		N	0													
10		I	0													
11		N	0													
12		G	0													
13		.	0													

$i = 0$이면 $Table[i, j] = 0$

그다음부터는 테이블의 1번 행(두 번째 행)과 1번 열(두 번째 열)부터 LCS 길이를 구해 채워나가면 됩니다. LCS 길이를 구하는 것은 점화식의 두 번째($X[i]$와 $Y[j]$가 같은 경우)와 세 번째(i, j가 모두 0보다 크고 $X[i]$와 $Y[j]$가 다른 경우)를 이용하면 됩니다.

$X[i]$와 $Y[j]$가 같은 경우에는 $\text{Table}[i,j]$에 $\text{Table}[i-1,j-1]+1$을 대입하면 되고, i와 j가 모두 0보다 크고 $X[i]$와 $Y[j]$가 서로 다를 때는 $\text{Table}[i-1,j]$나 $\text{Table}[i,j-1]$ 중 큰 값을 $\text{Table}[i,j]$에 대입하면 됩니다. 이렇게 테이블 왼쪽 위부터 오른쪽 아래까지 훑으면서 계산해나가면 X의 길이를 m, Y의 길이를 n이라고 했을 때 $\text{Table}[m,n]$을 구하는 데 최악의 경우라도 $O(nm)$ 정도의 수행 시간이 소요됩니다.

		0	1	2	3	4	5	6	7	8	9	10	11	12	13
			G	U	T	E	N		M	O	R	G	E	N	.
0		0	0	0	0	0	0	0	0	0	0	0	0	0	0
1	G	0	1	1	1	1	1	1	1	1	1	1	1	1	1
2	O	0	1	1	1	1	1	1	1	2	2	2	2	2	2
3	O	0	1	1	1	1	1	1	1	2	2	2	2	2	2
4	D	0	1	1	1	1	1	1	1	2	2	2	2	2	2
5		0	1	1	1	1	1	2	2	2	2	2	2	2	2
6	M	0	1	1	1	1	1	2	3	3	3	3	3	3	3
7	O	0	1	1	1	1	1	2	3	4	4	4	4	4	4
8	R	0	1	1	1	1	1	2	3	4	5	5	5	5	5
9	N	0	1	1	1	1	2	2	3	4	5	5	5	6	6
10	I	0	1	1	1	1	2	2	3	4	5	5	5	6	6
11	N	0	1	1	1	1	2	2	3	4	5	5	5	6	6
12	G	0	1	1	1	1	2	2	3	4	5	6	6	6	6
13	.	0	1	1	1	1	2	2	3	4	5	6	6	6	7

다음 코드는 동적 계획법으로 설계한 새로운 LCS( ) 함수입니다.

```
int LCS( char* X, char* Y, int i, int j, LCSTable* Table )
{
    int m = 0;
    int n = 0;

    for ( m=0; m<=i; m++ )
        Table->Data[m][0] = 0;

    for ( n=0; n<=j; n++ )
        Table->Data[0][n] = 0;


    for ( m=1; m<=i; m++ )
    {
        for ( n=1; n<=j; n++ )
        {
            if ( X[m-1] == Y[n-1] )
                Table->Data[m][n] = Table->Data[m-1][n-1] + 1;
            else
            {
                if ( Table->Data[m][n-1] >= Table->Data[m-1][n] )
                    Table->Data[m][n] = Table->Data[m][n-1];
                else
                    Table->Data[m][n] = Table->Data[m-1][n];
            }
        }
    }

    return Table->Data[i][j];
}
```

주석 설명:
- i = 0 또는 j = 0일 때는 Table[i, j]를 0으로 초기화
- 테이블의 왼쪽 위부터 시작해서 오른쪽 아래까지 답을 구합니다.
- 문자열 내의 두 요소가 같은 경우
- i, j > 0이며 문자열 내의 두 요소가 서로 다른 경우

자, 이제 우리는 엄청나게 개선된 새 LCS( ) 함수를 갖게 되었습니다. 두 문자열의 LCS 길이를 무려 $O(nm)$ 시간 안에 알아낼 수 있게 된 것이지요. 하지만 아직 남은 과제가 있습니다. 우리는 LCS 길이를 구하려던 것이 아니라 LCS 자체를 구하려고 했으니까요. 지금부터는 LCS를 구하는 과정을 알아보겠습니다.

LCS는 LCS( ) 함수를 이용해서 만든 LCS 테이블에서 얻을 수 있습니다. LCS 테이블의 오른쪽 아래 모서리부터 시작해서 왼쪽 위 모서리로 올라가면서 각 LCS 요소를 추적해내는 것이지요.

LCS 테이블에서 LCS를 추적하는 알고리즘은 다음과 같습니다.

❶ 오른쪽 아래 모서리 요소를 시작 셀로 지정하고, LCS의 요소를 담기 위한 리스트를 하나 준비합니다.

❷ 현재 위치한 셀의 값이 왼쪽(←), 왼쪽 위(↖), 위(↑) 셀보다 크면 현재 셀의 값을 리스트 헤드에 삽입하고 왼쪽 위 셀(↖)로 이동합니다.

❸ 현재 위치한 셀의 조건이 단계 ❷에 해당하지 않으며 현재 셀의 값과 왼쪽(←) 셀의 값이 같고 위(↑) 셀의 값보다 큰 경우 왼쪽(←)으로 이동합니다. 이동만 할 뿐 리스트에는 아무것도 넣지 않습니다.

❹ 단계 ❷, ❸ 중 어느 경우에도 해당하지 않으면 위(↑) 셀로 이동합니다. 역시 리스트에는 아무것도 넣지 않습니다.

❺ $i=0$ 또는 $j=0$이 될 때까지 ❷~❹ 단계를 반복합니다.

다음 그림은 앞에서 LCS( ) 함수가 만들어낸 LCS 테이블인데, LCS를 테이블 끝에서부터 추적해오는 예를 보여줍니다. 화살표를 따라가면서 제가 조금 전에 설명한 LCS 추적 알고리즘과 비교해보세요.

종료 / 시작 셀

		0	1	2	3	4	5	6	7	8	9	10	11	12	13
			G	U	T	E	N		M	O	R	G	E	N	.
0		0	0	0	0	0	0	0	0	0	0	0	0	0	0
1	G	0	↖1	←1	←1	←1	←1	1	1	1	1	1	1	1
2	O	0	1	1	1	1	↑1	1	1	2	2	2	2	2
3	O	0	1	1	1	1	↑1	1	1	2	2	2	2	2
4	D	0	1	1	1	1	↑1	1	1	2	2	2	2	2
5		0	1	1	1	1	1	↖2	2	2	2	2	2	2
6	M	0	1	1	1	1	1	2	↖3	3	3	3	3	3
7	O	0	1	1	1	1	1	2	3	↖4	4	4	4	4
8	R	0	1	1	1	1	1	2	3	4	↖5	←5	←5	5
9	N	0	1	1	1	1	2	2	3	4	5	5	5	↖6
10	I	0	1	1	1	1	2	2	3	4	5	5	5	↑6
11	N	0	1	1	1	1	2	2	3	4	5	5	5	↑6
12	G	0	1	1	1	1	2	2	3	4	5	6	6	↑6
13	.	0	1	1	1	1	2	2	3	4	5	6	6	6	↖7

다음은 LCS 추적 알고리즘을 구현한 LCS_TraceBack( ) 함수입니다.

```c
void LCS_TraceBack( char* X, char* Y, int m, int n, LCSTable* Table, char* LCS)
{
    if ( m == 0 || n == 0 )              m = 0 또는 n = 0이면 종료
        return;

    if ( Table->Data[m][n] > Table->Data[m][n-1]      현재 셀이 왼쪽(←), 왼쪽 위(↖),
        && Table->Data[m][n] > Table->Data[m-1][n]    위(↑) 셀보다 크면 문자열 앞에 현
        && Table->Data[m][n] > Table->Data[m-1][n-1] ) 재 셀의 내용 삽입 후 왼쪽 위(↖)
    {                                                 셀로 이동
        char TempLCS[100];
        strcpy( TempLCS, LCS );
        sprintf(LCS, "%c%s", X[m-1], TempLCS );

        LCS_TraceBack( X, Y, m-1, n-1, Table, LCS );
    }                                                 현재 셀이 위(↑) 셀보다 크고
    else if ( Table->Data[m][n] > Table->Data[m-1][n]  왼쪽(←)과는 같은 값일 때 왼
            && Table->Data[m][n] == Table->Data[m][n-1]) 쪽(←)으로 이동
    {
        LCS_TraceBack( X, Y, m, n-1, Table, LCS );
    }
    else
    {
        LCS_TraceBack( X, Y, m-1, n, Table, LCS );    위로 이동
    }
}
```

동적 계획법으로 LCS를 구하는 알고리즘을 이해했으니 예제 프로그램을 작성해보는 일만 남았군
요. 이제 동적 계획법 기반의 LCS 알고리즘 실행 예제 프로그램을 만들어보겠습니다. 다음 프로그램
에는 앞에서 살펴본 LCS( ) 함수와 LCS_TraceBack( ) 함수 외에도 LCS 테이블이 정상적으로 만
들어졌는지 확인할 수 있게 도와주는 LCS_PrintTable( ) 함수가 추가되어 있습니다.

```
001  #include <stdio.h>
002  #include <string.h>
003  #include <stdlib.h>
004
005  typedef struct structLCSTable
006  {
007      int** Data;
008  } LCSTable;
009
010  int LCS( char* X, char* Y, int i, int j, LCSTable* Table )
011  {
012      int m = 0;
013      int n = 0;
014
015      for ( m=0; m<=i; m++ )
016          Table->Data[m][0] = 0;
017
018      for ( n=0; n<=j; n++ )
019          Table->Data[0][n] = 0;
020
021      for ( m=1; m<=i; m++ )
022      {
023          for ( n=1; n<=j; n++ )
024          {
025              if ( X[m-1] == Y[n-1] )
026                  Table->Data[m][n] = Table->Data[m-1][n-1] + 1;
027              else
028              {
029                  if ( Table->Data[m][n-1] >= Table->Data[m-1][n] )
030                      Table->Data[m][n] = Table->Data[m][n-1];
031                  else
032                      Table->Data[m][n] = Table->Data[m-1][n];
033              }
034          }
035      }
036
037      return Table->Data[i][j];
038  }
```

```
039
040    void LCS_TraceBack( char* X, char* Y, int m, int n, LCSTable* Table, char* LCS)
041    {
042        if ( m == 0 || n == 0 )
043            return;
044
045        if ( Table->Data[m][n] > Table->Data[m][n-1]
046            && Table->Data[m][n] > Table->Data[m-1][n]
047            && Table->Data[m][n] > Table->Data[m-1][n-1] )
048        {
049            char TempLCS[100];
050            strcpy( TempLCS, LCS );
051            sprintf(LCS, "%c%s", X[m-1], TempLCS );
052
053            LCS_TraceBack( X, Y, m-1, n-1, Table, LCS );
054        }
055        else if ( Table->Data[m][n] > Table->Data[m-1][n]
056                && Table->Data[m][n] == Table->Data[m][n-1])
057        {
058            LCS_TraceBack( X, Y, m, n-1, Table, LCS );
059        }
060        else
061        {
062            LCS_TraceBack( X, Y, m-1, n, Table, LCS );
063        }
064    }
065
066    void LCS_PrintTable( LCSTable* Table, char* X, char* Y, int LEN_X, int LEN_Y )
067    {
068        int i = 0;
069        int j = 0;
070
071        printf("%4s", "");
072
073        for ( i=0; i<LEN_Y+1; i++ )
074            printf("%c ", Y[i]);
075        printf("\n");
076
077        for ( i=0; i<LEN_X+1; i++ )
078        {
```

```
079
080         if ( i == 0 )
081             printf( "%2s", "");
082         else
083             printf("%-2c", X[i-1]);
084
085         for ( j=0; j<LEN_Y+1; j++ )
086         {
087             printf("%d ", Table->Data[i][j]);
088         }
089
090         printf("\n");
091     }
092 }
093
094 int main( void )
095 {
096     char* X = "GOOD MORNING.";
097     char* Y = "GUTEN MORGEN.";
098     char* Result;
099
100     int   LEN_X = strlen(X);
101     int   LEN_Y = strlen(Y);
102
103     int   i = 0;
104     int   Length = 0;
105
106     LCSTable Table;
107
108     Table.Data = (int**)malloc( sizeof(int*) * (LEN_X + 1) );
109
110     for ( i=0; i<LEN_X+1; i++ ) {
111         Table.Data[i] = (int*)malloc( sizeof(int) * (LEN_Y + 1) );
112
113         memset( Table.Data[i], 0, sizeof( int) * (LEN_Y + 1 ) );
114     }
115
116     Length = LCS(X, Y, LEN_X, LEN_Y, &Table );
117
118     LCS_PrintTable( &Table, X, Y, LEN_X, LEN_Y );
```

```
119
120        size_t TableSize = sizeof( Table.Data[LEN_X][LEN_Y] + 1 ) ;
121        Result = (char*)malloc(TableSize);
122        memset( Result, 0, TableSize );
123
124        LCS_TraceBack(X, Y, LEN_X, LEN_Y, &Table, Result);
125
126        printf("\n");
127        printf("LCS:\"%s\" (Length:%d)\n", Result, Length);
128
129        return 0;
130    }
```

```
        G U T E N   M O R G E N .
    0 0 0 0 0 0 0 0 0 0 0 0 0 0
  G 0 1 1 1 1 1 1 1 1 1 1 1 1 1
  0 0 1 1 1 1 1 1 1 2 2 2 2 2 2
  0 0 1 1 1 1 1 1 1 2 2 2 2 2 2
  D 0 1 1 1 1 1 1 1 2 2 2 2 2 2
    0 1 1 1 1 2 2 2 2 2 2 2 2 2
  M 0 1 1 1 1 1 2 3 3 3 3 3 3 3
  0 0 1 1 1 1 1 2 3 4 4 4 4 4 4
  R 0 1 1 1 1 1 2 3 4 5 5 5 5 5
  N 0 1 1 1 1 2 2 3 4 5 5 5 6 6
  I 0 1 1 1 1 2 2 3 4 5 5 5 6 6
  N 0 1 1 1 1 2 2 3 4 5 5 5 6 6
  G 0 1 1 1 1 2 2 3 4 5 6 6 6 6
  . 0 1 1 1 1 2 2 3 4 5 6 6 6 7

LCS:"G MORN." (Length:7)
```

01 12장에서 분할 정복 기법을 이용하여 만든 피보나치 수 구하기 알고리즘과 이 장에서 동적 계획법을 이용하여 만든 피보나치 수 구하기 알고리즘을 구조면에서 비교하세요.

02 9장에서 다룬 데이크스트라의 최단 경로 알고리즘은 동적 계획법으로 만들어진 것일까요? '그렇다' 또는 '그렇지 않다'라고 생각한다면 그 이유를 설명하세요.

Chapter

14

탐욕 알고리즘

스타워즈 세계관에서 포스는 제다이가 가진 힘의 원천이기도 하지만, 탐욕이 스며들면 제다이를 타락시키는 원인이 되기도 됩니다. 포스의 균형을 가져올 것으로 기대했던 아나킨 스카이워커가 바로 이 탐욕 때문에 포스의 어두운 면에 이끌려 다스 베이더가 되고 말았지요. 포스의 어두운 면은 타락한 제다이에게 가공할 파괴력을 주는 동시에 더 빠르고 쉬운 길로 유혹합니다.

14장에서 설명할 탐욕 알고리즘은 포스의 어두운 면처럼 여러분을 빠르고 쉬운 길로 안내합니다. 하지만 걱정 마세요. 필요할 때에만 사용하면 타락할 위험은 없으니까요!

이 장의
핵심 개념

- 탐욕 알고리즘의 개념을 이해합니다.

- 탐욕 알고리즘을 이용하여 거스름돈 계산 프로그램을 설계해봅니다.

- 탐욕적 관점에서 크루스칼과 데이크스트라 알고리즘을 다시 살펴봅니다.

- 허프만 코딩으로 데이터를 압축해봅니다.

이 장의
학습 흐름

```
┌─────────────────────────────────┐
│        탐욕 알고리즘의 이해          │
└─────────────────────────────────┘
                 ▼
┌─────────────────────────────────┐
│   탐욕 알고리즘 기반 거스름돈 계산 프로그램 구현   │
└─────────────────────────────────┘
                 ▼
┌─────────────────────────────────┐
│    크루스칼과 데이크스트라 알고리즘 다시 보기    │
└─────────────────────────────────┘
                 ▼
┌─────────────────────────────────┐
│         허프만 코딩의 구현           │
└─────────────────────────────────┘
```

14.1 탐욕 알고리즘의 개요

동적 계획법과 마찬가지로 탐욕 알고리즘도 최적화 문제의 답을 얻기 위해 사용합니다. '탐욕^{Greedy}'
이라는 이름은 각 단계의 부분 문제를 풀 때 근시안^{近視眼}적으로 최적해를 구한다고 해서 붙여졌습니
다. 그래서 탐욕 알고리즘을 생각할 때는 욕심이나 탐욕 자체보다 탐욕이 우리로 하여금 가까운 것
만 바라보게 하는 효과에 초점을 맞추는 편이 이해하는 데 도움이 됩니다. '탐욕'이라고 쓰고 '근시
안'이라고 읽어도 좋겠네요.

동적 계획법은 최적해를 구해주지만 탐욕 알고리즘보다는 덜 효율적(대부분 더 많은 수행 시간을
요구합니다)입니다. 반면에 탐욕 알고리즘은 동적 계획법보다 효율적이기는 하지만 동적 계획법처
럼 반드시 최적해를 구해준다는 보장은 하지 못합니다. 최적해가 나오기를 '바랄' 수 있을 뿐이지요.

> **! 여기서 잠깐**　**최적해, 즉 가장 좋은 해가 필요 없는 문제도 있나요?**
>
> 지름이 2cm인 원의 넓이를 구한다고 해봅시다. 여러분은 원주율 π를 어떻게 계산하겠습니까? π는 무리수
> 입니다. 로켓 과학자라면 소수점 30~40자리까지 사용하겠지만, 일반적인 경우에는 소수점 4~5자리 정도면
> 충분할 것입니다. 학생의 경우 소수점 2자리(3.14) 정도면 되겠지요. π는 2002년에 소수점 1조 2400억 자
> 리까지 계산된 바 있습니다. 하지만 이 값을 널리 쓰지는 않습니다. 다루기가 너무 힘들기 때문입니다. 이와 같
> 이 가장 우수한 해 또는 최적해가 모든 경우에 유용하지는 않습니다. 오히려 '적정한 수준'의 해가 도움이 될
> 때도 있습니다.

탐욕 알고리즘이 동적 계획법과 다른 점만 있는 것은 아닙니다. 탐욕 알고리즘으로 풀 수 있는 문제
는 동적 계획법과 같이 대상 문제가 최적 부분 구조를 갖고 있어야 합니다.

탐욕 알고리즘은 다음과 같은 과정으로 동작합니다.

> ❶ **해 선택:** 현재 상태에서 부분 문제의 최적해를 구한 후 이를 부분해 집합^{Solution Set}에 추가합니다.
>
> ❷ **실행 가능성 검사:** 새로운 부분해 집합이 실행 가능한 것인지 확인합니다. 다시 말해, 문제의 제약 조건을 위반
> 하지 않는지를 검사하는 것입니다.
>
> ❸ **해 검사:** 새로운 부분해 집합이 문제의 해가 되는지 확인합니다. 아직 전체 문제의 해가 완성되지 않았다면 단
> 계 ❶의 해 선택부터 다시 시작합니다.

이 3단계를 지금 다 외울 필요는 없습니다. 지금부터 살펴볼 문제들을 탐욕적(근시안적)으로 풀다
보면 자연스럽게 외우게 될 테니까요.

이어지는 절에서는 거스름돈 문제를 다루면서 탐욕 알고리즘의 특징을 느껴보겠습니다. 그다음에는 9장의 그래프에서 다뤘던 최소 신장 트리와 최단 경로 알고리즘을 다시 살펴볼 예정입니다. 물론 탐욕적 관점에서 말입니다. 마지막으로는 대표적인 압축 알고리즘 중 하나인 허프만 코딩에 대해서도 살펴보겠습니다. 그러면 거스름돈 문제부터 시작해보겠습니다.

14.2 거스름돈 줄이기 문제

편의점에서 아르바이트를 시작한 지 3개월째인 윤호는 한가한 휴일 오후에 가게를 보다가 문득 다음과 같은 점이 궁금해졌습니다.

'어떻게 하면 손님에게 거스름돈으로 주는 지폐와 동전의 개수를 최소한으로 줄일 수 있을까?'

예를 들어 물건 가격이 1,200원인데 손님이 1,000원 지폐 2개를 지불하면 거스름돈 800원을 손님에게 내드려야 합니다. 이때 거스름돈을 100원짜리 8개로 내드릴 수도 있지만 동전의 개수를 최소한으로 하려면 500원짜리 1개와 100원짜리 3개를 내드려야 합니다. 윤호는 한참 따져보다가 손님이 들어오는 바람에 문제 풀이를 멈춰야 했습니다. 그리고는 어쩐 일인지 다시는 이 문제가 궁금하지 않게 됐습니다.

윤호는 이 문제를 풀지 않았지만 우리는 이 문제를 고민해볼 필요가 있습니다. 탐욕 알고리즘을 잘 이해할 수 있는 좋은 사례이기 때문입니다. 탐욕 알고리즘은 ❶ 해 선택, ❷ 실행 가능성 검사, ❸ 해 검사 3단계로 동작한다고 했지요? 이 3단계에 따라 거스름돈을 계산하는 알고리즘을 만들어봅시다.

- ❶ **해 선택:** 여기서는 멀리 내다볼 것 없이 가장 좋은 해를 선택하면 됩니다. 단위가 큰 동전으로만 거스름돈을 만들면 동전의 개수가 줄어들겠지요? 따라서 현재 고를 수 있는 가장 큰 단위의 동전을 하나 골라 거스름돈에 추가합니다.

- ❷ **실행 가능성 검사:** 거스름돈이 손님에게 내드려야 할 액수를 초과하는지 확인합니다. 초과한다면 마지막에 추가한 동전을 거스름돈에서 빼고 단계 ❶로 돌아가서 현재보다 한 단계 작은 단위의 동전을 추가합니다.

- ❸ **해 검사:** 거스름돈 문제의 해를 구성하는 동전의 총액은 당연히 손님에게 내드려야 하는 액수와 일치해야 합니다. 더 드려도, 덜 드려도 안 되지요. 거스름돈 액수가 모자라면 다시 단계 ❶로 돌아가서 추가할 동전을 고릅니다.

이대로만 하면 항상 최소한의 동전으로 거스름돈을 만들 수 있습니다. 정말 그런지 예제 프로그램을 만들어 확인해보겠습니다.

14.2.1 거스름돈 계산 예제 프로그램

이 예제 프로그램은 모두 3개의 파일로 이루어져 있으며 각각 다음과 같습니다. MakingChange.h는 거스름돈 계산용 함수 원형을 선언합니다. MakingChange.c는 거스름돈 계산용 함수를 구현합니다. TestMakingChange.c는 물건값과 지불 금액을 입력 받아 MakingChange.c에 구현된 함수를 호출하여 결과를 출력합니다.

다음 코드를 따라 프로그램을 만들어 컴파일해두세요. 실행은 컴파일이 끝난 후 하겠습니다.

14장/MakingChange/MakingChange.h

```
1  void GetChange( int Price, int Pay, int CoinUnits[], int Change[], int Size );
2  int  CountCoins( int Amount, int CoinUnit );
3  void PrintChange( int CoinUnits[], int Change[], int Size );
```

14장/MakingChange/MakingChange.c

```
01  #include "MakingChange.h"
02  #include <stdio.h>
03
04  void GetChange( int Price, int Pay, int CoinUnits[], int Change[], int Size )
05  {
06      int i=0;
07      int ChangeAmount = Pay - Price;
08
09      for ( i=0; i<Size; i++ )
10      {
11          Change[i]    = CountCoins( ChangeAmount, CoinUnits[i] );
12          ChangeAmount = ChangeAmount - ( CoinUnits[i] * Change[i] );
13      }
14  }
15
16  int CountCoins( int Amount, int CoinUnit)
17  {
18      int CoinCount    = 0;
19      int CurrentAmount = Amount;
20
```

> 해 검사: 큰 단위의 동전부터 작은 단위의 동전까지 필요한 개수를 세면 거스름돈이 완성됩니다.

> 해 선택: 현 단계에서 가능한 한 큰 단위의 동전을 고릅니다.

```
21      while ( CurrentAmount >= CoinUnit )
22      {
23          CoinCount++;
24          CurrentAmount = CurrentAmount - CoinUnit;
25      }
26
27      return CoinCount;
28  }
29
30  void PrintChange( int CoinUnits[], int Change[], int Size )
31  {
32      int i=0;
33
34      for ( i=0; i<Size; i++ )
35          printf( "%8d원 : %d개\n", CoinUnits[i], Change[i] );
36  }
```

```
01  #include "MakingChange.h"
02  #include <stdio.h>
03  #include <stdlib.h>
04
05  int Compare( const void* a, const void* b )
06  {
07      int _a = *(int*)a;
08      int _b = *(int*)b;
09
10      if ( _a < _b)
11          return 1;
12      else
13          return -1;
14  }
15
16  int main( void )
17  {
```

```
18      int  i          = 0;
19      int  Pay        = 0 ;
20      int  Price      = 0;
21      int  UnitCount = 0;
22      int* CoinUnits = NULL;
23      int* Change     = NULL;
24
25      printf("동전의 가짓수를 입력하세요 :");
26      scanf( "%d", &UnitCount );
27
28      CoinUnits = (int*) malloc( sizeof(int) * UnitCount );
29      Change     = (int*) malloc( sizeof(int) * UnitCount );
30
31      for ( i=0; i<UnitCount; i++ )
32      {
33          printf("[%d] 번째 동전의 단위를 입력하세요 : ", i );
34          scanf( "%d", &CoinUnits[i] );
35      }
36
37      qsort( CoinUnits, UnitCount, sizeof(int), Compare );
38
39      printf("물건 가격을 입력하세요 : ");
40      scanf( "%d", &Price );
41
42      printf("손님이 지불한 돈은 얼마입니까? : ");
43      scanf( "%d", &Pay );
44
45      GetChange( Price, Pay, CoinUnits, Change, UnitCount );
46
47      PrintChange( CoinUnits, Change, UnitCount);
48
49      return 0;
50  }
```

컴파일을 마쳤습니까? 그러면 일단 프로그램은 그대로 놔두고 다음 부분으로 넘어가서 계속 이야기
해보겠습니다.

14.2.2 탐욕 알고리즘의 중요한 속성

대부분의 국가에서 사용하는 지폐와 동전의 단위는 탐욕 알고리즘이 항상 최적의 거스름돈을 만들 수 있는 형식으로 되어 있습니다. 우리나라의 동전은 500원, 100원, 50원, 10원, 이렇게 네 가지가 있습니다. 이 다섯 가지 중 어느 두 개를 골라 두 동전 사이의 최대 공약수를 계산해도 항상 작은 값의 동전 단위가 나옵니다. 예를 들어 500과 100의 최대 공약수는 100이고 100과 10의 최대 공약수는 10입니다.

이와 같은 체계에서는 누구나 최소 개수의 동전으로 이루어진 거스름돈을 만들 수 있습니다. 예를 들어 물건 금액이 1,200원이고 손님의 지불 금액이 2,000원인 경우 500원짜리 1개와 100원짜리 3개를 손님에게 거슬러주면 됩니다. 앞에서 만든 예제 프로그램도 같은 결과를 냅니다.

↳ 실행 결과

```
동전의 가짓수를 입력하세요 : 4
[0] 번째 동전의 단위를 입력하세요 : 500
[1] 번째 동전의 단위를 입력하세요 : 100
[2] 번째 동전의 단위를 입력하세요 : 50
[3] 번째 동전의 단위를 입력하세요 : 10
물건 가격을 입력하세요 : 1200
손님이 지불한 돈은 얼마입니까? : 2000
        500원 : 1개
        100원 : 3개
         50원 : 0개
         10원 : 0개
```

만약 한국은행에서 400원짜리 동전을 새로 발행한다면 어떻게 될까요? 여전히 이 알고리즘은 최적의 해를 만들까요? 400원짜리 동전이 있는 경우 800원의 거스름돈을 만들기 위한 최적의 해는 400원짜리 동전 2개를 내주는 것입니다. 하지만 우리의 알고리즘대로라면 500원짜리를 먼저 선택해서 1개를 거스름돈에 추가하고 그다음 단계에서 400원짜리 동전을 선택하지만 실행 가능성 검사에서 부적격 판정을 받습니다. '500원+400원=900원'이 되므로 손님에게 내주어야 할 돈 800원을 초과하기 때문입니다. 결국 다음 단계에서 100원짜리를 선택하게 되고 모두 4개의 동전을 손님에게 내주는 결과를 얻게 됩니다.

```
동전의 가짓수를 입력하세요 : 5
[0] 번째 동전의 단위를 입력하세요 : 500
[1] 번째 동전의 단위를 입력하세요 : 400
[2] 번째 동전의 단위를 입력하세요 : 100
[3] 번째 동전의 단위를 입력하세요 : 50
[4] 번째 동전의 단위를 입력하세요 : 10
물건 가격을 입력하세요 : 1200
손님이 지불한 돈은 얼마입니까? : 2000
        500원 : 1개
        400원 : 0개
        100원 : 3개
         50원 : 0개
         10원 : 0개
```

이 실행 결과를 살펴보면 **거스름돈을 만드는 탐욕 알고리즘의 해가 항상 최적은 아니다**라는 사실을 알 수 있습니다. 거스름돈 알고리즘처럼 항상 최적의 결과를 보장하지는 못한다는 점은 꼭 알아두어야 할 탐욕 알고리즘의 중요한 속성입니다.

14.3 크루스칼 알고리즘 다시 보기

다음과 같은 그래프가 있다고 했을 때 그래프 내 모든 정점을 최소 비용으로 연결하는 트리를 최소 신장 트리라고 합니다. 최소 신장 트리를 구축할 때 한 가지 중요한 제약이 따르는데, 그것은 바로 최소 신장 트리 내에 사이클이 형성되어서는 안 된다는 점입니다. 물론 사이클이 형성되면 그것은 더 이상 '트리'가 아니지만 말입니다.

NOTE ▶ '최소 신장 트리Minimum Spanning Tree'를 구현하는 크루스칼 알고리즘을 모르면 이 절을 공부해도 탐욕 알고리즘 이해에 도움이 되지 않을 것입니다. 크루스칼 알고리즘이 기억이 나지 않는 독자는 9장의 크루스칼 알고리즘 부분을 다시 읽어보기 바랍니다.

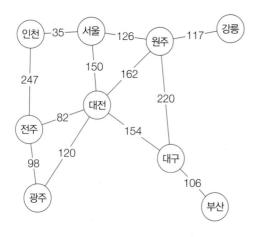

최소 신장 트리를 만드는 알고리즘에는 여러 가지가 있지만 9장에서는 프림 알고리즘과 크루스칼 알고리즘 두 가지만 다뤘습니다. 여기서는 그중 크루스칼 알고리즘을 다시 한번 살펴보려고 합니다. '탐욕적인' 관점에서 말입니다.

여러분도 알고 있듯이 크루스칼 알고리즘은 다음 2단계로 동작합니다.

   ❶ 그래프 내 모든 간선을 가중치의 오름차순으로 정렬하여 목록을 만듭니다.

   ❷ 단계 ❶에서 만든 간선의 목록을 차례대로 순회하면서 간선을 최소 신장 트리에 추가합니다. 단, 이때 추가된
     간선으로 인해 최소 신장 트리 내에 사이클이 형성되면 안 됩니다.

크루스칼 알고리즘에서 탐욕적인 방법으로 처리되는 부분은 단계 ❷입니다. 탐욕 알고리즘이 해 선택-실행 가능성 검사-해 검사의 반복으로 설계된다고 했지요? '해 선택-실행 가능성 검사-해 검사'의 반복으로 이루어지는 부분이 크루스칼 알고리즘에서 간선 목록을 돌면서 최소 신장 트리를 완성해나갑니다.

해 선택은 가장 작은 가중치의 간선을 선택함으로써 이루어집니다. 정렬은 이미 끝났으므로 차례대로 선택하기만 하면 됩니다.

크루스칼 알고리즘에서 중요한 것은 실행 가능성 검사입니다. 해 선택 단계에서 고른 간선이 신장 트리 내에 사이클을 형성한다면 이 간선을 버리고 다음 가중치의 간선을 골라야 하기 때문입니다. 크루스칼 알고리즘은 사이클 탐지를 위해 분리 집합을 이용합니다. 크루스칼 알고리즘은 간선을 추가할 때마다 간선 양 끝에 있는 정점들을 같은 집합에 추가하는데, 이 2개의 정점이 이미 같은 집합에 소속되어 있다면 이 간선이 사이클을 형성한다고 판단합니다.

다음 그림은 9장에서 가져온 것입니다. 이미 가중치의 오름차순으로 A–B, E–F, E–H, G–I, C–D 간선이 연결되었고 이제 막 F–H(가중치 120)를 추가하려는 참입니다. 그런데 정점 F와 H는 이미 같은 집합에 소속되어 있기 때문에 F–H 간선을 연결하면 사이클이 형성된다고 예측할 수 있습니다. 따라서 F–H는 실행 가능성 검사에서 거부당합니다.

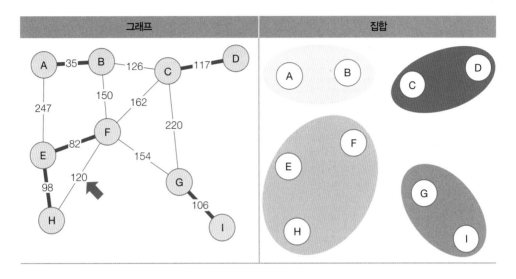

그래서 다시 해 선택 단계로 넘어갑니다. 이번에는 가중치가 126인 간선 B–C를 선택합니다. 다시 실행 가능성 검사를 해봅시다. B–C 끝에 연결된 정점 B와 C는 현재 서로 다른 집합의 원소군요. 이 간선은 사이클을 형성하지 않습니다. 실행 가능성 검사를 통과했습니다.

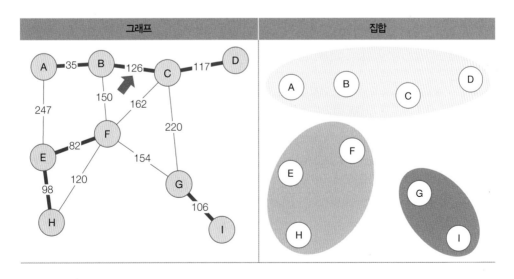

그러면 크루스칼 알고리즘은 어떻게 해 검사를 할까요? 모든 정점이 하나의 집합에 들어 있으면 해가 완성되었다고 판단할 수 있습니다.

이렇게 해서 크루스칼의 최소 신장 트리 알고리즘을 탐욕적인 관점에서 다시 살펴봤습니다. 이제 탐욕 알고리즘이 어떤 것인지 감이 잡히나요? 다음 절에서는 데이크스트라의 최단 경로 알고리즘을 탐욕적인 관점으로 살펴보겠습니다.

14.4 데이크스트라 알고리즘 다시 보기

데이크스트라 알고리즘은 그래프 내의 한 정점에서 다른 정점으로 향하는 가장 짧은 경로를 구하는 알고리즘입니다. 예를 들면 다음과 같은 그래프에서 최소 비용으로 정점 B에서 I로 갈 수 있는 방법을 찾는 것이지요.

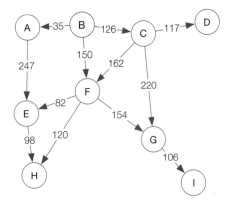

데이크스트라 알고리즘은 다음과 같이 동작합니다.

❶ 각 정점에는 시작점으로부터 자신에게 이르는 경로의 길이를 저장할 곳을 준비하고 각 정점에 대한 경로의 길이를 ∞(무한대)로 초기화합니다.

❷ 시작 정점의 경로 길이를 0으로 초기화하고 최단 경로에 추가합니다.

❸ 최단 경로에 새로 추가된 정점의 인접 정점에 대해 경로 길이를 갱신하고 이들을 최단 경로에 추가합니다. 만약 추가하려는 인접 정점이 이미 최단 경로 안에 있다면, 갱신되기 이전의 경로 길이가 새로운 경로의 길이보다 더 큰 경우에 한해 다른 선행 정점을 지나던 기존 경로가 현재 정점을 경유하도록 수정합니다.

❹ 그래프 내의 모든 정점이 최단 경로에 소속될 때까지 단계 ❸의 과정을 반복합니다.

앞의 알고리즘에서 단계 ❶과 ❷는 사실 알고리즘의 초기화 작업에 해당되며 단계 ❸과 ❹가 본격적으로 최단 경로를 만드는 과정입니다. 단계 ❸은 해 선택과 실행 가능성 검사, 단계 ❹는 해 검사를 맡고 있지요. 이 알고리즘에서는 최단 경로가 해 집합이고 각 정점이 부분 문제에 대한 해입니다.

이해를 돕기 위해 9장에서 봤던 예제를 가져와서 다시 한번 살펴보겠습니다. 가장 먼저 데이크스트라 알고리즘의 단계 ❶, ❷를 수행합니다. 모든 정점의 경로 길이를 ∞(무한대)로 초기화하고 시작 정점의 경로 길이만 0으로 초기화합니다. 그리고 시작 정점을 최단 경로 안에 추가합니다.

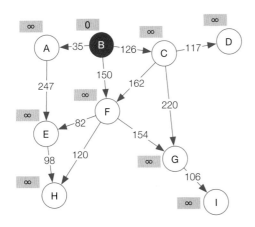

현재 시점에서 가장 마지막에 추가한 정점은 시작 정점 B입니다. 시작 정점인 B에 인접한 정점 A, C, F를 최단 경로에 추가하고 각 정점에 이르기 위해 소요되는 비용을 기록합니다. B-A는 35, B-C는 126, B-F는 150입니다. 이미 최단 경로 안에 들어 있던 정점들이 없으므로 실행 가능성 검사를 통과합니다. 아직 최단 경로를 완성하지 못했으므로 단계 ❹의 해 검사는 통과하지 못합니다. 따라서 단계 ❸을 반복합니다.

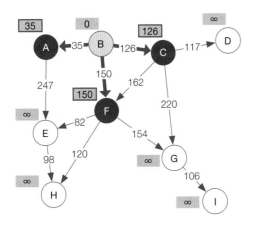

앞에서 A, C, F 모두 3개의 정점이 최단 경로에 새로 추가되었습니다. 이 정점들에 대해 다시 단계 ❸의 과정을 차근차근 적용하면 됩니다. 먼저 A를 처리해봅시다. A의 인접 정점은 E 하나입니다. E를 최단 경로에 추가하고 E에 이르는 비용을 기록합니다. 비용은 282입니다. 실행 가능성 검사는 통과하고 해 검사는 통과하지 못합니다. 계속해서 C를 처리하겠습니다.

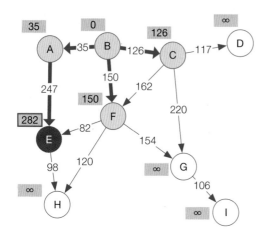

C의 인접 정점에는 D, F, G가 있는데 현재 D의 경로 길이는 무한대이므로 B-C-D 경로의 비용을 그대로 입력하고 G 역시 경로 길이가 무한대이므로 B-C-G 경로의 비용을 입력합니다. D와 G는 둘 다 실행 가능성 검사를 통과합니다. 하지만 F는 실행 가능성 검사에서 떨어집니다. 이미 F는 최단 경로 안에 포함되어 있는 데다가 포함된 경로 B-F의 비용은 150으로, 새로 추가하려는 B-C-F의 비용 288보다 작기 때문입니다.

실행 가능성 검사를 통과하지 못하면 어떻게 하냐고요? 무시하고 다음 단계를 진행하면 됩니다.

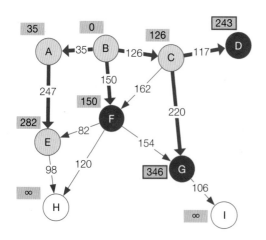

나머지 과정은 여러분이 직접 '해 선택 – 실행 가능성 검사 – 해 검사'를 해가면서 최단 경로를 완성해보기 바랍니다. 혼자서 완성하기 어려우면 똑같은 예제를 설명하는 9장의 데이크스트라 알고리즘 부분을 다시 읽어보세요.

이번 절에서 우리는 데이크스트라 알고리즘을 살펴보며 이 알고리즘이 한 정점의 인접 정점들에 대한 정보만 이용하여 최단 경로를 구축해나간다는 사실을 확인할 수 있었습니다. 이것은 다시 말하면 데이크스트라 알고리즘도 근시안적인 접근법을 이용하여 문제를 해결한다는 뜻입니다.

탐욕 알고리즘이 의외로 재미있지요? 이 방식으로 설계된 압축 알고리즘도 있습니다. 다음 절에서 소개할 허프만 코딩이 바로 그것입니다.

14.5 허프만 코딩

음악 저장 파일 포맷인 mp3와 이미지 저장 파일 포맷인 JPEG의 공통점은 무엇일까요? 그것은 바로 허프만 코딩을 이용하는 압축 데이터 포맷이라는 점입니다. 허프만 코딩 Huffman Coding 은 1950년경 데이비드 허프만 David A Huffman 이 MIT 박사과정생일 때 만든 알고리즘입니다. 허프만은 로버트 파노 Robert M Fano 교수의 정보 이론 수업을 듣고 있었는데 그 수업을 듣던 학생들은 기말 리포트를 작성하든지 기말 고사를 치르든지 둘 중 하나를 선택해야 했습니다. 허프만은 시험 대신 리포트를 선택했는데 교수로부터 내려온 기말 리포트의 주제는 '가장 효율적인 이진 코드 기법을 고안하라'였습니다.

허프만은 기한에 맞춰 리포트를 제출했습니다. 놀랍게도 그 리포트에서 제안한 알고리즘은 스승인 로버트 파노 교수의 샤논–파노 코딩 Shanno-Fano Coding 보다 더 우수한 것으로 드러났고 전 세계에서 가장 유명한 압축 알고리즘 중 하나가 되었습니다.

지금부터는 이 유명한 알고리즘이 어떻게 동작하는지, 어떤 과정으로 설계되었는지에 대해 알아보려 합니다. 허프만 코딩을 설명하기에 앞서 '접두어 코드 Prefix Code '라는 것에 관해 먼저 설명하겠습니다. 허프만 코딩을 이해하기 위한 기본 지식이므로 조금 지루하더라도 참고 읽어주기 바랍니다.

14.5.1 고정 길이 코드와 접두어 코드

고정 길이 코드 Fixed Length Code 는 말 그대로 모든 코드의 길이가 똑같은 값을 갖는 코드 체계를 말합니다. 우리가 자주 사용하는 ASCII가 대표적인 예인데, 이 코드 집합의 모든 코드는 8bit 길이를 가집니다. 고정 길이 코드의 최대 장점은 다루기 쉽다는 데 있습니다. ASCII로 문자열을 표현하고 싶으면 8bit 길이의 데이터를 연속해서 이어 붙이면 되고 반대로 문자열의 각 요소를 알고 싶으면 8bit 단위로 끊어 읽으면 됩니다.

예를 하나 들어볼까요? 비트로 표시된 ASCII 코드 문자열 01100001011000100110001101100100이 어떤 문자로 구성되어 있는지 알아보겠습니다. 먼저 이 문자열을 8bit씩 쪼갭니다. 그리고 각 조각을 코드 집합에 정의된 값으로 표시합니다.

ASCII(이진수)	01100001	01100010	01100011	01100100
ASCII(십진수)	97	98	99	100
ASCII 기호	a	b	c	d

이렇게 해서 01100001011000100110001101100100은 'abcd'를 나타내는 코드임을 쉽게 알 수 있습니다.

고정 길이 코드가 이처럼 연산의 편의를 위한 것이라면 가변 길이 코드 Variable Length Code 는 저장 공간 절약을 위해 사용됩니다. 가변 길이 코드는 저장 공간을 절약한다는 장점도 있지만 데이터 처리가 상당히 번거롭다는 단점도 있습니다.

접두어 코드 Prefix Code 는 가변 길이 코드의 한 종류입니다. 접두어 코드는 무無접두어 코드 Prefix Free Code 라고 불리기도 하는데, 후자 쪽이 의미를 더 명확하게 알려주지만 이상하게도 이 분야에서는 그냥 접두어 코드라고 부르는 것이 대세입니다. 여러분이 잘 아는 것처럼 '접두어接頭語'는 다른 낱말 앞에 위치해서 새로운 낱말을 만드는 역할을 하는 말을 가리킵니다. 예를 들어 막노동, 막말에서 '막'은 노동과 말 앞에 붙어서 '닥치는 대로 하는 일'과 '함부로 하는 말'이라는 새로운 뜻을 가진 낱말을 만듭니다.

접두어 코드(또 다른 이름이 무접두어 코드라는 것을 다시 한번 상기해주세요)는 코드 집합의 어느 코드도 다른 코드의 접두어가 되지 않는 코드를 말합니다(이것을 '접두어 속성 Prefix Property'이라고 합니다). 예를 들어 코드 집합 { "0", "1", "01", "010" }은 접두어 코드가 아닙니다. "0"이 "01"과 "010"의 접두어가 되기 때문입니다. 반면에 { "00", "010", "100", "101" }은 어느 코드도 다른 코드의 접두어가 되지 않기 때문에 접두어 코드라고 할 수 있습니다.

예를 들어 a, b, c, d를 나타내는 접두어 코드가 다음과 같이 정의되어 있다고 가정해봅시다.

```
a = 00
b = 010
c = 100
d = 101
```

이 코드대로라면 'abcd'는 00010100101로 표현할 수 있습니다. ASCII로는 자그마치 32bit가 필요한데 접두어 코드로는 11bit만으로도 표현할 수 있습니다. 그런데 ASCII와 같이 고정 길이 코드로 이루어진 데이터를 접두어 코드로 변환할 수 있는 메커니즘이 있다면 데이터를 압축할 수 있지 않을까요? 그 반대로 동작하는 메커니즘은 압축된 데이터를 원본으로 압축 해제할 수 있을 테고요.

허프만 코딩은 이런 아이디어에 근거를 두고 있습니다. 이어서 허프만 코딩에 대해 자세히 알아보겠습니다. 우선 압축과 해제에 모두 사용되는 허프만 트리부터 살펴봅시다.

14.5.2 허프만 트리 구축

허프만 코딩Huffman Coding 알고리즘을 이해하려면 딱 두 가지만 기억하면 됩니다. '기호의 빈도'와 '이진 트리(정말 쓸모가 많은 자료구조입니다. 그렇지 않나요?)' 말입니다.

기호의 빈도는 한 기호가 데이터 안에서 차지하는 비율을 말합니다. 'Programming'이라는 문자열을 예로 들어보면 길이는 11이고 기호 'g', 'm', 'r'의 빈도는 2이며 'P', 'o', 'i'의 빈도는 1입니다.

기호의 빈도는 길이가 짧은 접두어 코드를 빈도가 높은 기호에 부여하기 위해 사용합니다. 빈도가 높은 기호에 작은 접두어 코드를 부여하면 그만큼 저장 공간을 아낄 수 있기 때문입니다. 다시 말해, 압축률이 높아진다는 뜻입니다. 예를 들어 어떤 문자열이 'a' 기호 20개와 'b' 기호 5개로 이루어진다고 가정해봅시다. 'a'에 코드 100을, 'b'에 코드 11을 부여한다면 변환된 데이터의 크기는 3(100의 비트 수)×20+2(11의 비트 수)×5=70비트가 됩니다. 원본 문자열이 200비트였으니 원본 크기 대비 35%로 압축되었습니다. 하지만 반대로 a에 코드 11, b에 코드 100을 부여한다면 2(11의 비트 수)×20+3(100의 비트 수)×5=55로 앞의 방법에 비해 15비트를 더 절약할 수 있습니다. 왜 기호의 빈도가 의미 있는지 알겠지요?

이진 트리는 접두어 코드를 표현하기 위해 사용합니다. 트리의 노드에서 왼쪽 자식 노드는 0, 오른쪽 자식 노드는 1을 나타냅니다. 이 트리에서 모든 기호는 잎 노드에만 기록되어 있으며 뿌리 노드에서부터 잎 노드까지 이르는 경로가 기호의 접두어 코드가 됩니다. 이러한 방식으로 접두어 코드를 표현하는 이진 트리를 허프만 트리Huffman Tree라고 합니다. 다음 그림이 그 예입니다.

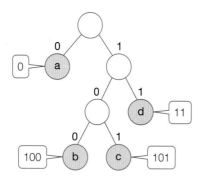

이 트리를 보면 잎 노드는 모두 4개이고 노드들에 저장된 기호는 a, b, c, d입니다. 뿌리 노드로부터 a 노드까지 이르는 경로는 0 하나뿐입니다. 따라서 a의 접두어 코드는 0이 됩니다. 뿌리 노드로부터 b 노드까지 이르는 경로에는 오른쪽(1), 왼쪽(0), 왼쪽(0) 노드가 존재하므로 100이 됩니다. 같은 방법으로 c와 d를 읽어보면 c는 101, d는 11이 됩니다.

기가 막힌 방법 아닙니까? 아마 허프만뿐 아니라 허프만의 스승도 이것을 보고 무릎을 탁 쳤을 것 같습니다.

그나저나 지금 우리가 공부하고 있는 탐욕 알고리즘과 허프만 트리가 무슨 상관이 있을까요? 여러분은 이 트리의 뿌리 노드에서 잎 노드에 이르는 경로가 길어지면 길어질수록 접두어 코드 역시 길어진다는 사실을 눈치챘을 것입니다. 앞에서 이야기한 기호의 빈도는 기호를 어느 잎 노드에 입력할 것인가를 결정하기 위해 사용합니다. **빈도가 높은 기호일수록 경로를 짧게, 빈도가 낮은 기호일수록 경로를 길게 가져가야 압축률이 높아지지요.** 그렇다면 어떻게 해야 빈도수가 높은 기호부터 경로가 짧은 노드를 차지할 수 있도록 만들 수 있을까요?

한 가지 예를 들어 설명하겠습니다. 'aaabaacdd'라는 문자열이 있다고 가정합시다. a의 빈도는 5이고 b, c는 1, 그리고 d는 2입니다. 먼저 이 기호들을 빈도와 함께 다음 그림과 같이 노드로 생성합니다. 여기서 원 위의 숫자는 빈도를 나타냅니다.

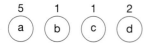

허프만 트리에서 기호는 잎 노드에만 저장되므로 이 노드들은 끝까지 잎 노드로 남아야 합니다. 따라서 우리는 이 노드들 위에 부모 노드를 만들어 연결시키면서 트리를 완성해야 합니다. 지금부터는 탐욕 알고리즘의 3단계를 적용해서 이 문제를 풀어나가면 됩니다.

❶ 해 선택

❷ 실행 가능성 검사

❸ 해 검사

우선 해를 선택해야겠지요? 선택 기준은 현 시점에서 빈도가 가장 작은 노드 2개입니다. b, c가 모두 빈도 1로 가장 작은 노드들이군요. 이 노드를 선택한 후 두 노드 위에 부모 노드를 새로 만들어 각각 왼쪽과 오른쪽에 연결시킵니다. 이때 부모 노드의 빈도는 자식 노드 빈도의 합이 됩니다(기호는 따로 갖지 않습니다). 따라서 b, c의 부모 노드의 빈도는 2가 됩니다. 마지막으로 새로 만든 부모 노드를 노드 집합에 추가합니다.

실행 가능성 검사를 해봅시다. 기호를 가진 노드는 잎 노드여야 하는데 아직까지는 이 규칙을 위반하지 않고 있습니다. 따라서 실행 가능성 검사를 통과합니다. 다음으로 해 검사를 해야겠지요? 우리가 허프만 트리를 완성하지 못했으므로 해 검사는 통과하지 못합니다. 그래서 다시 해 선택 단계로 돌아가야 합니다.

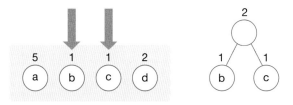

현재 상태에서는 이전 단계에서 새로 만든 노드(b, c의 부모 노드)와 d 노드의 빈도가 가장 작으므로 이 두 노드를 선택합니다. 부모 노드를 새로 만들고 여기에 b, c의 부모 노드와 d 노드를 자식 노드로 연결시킵니다. 기호를 가진 노드들은 잎 노드이므로 이번에도 실행 가능성 검사를 통과합니다. 트리에 들어가지 못한 노드가 남아 있기 때문에 다시 해 선택 단계로 돌아가야 합니다.

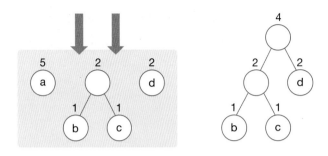

다시 해 선택의 시간이 돌아왔습니다. 빈도가 가장 작은 2개의 노드를 골라야 하는데 마침 딱 2개만 남았군요. 새 노드를 만들고 여기에 노드 a와 b, c, d의 뿌리 노드를 자식 노드로 연결시킵니다. 여전히 모든 기호 노드가 잎 노드이지요? 이제 이 새로운 노드를 노드 집합에 추가합니다.

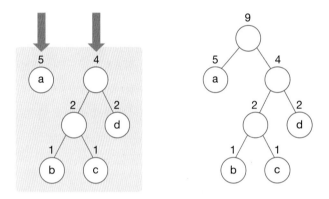

이제 노드 집합에는 단 하나의 노드만 남아 있습니다. 이것은 곧 접두어 트리가 완성되었음을 의미합니다. 이제 이 집합에서 남아 있는 노드를 꺼내면 이 노드가 곧 허프만 트리가 됩니다.

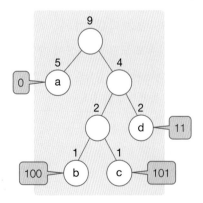

14.5.3 데이터 압축

해 선택, 실행 가능성 검사, 해 검사의 3단계를 반복하다 보니 어느덧 허프만 트리가 완성되었습니다. 여기까지가 탐욕 알고리즘 예제로서의 허프만 코딩 알고리즘입니다. 허프만 트리는 압축을 위해 만들어졌으므로 이를 이용하여 'aaabaacdd'를 압축해보겠습니다. 문자열의 각 요소를 차례대로 읽으면서 허프만 트리가 나타내는 해당 문자의 접두어 코드로 변환하면 압축이 됩니다. 압축 결과는 다음과 같습니다.

a	a	a	b	a	a	c	d	d
0	0	0	100	0	0	101	11	11

압축 결과는 000100001011111이고 원본 데이터(ASCII 코드로 되어 있다고 가정)의 크기가 72비트였는데 15비트로 압축되었습니다.

> **! 여기서 잠깐** 　**접두어 코드를 알아내기 위해 매번 허프만 트리를 순회해야 하나요?**
>
> 조금 전에 만든 허프만 트리에서 a의 접두어 코드를 알아내려면 a를 찾아야 하는데 그러기 위해서는 모든 잎 노드를 뒤져보는 수밖에 없습니다. 이 문제를 해결하려면 공간을 팔아 시간을 사들여야 합니다. 다시 말해, 별도의 심벌(접두어 코드 테이블을 만들어놓고 접두어 코드를 알고 싶으면 이 테이블을 이용하는 방식)이 필요합니다. 이 테이블은 간단한 배열로 구현 가능하며 잠시 후 예제 프로그램에서 확인할 수 있습니다.

14.5.4 데이터 압축 해제

우수한 압축률을 자랑하는 알고리즘이라고 해도 압축된 데이터를 다시 풀어낼 방법이 없다면 쓸모가 없습니다. 다행히도 허프만 코딩은 압축뿐 아니라 압축을 풀어내는 방법도 제공합니다.

❶ 우선 압축을 위해 만들었던 허프만 트리와 압축 해제된 데이터가 담길 버퍼를 준비합니다. 여기서는 허프만 트리의 뿌리 노드로부터 시작해서 잎 노드까지 순회할 것입니다.

❷ 압축 데이터에 아직 읽지 않은 부분이 남아 있다면 데이터를 한 비트 읽습니다.

❸ 읽어낸 비트가 0이면 현재 노드의 왼쪽 자식 노드, 1이면 오른쪽 자식 노드로 이동합니다. 현재 노드가 잎 노드면 버퍼에 저장된 기호를 추가하고 다시 뿌리 노드로 이동합니다.

한 마디로 비트를 읽을 때마다 잎 노드를 만나기 전까지 허프만 트리의 왼쪽과 오른쪽으로 노드를 순회하라는 의미입니다. 지금부터는 앞에서 얻은 압축 데이터 000100001011111을 복원해보겠습니다.

먼저 다음 그림과 같이 허프만 트리, 압축 해제된 데이터를 담는 용도로 사용할 버퍼를 준비합니다. 물론 압축 데이터도 필요하겠지요.

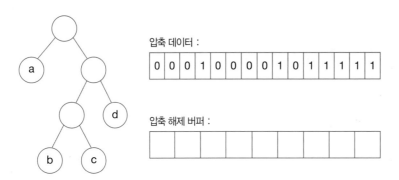

압축 데이터에서 비트 하나를 읽습니다. 0이군요. 그럼 왼쪽 노드로 이동해야겠지요? 이동하자마자 잎 노드 a가 나왔습니다. a를 압축 해제 버퍼에 추가하고 뿌리 노드로 돌아갑니다.

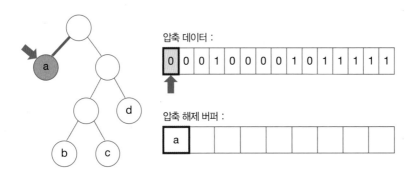

세 번째 비트까지는 0이 읽히기 때문에 매번 a 노드를 만나게 됩니다. 그러면 그때마다 a를 압축 해제 버퍼에 추가하고 뿌리 노드로 돌아가면 됩니다.

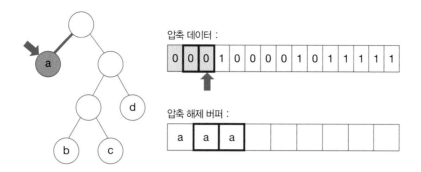

그다음 비트를 읽었더니 1이 나왔습니다. 그래서 뿌리 노드에서 오른쪽으로 이동했는데 잎 노드가 아닙니다. 이 경우에는 그다음 비트를 읽습니다. 0이 나옵니다. 현재 위치에서 왼쪽 자식 노드로 이동합니다. 이번에도 잎 노드가 아닙니다. 또 비트 하나를 읽습니다. 0이 나와서 왼쪽 자식 노드로 이동했는데 잎 노드 b가 나타났습니다. b를 압축 해제 버퍼에 추가하고 뿌리 노드로 돌아가서 다시 처음부터 순회할 준비를 합니다.

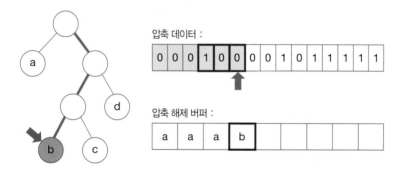

그 이후로 압축 데이터에서 0만 두 번 연속 나왔습니다. 2개의 a가 압축 해제 버퍼에 추가됩니다.

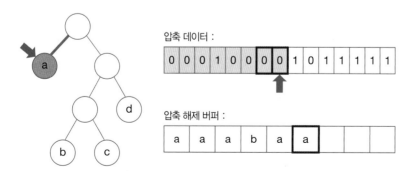

이번에 읽은 비트는 1입니다. 뿌리 노드의 오른쪽 자식 노드로 이동하고 다시 비트를 읽습니다. 0이
군요. 현재 노드의 왼쪽 자식 노드로 이동하고 또 비트를 읽습니다. 이번에는 1이 나왔으므로 오른
쪽 자식 노드로 이동합니다. 이번에 도달한 노드는 잎 노드 c입니다. c를 압축 해제 버퍼에 추가하고
다시 뿌리 노드로 돌아갑니다.

또 비트 하나를 읽습니다. 1이 나오지요? 뿌리 노드의 오른쪽 자식 노드로 이동하고, 이동한 노드가
잎 노드가 아니므로 다시 비트 하나를 더 읽습니다. 이번에도 1이 나왔으므로 오른쪽 자식 노드로
이동합니다. 이번에는 잎 노드를 만났는데 기호 d가 저장되어 있습니다. d를 압축 해제 버퍼에 추가
하고 다시 뿌리 노드로 돌아갑니다.

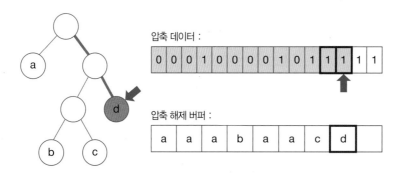

압축 데이터에 남은 버퍼가 11뿐이므로 방금 했던 일을 반복하면 됩니다. 또 하나의 d를 압축 해제 버
퍼에 추가하고 나면 압축 해제가 종료됩니다. 0001000010111111을 압축 해제해서 'aaabaacdd'를
얻었습니다. 원본과 똑같지요?

14.5.5 허프만 코딩 예제 프로그램

이 예제 프로그램은 우리가 지금까지 많이 사용했던 Priority Queue.h, PriorityQueue.c를 비롯해 허프만 알고리즘을 구현하는 Huffman.h와 Huffman.c, 그리고 허프만 알고리즘을 테스트하는 Test_Huffman.c 이렇게 5개의 파일로 구성됩니다.

PriorityQueue.h와 PriorityQueue.c는 앞에서 작성해둔 코드를 복사해서 사용하면 됩니다. 그러므로 이번에 새로 작성할 코드는 Huffman.h, Huffman.c, Test_Huffman.c 3개인 셈입니다.

14장/Huffman/Huffman.h

```
01  #ifndef HUFFMAN_H
02  #define HUFFMAN_H
03
04  #include <stdio.h>
05  #include <stdlib.h>
06  #include "PriorityQueue.h"
07
08  #define MAX_CHAR 256
09  #define MAX_BIT  8
10
11  typedef unsigned int  UINT;
12  typedef unsigned char UCHAR;
13
14  typedef struct TagSymbolInfo
15  {
16      UCHAR Symbol;
17      int   Frequency;
18  } SymbolInfo;
19
20  typedef struct TagHuffmanNode
21  {
22      SymbolInfo            Data;
23      struct TagHuffmanNode* Left;
24      struct TagHuffmanNode* Right;
25  } HuffmanNode;
26
27  typedef struct TagBitBuffer
28  {
```

```
29      UCHAR* Buffer;
30      UINT   Size;
31   } BitBuffer;
32
33   typedef struct TagHuffmanCode
34   {
35       UCHAR Code[MAX_BIT];
36       int   Size;
37   } HuffmanCode;
38
39   HuffmanNode* Huffman_CreateNode( SymbolInfo NewData );
40   void Huffman_DestroyNode( HuffmanNode* Node );
41   void Huffman_DestroyTree( HuffmanNode* Node );
42   void Huffman_AddBit( BitBuffer* Buffer, char value );
43
44   void Huffman_Encode( HuffmanNode** Tree, UCHAR* Source, BitBuffer* Encoded,
45                        HuffmanCode CodeTable[MAX_CHAR] );
46   void Huffman_Decode( HuffmanNode* Tree, BitBuffer* Encoded, UCHAR* Decoded );
47   void Huffman_BuildPrefixTree( HuffmanNode** Tree,
48                        SymbolInfo SymbolInfoTable[MAX_CHAR] );
49   void Huffman_BuildCodeTable( HuffmanNode* Tree, HuffmanCode CodeTable[MAX_CHAR],
50                        UCHAR Code[MAX_BIT], int Size );
51   void Huffman_PrintBinary( BitBuffer* Buffer );
52
53   #endif
```

14장/Huffman/Huffman.c

```
001   #include "Huffman.h"
002
003   HuffmanNode* Huffman_CreateNode( SymbolInfo NewData )
004   {
005       HuffmanNode* NewNode = (HuffmanNode*)malloc( sizeof(HuffmanNode) );
006       NewNode->Left    = NULL;
007       NewNode->Right   = NULL;
008       NewNode->Data    = NewData;
009
010       return NewNode;
```

```
011  }
012
013  void Huffman_DestroyNode( HuffmanNode* Node )
014  {
015      free(Node);
016  }
017
018  void Huffman_DestroyTree( HuffmanNode* Node )
019  {
020      if ( Node == NULL )
021          return;
022
023      Huffman_DestroyTree( Node->Left );
024      Huffman_DestroyTree( Node->Right );
025      Huffman_DestroyNode( Node );
026  }
027
028  void Huffman_Huffman_AddBit( BitBuffer* Buffer, char Bit )
029  {
030      UCHAR Mask = 0x80;
031
032      if ( Buffer->Size % 8  == 0 )
033      {
034          Buffer->Buffer =
035              realloc(Buffer->Buffer, sizeof(UCHAR) * ((Buffer->Size / 8) + 1) );
036          Buffer->Buffer[Buffer->Size / 8 ] = 0x00;
037      }
038
039      Mask >>= Buffer->Size % 8;
040
041      if ( Bit == 1 )
042          Buffer->Buffer[Buffer->Size / 8] |= Mask;
043      else
044          Buffer->Buffer[Buffer->Size / 8] &= ~Mask;
045
046      Buffer->Size++;
047  }
048
049  void Huffman_BuildCodeTable( HuffmanNode* Tree, HuffmanCode CodeTable[MAX_CHAR],
050                              UCHAR Code[MAX_BIT], int Size )
```

```
051  {
052      if ( Tree == NULL )
053          return;
054
055      if ( Tree->Left != NULL )
056      {
057          Code[Size] = 0;
058          Huffman_BuildCodeTable( Tree->Left, CodeTable, Code, Size + 1 );
059      }
060
061      if ( Tree->Right != NULL )
062      {
063          Code[Size] = 1;
064          Huffman_BuildCodeTable( Tree->Right, CodeTable, Code, Size + 1 );
065      }
066
067      if ( Tree->Left == NULL && Tree->Right == NULL )
068      {
069          int i;
070
071          for ( i=0; i<Size; i++ )
072              CodeTable[Tree->Data.Symbol].Code[i] = Code[i];
073
074          CodeTable[Tree->Data.Symbol].Size = Size;
075      }
076  }
077
078
079  void Huffman_BuildPrefixTree( HuffmanNode** Tree,
080                                  SymbolInfo SymbolInfoTable[MAX_CHAR])
081  {
082      int       i = 0;
083      PQNode    Result;
084      PriorityQueue* PQ = PQ_Create(0);
085
086
087      for ( i=0; i<MAX_CHAR; i++ )
088      {
089          if ( SymbolInfoTable[i].Frequency > 0 )
090          {
```

```
091             HuffmanNode* BitNode = Huffman_CreateNode( SymbolInfoTable[i] );
092             PQNode NewNode;
093     NewNode.Priority = SymbolInfoTable[i].Frequency;
094     NewNode.Data    = BitNode;
095             PQ_Enqueue( PQ, NewNode );
096         }
097     }
098
099     while ( PQ->UsedSize > 1 )
100     {
101         SymbolInfo     NewData = { 0, 0 };
102         HuffmanNode* BitNode = Huffman_CreateNode( NewData );
103         HuffmanNode* Left;
104         HuffmanNode* Right;
105
106         PQNode QLeft;
107         PQNode QRight;
108         PQNode NewNode;
109
110         PQ_Dequeue( PQ, &QLeft );
111         PQ_Dequeue( PQ, &QRight );
112
113         Left  = (HuffmanNode*)QLeft.Data;
114         Right = (HuffmanNode*)QRight.Data;
115
116         BitNode->Data.Symbol = 0;
117         BitNode->Data.Frequency =
118             Left->Data.Frequency + Right->Data.Frequency;
119
120         BitNode->Left  = Left;
121         BitNode->Right = Right;
122
123         NewNode.Priority = BitNode->Data.Frequency;
124         NewNode.Data    = BitNode;
125
126         PQ_Enqueue( PQ, NewNode );
127     }
128
129     PQ_Dequeue( PQ, &Result );
130     *Tree = (HuffmanNode*)Result.Data;
```

```
131  }
132
133  void Huffman_Encode( HuffmanNode** Tree, UCHAR* Source, BitBuffer* Encoded,
134                       HuffmanCode CodeTable[MAX_CHAR] )
135  {
136      int          i = 0,
137                   j = 0;
138      SymbolInfo   SymbolInfoTable[MAX_CHAR];
139      UCHAR        Temporary[MAX_BIT];
140
141      for ( i=0; i<MAX_CHAR; i++ )
142      {
143          SymbolInfoTable[i].Symbol    = i;
144          SymbolInfoTable[i].Frequency = 0;
145      }
146
147      i=0;
148      while ( Source[i] != '\0' )
149      {
150          SymbolInfoTable[Source[i++]].Frequency++;
151      }
152
153      Huffman_BuildPrefixTree( Tree, SymbolInfoTable );
154
155      Huffman_BuildCodeTable( *Tree, CodeTable, Temporary, 0 );
156
157      i=0;
158      while ( Source[i] != '\0' )
159      {
160          int  BitCount = CodeTable[Source[i]].Size;
161
162          for ( j=0; j<BitCount; j++ )
163              Huffman_Huffman_AddBit( Encoded, CodeTable[Source[i]].Code[j] );
164
165          i++;
166      }
167  }
168
169  void Huffman_Decode( HuffmanNode* Tree, BitBuffer* Encoded, UCHAR* Decoded )
```

```
170  {
171      int i;
172      int Index = 0;
173      HuffmanNode* Current = Tree;
174
175      for ( i=0; i<=Encoded->Size; i++ )
176      {
177          UCHAR Mask = 0x80; //  1000 0000
178
179          if ( Current->Left == NULL && Current->Right == NULL )
180          {
181              Decoded[Index++] = Current->Data.Symbol;
182              Current = Tree;
183          }
184
185          Mask >>= i % 8;
186
187          if (  (Encoded->Buffer[i/8] & Mask) != Mask )
188              Current = Current->Left;
189          else
190              Current = Current->Right;
191      }
192
193      Decoded[Index] = '\0';
194  }
195
196  void Huffman_PrintBinary( BitBuffer* Buffer )
197  {
198      int i;
199
200      for ( i=0; i<Buffer->Size; i++ )
201      {
202          UCHAR Mask = 0x80; //  1000 0000
203          Mask >>= i % 8;
204
205          printf("%d", (Buffer->Buffer[i/8] & Mask) == Mask );
206      }
207  }
```

```
01  #include "Huffman.h"
02  #include <string.h>
03
04  int main( void )
05  {
06      char* Source  = "This Is Algorithms.";
07      char* Decoded = "";
08
09      HuffmanNode* Tree = NULL;
10      BitBuffer    Encoded = {NULL, 0};
11      HuffmanCode  CodeTable[MAX_CHAR];
12
13      memset ( &CodeTable, 0, sizeof(HuffmanCode) * MAX_CHAR );
14
15      Huffman_Encode( &Tree, (UCHAR*)Source, &Encoded, CodeTable );
16
17      printf("Original Size:%I64d Encoded Size:%d\n",
18          (strlen(Source) + 1) * sizeof(char) * 8, Encoded.Size);
19
20      Decoded = (char*)malloc(sizeof(char) * (strlen(Source) + 1));
21      Huffman_Decode( Tree, &Encoded, (UCHAR*)Decoded );
22
23      printf("Original : %s\n", Source );
24      printf("Encoded  : ");
25
26      Huffman_PrintBinary( &Encoded );
27
28      printf("\n");
29
30      printf("Decoded  : %s\n", Decoded );
31
32      Huffman_DestroyTree( Tree );
33      free( Decoded );
34
35      return 0;
36  }
```

```
Original Size:160 Encoded Size:71
Original : This Is Algorithms.
Encoded  : 10111000101100000111110000111110100010111101110001000111001110111100110
Decoded  : This Is Algorithms.
```

01 편의점 점원의 거스름돈 문제를 탐욕적 기법으로 풀려고 했던 시도는 실패했습니다. 이것을 그냥 두고 지나칠 수 없겠지요? 어떤 단위의 동전이라도 최소의 개수를 거슬러 주는 알고리즘을 설계하고 구현하세요. 탐욕적 기법을 꼭 사용할 필요는 없습니다.

02 최소 신장 트리를 만드는 프림 알고리즘도 역시 탐욕 알고리즘입니다. 프림 알고리즘에서 탐욕적 기법으로 동작하는 부분을 생각해보고 설명하세요.

Chapter 15

백트래킹

어떤 문제는 해가 하나뿐이지만, 어떤 문제는 해가 여러 개이기도 합니다. 예를 들어 '한빛슈퍼에서 파는 푸라면은 얼마인가?'라는 문제에는 답이 하나밖에 없습니다. 반면에 '한빛슈퍼에서 5,000원으로 살 수 있는 과자들의 모든 조합을 열거하라. 단, 과자는 한 종류에 하나씩, 모두 4개를 고를 수 있다'와 같은 문제는 답이 엄청나게 많습니다. 그렇다고 무한하지는 않지만 말입니다.

백트래킹은 이처럼 답이 많은 문제를 풀 때 사용할 수 있는 알고리즘 설계 기법입니다. 이번 장에서 백트래킹을 이용해 풀어볼 문제는 미로 탈출로 찾기와 8개의 퀸 문제입니다. 제가 약속드리는데, 재미있는 퀴즈를 풀 듯 공부할 수 있을 것입니다.

📋 학습목표

✅

**이 장의
핵심 개념**

- 백트래킹의 개념을 이해하고 사례를 알아봅니다.

- 재귀 호출 기반 백트래킹을 이용하여 미로 탈출 알고리즘을 설계해봅니다.

- 백트래킹을 이용하여 N개의 퀸 문제 풀이 알고리즘을 설계해봅니다.

✅

**이 장의
학습 흐름**

백트래킹의 개념과 사례

▼

미로 탈출 알고리즘 구현

▼

N개의 퀸 문제 풀이 알고리즘 구현

15.1 백트래킹의 개요

백트래킹은 문제의 해가 될 수 있는 후보를 찾고, 해가 될 수 있는 조건을 충족하지 못하는 후보를 제거해나가면서 최종 해를 찾는 기법입니다. 백트래킹 알고리즘은 1950년대에 처음 등장했습니다. 하지만 고대 그리스 신화를 살펴보면 몇천 년 전에 이미 이 알고리즘을 사용한 주인공이 있습니다. 그 주인공은 누구일까요? 궁금하지요? 지금 바로 고대 그리스 신화 속으로 떠나봅시다.

15.1.1 백트래킹의 사례: 테세우스 이야기

오늘날의 서구 문명은 로마 문명에서 기원했고 로마 문명은 그리스 문명에서 기원했습니다. 그리고 그리스 문명은 크레타 문명에 그 뿌리를 두고 있습니다. 크레타는 지중해의 한 섬으로 지금은 그리스 영토가 되었습니다. 영국의 고고학자 아서 에번스^{Arthur Evans}가 기원전 1600년경에 재건되어 에게 해의 지배자였던 미노스 왕이 머물던 크노소스 궁전을 발굴함으로써 그리스 문명의 출발점이라는 사실이 알려진 곳이기도 합니다. 에번스가 발굴한 크노소스 궁전에는 흥미로운 전설이 내려오고 있습니다.

미노스는 제우스의 아들이자 크레타의 왕이었습니다. 어느 날 미노스는 바다의 신 포세이돈과 약속을 했습니다. 포세이돈이 보내는 흰 황소를 제물로 쓰겠다고 말입니다. 하지만 미노스는 약속을 깨고 이 황소를 살려두었고 포세이돈은 이에 분노하여 왕에게 저주를 내렸습니다. 왕의 아내인 파지파에가 황소와 사랑에 빠지도록 말이지요. 황소와 사랑에 빠진 왕비는 결국 소의 머리와 인간의 몸을 가진 미노타우로스를 낳았습니다.

미노타우로스를 두고 고민하던 미노스 왕은 건축과 공예의 명장인 다이달로스에게 크노소스 궁전에 미로를 설계하라고 명했습니다. 크노소스 궁전은 절대 빠져나올 수 없는 미궁이 되었고 미노스왕은 미노타우로스를 그곳에 가두었습니다. 그 후 어느 날 미노스에게 또 다른 비극이 벌어졌습니다. 아들인 안드로게오스가 아테네인들에게 죽임을 당한 것입니다. 미노스왕은 아들의 죽음에 대한 복수로 해마다 아테네의 소년 7명과 소녀 7명을 뽑아 이 괴물에게 제물로 바치게 했습니다.

그렇게 해마다 아테네의 아이들이 제물로 바쳐지던 중, 영웅 테세우스가 제물로 뽑혀 다른 아이들과 함께 크레타에 보내졌습니다. 그런데 제물로 바쳐질 테세우스에게 미노스 왕의 딸 아리아드네가 한 눈에 반해 버렸습니다. 그래서 그녀는 테세우스를 살릴 방법을 생각했고, 그가 제물로 바쳐져 궁전에 들어갈 때 검과 실을 주었습니다. 테세우스는 실의 한쪽 끝을 궁전 입구에 묶어놓고 다른 한쪽 끝을 자신의 몸에 묶었습니다. 그리고 미노타우로스를 죽인 후 묶어둔 실을 따라 미로에서 빠져나올 수 있었습니다.

크노소스 궁전이 다이달로스에 의해 탈옥할 수 없는 감옥과 같이 설계되었음에도 아리아드네 공주는 미로를 빠져나올 수 있는 간단한 답을 찾아냈습니다. 이 시대에 태어났다면 빼어난 프로그래머가 됐을 것 같네요. 그런데 만약 미로 안에서 실이 끊어졌다면 테세우스는 어떻게 미로를 빠져나와야 했을까요? 그냥 무작정 이곳 저곳을 쏘다니다가 우연히 출구를 찾을 수 있었을까요? 아니면 미노타우로스를 죽이고도 바깥으로 나오지 못해 그 안에서 굶어 죽었을까요?

테세우스는 칼을 갖고 있었습니다. 이것을 이용해서 미로의 갈림길이 나오는 길목에 표식을 남기면 어떨까요? 그러니까 길목에서 한쪽 길을 선택했을 때 막다른 길이 나오면 갈라졌던 길목으로 되돌아와서 다시는 그 길로 가지 않게 표시해두는 것입니다. 그리고 또 다른 길을 선택해서 가보는 것이지요. 만약 그 길의 끝도 역시 막다른 곳이라면 되돌아와서 그 길은 답이 아님을 표시해둡니다. 이렇게 출구로 향하지 못하는 길들을 표시하면서 나아가다 보면 결국에는 답(출구)을 찾아가는 유일한 길 하나만 남게 됩니다.

방금 이야기한 미로 탈출 방법은 이 장에서 다룰 알고리즘 설계 기법인 백트래킹Backtracking과 똑같은 전략을 사용합니다. 여기서는 백트래킹의 기본적인 설계 지침을 알아본 후, 몇 가지 재미있는 문제를 풀어보겠습니다. 물론 이 문제들에는 조금 전에 이야기했던 미로 탈출 알고리즘도 포함되어 있습니다.

그럼 이제 백트래킹이 무엇이며 어떻게 동작하는지 알아보겠습니다. 아, 테세우스와 아리아드네는 어떻게 됐냐고요? 아리아드네는 테세우스와 함께 아테네로 가던 중 어느 섬에 홀로 남겨집니다. 테세우스는 아테네인을 괴물에게 제물로 바치는 끔찍한 짓(비록 그녀가 한 짓이 아니라 하더라도)을 용서할 수 없었던 것이었지요.

15.1.2 백트래킹의 개념

백트래킹은 여러 후보해 중 특정 조건을 충족시키는 모든 해를 찾는 알고리즘입니다. 이 정의가 머릿속에 쉽게 들어오지 않는다면 그것은 아마 '후보해'와 '모든 해'라는 낯선 개념 때문일 것입니다. 이들은 백트래킹이 다루는 문제의 특징을 나타내는 주요 개념들이므로 반드시 이해해야 합니다. 동적계획법이나 탐욕 알고리즘이 풀 수 있는 문제의 유형이 따로 있는 것처럼 백트래킹 역시 그렇습니다.

백트래킹이 다루는 문제들은 해가 하나 이상 존재합니다. 해가 둘일 수도, 셋일 수도, 수백 개, 수천 개일 수도 있습니다. 예를 들어 탈출로가 2개인 미로 문제는 해가 2개라고 할 수 있는데, 이 두 해를 일컬어 '모든 해'라고 합니다. 그렇다면 '후보해'는 무슨 말일까요? 미로의 한 지점에서 탈출구로 향하는 경로 속에는 여러 길목이 있는데 이들 각 길목에서 왼쪽으로 갈지 오른쪽으로 갈지 또는 계속 가던 방향으로 갈지의 물음(부분 문제)에 답(부분해)을 구하는 과정을 반복하면서 완성한 것이 탈출로(해)입니다. 여기에서 부분 문제의 답은 어느 것이든 될 수 있습니다. 선택한 방향으로 끝까지 가봐야 '해를 이루는 부분해'가 될지 안될지 알 수 있으니까요. 게다가 선택한 방향으로 가다 보면 새로운 길목을 만나게 될 것이고, 그곳에서 다시 여러 가능성을 두고 선택해야 하는 상황이 옵니다. **이렇게 해가 될 수 있는 가능성을 가진 부분해의 조합**을 두고 후보해라고 합니다. 백트래킹이 다루는 문제들은 대부분 후보해의 수가 굉장히 많다는 특징이 있습니다. 이 중에서 해가 될 조건을 만족시키는 '진짜 해'를 효율적으로 찾는 것이 백트래킹의 목적입니다.

Backtrack은 '오던 길을 따라 되돌아 나오다'라는 뜻을 갖고 있습니다. 이 단어의 동명사인 Back tracking을 번역하면 '되돌아 나오기'라는 뜻이 됩니다. 하지만 저는 그냥 이 단어의 발음을 한글로 표기한 백트래킹이라는 용어를 계속 사용하겠습니다. 낱말 뜻풀이를 뒤늦게 한 이유는 백트래킹의 뜻에서 '오던 길'을 주목하게 하고 싶었기 때문입니다.

여러분이 다음 그림과 같은 미로에서 탈출로를 찾아야 한다면 미로가 단순하므로 한눈에 탈출로를 찾아낼 것입니다. 그러나 여기서는 방금 찾아낸 탈출로를 머릿속에서 지우고 자신이 미로 속에 들어가 있다고 상상해봅시다. 여러분은 지금 S 지점에 위치해 있으며 탈출구가 있는 G 지점까지 이동해야 합니다.

길목에 붙인 번호는 길목에서 나뉘는 길들을 구분하기 위해 제가 임의로 매긴 것입니다. 길을 가다가 이 길목을 만나면 어느 쪽으로 갈 것인지 선택해야 합니다. 이 선택에 대한 경우의 수를 트리로 나타내면 다음과 같습니다.

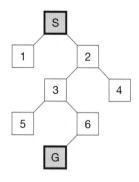

출발점 S를 지나 만나는 새로운 길은 1번과 2번 두 가지입니다. 1번 길 끝에는 더 이상 새로운 길이
나오지 않고, 2번 길에는 3번과 4번으로 갈 수 있는 길목이 나옵니다. 4번 길로 가면 막다른 곳이
나오고 3번 길을 따라가면 5번과 6번을 선택할 수 있는 길목이 나옵니다. 5번 길에서는 새로운 길이
나오지 않고 6번 길을 따라가면 목표 지점인 탈출구 G를 만날 수 있습니다.

자, 이제 이 미로를 탐색해봅시다. 탐색 규칙은 다음과 같습니다.

❶ 갈림길이 나오면 무조건 왼쪽 길부터 들어갑니다.

❷ 막다른 곳이 나오면 갈라진 길목으로 되돌아 나와 그다음 길을 시도합니다.

❸ 목표 지점에 도달하거나 모든 경로를 다 탐색할 때까지 단계 ❶~❷를 반복합니다.

이 규칙에 따라 미로를 탐색해보면 다음 그림과 같은 과정을 거쳐 S에서 G에 이르는 탈출로를 찾을
수 있습니다.

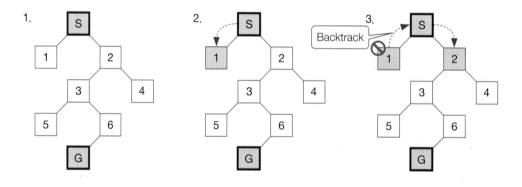

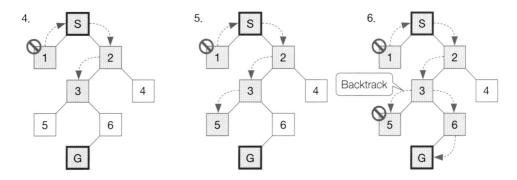

갈림길이 나오면 왼쪽 방향을 먼저 시도한다고 했지요? 두 번째 그림에서 1번 길을 시도했는데 더이상 갈 곳이 없었으므로 이 후보해는 해가 아니라는 사실을 알았습니다. 그래서 세 번째 그림에서 1번 길을 포기하고 오던 길로 되돌아와서(Backtrack) 2번 길을 시도했습니다. 같은 일이 다섯 번째, 여섯 번째 그림에서도 나타납니다. 5번 길을 먼저 시도했는데 더 이상 계속 진행할 수 없어서 뒤로 돌아와 6번 길을 시도합니다. 이런 과정을 반복한 끝에 여섯 번째 그림과 같이 탈출구를 찾게 됩니다. 드디어 S-2-3-6-G가 이 미로의 탈출로라는 사실을 알아냈습니다!

이 과정은 깊이 우선 탐색 알고리즘과 비슷한 면이 있습니다. 깊이 우선 탐색은 모든 노드를 방문하는 것이 목적이고, 백트래킹은 해를 찾는 것이 목적이므로 꼭 모든 노드를 방문할 필요가 없다는 차이점이 있지만 말입니다. 백트래킹은 **해를 찾는 비용을 줄이기 위해 방문할 노드의 수를 최소화하는 것이 중요**합니다.

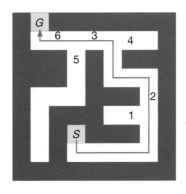

백트래킹이 다루는 문제들은 다양한 후보해를 갖고 있는데 이 후보해들은 부분해로 이루어져 있어방금 전에 풀었던 미로 문제와 같이 트리 형태로 표현할 수 있습니다. 이러한 후보해 속에서 해를 찾는 과정은 다음과 같습니다.

❶ 해를 찾아가는 과정은 '뿌리'에서부터 출발합니다(뿌리도 하나의 부분해입니다).

❷ 현재 위치한 부분해에서 선택 가능한 다음 부분해의 목록을 얻습니다.

❸ 단계 ❷에서 얻은 목록의 부분해들을 하나씩 방문합니다.

❹ 방문한 부분해가 '해가 될 수 있는 조건'을 만족시키면 그 자리에서 단계 ❷와 ❸을 수행하고, 그렇지 않으면 그 이전 부분해로 돌아 나와 다른 부분해를 시도합니다.

❺ 최종해를 얻을 때까지 또는 모든 경우의 수를 확인해도 해가 없음을 확인할 때까지 단계 ❷~❹를 반복합니다.

백트래킹 소개는 이쯤에서 마칠까 합니다. 이제 백트래킹으로 몇 가지 문제를 풀어보겠습니다.

15.2 미로 탈출로 찾기

지금까지 한참 미로 이야기를 했는데 다시 미로 이야기를 꺼내다니, 혹시 저자가 목차의 미로 속에서 헤매고 있는 것일까요? 앞에서 백트래킹을 이용한 미로 탈출 알고리즘에 대해 알아봤는데, 아직 이 알고리즘을 어떻게 코드로 옮길 것인가에 대해서는 이야기하지 않았습니다. 따라서 지금부터는 그 이야기를 시작해보겠습니다.

15.2.1 재귀 호출 기반 백트래킹

앞 절에서 우리는 미로를 트리로 표현하고 이 트리 속의 노드를 옮겨 다니면서(순회하면서) 탈출구로 향하는 길을 알아냈습니다. 여러분도 미로 탈출 알고리즘을 구현하기 위해 트리 자료구조를 사용하는 것은 아주 자연스러운 선택이라고 생각하고 있을 것입니다.

하지만 이 트리는 어디까지나 논리적인 개념이지 물리적인 존재가 아니라는 점을 떠올리기 바랍니다. 이 말은 곧, 복잡한 트리 자료구조 없이도 미로 탈출 알고리즘을 구현할 수 있다는 뜻입니다. 어떤 방법을 사용할 수 있냐고요? 여러 대안이 있겠지만 여기서는 구현이 간편한 재귀 호출을 이용하려 합니다. 미로를 탐색하고 백트래킹하는 과정을 재귀 호출로 표현하는 방법을 지금부터 설명하겠습니다.

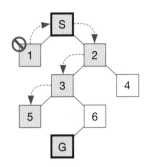

이 노드 순회 그림은 무엇을 보여주는 것일까요? 이 그림은 부분해에서 다음 부분해를 시도하는 과정을 나타냅니다. 우리 눈에 보이는 것은 노드 이동 장면이지만 그 뒤에 숨겨진 의미는 '부분해에서 또 다른 부분해를 탐색한다'이기 때문입니다. 노드 순회가 '노드 이동 → 자식 노드 목록 확인 → 각 자식 노드로 이동'의 반복으로 이루어지듯이, 백트래킹에서 해를 구하는 과정도 마찬가지로 **부분해 계산 → 다음 부분 후보해 목록 확인 → 각 부분 후보해 계산의 반복**으로 이루어집니다. 그리고 부분해를 구하기 위해 이루어지는 이러한 반복 과정은 자연스럽게 재귀 호출과 어울립니다.

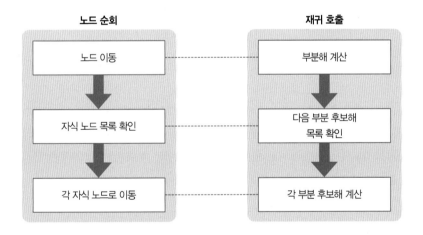

이제 우리는 한 부분해에서 다음 부분 후보해를 시도하는 과정을 재귀 호출로 구현할 수 있다는 사실을 알았습니다. 그렇다면 시도한 부분 후보해가 해가 될 수 있는 조건을 충족시키지 못했을 때 수행하는 '되돌아 나오기' 즉, 백트래킹은 어떻게 표현할 수 있을까요?

백트래킹을 처리해야 하는 경우는 현재 시도 중인 부분 후보해가 해가 될 수 있는 조건을 만족하지 못했을 때와 최종해를 확보한 경우(트리에서는 해의 조건을 만족하는 잎 노드) 두 가지입니다. 상위 부분해가 호출한 후보 부분해의 재귀 함수에서 백트래킹 조건(방금 이야기한 두 가지)을 만나면 그저 함수를 반환하는 것만으로 백트래킹이 이루어집니다. 상위 부분해를 시도 중인 함수로 제어 흐름이 돌아가기 때문입니다. 제어를 돌려받은 상위 부분해는 나머지 부분 후보해들을 차례대로 시도하고, 모든 부분 후보해에 대해 시도를 마치면 여기서도 함수를 반환하여 자신을 호출한 더 상위의 부분해로 돌아갑니다. 물론 그 상위 부분해, 그다음 상위 부분해에 대해서도 같은 작업을 반복합니다.

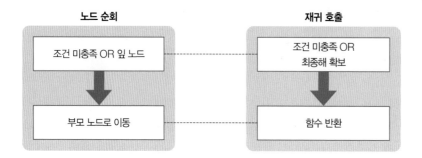

이어서 재귀 호출을 이용하는 백트래킹 기반 미로 탈출 알고리즘을 구현하겠습니다.

15.2.2 미로 탈출 알고리즘의 구현

미로 탈출 알고리즘 설계는 이렇게 마무리했습니다. 지금부터는 이 알고리즘을 같이 구현해봅시다.

자료구조 정의

알고리즘 구현에 앞서 미로를 표현하는 자료구조를 정의하겠습니다. 알고리즘이 미로 모양이나 크기에 상관없이 동작할 수 있도록 동적으로 미로 데이터를 담을 수 있는 자료구조를 선택해야 합니다. 그러므로 미로를 표현할 자료구조로 MazeInfo 구조체를 다음과 같이 정의했습니다.

```
typedef struct tagMazeInfo
{
    int ColumnSize;     // 너비
    int RowSIze;        // 높이

    char** Data;        // 동적으로 할당한 2차원 배열을 담기 위한 2차원 포인터
} MazeInfo;
```

미로는 시작점과 탈출구, 길과 벽, 탈출구로 향하는 길 표식으로 이루어집니다. 이들은 각각 다음과 같이 정의하겠습니다.

```
#define START    'S'    // 시작점
#define GOAL     'G'    // 탈출구
#define WAY      ' '    // 길
#define WALL     '#'    // 벽
#define MARKED   '+'    // 탈출구로 향하는 길 표식
```

다음은 미로를 기호로 나타낸 예입니다.

그리고 미로 안의 위치를 나타내기 위한 자료구조도 필요하겠지요? 수평 위치를 나타내는 X와 수직 위치를 나타내는 Y를 갖는 구조체를 다음과 같이 정의합니다. 이름은 Position으로 하겠습니다.

```
typedef struct tagPosition
{
    int X;
    int Y;
} Position;
```

미로 탈출 알고리즘을 구현하는 데 필요한 자료구조를 정의했으므로 이어서 미로 탈출 알고리즘을 구현해보겠습니다.

알고리즘의 구현

미로 탈출 알고리즘은 다음 4단계 과정으로 이루어집니다.

❶ 시작점 S를 현재 위치로 지정하고 이동 방향을 북으로 설정합니다.

❷ 현 위치에서 가고자 하는 방향으로 이동 가능 여부를 확인합니다. 벽과 지나왔던 길은 이동 가능한 길이 아닙니다.

❸ 단계 ❷에서 이동 가능한 방향임이 확인되면 그곳으로 이동합니다. 이동이 불가능한 방향이라고 확인되면 방향 (북–남–동–서 순)을 바꿔 다시 단계 ❷를 실행합니다. 현 위치에서 북, 남, 동, 서 어떤 방향으로도 이동할 수 없음이 확인되면 이전 위치로 돌아갑니다.

❹ 출구를 찾거나 미로 내의 모든 길을 방문할 때까지 단계 ❷~❸을 반복합니다.

단계 ❷를 처리하는 함수는 GetNextStep( ), ❸을 처리하는 함수는 MoveTo( )라고 이름 붙이겠습니다. 그리고 단계 ❶과 ❹를 처리하는 함수의 이름은 Solve( )로 짓겠습니다. 이들의 호출 관계는 대강 이렇습니다. Solve( ) 함수가 시작점 S를 찾아 현 위치를 초기화하고, 다음 위치로 이동하기 위해 MoveTo( ) 함수를 호출합니다. MoveTo( ) 함수는 현 위치를 매개 변수로 GetNextStep( ) 함수를 호출하여 이동할 위치를 구해 그곳으로 이동하고, 그곳에서도 다시 Move To( ) 함수를 호출하여 새로운 위치로 이동합니다. 만약 GetNextStep( )이 북, 남, 동, 서 어떤 방향으로도 이동할 수 없다고 판정한다면 MoveTo( ) 함수를 반환하여 이전 위치로 돌아갑니다.

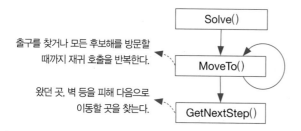

Solve( ), MoveTo( ), GetNextStep( ) 함수의 원형은 다음과 같습니다. 이들의 구현은 다음 부분의 예제 코드에서 확인할 수 있습니다.

```
int Solve( MazeInfo* Maze );
int MoveTo( MazeInfo* Maze, Position* Current, int Direction );
int GetNextStep( MazeInfo* Maze, Position* Current, int Direction,
                 Position* Next);
```

15.2.3 미로 탈출 알고리즘 예제 프로그램

이제 미로 탈출 알고리즘을 실행하는 예제 프로그램을 작성해보겠습니다. 이번 예제 프로그램은 3 개의 파일로 이루어집니다. 자료구조와 함수 원형을 선언하는 MazeSolver.h, 여기서 선언된 함수를 구현하는 MazeSolver.c, 그리고 여기에 구현된 코드를 실행하는 main(void) 함수를 포함한 Test_MazeSolver.c가 그것입니다.

이 프로그램은 미로 데이터를 파일로 받도록 구성되어 있습니다. 'S', 'G', '#', ' ' 등으로 표시되어 있는 미로 데이터 파일을 입력 받으면 그것을 읽어 들여 Solve( ) 함수에 매개 변수로 넘깁니다. 미로 데이터를 읽는 함수의 이름은 GetMaze( )입니다. 그러면 코드 에디터를 열어 코드를 작성해보세요.

15장/MazeSolver/MazeSolver.h

```
01  #ifndef MAZESOLVER_H
02  #define MAZESOLVER_H
03
04  #include <stdio.h>
05  #include <stdlib.h>
06  #include <string.h>
07
08  #define MAX_BUFFER 1024
09  #define INIT_VALUE -1
10
11  #define START    'S'    // 시작점
12  #define GOAL     'G'    // 탈출구
13  #define WAY      ' '    // 길
14  #define WALL     '#'    // 벽
15  #define MARKED   '+'    // 탈출구로 향하는 길 표식
16
17
18  enum DIRECTION { NORTH, SOUTH, EAST, WEST };
19  enum RESULT    { FAIL, SUCCEED };
20
21  typedef struct tagPosition
22  {
23      int X;
24      int Y;
25  } Position;
```

```
26
27  typedef struct tagMazeInfo
28  {
29      int ColumnSize; // 너비
30      int RowSIze;    // 높이
31
32      char** Data;    // 동적으로 할당한 2차원 배열을 담기 위한 2차원 포인터
33  } MazeInfo;
34
35  int Solve( MazeInfo* Maze );
36  int MoveTo( MazeInfo* Maze, Position* Current, int Direction );
37  int GetNextStep( MazeInfo* Maze, Position* Current, int Direction, Position* Next );
38  int GetMaze( char* FilePath, MazeInfo* Maze );
39
40  #endif
```

15장/MazeSolver/MazeSolver.c

```
001  #include "MazeSolver.h"
002
003  int Solve( MazeInfo* Maze )
004  {
005      int i=0;
006      int j=0;
007      int StartFound = FAIL;
008      int Result = FAIL;
009
010      Position Start;
011
012
013      for ( i=0; i<Maze->RowSIze; i++ ) ●················   시작점 S를 찾습니다.
014      {
015          for ( j=0; j<Maze->ColumnSize; j++ )
016          {
017              if ( Maze->Data[i][j] == START )
018              {
019                  Start.X = j; // Column
020                  Start.Y = i; // Row
```

```
021                    StartFound = SUCCEED;
022                    break;
023                }
024            }
025        }
026
027        if ( StartFound == FAIL )
028            return FAIL;
029
030        if ( MoveTo ( Maze, &Start, NORTH ) )
031            Result = SUCCEED;
032        else if ( MoveTo ( Maze, &Start, SOUTH ) )
033            Result = SUCCEED;
034        else if ( MoveTo ( Maze, &Start, EAST  ) )
035            Result = SUCCEED;
036        else if ( MoveTo ( Maze, &Start, WEST  ) )
037            Result = SUCCEED;
038
039        Maze->Data[Start.Y][Start.X] = START;
040
041        return Result;
042    }
043
044    int MoveTo( MazeInfo* Maze, Position* Current, int Direction )
045    {
046        int i=0;
047        int Dirs[] = { NORTH, SOUTH, EAST, WEST };
048
049        Position Next;
050
051        if ( Maze->Data[Current->Y][Current->X] == GOAL )
052            return SUCCEED;
053
054        Maze->Data[Current->Y][Current->X] = MARKED;
055
056        for ( i=0; i<4; i++ )
057        {
058            if ( GetNextStep( Maze, Current, Dirs[i], &Next ) == FAIL )
059                continue;
060
```

> 북. 남. 동. 서 순으로 MoveTo( )를
> 시도합니다. 모든 방향이 FAIL을 반환
> 한다면 탈출로는 존재하지 않습니다.

> 코딩 편의를 위해 네 방향을
> 배열에 담습니다.

> 현재 위치를 '지나왔음(MARKED)'
> 으로 표시합니다.

```
061         if ( MoveTo ( Maze, &Next, NORTH ) == SUCCEED )
062             return SUCCEED;
063     }
064
065     Maze->Data[Current->Y][Current->X] = WAY;•·······
066
067     return FAIL;
068 }
069
070 int GetNextStep( MazeInfo* Maze, Position* Current, int Direction, Position* Next )
071 {
072     switch ( Direction )•··············
073     {
074     case NORTH:
075         Next->X = Current->X;
076         Next->Y = Current->Y - 1;
077
078         if ( Next->Y == -1 ) return FAIL;
079
080         break;
081     case SOUTH:
082         Next->X = Current->X;
083         Next->Y = Current->Y + 1;
084
085         if ( Next->Y == Maze->RowSIze ) return FAIL;
086
087         break;
088     case EAST:
089         Next->X = Current->X + 1;
090         Next->Y = Current->Y;
091
092         if ( Next->X == Maze->ColumnSize ) return FAIL;
093
094         break;
095     case WEST:
096         Next->X = Current->X - 1;
097         Next->Y = Current->Y;
098
099         if ( Next->X == -1 ) return FAIL;
100
```

> 모든 방향이 FAIL을 반환했으므로 이 위치는 해가 아닙니다. 원래대로 길(WAY)로 표시하고 이전 위치로 백트래킹합니다.

> Current의 다음 위치가 미로의 경계를 넘어서면 FAIL을 반환합니다.

```
101          break;
102      }
103
104      if ( Maze->Data[Next->Y][Next->X] == WALL )     return FAIL;
105      if ( Maze->Data[Next->Y][Next->X] == MARKED )   return FAIL;
106
107      return SUCCEED;
108  }
109
110  int GetMaze( char* FilePath, MazeInfo* Maze )
111  {
112      int i=0;
113      int j=0;
114      int RowSize    = 0;
115      int ColumnSize = INIT_VALUE;
116
117      FILE* fp;
118      char  buffer[MAX_BUFFER];
119
120      if ( (fp = fopen( FilePath, "r"))  == NULL )
121      {
122          printf("Cannot open file:%s\n", FilePath);
123          return FAIL;
124      }
125
126      while ( fgets( buffer, MAX_BUFFER, fp ) != NULL )
127      {
128          RowSize++;
129
130          if ( ColumnSize == INIT_VALUE )
131          {
132              ColumnSize = strlen( buffer ) - 1;
133          }
134          else if ( ColumnSize != strlen( buffer ) - 1 )
135          {
136              printf("Maze data in file:%s is not valid.\n",
137                  FilePath);
138              fclose( fp );
139              return FAIL;
140          }
```

> 다음 갈 곳이 벽이나 지나온 길이라면 FAIL을 반환합니다.

```
141         }
142
143         Maze->RowSIze    = RowSize;
144         Maze->ColumnSize = ColumnSize;
145         Maze->Data = (char**)malloc(sizeof(char*) * RowSize );
146
147         for ( i=0; i<RowSize; i++ )
148             Maze->Data[i] = (char*)malloc(sizeof(char) * ColumnSize);
149
150         rewind( fp );
151
152
153         for ( i=0; i<RowSize; i++ )
154         {
155             fgets( buffer, MAX_BUFFER, fp );
156
157             for ( j=0; j<ColumnSize; j++ )
158             {
159                 Maze->Data[i][j] = buffer[j];
160             }
161         }
162
163         fclose( fp );
164         return SUCCEED;
165 }
```

15장/MazeSolver/Test_MazeSolver.c

```
01  #include <stdio.h>
02  #include "MazeSolver.h"
03
04  int main(int argc, char* argv[])
05  {
06      int i = 0;
07      int j = 0;
08
09      MazeInfo Maze;
10
```

```
11      if ( argc < 2 )
12      {
13          printf("Usage: MazeSolver <MazeFile>\n");
14          return 0;
15      }
16
17      if ( GetMaze( argv[1], &Maze ) == FAIL )
18          return 0;
19
20      if ( Solve( &Maze ) == FAIL )
21          return 0;
22
23      for ( i=0; i<Maze.RowSIze; i++ )
24      {
25          for ( j=0; j<Maze.ColumnSize; j++ )
26          {
27              printf("%c", Maze.Data[i][j] );
28          }
29          printf("\n");
30      }
31
32      return 0;
33  }
```

실행 결과

>MazeSolver MazelSample.dat

```
#G#############
#+++++++++++++#
#### #########+#
#   ###  ++++#
# ## ### ##+####
# ## ###  #+####
# ##########++++#
#     # #####+#
# ##### #####+#
# #   # S++#+#
### # ######+#+#
# # #    +#+#
```

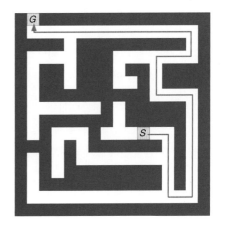

```
# # ########+#+#
# ##########+#+#
#          +++#
##############
```

NOTE ▶ 예제 프로그램이 받아들일 데이터 파일은 'MazeSample.dat'입니다. 해당 파일은 예제 파일 폴더에 포함되어 있습니다.

15.3 8개의 퀸 문제

체크메이트 Checkmate 는 장기에서 '장군이야!' 정도의 의미로 사용되는 체스 용어입니다. '다음 수에는 네 킹을 잡겠다'라고 포고하는 것이지요. 체스에는 킹 King 뿐 아니라 퀸 Queen 도 있습니다. 체스는 킹을 잡으면 이기는 게임이지만 퀸도 게임의 승부를 가르는 데 아주 중요한 역할을 합니다. 퀸은 다음 그림처럼 여덟 방향으로 움직이면서 공격할 수 있고 이동 범위도 체스판 전체에 이르는 막강한 존재이기 때문입니다.

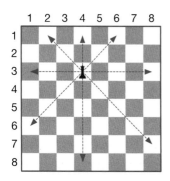

체스 선수 막스 베젤 Max Bezzel 은 이러한 퀸의 속성을 이용하여 1848년에 퍼즐을 하나 만들었습니다. 이것이 바로 우리가 이번 절에서 풀 '8개의 퀸'이라는 문제인데, 퀸 8개를 8×8 크기의 체스판 안에서 서로 공격할 수 없도록 배치하는 모든 경우를 구하는 문제입니다.

예를 들어 첫 번째 퀸을 [3,4] 위치에 놓으면 [5,6]에는 두 번째 퀸을 놓을 수 없습니다. 두 번째 퀸의 위치가 첫 번째 퀸의 공격 범위 안에 들어가기 때문입니다.

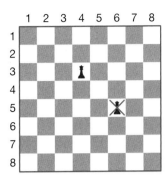

하지만 다음 그림처럼 두 퀸이 [3,4]와 [5,5]에 놓여 있으면 서로를 공격할 수 없습니다. 수평, 수직, 대각선 어느 방향에서도 서로를 만날 수 없기 때문입니다.

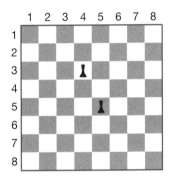

이런 식으로 8개의 퀸이 서로를 공격할 수 없도록 배치하는 모든 방안을 찾아야 하는데, 후보해와 해의 수가 약간 많은 것이 이 문제의 문제(?)입니다. 체스판의 칸이 모두 64개이고 그중에서 8개를 골라 퀸을 배치할 수 있으므로 후보해의 수는 총 $_{64}C_8 = \dfrac{64!}{8!(64-8)!}$ 개입니다. 44억 개가 조금 넘는군요. 이 중에서 실제 해는 92개뿐입니다. 말하자면 8개의 퀸 문제는 **44억 개 이상의 후보해 속에서 실제 해 92개를 모두 찾아내라고 요구하는** 셈입니다.

8개의 퀸 문제는 8×8 크기의 체스판을 염두에 두고 제안됐지만 다른 크기의 체스판으로 문제를 축소 및 확장할 수 있습니다. 4×4 이상의 크기라면 이 문제를 적용할 수 있기 때문에 8개의 퀸 문제를 N개의 퀸 문제라 부르기도 합니다.

문제가 흥미로운 만큼 이미 수많은 수학자가 다양한 해법으로 답을 구해놓았습니다. 백트래킹은 그 해법 중 한 가지입니다.

15.3.1 8개의 퀸이 만드는 해공간과 백트래킹

8개의 퀸 문제의 해공간을 어떻게 구축하는지 살펴봅시다. 이해를 돕기 위해 원래의 8×8 크기 대신 4×4 크기의 체스판을 이용해서 설명하겠습니다.

우선 첫 번째 퀸을 놓을 수 있는 위치는 다음과 같이 [1,1], [1,2], [1,3], [1,4] 네 가지입니다. 이 네 가지 중 첫 번째 말의 위치는 최종해의 부분 후보해입니다. 하나씩 시도해서 해가 될 조건을 만족하는지 확인해야 합니다.

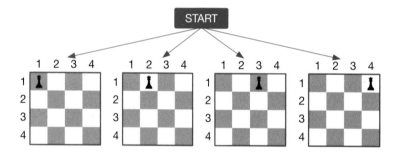

[1,1] 부분해부터 시도해보겠습니다. [1,1]과 [2,1]은 서로를 수직 방향으로 위협하고 [1,1]과 [2,2]는 대각선 방향으로 공격이 가능합니다. [1,1]에 대해 [2,3]과 [2,4]는 공격이 불가능하므로 일단 부분해로 수용합니다.

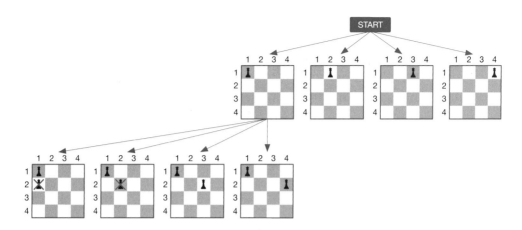

하지만 [2,3]은 수용할 수 있는 세 번째 부분해가 없고 [2,4]는 유일하게 수용 가능한 [3,2]마저도 수용 가능한 네 번째 부분해가 없으므로 이들 역시 폐기해야 합니다. 결국 [1,1] 부분해도 폐기하고 첫 번째 부분해 선택으로 백트래킹해야 합니다.

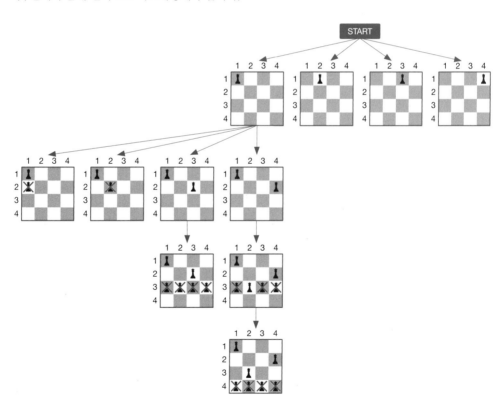

다시 처음으로 돌아와서 [1,2]를 첫 번째 부분해로 선택합니다. [1,2]에 이은 두 번째 부분해 중 [2,1], [2,2], [2,3]은 모두 [1,2]를 위협하는 위치이기 때문에 버려야 합니다. [2,4]만이 [1,2]를 위협하지 않으므로 이를 두 번째 부분해로 채택합니다. [2,4]에 이은 부분해를 보면 [3,1]을 제외한 나머지가 모두 [1,2]나 [2,4]를 위협하는 위치이므로 [3,1]을 세 번째 부분해로 채택합니다. [3,1]의 후보해 네 개 중 [4,3]을 빼고는 모두 수용할 수 없는 위치들입니다. 따라서 [4,3]을 네 번째 부분해로 채택합니다.

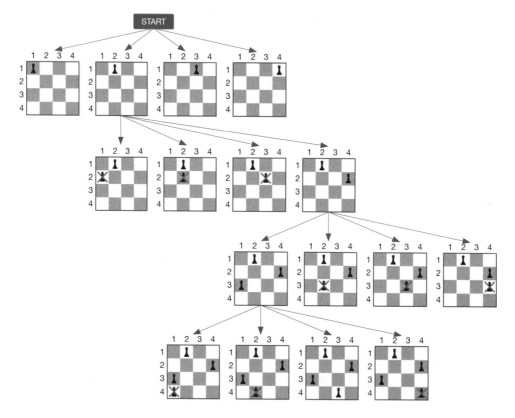

이렇게 해서 [1,2]-[2,4]-[3,1]-[4,3]으로 이어지는 첫 번째 해를 얻었습니다. 4×4 크기의 체스판에서는 4개의 퀸을 놓을 수 있는 방법이 하나 더 있습니다만, 이 부분은 여러분께 숙제로 남겨두기로 하고 설명을 계속 하겠습니다.

4개의 퀸 문제에서 후보해의 수는 $_{16}C_4 = 1820$입니다. 해공간의 절반을 탐색했으니 원래는 910개의 후보해를 시도했어야 하지만 백트래킹을 이용하여 불필요한 후보해 검사량을 크게 줄일 수 있었습니다.

8개의 퀸 문제가 만드는 어마어마한 해공간을 백트래킹이 어떻게 효율적으로 탐색하는지 이해했나요? 그러면 이어서 이 알고리즘을 같이 구현해보겠습니다.

15.3.2 N개의 퀸 문제 풀이 알고리즘의 구현

8개의 퀸 문제는 N개의 퀸 문제로 일반화할 수 있습니다. 그래서 이번에 구현하는 8개의 퀸 알고리즘은 N개의 퀸 문제를 다룰 수 있도록 만들겠습니다. 이참에 이름도 아예 지금부터 N개의 퀸 문제라고 하겠습니다.

프로그램을 실행할 때 체스판의 크기(곧, 퀸의 개수)를 매개 변수로 받아야겠지요? 최종해가 구해질 때마다 다음과 같이 테이블 모양으로 해를 출력하겠습니다.

⤷ 실행 결과

```
Solution #1 :
.Q..
...Q
Q...
..Q.

Solution #2 :
..Q.
Q...
...Q
.Q..
```

자료구조 정의

우리는 8개의 퀸 문제, 아니 N개의 퀸 문제를 풀려고 합니다. 해를 담을 자료구조로 체스판과 같은 N×N, 즉 N^2 크기의 배열이 필요하겠지요? N개의 퀸 문제의 해는 N개의 2차원 좌표입니다. 이 정도(N)의 해를 담기 위해 N^2 크기의 자료구조를 사용하는 것은 모기 잡는 데 소 잡는 칼을 쓰는 것과 같습니다.

N개의 퀸 문제의 해를 담는 데에는 그냥 N개의 배열 하나면 충분합니다. 다음과 같은 N개의 배열에서 각 요소의 인덱스는 행 번호, 각 요소에 담긴 값은 열 번호로 사용하면 됩니다. 가령 다음과 같이 해를 구해 배열에 저장한다면,

```
int Columns[8];

Columns [0] = 0; // 0행 열
Columns [1] = 4; // 1행 4열
Columns [2] = 7; // 2행 7열
Columns [3] = 5; // 3행 5열
Columns [4] = 2; // 4행 2열
Columns [5] = 6; // 5행 6열
Columns [6] = 1; // 6행 1열
Columns [7] = 3; // 7행 3열
```

이것은 다음과 같은 모습을 하고 있다는 뜻입니다.

⤷ 실행 결과

```
Q.......
....Q...
.......Q
.....Q..
..Q.....
......Q.
.Q......
...Q....
```

N개의 퀸 문제의 해를 담기 위한 자료구조는 이것이 전부입니다. 이어서 해를 구하는 과정을 구현해보겠습니다.

알고리즘의 구현

N개의 퀸의 해를 찾는 함수는 FindSolutionForQueen( )이라고 이름 짓겠습니다. 미로 탈출로를 찾는 알고리즘에서처럼 이 함수도 재귀 호출을 이용하여 백트래킹을 처리합니다. 이 함수는 부분해를 담고 있는 Columns, 새 퀸이 놓인 행 번호를 나타내는 Row, 체스판의 크기를 나타내는 NumberOfQueens, 그리고 해가 몇 개인지 세기 위한 SolutionCount, 이렇게 모두 4개의 매개변수를 받습니다.

이 함수가 가장 먼저 할 일은 새로 놓은 퀸이 기존의 퀸들에게 위협받는지(또는 위협하는지) 알아내는 것입니다. 이 함수가 호출할 IsThreatened( ) 함수는 부분해를 담고 있는 Columns 배열과 새로 놓은 퀸이 놓인 행 번호를 매개 변수로 받아 위협 여부를 판단합니다. 만약 새로 놓은 퀸이 기존의 퀸들을 위협한다면 함수를 반환하여 백트래킹합니다. 그 이전 부분해로 돌아가서 다음 후보를 시도하는 것이지요.

일단 IsThreatened( ) 함수를 통과했다면 이는 새로 놓은 퀸을 부분해로 인정한다는 의미입니다. IsThreatened( ) 함수를 통과한 부분해가 마지막 부분해라면(Row == NumberOfQueens−1) 이는 하나의 해가 완성되었다는 뜻이므로 해를 출력합니다. 아직 해를 더 찾아야 한다면 다시 FindSolutionForQueen( ) 함수를 재귀 호출합니다.

```c
void FindSolutionForQueen(int Columns[], int Row,
                          int NumberOfQueens, int* SolutionCount)
{
    if ( IsThreatened( Columns, Row ) )
        return;

    if ( Row == NumberOfQueens-1 )
    {
        printf("Solution #%d : \n", ++(*SolutionCount));
        PrintSolution( Columns, NumberOfQueens );
    }
    else
    {
        int i;

        for ( i=0; i<NumberOfQueens; i++ )
        {
            Columns[Row+1] = i;
            FindSolutionForQueen ( Columns, Row+1,
                                   NumberOfQueens, SolutionCount );
        }
    }
}
```

이제 IsThreatened( ) 함수를 살펴볼까요? 이 함수는 새로 놓은 퀸이 먼저 놓인 퀸들과 위협 관계인지 판단하는 역할을 합니다. 위협 여부를 판단하는 방법은 다음과 같습니다.

- **수직 방향 위협 알아내기:** 이전 단계에서 놓은 퀸들이 위치한 열 중 새로 놓은 퀸 위치의 열과 같은 것이 있는지 확인합니다. 있다면 새로 놓인 퀸은 다른 퀸을 수직으로 위협합니다.
- **수평 방향 위협 알아내기:** 이전 단계에서 놓은 퀸들이 위치한 행 중 새로 놓은 퀸이 위치한 행과 같은 것이 있는지 확인합니다. 있다면 새로 놓인 퀸은 다른 퀸을 수평으로 위협합니다.
- **대각선 방향 위협 알아내기:** 두 퀸의 위치가 다음 등식을 만족하면 두 퀸은 대각선으로 상호 위협합니다.

$$|\text{행}1 - \text{행}2| = |\text{열}1 - \text{열}2|$$

예를 들어볼까요? 다음과 같이 퀸[3, 4]와 퀸[6, 7]은 $|3-6| = 3 = |4-7|$을 만족합니다. 그러므로 서로를 대각선 방향으로 위협합니다.

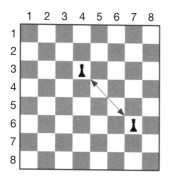

다음 코드는 앞의 내용을 구현한 IsThreatened( ) 함수입니다. 매개 변수를 2개 받는데 하나는 부분해를 담고 있는 Columns, 또 하나는 새로운 퀸이 놓인 행의 번호 NewRow입니다. 이 두 매개 변수로부터 새 퀸의 열 번호를 얻을 수 있습니다. Columns[NewRow]에는 새 퀸이 놓인 열 번호가 들어 있습니다.

이 함수는 Columns 배열을 순차적으로, 즉 0번 행부터 새 퀸이 놓인 행의 앞 행까지 돌면서 새 퀸의 위협 여부를 판단합니다. 그런데 위협 여부를 판단하는 if 블록에 수평 방향 위협을 판단하는 부분이 없지요? 그 이유는 IsThreatened( ) 함수를 호출하는 FindSolutionForQueen( ) 함수 자체가 새로운 행을 매개 변수로 입력 받아 실행되기 때문입니다. 그러니 수평 위협은 고려 대상에서 제외됩니다.

```
int IsThreatened ( int Columns[], int NewRow )
{
    int CurrentRow = 0;
    int Threatened = 0;
```

```
    while ( CurrentRow < NewRow )
    {
        if ( Columns[NewRow] == Columns[CurrentRow]
            || abs (Columns[NewRow] - Columns[CurrentRow])
              == abs(NewRow - CurrentRow))
        {
            Threatened = 1;
            break;
        }

        CurrentRow++;
    }

    return Threatened;
}
```

15.3.3 N개의 퀸 문제 풀이 예제 프로그램

이제 재료가 될 함수들을 모두 준비했으니 예제 프로그램을 만들면 되겠군요.

N개의 퀸 문제를 푸는 프로그램은 모두 3개의 소스 파일로 이루어져 있습니다. NQueens.h는 문제를 푸는 데 사용할 함수의 원형을 선언하고 NQueens.c는 이 함수들을 구현합니다. Test_NQueens.c는 main( ) 함수를 포함하고 있으며 NQueens.h와 NQueens.c에서 선언 및 구현한 함수들을 이용하여 N개의 퀸 문제를 풉니다.

15장/NQueens/NQueens.h

```
01  #ifndef NQUEENS_H
02  #define NQUEENS_H
03
04  void PrintSolution( int Columns[], int NumberOfQueens );
05  int  IsThreatened ( int Columns[], int NewRow );
06  void FindSolutionForQueen( int Columns[], int Row,
07                          int NumberOfQueens, int* SolutionCount );
08
09  #endif
```

```
01   #include "NQueens.h"
02
03   #include <stdio.h>
04   #include <stdlib.h>
05
06   void FindSolutionForQueen(int Columns[], int Row,
07                         int NumberOfQueens, int* SolutionCount)
08   {
09       if ( IsThreatened( Columns, Row ) )
10           return;
11
12       if ( Row == NumberOfQueens-1 )
13       {
14           printf("Solution #%d : \n", ++(*SolutionCount));
15           PrintSolution( Columns, NumberOfQueens );
16       }
17       else
18       {
19           int i;
20
21           for ( i=0; i<NumberOfQueens; i++ )
22           {
23               Columns[Row+1] = i;
24               FindSolutionForQueen ( Columns, Row+1,
25                                   NumberOfQueens, SolutionCount );
26           }
27       }
28   }
29
30   int IsThreatened ( int Columns[], int NewRow )
31   {
32       int CurrentRow = 0;
33       int Threatened = 0;
34
35       while ( CurrentRow < NewRow )
36       {
37           if ( Columns[NewRow] == Columns[CurrentRow]
38               || abs (Columns[NewRow] - Columns[CurrentRow])
```

```
39                  == abs(NewRow - CurrentRow))
40          {
41              Threatened = 1;
42              break;
43          }
44
45      CurrentRow++;
46      }
47
48      return Threatened;
49  }
50
51  void PrintSolution( int Columns[], int NumberOfQueens )
52  {
53      int i=0;
54      int j=0;
55
56      for ( i=0; i<NumberOfQueens; i++ )
57      {
58          for ( j=0; j<NumberOfQueens; j++ )
59          {
60              if ( Columns[i] == j )
61                  printf("Q");
62              else
63                  printf(".");
64          }
65
66          printf("\n");
67      }
68      printf("\n");
69  }
```

```
01  #include <stdio.h>
02  #include <stdlib.h>
03  #include "NQueens.h"
04
```

```
05  int main(int argc, char* argv[])
06  {
07      int i              = 0;
08      int NumberOfQueens = 0;
09      int SolutionCount  = 0;
10      int* Columns;
11
12      if ( argc < 2 )
13      {
14          printf("Usage: %s <Number Of Queens>", argv[0]);
15          return 1;
16      }
17
18      NumberOfQueens = atoi(argv[1]);
19      Columns = (int*)calloc( NumberOfQueens, sizeof(int) );
20
21      for ( i=0; i<NumberOfQueens; i++ )
22      {
23          Columns[0] = i;
24          FindSolutionForQueen(Columns, 0, NumberOfQueens, &SolutionCount);
25      }
26
27      free ( Columns );
28
29      return 0;
30  }
```

📑 실행 결과

```
>NQueens 8

Solution #1 :
Q.......
....Q...
.......Q
.....Q..
..Q.....
......Q.
.Q......
...Q....
```

Solution #2 :
Q........
.....Q..
.......Q
..Q.....
......Q.
...Q....
......Q.
...Q....
.Q......
....Q...

Solution #3 :
.......Q
...Q....
Q.......
..Q.....
.....Q..
.Q......
......Q.
....Q...

01 백트래킹 기법을 공부하면서 혹시 '아, 이런 문제도 백트래킹으로 풀 수 있겠구나!'라고 생각한 적이 있나요? 저도 백트래킹으로 풀 만한 몇 가지 문제를 떠올렸는데 그중 하나가 수도쿠 Sudoku 입니다.

수도쿠를 모르는 독자도 있을 테니 잠깐 설명을 드리겠습니다. 수도쿠는 다음과 같이 9×9 크기의 격자 위에 숫자를 배치하는 게임입니다.

	4	7	6		9			
	2					8		
5				1				7
2		8	4		3		1	
4	3	6	5	2	1	9	7	8
	1		7		6	3		4
1				7				3
		9				4		
			8		4	6	9	

물론 숫자를 막무가내로 배치하는 것은 아닙니다. 수도쿠에는 몇 가지 규칙(제약 사항이라고도 할 수 있겠군요)이 있습니다. 그 규칙은 다음과 같습니다.

첫째, 각 행에 숫자를 중복 배치할 수 없습니다. 1부터 9까지의 숫자를 단 한 번씩만 사용해야 합니다.

둘째, 각 열에도 숫자를 중복 배치할 수 없습니다.

셋째, 전체 격자를 9등분한 3×3 크기의 격자 안에도 숫자를 중복 배치할 수 없습니다.

이제 문제를 드리겠습니다. 이 세 가지 규칙에 따라 수도쿠 격자 안에 숫자를 배치하는 알고리즘을 백트래킹 기법으로 설계하고 C 언어 코드로 구현하세요.